Urte Schulz

Zwischen Alb und Oos – Ein Sagenführer

Auf Spurensuche alter Sagen und Geschichten im Ufgau

Dieses Buch ist meinem Mann gewidmet, der mich mit großer Geduld und Neugierde und in stets bester Stimmung bei jedem Wetter auf der spannenden Spurensuche begleitet hat.

Urte Lisa Schulz wurde 1950 in der Lüneburger Heide geboren und verbrachte ihre Kindheits- und Jugendjahre in Pforzheim. Nach einigen Berufsjahren als Buchhändlerin in verschiedenen badischen Städten heiratete sie 1976 und wurde in Karlsruhe seßhaft; das Paar hat einen Sohn und zwei Töchter. Während der Erziehungsjahre schloß sie an der Universität Karlsruhe ein Studium der Architektur ab. Seither gilt ihr Interesse dem Menschen in seiner Umgebung. Heute lebt sie mit ihrem Mann in Reichental bei Gernsbach.

Abbildungsnachweis:
Kreisarchiv Rastatt: Seite 87, 97, 102, 104, 114, 125, 135, 136, 140, 151, 155, 156, 159, 161, 166, 180, 187, 212, 227
Kreisarchiv Karlsruhe: Seite 10, 27, 30 (Quelle: Helmut Glaser Kraichtal-Münzesheim), 35, 44 (Quelle: J. Kaltenbach), 53, 55, 56, 72, 79 (Quelle: GemeindeA Sulzbach), 90, 199
Kreisarchiv Calw: Seite 64

Bibliografische Information der Deutschen Bibliothek:
Die Deutsche Bibliothek verzeichnet diese Publikation in der Deutschen Nationalbibliografie; detaillierte bibliografische Daten sind im Internet über <http://dnb.ddb.de> abrufbar.

Sonderveröffentlichung des Kreisarchiv Rastatt Band 4

Herausgeber:	Kreisarchiv Rastatt
Redaktion, Lektorat:	Jochen Baumgärtner, Martin Walter
Gesamtherstellung:	verlag regionalkultur
Satz	Jochen Baumgärtner, Birgit Klumpp, vr
Umschlaggestaltung:	Jochen Baumgärtner, vr
Druck:	Greiserdruck, Rastatt

ISBN-10: 3-89735-484-5
ISBN-13: 978-3-89735-484-5
Diese Publikation ist auf alterungsbeständigem und säurefreiem Papier (TCF nach ISO 9706) gedruckt entsprechend den Frankfurter Forderungen.

Korrespondenzadresse:
verlag regionalkultur

Stettfelder Straße 11 • 76698 Ubstadt-Weiher • Telefon (07251) 69723 • Fax 69450
e-mail: kontakt@verlag-regionalkultur.de • Internet: www.verlag-regionalkultur.de

Inhalt

Vorwort

Wer weiß denn schon, ob nicht vielleicht in der Nähe seines Hauses oder Wohnortes einstmals eine Burg stand oder ein in früherer Zeit abgegangenes Dorf?

Wer ahnt denn, daß in der Waldstelle, die er gerade durchschreitet, nachts jemand umgeht?

Wer nimmt das Kreuz am Wegesrand wahr, das von einem Verbrechen, einem Unglück oder einer Rettung aus großer Not erzählt?

Welcher Wanderer hat denn Kenntnis von den Naturgeistern, die in den Seen und Felsen hausen, an denen er gerne seine Rast einlegt?

Sind es nicht gerade die alten wundersamen Geschichten, die in unserem rationalen Heute einen Einblick geben in die Ängste und Sehnsüchte der Altvordern, in ihre bescheidene naive Alltags- und Glaubenswelt und in ihre natürliche Umwelt, die Freund und Feind zugleich war?

Die Sage erzählt uns von tatsächlichen, oft auch historischen Begebenheiten, die einer persönlichen, irrealen Wahrnehmung unterliegen und durch ihre mündliche Überlieferung im Laufe der Zeit verändert und ergänzt wurde.

Ihr wesentliches Merkmal ist ihre Lokalisierung: Verfallene Burgruinen, abgelegene Waldseen, Eingänge zu Höhlen oder Grotten, unzugängliche Schluchten und Täler, düstere Waldgebiete, Felsen und Wege und viele Orte mehr bildeten den Hintergrund für unerklärliche und wundersame Begebenheiten, für Verbrechen und Naturgewalten, Ungehorsam und Bestrafung. Wahrscheinlich bot manche Kulisse aber auch den Stoff für phantastische Geschichten, die im Rausch geboren und dem erstaunten Zuhörer auf die unterhaltsamste Weise mitgeteilt wurden.

Dieses Buch ist nicht nur eine Sammlung zahlreicher Sagen und Geschichten, die alle in neue Worte gefaßt wurden – es will auch zeigen, wo sich ihre Schauplätze und manche geheimnisumwitterten Orte befinden, und vielleicht kann es auch eine Anregung sein, sie aufzusuchen und auf diese Weise unsere Region auf eine etwas andere Art kennenzulernen und zu erfahren.

Unsere Reise in die Welt der alten Sagen und Geschichten führt durch den alten fränkischen Ufgau, einen Landschaftsraum, der sich zwischen Alb und Oos, zwischen Rhein und Schwarzwald in seiner ganzen Schönheit und Vielfalt ausbreitet. Da erstreckt sich zunächst die breite Rheinebene, langsam übergehend in das Hügelland mit seinen Obstbäumen, Rebhängen und Laubwäldern, an das die ansteigende Bergwelt sich anschließt mit ihren enger werdenden Tälern, den großen Wäldern und kleinen Bergseen, Hochmooren und schroffen Felswänden.

Wir wollen diese Reise im Albtal beginnen, die Vorberge und die Rheinebene durchstreifen und hernach durch das Murgtal ziehen, um sie schließlich hinter dem Oostal zu beenden.

Dem Leser wird viel Freude gewünscht sowohl bei der Lektüre dieser Sammlung als auch bei der „Spurensuche".

Verbesserungen, Ergänzungen und Entdeckungen weiterer alter Sagen und Geschichten werden von der Verfasserin dankbar entgegengenommen.

Urte Schulz

Vorwort
des Herausgebers

„Auf Spurensuche alter Sagen und Geschichten" lautet der Untertitel des vorliegenden „Sagenführers zwischen Alb und Oos". Der Landkreis Rastatt hat die Herausgabe des vorliegenden Bandes, der als Band 4 der Sonderveröffentlichungen des Kreisarchivs Rastatt erscheint, sehr gerne übernommen.

Mit der vorliegenden Zusammenstellung erscheint zum ersten Male eine umfangreiche Sagensammlung des Ufgaues. Die inhaltliche Gliederung erfolgt nach einzelnen Landschaften in dieser historischen Region. Diese Struktur ermöglicht dem Leser einen einfachen Zugang zur umfangreichen Sagenwelt dieses Landstriches. So kann der Leser sich entweder mit der Hardt, der Gegend rund um Forbach im Murgtal oder mit dem „Herz Badens" beschäftigen.

Der Ufgau hat seine geschichtlichen Wurzeln in der karolingischen Zeit. Kaiser Karl der Große schuf um das Jahr 800 mit einer grundlegenden, inneren Reform des Kaiserreichs eine neuartige und nachhaltige Verwaltungs- und Herrschaftsstruktur und übernahm dabei die ältere Binnengliederung der Gaue. So ist der „pago ufgowe" schon im Jahr 766 nachzuweisen.

Die Sagensammlung basiert auf Geschehen vielfältiger Art und Erlebnissen von einzelnen Personen, die zum Teil bis in die Zeit vor der Christianisierung zurückreichen. Festzustellen ist manchmal, daß verschiedene Sagen, die zudem an unterschiedlichen Orten tradiert sind, einen gemeinsamen Ursprung haben. Zahlreiche Geschichten entspringen der Phantasie unserer Vorfahren, in vielen aber ist mehr als nur ein Körnchen Wahrheit enthalten. So stellen die in diesem Band aufgeführten Sagen auch eine Art Geschichtsbuch dar, geben einen wunderbaren Einblick in die Erlebniswelt und das Umfeld der Menschen, die zwischen Alb und Oos einst gelebt haben.

Der Autorin Frau Urte Schulz aus Gernsbach gebührt unser besonderer Dank. Sie hat in jahrelanger akribischer Arbeit zahlreiche Geschichten, Sagen und Erzählungen aus der historischen Region des Ufgaues entdeckt, zusammengetragen und in neue Worte gefaßt. Die Herausgeber wünschen dem Leser viel Freude bei der Lektüre und hoffen, daß er dabei zahlreiche, bisher unbekannte Facetten der Geschichte in unserer Region entdecken wird.

Jürgen Bäuerle, Landrat
Martin Walter, Kreisarchivar

1   An der Pforte zum Albtal

Ettlingen

Als nordwestliches „Portal des Schwarzwaldes" liegt am Eingang in das romantische Albtal die alte Stadt Ettlingen. Sie soll der Ausgangspunkt sein für eine Reise durch die Welt der alten Sagen und Geschichten zwischen Alb und Oos.
Die bereits im Jahre 788 urkundlich als Ediningom erwähnte Stadt gehört zu den ältesten Ansiedlungen des Landes; zahlreiche Ausgrabungsfunde deuten auf eine schon vorgeschichtliche Besiedelung hin. Zur Zeit der Römerherrschaft gab es an dieser Stelle eine belebte Siedlung mit regem Verkehr, und wo sich heute das Schloß erhebt, stand einstmals eine Burg, vordem ein Römerkastell. Von der mittelalterlichen Stadtmauer, den vier Toren und den Warttürmen sind heute nur noch Reste der alten Mauer und ein Eckturm, der Lauerturm, erhalten geblieben.

Die Singerhexe

Ganz früher einmal wohnte in der Dekaneigasse eine alte Frau, welche von den Leuten nur „d'Singerhex" genannt wurde, denn sie wußte viele Zaubersprüche und trieb mit ihren Hexenkünsten so manchen bösen Unfug. So kam sie nachts in Gestalt einer Katze immer wieder in die Ställe der Bauern, wo das verängstigte Vieh keinen Schlaf finden konnte.

Mit der Zeit wurde dies den Leuten lästig, und so beschloß ein Bauer, sich eine Nacht lang auf die Lauer zu legen. Als die Kirchturmuhr die Mitternacht schlug, schlich plötzlich eine Katze in den Stall, und als sie eben auf den Rücken einer Kuh springen wollte, zog ihr der Mann mit seinem Knüppel so kräftig eins übers Fell, daß die Katze mit einem großen Sprung das Weite suchte.

Am nächsten Tag fand man die alte Frau mit verbundenem Kopf in ihrem Bette liegen, und seither hat die Singerhexe kein Unheil mehr angerichtet.

Die alte Scharfi

In Ettlingen geht ein Gespenst um, das ist „die alte Scharfi", die zu ihren Lebzeiten eine sehr böse und unchristliche Frau gewesen sein soll. Früher hat sie einmal, als sie kein Holz zum Anfeuern hatte, ein Kruzifix in den Ofen geworfen, und nun muß sie zur Strafe umgehen und ärgert die braven Bürger von Ettlingen.

Einmal wurde dies den Leuten zu dumm, und so beschwor der Pfarrer die Alte schließlich in einen Sack. Ein Mann sollte ihn in das „Horberloch" tragen, ein feuchtes Gebiet an der Straße nach Wolfartsweier. Kaum war er dort angekommen, warf er, froh darüber, die schwere Last endlich loszuwerden, den Sack so kräftig ab, daß er aufsprang und die Scharfi wieder frei war. Sie teilte ordentlich Hiebe aus, dann verschwand sie, war noch vor dem Mann daheim und treibt seither wieder in Ettlingen ihr Unwesen.

Nur wer ohne Sünde ist, kann einen Geist bannen. Ganz rein solle halt der Pfarrer sein, sonst wird es nichts mit dem Beschwören. So hielt die alte Scharfi dem Pfarrer einmal vor, er habe Rüben gestohlen, worauf der Geistliche ernsthaft erwiderte: „I hab en halbe Kreuzer ins Loch gschteckt."

Das Urteil zu Ettlingen

An einem Sommertag im Jahre 1516 ging im Schloß Rüppurr eine der vier Scheunen in Flammen auf, die der Witwe des Junkers Kaspar von Riepur gehörten. Von

Ettlingen und Wolfartsweier, von Aue und Durlach eilten die Leute herüber zum Löschen, die Scheune jedoch brannte lichterloh und gänzlich nieder.

Alsbald richtete sich der Verdacht auf den jungen Christoph. In seiner Not flüchtete der Jüngling in die Kapelle des Rüppurrer Begräbnisplatzes in Ettlingen, wo er Asyl fand und von freundlichen Menschen mit Nahrung versorgt wurde. Unter ihnen befand sich auch sein Leibeigener Happel, der ihm versprach, bei der geplanten Flucht über den Rhein behilflich zu sein; in der dritten Nacht wolle er mit zwei Rossen an der Stadtmauer auf ihn warten.

Als die Zeit gekommen war, machte sich Christoph um Mitternacht auf den Weg, stieg in die Alb, watete im Wasser bis zur Stadtmauer, schlüpfte durch das Schußgatter - und stellte mit Entsetzen fest, daß er in eine Falle geraten war. Sechs Häscher warfen ihn nieder, banden ihn und führten den jungen Mann auf der Stelle ab.

Vor Gericht bestritt Christoph jede Schuld an dem großen Feuer, doch niemand schenkte seinen Worten Glauben. Hatte er doch selbst einmal seinem Bruder erklärt, wie ein Brand zu legen sei, auch waren oftmals Drohworte von ihm ausgestoßen worden. Also fehlte nur noch sein Geständnis, und um dieses zu bekommen, hatte man damals ein wirksames Mittel - die Folter.

Christoph wurden die Hände auf dem Rücken zusammengebunden, und an ihnen wurde er mit einem Strick hochgezogen; als er dennoch seine Unschuld beteuerte, beschwerte man seine Füße mit Eisengewichten. Nun gestand er die böse Tat, widerrief jedoch alles, sobald er wieder losgebunden war. Erst als der Folterknecht sich anschickte, die Tortur fortzusetzen, bezichtigte er sich unter großen Schmerzen der Brandstiftung, und die Gerichtsverhandlung konnte fortgesetzt werden.

In seinem Unglück erwartete der Angeklagte nun voller Zuversicht, mit einer Turmstrafe davonzukommen, aber die Rechtsprechung in der vergangenen Zeit sah für schwere Vergehen härtere Bestrafungen vor - Lebendigbegraben oder auch Ertränken - und für Brandstiftung empfand man den Flammentod als einzige ausreichende Sühne.

Bei der Ettlinger Ziegelscheuer wurde das Urteil schließlich vollstreckt, und die Witwe von Riepur lieferte dazu ein Klafter Forlenholz.

Ein Menschenalter nach dem Feuertod Christophs wurde an das Ettlinger Schloß von unbekannten Tätern Feuer gelegt und brannte völlig aus. Vielleicht, dachte man, sei damit der Tod auf dem Scheiterhaufen von 1516 gerächt worden.

Martinskirche

Unter den Mauern der alten Kirche mit ihrer langen Entstehungs- und Entwicklungsgeschichte von etwa 1100 bis um 1700 liegen noch die Reste einer römischen Badeanlage und eines fränkischen Gräberfeldes.

Der Ring am Ettlinger Kirchturm

Dreihundert Jahre und mehr ist es her, man schrieb das Jahr 1689, da wurde Ettlingen von den Franzosen zerstört; die ganze Stadt ging in Flammen auf, und auch die Kirche brannte gänzlich nieder. Einzig die Mauern des achteckigen Turmes blieben stehen, aber der obere Teil hatte durch das Feuer so viele Risse und Sprünge bekommen, daß die Räte schweren Herzens beschlossen, ihn abtragen und neu aufbauen zu lassen.

Nun lebte in der Stadt zu jener Zeit ein tüchtiger Schlossergeselle, der meinte

Die Kirche brannte gänzlich nieder, einzig die Mauern des achteckigen Turmes blieben stehen. Ein tüchtiger Schlossergeselle meinte, den Turm retten zu können, indem er einen eisernen Ring um die schadhaften Mauern legen wolle.

nach einer genauen Untersuchung, er könne den Turm retten, indem er einen eisernen Ring um die schadhaften Mauern
legen wolle. Nur zu gerne wurde sein Vorschlag angenommen, und so machte sich
der junge Mann unter großen Gefahren an
die Arbeit. Mit geschickter Hand schmie-
dete er einen kunstvollen Reif, der so genau paßte, daß er noch heute den alten
Kirchturm fest umschließt.

Wie war die Freude unter den Ettlin-
gern groß, als das Werk vollbracht war!
Der mutige Geselle wurde sogleich zum
Meister ernannt, der alte Meister gab ihm
zum Zeichen seiner Anerkennung und
Hochschätzung seine einzige Tochter zur
Frau, und schon bald erschallten von dem
Turme feierlich die Hochzeitsglocken.

Noch viele und bedeutende Kunstwerke
entstanden von der Hand des neuen Meisters, aber nie wieder hat er einen Ring
um einen schadhaften Turm gelegt.

Es ist belegt („Die Ettlinger Stadtrech-
nungen vom Jahre 1685 bis 1805“ von Karl
Springer), daß im Jahre 1715 der Schlosser-
meister Michael Weber einen eisernen Ring
um den Turm gelegt hat, und man erzählt,
dieser Ring sei, zu einer geraden Stange ge-
formt, genau so lang wie der Turm hoch ist.

Das Schreckläuten

Alle Jahre wieder, wenn in jedes Haus Friede eingekehrt ist und die Leute sich am
Weihnachtsmorgen auf den Weg in die Kirche machen, läutet eine halbe Stunde vor
der Christmette vom Ettlinger Kirchturm
die Schreckglocke. Solange es läutet, hat
der Teufel keine Gewalt auf der Erde, denn
der Glockenklang erinnert ihn an das Hal-
leluja der Engel bei der Geburt Christi. Mit
Schrecken saust er mit den Seinen in die
Hölle hinunter, und wenn er niederfährt,
kann man ein wildes Sausen in der Luft

hören. Erst wenn in der Christmette das
Gloria gesungen ist, darf er den Ort der
Finsternis wieder verlassen und auf der
Erde weiter sein Unwesen treiben.

Die Schreckglocke in der Ettlinger St. Martinskirche ist die größte von drei Glocken, die
aus einer großen Glocke umgegossen wurden. Diese große Glocke wurde einstmals, so
die Sage, am Märzenbrunnen gefunden. (s.a.:
Die Glocke vom Märzenbrunnen)

Der gespenstische Priester

Weil er vom langen Tage sehr müde geworden war, ist eines Abends in der Ettlinger
Kirche ein Schulbub während der Betstunde
eingeschlafen. Erst tief in der Nacht erwachte er und meinte zu träumen, als er sah, daß
auf dem Altar die Lichter brannten. An den
Stufen stand ein Priester, der begann ganz
allein die Messe, und als er das Eingangs-
gebet gesprochen hatte, schaute er sich um,
ob kein Meßdiener da sei, der ihm antwortete. Niemand war da, und so nahm er das
Meßbuch und den Kelch und ging wieder in
die Sakristei. Kaum war er verschwunden,
erloschen die Lichter ganz von selbst.

Der Knabe hatte mit großen Augen zu-
geschaut, und nun befiel ihn eine solche
Angst, daß er zur Tür eilte und, als er sie
verschlossen fand, laut um Hilfe rief. Ein
Nachtwächter, der gerade vorüberging,
hörte ihn rufen und holte den Mesner, der
den Bub schnell aus der Kirche ließ und
ihn heim ins Bett schickte.

Am anderen Morgen führte der Mesner
den Knaben zum Pfarrer; dort mußte er alles berichten, was er in der Nacht gesehen
hatte. Anschließend unterrichtete der Pfarrer ihn im Meßdienen und sagte ihm, was
er in der folgenden Nacht zu tun habe.

Kurz vor Mitternacht gingen der Pfarrer
und der Bub in die Kirche, und wieder began-

nen die Altarkerzen von selbst zu brennen, und wieder kam der Priester aus der Sakristei, um die Messe zu lesen. Sofort trat der Bub hinzu und diente ihm, und als die Messe vorüber war, ging statt seiner der Ortspfarrer mit in die Sakristei und schloß die Tür.

Warum er denn im Grabe keine Ruhe habe, fragte der Pfarrer den nächtlichen Geist und bekam zur Antwort: *Als ich starb, war ich noch eine Messe schuldig, und um sie nachholen zu können, habe ich viele, viele Jahre auf einen Diener gewartet. Jetzt ist sie abgehalten, und ich gehe zu Gott, bei dem ich dich und den Knaben nicht vergessen werde!* (1)

Als die Worte gesprochen waren, ist der gespenstische Priester für immer verschwunden.

Alexiuskapelle

Verläßt man die Stadt in Richtung Wolfartsweier, so kommt man am Ettlinger Friedhof vorbei. An seinem Eingang steht die 1866 erbaute Alexiuskapelle; davor sieht man sieben Steinkreuze, früher sind es einmal elf gewesen. Ursprünglich sollen sie an der ehemaligen Richtstätte gestanden haben, auf den Gräbern von elf geköpften Ettlinger Ratsherren. Die Steine sind zum Teil gut erhalten, und so kann man noch verschiedene Geräte erkennen, die wahrscheinlich Bezug haben zu dem Stand, dem die damals Hingerichteten angehörten. Vielleicht handelt es sich aber auch nur um ganz gewöhnliche Feldkreuze.

Die Hinrichtung der elf Ratsherren

In der Nähe des Klosters Frauenalb, auf Ettlinger Waldgebiet, hatten vor langer Zeit einige Schweinehirten ihren Saustall.

Schon lange störte die Frauen im Kloster das ständige Grunzen und der Gestank der Tiere, und so legten sie eines Tages Feuer an den Stall, der daraufhin gänzlich niederbrannte. In ihrem Zorn über dieses Unrecht zogen die Ettlinger Gemeinderäte hierauf mit ihren Knechten nach Frauenalb und zündeten ihrerseits das Kloster an. Die Frauen reichten beim Markgrafen Klage ein, und so kam es schließlich zur Gerichtsverhandlung und zu dem Urteilsspruch: Alle zwölf Räte sollten geköpft werden.

Als nun das Urteil vollzogen wurde, elf Köpfe schon vom Rumpf getrennt waren und der zwölfte Ratsherr gerade vor dem Scharfrichter stand, fragte der Markgraf seinen Hofnarren, wie ihm denn die Veranstaltung gefalle. Nun, antwortete der Narr, besser würde es ihm gefallen, wenn es Weidenstumpen wären, die könnten wieder ausschlagen. Daraufhin ist dem zwölften Ratsherren das Leben geschenkt worden.

Seit jener Hinrichtung haben bis zur Mitte des 19. Jahrhunderts die Ettlinger Stadträte schwarze Mäntel tragen müssen.

In den heiligen Nächten gehen bei den Kreuzen die elf geköpften Ratsherren um, der eine ganz in Schwarz und die anderen feurig.

Die Ratsherren von Ettlingen
(50-Pfennig-Gutscheine der Stadt von 1921)

Da hatt' einmal, in alter Zeit,
Ettlingen mit den Frauen Streit,
die auf dem ehmals städt'schen Plan
ein reiches Kloster hatten stahn.

Wo Weiberröcke sind im Spiel,
hilft kein Gericht den Männern viel.
Drum ward das Urteil auch gar hart
für die, so Frauenalb genarrt.

Zwölf Ratsherrn sollten ohne Gnad'
dem Tod verfallen durch das Rad!

Und schrieen auch die Bürger Ach,
zu helfen waren sie zu schwach.

Der elfte Kopf, er rollte schon!
Der Markgraf schaute hin voll Hohn,
und fragte seinen Narren Hans:
„Freust dich doch auch an diesem Tanz!"

„Wenn's Krautköpf' wär'n, die wüchsen nach,
könnt mich belust'gen solche Schmach!"
sprach tapfer Hans oh'n viel Geschrei –
Da ließ der Herr den zwölften frei.

Und die Moral von der Geschicht:
Verdirb es mit den Weibern nicht!
Sonst – such den Mann, der unverzagt
die Wahrheit deinem Feinde sagt!

Der Narr, durch dessen kluge Antwort der
zwölfte Ratherr gerettet wurde, war

Der Hofnarr Hans von Singen

Als im Jahre 1533 Markgraf Philipp I.
ohne männliche Erben verstarb, teilten
sich seine Brüder Bernhard und Ernst den
väterlichen Besitz. In seinem Testament
hatte Philipp auch an seinen Hofnarren
Hans, genannt Henslin, gedacht, den er
nach seinem Tode gut versorgt wissen
wollte, und so vermachte er ihn seinem
jüngeren Bruder Ernst mit der Bitte um
getreue Fürsorge.

Hans von Singen lebte nun, nach
Philipps Tod, in der Residenz von Pforzheim, und schon damals muß er bekannt
und berühmt gewesen sein, denn Markgraf Ernst gab dem Straßburger Kupfer-
stecher Friedrich Hagenauer den Auftrag, eine Silbermedaille mit dem Kopf
des Narren zu prägen. Hans trägt auf
der Medaille eine Kette um den Hals
und eine Krone aus Eselsohren; die Um-
schrift lautet übersetzt: *Der witzigste
König der Narren und Albernen*, und auf
der Rückseite der Medaille steht: *Nichts

wissen bedeutet ein angenehmes Leben*;
heute würde man sagen: Was ich nicht
weiß, macht mich nicht heiß.

Auf ihren Jagdausflügen in das wald-
reiche Albtal amüsierten sich die Markgrafen bei Trinkgelagen im Schloß von
Ettlingen, und für die Gäste auf solchen
Festen durften die Musik und der Hof-
narr natürlich nicht fehlen. So kam unser
Henslin schließlich nach Ettlingen.

Als sich Hans von Singen noch am Hofe
des Markgrafen Philipp befand, sollte er
einmal mit dem Hofnarren eines anderen
Herren speisen. Hans wollte dies nicht und
versteckte sich. Auf die Frage, was denn
die Ursache seines seltsamen Betragens sei,
gab er zur Antwort: „Potz Marter, meint
ihr, daß ich mit Narren essen soll! Wenn
ihr mir schon Weißbrot, Honig, Milch und
Rebhuhn vorsetzet, wollte ich doch nicht
mit einem Narren essen."

Daher ist wohl das Sprichwort begrün-
det: Zwei Narren in einem Haus haben
allzeit Streit und Strauß.

Henslin zu Ehren schufen die Ettlinger Bürger 1549 den Narrenbrunnen, der
vor dem Ettlinger Schloß zu sehen ist. Der
Narr steht auf einer Brunnensäule, und auf
einer Seite sieht man ein Flachrelief mit
dem Konterfei des Hans von Singen; das
Medaillon gleicht der Medaille, die Markgraf Ernst einst in Auftrag gegeben hatte.

Beim Hungerbrünnle

In längst vergangener Zeit, als an der Stelle der Alexiuskapelle eine kleine Kirche
stand, dem Heiligen Georg geweiht, gab
es dort unter einer großen Linde einen
kleinen Brunnen. Die Leute nannten ihn
das „Hungerbrünnle", denn wenn das
Wasser stark floß, so waren Not und Hunger zu erwarten, Unwetter, Dürre oder
sogar Kriege.

Das Brünnle brachte aber auch manchem Ettlinger Glück. So konnte sich jemand ein Jahr lang seine Jugend erhalten, wenn er aus ihm in der Silvesternacht Schlag zwölf mit einem frisch gebrannten Tonkrug Wasser schöpfte, dieses trank und sich darin wusch.

Wenn ein heiratsfähiges junges Mädchen eine Stunde lang in der Silvesternacht vor zwölf Uhr mit einem neuen Besen, dessen Reisig in der gleichen Nacht von einem siebenjährigen Baum geschnitten worden war, schweigend die Stube gefegt hatte, konnte es in der Waschschüssel mit dem Brünnlewasser das Bildnis ihres zukünftigen Mannes erkennen.

Wer in der Silvesternacht zum Hungerbrünnle kommt, sieht dort vielleicht ein graues Männlein sitzen. Gibt man ihm von dem Wasser zutrinken, ohne dabei ein Wort zu sprechen, so kann man von ihm manch geheime Dinge erfahren.

Stein „An der Hand"

Am Ende des Friedhofes, an der Straße nach Wolfartsweier, kurz vor dem Straßenkreuz zum Ettlinger Tunnel, steht ein alter schlanker, steinerner Wegweiser aus dem Jahre 1604, auf dem eine recht einfach eingemeißelte Hand in Richtung Durlach weist. Über seine Bedeutung wird im Volksmund folgendes erzählt:

Geschichten vom Stein „An der Hand"

Es war an einem Sonntag, und die Leute machten sich auf den Weg zum Gottesdienst. Zwei Ettlinger Buben dachten sich, der Morgen könne wohl lustiger verbracht werden als in der Kirche, und so machten sie sich auf den Weg nach Durlach;

weil aber das Gehen auch nicht sehr lustig schien, beschlossen sie, unterwegs ein Feuer anzufachen. Sie trugen Steine zusammen, bauten eine Feuerstelle, suchten dürres Holz und zündeten es an, und weil es gar so schön brannte, schürten sie ordentlich nach. Plötzlich fielen die Steine zusammen und schlugen dem einen Buben die rechte Hand ab. Um fürderhin alle ungehorsamen Kinder zu mahnen, die den Sonntag nicht heiligen wollen, errichtete man dann den Stein mit der Hand.

Einmal hat ein Bub seinem Vater Geld gestohlen und schlich nun heimlich aus dem Hause. Der Vater bemerkte jedoch bald den Diebstahl, eilte zornig dem mißratenen Sohn hinterher und holte ihn schließlich am Hägenichhohlweg ein. Dort schlug er dem Buben zur Strafe die rechte Hand ab. Seither steht an der Stelle, wo dies geschah, zur Erinnerung und Mahnung der Stein „An der Hand".

Es wird auch erzählt, zwei Diebe seien bei ihrem schändlichen Treiben überrascht worden und in Richtung Durlach geflohen. Sofort eilten einige Männer den Übeltätern hinterher, und einige Bauern, die gerade auf dem Feld arbeiteten, schlossen sich mit ihren Sicheln und Sensen den Verfolgern an. Am Hägenichhohlweg holten sie die Diebe ein, und es kam zu einem heftigen Handgemenge. Dabei büßte einer der Langfinger seine rechte Hand ein, und als abschreckendes Beispiel hat man hernach diesen Stein errichtet.

Hedwigshof

Die Straße von Ettlingen nach Wolfartsweier führt über den Hedwigshof; schöner ist der Hof über den Saumweg am Waldrand zu erreichen. Der Hof führt seinen

Namen nach der nahen **Hedwigs-quelle**. Am Fuße des Edelberges, am Ausgang der Essigwiesenklamm, entspringt schon seit vielen, vielen Zeiten diese kleine Quelle, die ganz früher einmal die römischen Bewohner des nahe gelegenen Landgutes mit frischem Trinkwasser versorgte. Später nannte man sie „Kupferquelle, Essigbrunnen" oder auch „Essigwiesenbrunnen" nach dem Gewann Essigwiese. Ihren heutigen Namen verdankt sie der Ehefrau des Herrn von Stetten; dieser ließ als Oberförster die Quelle im Jahre 1879 fassen und den geschaffenen Freiraum mit Steinblöcken einranden.

Dem Hof gegenüber, auf der anderen Straßenseite, führt ein Weg zu einer Pferdekoppel in den Maletschewiesen. Hier im **Schatzwäldle** oder auch Schatzfeldle, wie dieses Gebiet früher genannt wurde, stand einstmals

Die villa rustica „Am Hedwigshof"

Vom späten 1. Jahrhundert bis zum Limesfall 260 n.Chr. stand dort, wo einmal das Schatzwäldle war, ein römischer Gutshof. Auf dem Hofareal, das ungefähr 150 x 160 m groß gewesen sein mochte, standen, umgeben von einer Umfassungsmauer, ein Herrenhaus, eine Badeanlage, ein Tempelbau, Wirtschaftsräume und Stallungen. Funde von Wandmalereien, Mosaiksteinchen und Resten einer Hypokaustenheizung geben Zeugnis von der aufwendigen Ausstattung dieser Anlage, die später von den hereinbrechenden Alemannen vollkommen zerstört worden ist.

Im Laufe der Jahrhunderte wurden die Reste dieser römischen Siedlungsstätte allmählich gänzlich überwuchert, bis sie im Jahre 1802 erstmals von dem berühmten Karlsruher Baumeister Friedrich Weinbrenner ausgegraben wurden. Spätere Untersuchungen erfolgten in den 30er Jahren

des 20. Jahrhunderts und zuletzt 1967, wobei man auf weitere Gebäudespuren südwestlich der Anlage stieß.

Heute ist von den Überresten nichts mehr zu sehen, aber immer wieder wurden auf diesem Gebiet römische Münzen und Tonscherben gefunden, und so erhielt das Gewann im Volksmund die Bezeichnung „Schatzfeldle" und später „Schatzwäldle". Es verwundert nicht, wenn man sich mit der Zeit die seltsamsten Geschichten über diesen Ort erzählte.

Das Schatzwäldle

Einstmals bearbeitete ein Bauer aus Rüppurr in der Nähe des Schatzwäldles seinen Acker. Der Tag war schon fortgeschritten und die Dämmerung brach herein, da sah er plötzlich aus dem Boden eine Menge Münzen und Silber aufsteigen. Zuerst traute der Bauer seinen Augen nicht, dann aber ging er doch langsam und stillschweigend auf die Stelle zu. Ein Feldarbeiter, dem das seltsame Gebaren seines Dienstherrn auffiel, rief zu ihm herüber, was es denn zu sehen gebe. Im selben Augenblick verschwand der Schatz wieder in der Erde, und sooft in der Folgezeit der Bauer das Gebiet auch absuchte, er hat nie wieder ein Stückchen zu sehen bekommen.

Es war finstere Nacht, als sich fahrende Schüler ins Schatzwäldle begaben. Mit fremden Hölzern steckten sie dort einen Kreis ab, entzündeten in der Mitte ein Feuer und sprachen darüber ihre Beschwörungen. Plötzlich erhoben sich aus dem Boden zahlreiche Roßzähne, und als die Männer verwundert hinschauten, verwandelten sich die Zähne in pures Gold. Keiner sprach indes ein Wort, und so blieb der Schatz erhalten und konnte von den fahrenden Schülern mitgenommen werden.

(Ein fahrenden Schüler ist ein Landstreicher; hier sind sicherlich verfahrene Schüler gemeint, die verflucht und verdammt sind, da sie eine üble Fahrt zum Teufel und in die Hölle gemacht haben.)

Aber auch ohne fahrende Schüler soll es im Schatzwäldle einzelne Feuer gegeben haben. So zeigten sich in finsteren Nächten oftmals einzelne Flammen und ein blaues Licht. Dieses Licht sah auch einmal ein Mann aus Ettlingen, der erst spät seinen Heimweg angetreten hatte, und da er in der Dunkelheit den richtigen Weg nur schwer erkennen konnte, rief er: „Wenn du doch hier hüben wärst und mir leuchtetest!" Kaum hatte er dies gesagt, war das Licht auch schon bei ihm; er wurde aber an der Seite gefaßt und in den Straßengraben geworfen. Völlig verdutzt und verschmutzt erreichte er schließlich sein Zuhause.

In einer sternenhellen Nacht beobachtete ein Mann, der noch spät unterwegs war, wie drei geschlossene Kutschen hintereinander ins Schatzwäldle fuhren. Die Lenker trugen große Hüte mit breiten Krempen und saßen so schief auf ihrem Kutschbock, als wenn sie jeden Moment herunterfallen wollten.

Man sagt, daß im Schatzwäldle vor langer, langer Zeit einmal ein Kloster gestanden habe. Dort soll noch heute eine gespenstische Nonne umgehen und in den heiligen Nächten mit anderen Nonnen Bittgänge halten. Zuweilen soll das Kloster noch zu sehen und ein wunderschöner Kirchengesang zu hören sein.

Einmal ging ein Küfergeselle aus Ettlingen am Sonntag mittag nach dem Kirchgang an dem Wäldchen vorbei. Da erschien ihm plötzlich das Klostergebäude und unter dessen offener Tür eine Klosterfrau. Ohne ein Wort zu sprechen, deutete sie ihm einzutreten. Er folgte ihr und sah zahlreiche Kisten, aus denen sollte er sich so viel Geld nehmen, wie er wolle. Verwundert und erfreut steckte er ein, was er tragen konnte, und erreichte mit seinem neu-

en Reichtum glücklich sein Zuhause. Als er seinem Herrn von dem Abenteuer erzählte, machte dieser sich mit ihm in der nächsten Nacht auf, um noch mehr Geld zu holen. Aber das Kloster, die Nonne und die Kisten waren verschwunden.

Hägenich

Im Nordwesten des Schatzwäldles, der Autobahn zu, schließt sich das Gewann Hägenich an; auch dort soll es spuken.

Der feurige Mann im Hägenich

Nur ungern, und wenn es doch sein muß, dann mit ängstlichem Gemüt, gehen die Leute in der Dämmerung oder gar in der Nacht am Hägenich vorbei. Es wird erzählt, ein feuriger Mann treibe dort sein Unwesen, und einmal sei einem Ettlinger Bauern etwas ganz Schreckliches widerfahren.

Es war schon spät am Abend, als sich ein Bauer, der in Durlach zu tun gehabt hatte, auf den Heimweg machte. Als er am Hägenich vorbeikam, sah er plötzlich einen großen feurigen Mann auf sich zukommen. Zu Tode erschrocken wollte er rasch an der unheimlichen Erscheinung vorbeifahren, aber seine Pferde verweigerten den Gehorsam, bäumten sich auf und rasten in einem wahnsinnigen Galopp davon. Immer weiter ging die stürmische Fahrt, wie von Sinnen saß der Bauer auf seinem Wagen, und erst gegen Morgen standen die rasenden Pferde wieder still.

Weil er die ganze Nacht ausgeblieben war, hatten sich seine Leute am anderen Tag auf die Suche gemacht. Wie erschrocken waren sie, als sie den Bauern und sein Gespann schließlich fanden: Dort, wo die teuflische Fahrt begonnen hatte, lag er ohnmächtig am Boden, und neben ihm standen, völlig abgemagert und schweißüberdeckt, seine zwei verängstigten Pferde.

€⸘Ҭ⸘Ⱦ⸘Ⱥ⸘₹

Robberg

Im Osten der alten Stadt Ettlingen liegt am Westhang des Wattkopfes, unmittelbar am Steilhang hinter dem Watthaldenpark, der Weiße Berg oder Robberg („Rodberg" = Rodungsberg) mit dem Bismarckturm und das Landschaftsschutzgebiet Watthalde. Noch heute erinnern viele Mauern des terrassierten Hanges an eines der ältesten Weinanbaugebiete Badens. Wer die Bismarckstraße entlang den Berg hinaufgeht bis zu ihrem Ende, erblickt dort, wo links Stäffelchen weiter nach oben führen, ein altes Bildstöckle.

Die weiße Dame am Robberg

Es war ein schöner sonniger Tag, als eine alte Frau aus Ettlingen den Robberg hinaufging, um in ihrem Weinberg die Reben aufzubinden. Wie sie so den steilen Weg am „Weißen Bergle" hinaufstieg, stand plötzlich eine junge Dame vor ihr, die war in ein schneeweißes Gewand gehüllt. Sie grüßte die Frau, als seien sie alte Bekannte, und reichte ihr freundlich die Hand. Wie erschrak aber die Alte, als die Hand wie Feuer brannte, und obwohl sie die ihre sofort zurückzog, war sie doch schon ganz verbrannt. Im selben Augenblick war die weiße Erscheinung wie vom Erdboden verschwunden.

Entsetzt eilte die Frau nach Hause zurück und erzählte von ihrem Unglück. Damit nie wieder harmlose Frauen durch Geister geängstigt oder geschädigt würden, errichtete man zu deren Bannung jenen Bildstock, der heute noch dort zu sehen ist.

€⸘Ҭ⸘Ⱦ⸘Ⱥ⸘₹

Villa Watthalden

Am Fuße des Wattkopfes, an der Pforzheimer Straße, steht ein stattliches Anwesen. Das ehemalige Gast- und Badhaus „Zum Hirsch" wurde 1818 im Auftrag des Ettlinger Ölmüllers Ignaz Häscher von dem Architekten Johann Ulrich erbaut, einem Schüler des berühmten badischen Baumeisters Friedrich Weinbrenner.

Der reiche Ölmüller Ignaz

Vor fast zweihundert Jahren, als Napoleon besiegt und vertrieben worden war, herrschte nach dem Krieg auch in Baden große Armut, und viele Leute hatten kaum das Notwendigste für ihren Lebensunterhalt. Damals lebte in Ettlingen ein Mann, der Ölmüller Ignaz, der noch so viel Geld besaß, daß er sich auf dem Gewann Watthalden ein herrschaftliches Haus errichten konnte. Verwundert und wohl auch ein wenig neidisch fragten sich die Ettlinger, wie der Bauherr zu solchem Reichtum hatte kommen können. Bald erzählten in den Gassen die alten Weiber, was sich eines Nachts zugetragen haben soll:

Noch vor einem Jahr ging auf dem „Bürgstättle" (siehe: Burgstadel, *Das verwünschte Schloß*) eine der beiden Prinzessinnen um, denen die ewige Ruhe versagt gewesen, weil sie ihre blinde Schwester hinterlistig um ihren Erbanteil betrogen hatten. Nun gelang es dem Ignaz, man weiß nicht wie, die unheimliche Erscheinung zu erlösen, und zum Dank dafür soll er viele glänzende Goldstücke erhalten haben. Es war eine helle Mondnacht, als jemand beobachtete, wie der Ölmüller unter großen Mühen eine schwere eisenbeschlagene Kiste den Berg hinunterschleppte. Fortan ging das Gerücht um, der Ölmüller sei ein Zauberkünstler, und manch Ettlinger ist ihm wohl seither aus dem Weg gegangen.

Aber Ignaz war nichts weiter als ein geschickter Kriegsgewinnler, dessen Reichtum schnell schwand, als die badische Armee seiner Lieferungen nicht mehr bedurfte. Bald schon mußte er sein Anwesen verkaufen. Aus dem „Hirsch" wurde die stattliche „Villa Watthalden" mit Parkanlagen und Lusthäusern, auch „das Schlössel" genannt, das nach einer wechselvollen Geschichte heute wieder in seiner alten Pracht zu sehen ist.

Bei Watt handelt es sich um Wasserstauzonen, die im Bereich des Watthaldenparks zu finden sind. Hier dient Hangsickerwasser sowie das Wasser des verschwundenen Etzen- bzw. Märzenbrunnens zur Speisung des Watthaldensees. Heutzutage ist der dahinterliegende Hangfuß bebaut. Zu Beginn des (letzten) Jahrhunderts dagegen war der Hang noch in seiner vollen Ausdehnung erhalten. (2)

Das Märzenbrünnele

Wo der Wattberg und der Burgstättleskopf über die Alb hinüber dem Kreuzelberg Guten Tag winken, dort plaudert am Rand der Wattstraße (alter Name für die am Fuße des Wattkopfs ins Albtal führende Pforzheimer Straße) *ein silberstimmig Brünnlein mit den Wiesen der alten Tabakmühle.* Und wer als Sonntagskind feinere Ohren hat als andere, hört vielleicht:

Märzenbrünnele heiß ich.
Alles Weh verweis ich.
Trink, trink flink! (3)

Wem ein Leid die Seele oder den Leib beschwert, der trinke mit der hohlen Hand - nie mit einem Becher - siebenmal einen Schluck des frischen, klaren Wassers, und alle Sorgen und Leiden schwinden.

Es wird erzählt, wer Liebeskummer hatte, dem habe das Wasser des Brunnens Trost gespendet, und wenn ein Hinkefuß wieder in aufrechtem Gang einherschreiten konnte, habe er gewiß siebenmal das Wasser auf die kranke Stelle gegossen. Manch einem biederen Bürger seien wieder Haarbüschel auf der Glatze gewachsen, nachdem er sie siebenmal mit dem zauberkräftigen Naß berieselt hatte, und war ein böser Bub wieder auf dem rechten Weg gelandet, so habe ihm die Mutter gewiß vorher ein Stück Brot gegeben, dessen Laib aus sieben Handvoll Mehl und sieben Schluck Märzenbrünneleswasser bereitet war. Ging ein junger Geselle auf die Wanderschaft, so bekam er ein solches Stück Brot mit, damit ihn in der Fremde nicht das Heimweh packte. Hatte ein geplagter Vater keinen roten Kreuzer mehr in seinem Geldbeutel, so ließ er am Märzenbrünnele siebenmal das Wasser durch die Geldkatze laufen, und schon bald stellte sich das wohltuende Klimpern wieder ein.

Wer für den Palmsonntag einen besonders schutzkräftigen Palmen fertigen will, der hole sich dazu Freitag nacht oder am Sonntag vor Sonnenaufgang neun verschiedene Kräuter, die am Märzenbrünnele gewachsen und von seinem Wasser getränkt worden sind.

Selbst die Burgstättlesjungfer (siehe auch: *Das verwünschte Schloß*), die umgehen muß, trinkt zu ihrem Trost jeden Freitag in der Nacht sieben Schlucke aus dem Märzenbrünnele. Hat jemand den Mut, ihr diesen Trank zu reichen, so wird er mit sieben Goldstücken belohnt. Gibt sie ihm aber sieben Schneckenhäuschen, dann soll man diese siebenmal unter das Wasser des geheimnisvollen Brunnens halten, und sie werden sich in pures Gold verwandeln. Wer der weißen Jungfer in sieben Nächten diesen Liebesdienst erwiesen hat, den wird sie in ihr Schatzgewölbe winken, und befolgt er nun, was sie ihm auftragen wird, so wird ihr Geist für immer erlöst sein.

Die Glocke vom Märzenbrunnen

In alter Zeit ging ein Markgraf oft und gerne im Albtal jagen. Wieder einmal folgte er mit seiner Meute einer Wildsau, als diese plötzlich spurlos am Waldrand verschwunden war. Die Meute blieb an einem Gebüsch stehen, kläffte ordentlich, war aber zu einem Vordringen nicht zu bewegen. Mutig ergriff nun der Markgraf sein Schwert, schuf sich Bahn durch das Dickicht und stand auf einmal vor einer Bodenvertiefung, in der zu seiner Überraschung eine gewaltige Glocke lag. Die Wildsau allerdings blieb verschwunden.

Schnell wurde Hilfe herbeigeholt, und als man schließlich die Glocke mit großer Mühe emporgehoben hatte, fand man in ihrem Inneren sieben Wildschweinjunge und das Muttertier. Um die schwere Glocke nach Ettlingen überführen zu können, mußte eigens ein eiserner Wagen gebaut werden, der von vielen Ochsengespannen gezogen wurde. Kaum war die Glocke aber fortgeschafft, entsprang an jener Stelle eine Quelle köstlichsten Wassers, und da dies im Monat März geschah, nannte man den Ort fürderhin „Märzenbrunnen".

Es heißt, zur Zeit des Dreißigjährigen Krieges sei die „Glocke Susanna" im Märzenbrunnen vergraben worden, um sie vor den Feinden in Sicherheit zu bringen. Im nahen Wald ästen damals viele Wildschweine, und eines Tages sei ein Muttertier mit seinen sieben Jungen an den Brunnen gekommen, habe im Grund gewühlt, und so sei die Glocke nach langer Zeit wiedergefunden worden.

Die riesige Glocke wurde auf Befehl des Markgrafen in der Kirche zu Ettlingen aufgehängt, die damals ein großes Gotteshaus war mit einem gewaltigen Turm. So groß war die Glocke, daß zwölf Männer nötig waren, sie zu läuten, und wenn sie klang, dann tönte es:

Am Märzenbrunnen
Hat man mich gefunnen
Bei einer Wildsau mit sieben Jungen. (3)

Mit der Zeit war die Glocke den Ettlingern aber doch zu groß, und so beschloß man, sie wieder vom Turm zu holen und sie in drei Glocken umzugießen. Die größte wurde die Schreckglocke in der St. Martinskirche (s.a. *Das Schreckläuten*), die beiden anderen kamen nach Beiertheim und Langensteinbach.

Kalberklamm

Von der Alb her, dem Stadtbahn-Haltepunkt „Spinnerei" gegenüber, zieht sich zwischen dem Kalberkopf und dem Hasenberg eine Waldschlucht mit einem Bachlauf hinauf gegen Grünwettersbach, die Kalben-, Kälber- oder Kalberklamm.

Der Geist in der Kalberklamm

In Ettlingen wohnte ganz früher einmal ein Bäcker, der hatte als Stadt- und Spitalrechner viel Armengeld unterschlagen und muß nun zur Strafe seit seinem Tode umgehen. In einem grauen Überrock und einer weißen Kappe erschien er in und bei seinem Haus an der kleinen Brücke oder in seinem Garten, aber auch als Kalb oder kleines Schweinchen plagte er die Leute. Kein Geistlicher, der gerufen wurde, vermochte es, ihn zu bannen. Jedesmal hielt der Geist ihnen vor, sie seien ja selbst nicht „sauber".

Schließlich holte man einen Ettlinger Kaplan, der sollte dem Spuk ein Ende bereiten. Als der Brückleinbäcker ihn sah, rief er: „Ich wollte, der wäre daheimgeblieben!" und wußte, warum. Der Kaplan nämlich beschwor den Geist in einen Sack, und bald war ein mutiger Maurerbursch gefunden, der bereit war, diesen in die Kalberklamm zu tragen.

Auf dem Weg dorthin wurde der Sack immer schwerer, und über zehnmal mußte der Bursche ihn absetzen. In der Schlucht ließ der Kaplan, der ihn begleitete, den Geist endlich heraus und wies ihm dort seinen neuen Aufenthalt an.

Zum Lohn erhielt der junge Maurer etwas Geld und neue Kleidung; das große Vermögen jedoch, das der Betrüger seinen Erben hinterlassen hatte, war bald unter den Händen zerronnen, denn unrecht Gut hat kein Gedeihen.

Seither geht der Brückleinbäcker in der Kalberklamm um, führt die Leute in die Irre oder ohrfeigt sie, und manchmal wirft er ihnen die Körbe vom Kopf. Zuweilen wurde hier schon ein gesatteltes Pferd ohne Kopf gesehen, und einmal geschah es, daß bei Nacht trotz starkem Regen ein blaues Feuer auf dem hoch angeschwollenen Bach brannte.

⌇⌇⌇⌇⌇

In der Nähe der Kalberklamm müssen noch zwei andere umgehen, der eine am Hasenberg, der andere beim Wattkopf.

Der Dorfschulze und der Stadtschulze

Im Allerseelenmonat und im Advent, wenn in dunkler Nacht der Sturm durch die Baumwipfel pfeift, schreiten zwei stumme Schatten durch den Wald; das sind ein Busenbacher Dorfschulze und ein Ettlinger Stadtschulze. Es ist schon einige Zeit her, da herrschte einmal große Not im Lande, und jeder war froh, das Nötigste zu haben, um sich und seine Familie ernähren zu können. Auch im Hause des Busenbacher Dorfschulzen war die Nahrung knapp, und so zögerte er nicht lange, als ihm der Ettlinger Stadtschulze ein Angebot machte: Er

solle ihm ein Stück Gemeindewald an Ettlingen verkaufen, dafür werde er ihm einige Laib Brot zukommen lassen.

Als die beiden Jahre später gestorben waren, fanden sie keine Ruhe; der Dorfschulze muß seither auf der neuen Scheid am Hasenberg umgehen, der Stadtschulze auf der alten, ursprünglichen Grenze beim Wattkopf. Stumm schreiten sie als Schatten daher, und niemals blicken sie auf, denn sie wissen, daß sie lange noch auf ihre Erlösung warten müssen.

Müßte heute nach seinem Tode jeder umgehen, der bestechlich war oder jemanden bestochen hatte – unsere Wälder wären wahrscheinlich voll von umhergeisternden Schatten.

⌇⌇⌇⌇⌇

Burgstadel

Am Eingang zur Kalberklamm, an der einzigen Stelle, wo eine den Engpaß des Albtals zwischen Watt und Busenbach überwachende Festung sinnvoll war, lag einstmals eine Burg. Ihr Standort ist durch den oberen Steinbruch auf der Westseite stark angegriffen, doch kann *die künstliche Terrasse am östlichen Ende der Sohle dieses Steinbruchs mit dem halbkreisförmigen Abschnittsgraben wohl als Überrest der Burg* betrachtet werden. *Der wesentliche Teil des ‚Burgstättlekopfes', eine Absattelung des Kalberkopfes, ist dem Steinbruch zum Opfer gefallen und heute nur noch im Ansatz oberhalb des Steinbruchs zu erkennen.* (4)

Auf einer alten Topographischen Karte aus dem Jahre 1762 ist die Stelle namentlich als „Burgstadel" eingetragen.

Unweit davon ist im Jahre 1480 bei einem Hochwasser der Alb der sogenannte „Neptunstein" zutage gekommen, und in dem damals von Caspar

Hedio verfaßten Fundbericht auf der Erinnerungstafel, die unter dem in der Rathausmauer eingefügten Stein angebracht ist, steht u.a. zu lesen, daß man den Opferstein „non longe a ruinis castri Fürstenzell, iam Burgstall dicti" (nicht weit von den Trümmern der Burg Fürstenzell, jetzt Burgstall genannt) gefunden hat. Demnach scheinen 1480 noch Ruinenreste der Burg bestanden zu haben.

Das verwünschte Schloß

Vor langer, langer Zeit stand auf dem Burgstadelkopf ein stattliches Schloß, von dem heute keine Spur mehr zu sehen ist. Der letzte Schloßherr hinterließ drei Töchter, die nach seinem Tode den Besitz unter sich aufteilen mußten. Eine von ihnen war blind, und da durch zwei geteilt allemal mehr ergibt als durch drei, beschlossen die beiden sehenden Schwestern, die dritte zu betrügen: Sie maßen sich das viele Geld aus der Hinterlassenschaft in Simmern (altes deutsches Hohlmaß) zu, und wenn die Reihe an die Blinde kam, drehten sie deren Simmer um und legten das Geld so darauf, daß sie es für ein volles Maß hielt.

Nicht lange, da merkte die Blinde den Betrug. In ihrem übergroßen Zorn verwünschte sie ihre Schwestern und das Schloß, das kaum, da der Fluch ausgesprochen, zusammenstürzte und versank, und mit ihm alle Leute und alle Schätze.

Von diesem Tage an müssen die verwünschten Fräulein umgehen.

In einer tiefen Nacht begegneten sie einmal einem Mann, der auf seinem Heimweg nach Busenbach am Burgstadel vorbeikam. Die weißgekleideten Jungfrauen trugen Körbe auf ihren Köpfen, die ganz mit Geld gefüllt waren. In ihrer Begleitung befand sich in schwarzer Hundsgestalt der Teufel; er wollte verhindern, daß jemand erfahre, wie die verwünschten Fräulein zu erlösen seien.

Besonders am ersten Freitag im März und im Advent läßt sich das eine von ihnen öfters sehen. Es ist ganz in Weiß gekleidet mit einem Gebund Schlüssel an der Seite und trägt am Arm ein weißes Hängekörbchen.

Nur ein reiner Jüngling, der noch nie eines Mädchens Mund geküßt, kann das Burgfräulein erlösen. Dreimal müsse er es küssen, aber jedes Mal werde es in einer anderen Gestalt erscheinen: als Hund, als Katze und als Kröte. Bisher ist aber noch jeder vor der kalten und geifernden Kröte zurückgeschreckt.

Der Schatz im Burgstadel

Eines Mittags, es war zwischen elf und zwölf Uhr, begegnete einem frommen Mann aus der Hammerschmiede das weiße Fräulein vom Burgstadel. Sie gab ihm ein Zeichen, ihr zu folgen und führte ihn in den Berg zu einer Tür, die von einem schwarzen Pudel bewacht war. Das Fräulein schloß die Tür auf, sie schritten über den knurrenden Hund hinweg und kamen durch einen blühenden Garten in die prächtigen Gemächer des Schlosses und in einen großen Saal, in welchem zwanzig Männer und Frauen schlafend an einer Tafel saßen. Hinter dem Saal lag ein Gewölbe, und als sie es betraten, erstrahlte es im Glanz der herrlichsten Edelsteine und Diamanten.

„Alle diese Schätze und das Schloß dazu kannst du gewinnen," sagte das Fräulein zu seinem Begleiter „und mich und die anderen hier kannst du erlösen. Du mußt aber drei Nächte nacheinander zwischen elf und zwölf auf den Platz des Burgstadels kommen. Dort werde ich dir in der zweiten und dritten Nacht in einer anderen Gestalt erscheinen. Du darfst dich aber nicht abschrecken lassen, sondern mußt mir jedesmal einen Kuß geben."

‚Reich zu sein ist schön, und wenn ich die anderen erlösen kann, so ist auch ein gutes Werk vollbracht.' dachte der fromme Mann und willigte ein.

Nachdem er gebeichtet und kommuniziert hatte, ging er in der folgenden Nacht zur bestimmten Zeit an die bezeichnete Stelle, und bald erschien auch das Fräulein in seiner gewöhnlichen Gestalt, das er nun wie versprochen küßte. In der zweiten Nacht erschien ihm das Fräulein als Kröte, und obwohl ihm graute, gab er dem häßlichen Wesen doch einen Kuß. In der dritten Nacht jedoch begegnete ihm eine große Schlange mit einem Bund Schlüssel um den Hals, die sich aber in Erwartung ihrer nahen Erlösung so heftig bewegte, daß der Mann zutiefst erschrak und, statt sie zu küssen, davonlief.

Klagend rief ihm das verwünschte Fräulein hinterher, daß es nun noch viele, viele Jahre umgehen müsse; jetzt erst falle die Eichel in den Boden, aus der ein prächtiger Eichenbaum wachsen werde, aus dem die Wiege desjenigen gebaut werden müsse, der sie dereinst wieder erlösen könne. Hierauf erhob sich ein erbärmliches Jammern, und es begann so fürchterlich zu krachen, als wenn der ganze Berg zusammenstürzen würde.

Der Mann aus der Hammerschmiede hat sich von seinem Schrecken nicht mehr erholt und ist nach wenigen Tagen gestorben.

Es ging auf Mittag zu, und die Sonne schien heiß vom Himmel herab. Ein Steinhauer, der im Steinbruch auf dem Burgstadel Steine haute, legte müde sein Werkzeug zu Seite, wischte sich den Schweiß von der Stirn und setzte sich nieder. Als er sich so umschaute, sah er plötzlich, wie sich vor seinen Füßen im Boden ein Loch öffnete und eine riesenhafte Schlange hineinkroch. Sofort schloß sich das Loch wieder. Wie erstarrt verharrte der Steinhauer zunächst an seinem Platz, dann aber nahm

er seine Beine in die Hand und verließ voll Angst und Grauen in größter Eile seinen Arbeitsplatz.

Ein anderer Mann hat an dieser Stelle später eine Schlange mit einem Menschenkopf gesehen.

Der Tag war noch ganz jung, die Sonne kroch gerade hinter den Bäumen hervor, als sich der Knecht aus der Sägmühle an seine Arbeit an der Alb machte. Auf einmal sah er, wie das weißes Fräulein einen Kübel mit Wasser füllte und ihn auf den Berg trug. Sogleich berichtete er seinem Herrn von dieser Erscheinung; der riet ihm, auch am nächsten Morgen wieder an den Fluß zu gehen, und sollte das Fräulein wiederkommen, solle er es fragen, was es denn da mache.

Also ging der Knecht gleich bei Tagesanbruch abermals an die Alb, und als er die Jungfrau sah und fragte, bat sie ihn, den Kübel zu nehmen und ihr damit auf den Burgstadel zu folgen. Ohne Bedenken tat er, wie ihm geheißen.

Als sie oben angekommen waren, wurde der Bursche durch eine Höhle geführt und fand sich in einem prächtigen Schloß wieder; dort standen viele Kisten, und neben einem Faß lag ein Hund auf seinem Lotterbett. Das Fräulein leerte seinen Kübel in das Faß und sprach zu dem Knecht: „Du kannst mich erlösen und alle Schätze in den Kisten bekommen, wenn du den Frosch, in den ich mich verwandeln werde, dreimal mit der Hand um das Faß trägst; du darfst dich dabei nur nicht durch das heftige Gebell des Hundes beirren lassen." Als sie geendet hatte, sah der Knecht statt des Fräuleins einen großen Frosch vor sich sitzen.

Er trug das Tier einmal um das Faß, der Hund bellte laut und heftig, beim zweiten Gang bellte er noch schrecklicher, aber als der Knecht ein drittes Mal um das Faß gehen wollte, bellte der Hund so fürchterlich, daß der Mann den Frosch fallenließ.

Plötzlich stand ein alter Mann vor ihm, der führte ihn zum Berg hinaus, und nun wußte der Knecht, daß es um die Erlösung und um den Reichtum geschehen war.

An einem heiteren Tag weidete ein Schäfer seine Herde oberhalb der Kalberklamm, und weil die Sonne so schön lachte und die Vögel ihr Lied sangen, blies auch er ein fröhliches Stück auf seiner Flöte.

Von dem lieblichen Klang angezogen erschien bald das weiße Fräulein. Er solle mit ihr gehen, sagte es, seine Herde werde unterdessen bestens gehütet. Also folgte er ihr, und als sie an eine Stelle kamen, auf der unzählige Schlüsselblumen blühten, sollte er eine abbrechen und mitnehmen auf den Burgstadel.

Plötzlich standen sie vor einer Türe, die sollte der junge Schäfer mit seiner Blume aufschließen. Beide traten ein und kamen in ein Gewölbe, in dem standen drei Kisten, auf deren einer ein schwarzer Pudel lag. Er solle die Kiste öffnen, sagte das Fräulein, und herausnehmen, so viel er wolle. Er tat wie ihm geheißen und öffnete, nachdem der Hund herabgesprungen war, den schweren Deckel. Aber ach, die Kiste war bis zum Rand mit nichts anderem gefüllt als mit Schafzähnen. Freudlos und enttäuscht steckte er davon soviel in seine Taschen wie hineingingen und trat allein den Rückweg an.

Als er wieder zu seinem Weideplatz kam, fand er die Herde wohlgehütet. Er setzte sich wieder in die Sonne, zog seine Flöte hervor, freute sich seines Lebens und vergaß die Schafzähne in seinen Taschen.

Am anderen Morgen rieb er sich fröhlich und wohlig die Augen, dachte: ‚Das war ja ein seltsamer Traum‘, griff in seine Taschen - und fand sie gefüllt mit lauter blanken Goldstücken.

Einmal war einem Mann beim Burgstadel sein Schwein entlaufen. Soviel er auch

nachschaute, er konnte es nicht finden; überall suchte er mit einer Haselgerte im Gebüsch herum, stocherte hier, stocherte da - das Schwein blieb verschwunden.

Da berührte er zufällig mit der Gerte die Bergwand, die sich daraufhin öffnete wie ein Tor und den Blick freigab auf ein weißgekleidetes Fräulein in einem großen Gewölbe. Neben ihr stand eine Kiste, auf der lag ein Hund mit einem Bund Schlüssel im Maul. Neugierig kam der Mann näher, und kaum war er gänzlich eingetreten, nahm das Fräulein die Schlüssel und öffnete damit die Kiste. Ihm gingen fast Augen über beim Anblick des vielen Geldes und der Kostbarkeiten, die sich darin befanden. „Nimm dir davon, soviel du willst,“ sagte das Fräulein zu ihm, „aber vergiß das Beste nicht!“

Der Mann überlegte nicht lange, warf die Gerte fort, packte zusammen, was er tragen konnte und trat wieder ins Freie. Schnell leerte er seine Taschen, um sie nochmals füllen zu können, als er sich aber umdrehte, so war der Berg wieder geschlossen. Jetzt erkannte er, was das „Beste“ gewesen war: die Wünschelrute, die er in dem Gewölbe achtlos zurückgelassen hatte.

Eines Tages kam die Frau des Wattmüllers am Burgstadel vorbei und erblickte auf dem Platz, wo einst das Schloß gestanden hatte, einen offenen Keller. Neugierig, wie manche Frauen sind, stieg sie die Treppen hinab, und als sie unten angekommen war, stand sie plötzlich vor drei Kisten, die waren bis zum Rand gefüllt mit Geld.

Schnell lief sie nach Hause und erzählte ihrem Mann von der Entdeckung. Als sie aber mit ihm auf den Burgstättleskopf zurückkehrte, da war der Keller verschwunden, und beide mußten sich weiterhin mit dem zufriedengeben, was sie besaßen.

Vor zweihundert Jahren oder auch etwas früher fanden einige Leute aus Busenbach, die auf dem Burgstadelkopf arbeiteten, im Boden schön glänzende Silbermünzen. Sie waren so groß wie Groschen, auf der einen Seite war eine Hand geprägt, auf der anderen ein Kreuz. Schnell gruben sie weiter, brachten etwa dreißig Mäßlein (altes Maß) heraus und sahen noch unzählige Münzen vor sich in der Erde.

Wie es so oft geschieht, bekamen die Männer, als sie den Reichtum teilen wollten, untereinander Streit. Sogleich versank das Geld wieder im Boden, und die bereits ausgegrabenen Münzen hatten jeglichen Glanz verloren.

Noch über viele, viele Jahre zeigte sich an manchen Tagen auf dem Burgstadel ein übernatürlicher Glanz, und es gab Nächte, in denen ertönte dort das helle Geläut zweier Glocken, welches durch einen wunderschönen geistlichen Gesang begleitet wurde.

Noch heute sollen auf dem Burgstättleskopf große Kisten mit Gold und edlen Steinen vergraben sein.

Wer am Gründonnerstag, wenn sich zu Beginn des letzten Läutens das Gewölbe öffnet, dort hinuntergeht, kann sich von den Schätzen nehmen, soviel er tragen kann; wenn alles fortgeschafft ist, muß die Jungfer nicht mehr umgehen. Vor dem letzten Glockenschlag muß der Schatzheber das Gewölbe jedoch wieder verlassen haben.

Viele sind schon hinuntergestiegen, aber jeder vergaß im Geldrausch die rechtzeitige Rückkehr, und viele Totengerippe liegen seither im Berg. So wandelt noch heute die weiße Burgstättlesjungfer, wehklagend über ihre unrechtmäßig erworbenen Schätze, durch die helle Vollmondnacht und wartet sehnsüchtig auf ihre Erlösung.

Man geht davon aus, daß die *Burg am Burgstadel* und die *Fürstenzell* identisch sind, gleichwohl kann es sich um zwei verschiedene Baulichkeiten gehandelt haben, die in der Erinnerung zusammengerückt sind. So wird auch angenommen, daß *nicht weit vom „Burgstättleskopf" ... vielleicht bei der heutigen Station Busenbach ... dort, wo die Pforzheimer Straße das Albtal verläßt* (5) der Standort der schon seit vielen hundert Jahren verschwundenen klösterlichen Zelle Fürstenzell zu suchen ist. Vermutlich wurde im Sprachgebrauch aus der Burg über Fürstenzell die Burg Fürstenzell.

Die Burg Fürstenzell

Auf einem Hügel an der Alb stand vormals ein Schloß, in dem lebte der edle Kurt von Fürstenzell glücklich mit seiner jungen Gemahlin und seinen zwei schönen Töchtern. Als nun im dreizehnten Jahrhundert zahlreiche deutsche Ritter nach Ostpreußen und Livland zogen, um dort gegen die Ungläubigen zu kämpfen, schloß auch er sich dem Zuge an, um das Christentum ins Preußenland zu tragen. Tapfer zog er in den Kampf, aber schon bald wurde er von den Pruzzen gefangengenommen und mußte fünf Jahre lang bei harter Arbeit sein Leben fristen, bis das christliche Heer endlich den Sieg davontrug, und er zu seinen Glaubensbrüdern fliehen konnte.

Das Heimweh quälte ihn sehr, er dachte an seine gute Gemahlin und an seine lieblichen Töchter, und so legte er, um nicht erkannt zu werden, ein Pilgergewand an und machte sich auf dem Heimweg. Nach vielen Gefahren erreichte er schließlich das Land seiner Väter; er war nur noch eine halbe Tagreise von seiner Burg entfernt, als die Nacht hereinbrach und er in einem Nonnenkloster um Herberge fragen mußte. Der Pilger wurde freundlich aufgenommen, und die junge Dienstmagd Bertha brachte ihn zu seiner Schlafstatt in der Nähe des Klosters. Unterwegs fragte sie ihn, ob er aus Preußen komme, und als der Mann dies bejahte, entfuhr dem Mädchen ein Seufzer. Warum sie denn seufze, fragte er, und Bertha erzählte ihm:

„Vor mehr als fünf Jahren ist ein Rittersmann aus unserer Gegend zu den Schwertbrüdern gegangen, und niemand weiß, ob er noch lebt." Als sie nun den Namen des Ritters nannte, mußte sie berichten, was in der Heimat in all den Jahren geschehen war.

„Kurt von Fürstenzell wird seine Burg in den Händen des Räubers - Diethers von Malsch - finden und seine Gattin im Grabe." sagte das Mädchen unter Tränen. Da wurde der Pilger ganz weiß im Gesicht und rief: „Meine Gattin! Meine Burg! Ach, und meine armen Kinder, wo mögen die wohl sein?" Jetzt erkannte das Mädchen den Vater, stürzte sich in seine Arme, sagte, es sei Irmentraut, seine Tochter, die Schwester sei im Kloster, und erzählte weiter:

„Nach drei Jahren wurde das Gerücht verbreitet, der Herr von Fürstenzell sei tot, worauf Diether seine Ansprüche geltend machte und sich mit Gewalt des Schlosses bemächtigte. Ich habe in finsterer Nacht mit der Mutter und der Schwester fliehen müssen, und hier im Kloster haben wir endlich eine Zuflucht gefunden, aber die Mutter ist schon bald gestorben. Die gute Äbtissin gab uns andere Namen, und um meine Herkunft ganz sicher zu verbergen, muß ich hier als Magd Dienst tun. Man läßt mich aber nur ganz leichte Arbeit verrichten, denn die Äbtissin hat ja nur unsere Rettung im Auge."

Lange saß der Ritter tief in Gedanken versunken, dann bat er seine Tochter um tiefstes Stillschweigen; er selbst wolle in der Nacht überlegen, was in dieser Lage zu tun sei.

Einige Tage später gab Diether von Malsch auf der Burg Fürstenzell ein prächtiges Fest; viele Ritter waren geladen, es wurde getrunken und gelacht, und es herrschte die ausgelassenste Stimmung. Plötzlich stürzte ein Diener herein, der berichtete atemlos, in der Burgkapelle sei der Geist des alten Kurt von Fürstenzell.

Ganz still wurde es im Saale, Grauen hatte alle gepackt, und Diether blickte starr nach der Türe.

Leise öffneten sich die Flügel, und herein trat der Pilger, leichenblaß sein Antlitz, Stirn und Wangen vom Leid zerfurcht, weiß sein Haupt und sein langer Bart - gerade wie eben aus der Gruft entstiegen. Langsam schritt er an den zu Stein erstarrten Gästen entlang bis zum Haupt der Tafel, wo er Diether die Hand auf die Schulter legte und mit donnernder Stimme rief: „Räuber meines Eigentums! Mörder meiner Elisabeth! Die Stunde der Rache hat für mich geschlagen!" Diether wollte aufstehen und fliehen, aber er fiel vom Stuhle und sank tot zu Boden.

„Gott hat ihn gerichtet, ihm sei Dank." sprach Kurt und wandte sich hierauf an die Gäste. „Kennt ihr mich nicht mehr, ihr, meine alten Waffengefährten?" fragte er und erzählte nun, wie es ihm in der Fremde ergangen. Alle freuten sich über seine glückliche Heimkehr und waren ihm von nun an seine treuesten Freunde.

Ettlingenweier

In der südlichen Vorbergzone von Ettlingen liegt der heutige Stadtteil Ettlingenweier in dichter Nachbarschaft mit Bruchhausen und Oberweier, urkundlich um 1100 erstmals erwähnt als Owenswiler. Die alten Dörfer, „driu Unswilre", gehörten einstens ein und derselben Markgenossenschaft an, hatten also zusammen nur eine Gemarkung und bildeten eine Stabgemeinde. Ihre Einwohner wurden früher „Stäbler" und „die Stab Weierer Untertanen" genannt.

Das Gespenst in der Linde

Bei Ettlingenweier steht eine alte Linde. Einmal kam ein Ettlinger Feldschütz dort vorbei, der traute seinen Augen nicht, als er auf dem Baum ein helles Licht erblickte. Da wird jemand oben sitzen, dachte er, und rief hinauf, wer auch immer es sei, er solle herunterkommen. Als das Wesen langsam herabgestiegen war, begann der Schütze kräftig zu schimpfen. Da erhielt er einen so kräftigen Schlag ins Gesicht, daß er ohnmächtig in einen Graben fiel.

Aus diesem Graben sprang jeden Abend ein Kalb hervor. Kehrte ein Bauer müde vom Felde heim und kam dort vorbei, so sprang das Kalb ihm auf den Rücken und blieb so lange hocken, bis das Dorf erreicht war. Begann ein Bauer aber zu jammern, so wurde die Last auf seinem Rücken schwerer und schwerer.

(Ein Feldschütz ist ein Flurhüter, eingesetzt zum Schutz gegen Diebstahl von Feldfrüchten, unbefugtes Weiden von Vieh, Entzünden von Feuer usw.)

Wieder einmal kam ein Bauer, der am Abend nochmals auf sein Feld wollte, an der alten Linde vorbei. Er sah das seltsame Licht, ging darauf zu und erkannte, daß dies ein Geist war. Ach, er wird wohl auf seine Erlösung warten, dachte der Bauer und sprach den Geist an. Wenn er ihn erlösen wolle, sagte dieser, müsse er sich ein Tuch um seine Hand binden. Natürlich wolle er dies tun, antwortete der Mann, band sich das Tuch um und ging heim. Nicht lange, so wurde der Bauer krank, und schon nach wenigen Wochen läuteten für ihn die Totenglocken.

Das Bild der Madonna mit Kind

Im Dreißigjährigen Krieg, als die Schweden in das Dorf kamen, drang ein Soldat in die Stabhalterei von Ettlingenweier ein und sah dort ein schönes Bild der Madonna mit dem Kinde hängen. Voll Spott blickte er es an, verhöhnte es mit niederträchtigen Worten und stach dann wie wild auf das Bild ein. Noch beim Verlassen des Raumes ereilte ihn die göttliche Strafe: Den Bilderschänder traf der Schlag, und er fiel auf der Stelle tot zu Boden.

Heute hängt dieses Gemälde im Albgaumuseum zu Ettlingen. Maria trägt ein rosa Gewand und einen blauen Mantel, und beide Figuren sind im Bereich der Mundpartie durch Einstiche verletzt. Inzwischen ist das Ölbild von einem Spezialisten restauriert worden.

Was im Dorf einst erzählt wurde

Früher will man häufig im Wald einen weißen Hund gesehen haben, der sei auf seinen Hinterbeinen gelaufen, denn vorne soll er Hände gehabt haben.

Auch von zwei Hexen wurde damals berichtet; hauptsächlich in Katzengestalt sollen sie ihr teuflisches Unwesen getrieben haben.

Wie in Bruchhausen und Oberweier wurde auch in Ettlingenweier der kalte Nordwind als Gaißeschinder oder Gaißenmörder bezeichnet, und wehte sonst ein starker Wind durch's Dorf, so sagte man, jemand habe sich erhängt. Tobte gar ein Sturm über die Häuser und Bäume hinweg, wollen manche Ettlingenweierer schon das wilde Heer gesehen haben.

Kreuzäcker

Die Straße von Ettlingen nach Ettlingenweier führt über die Kreuzäcker.

Der Bauer belud den Karren mit seinem Fruchtvorrat und gedachte, damit auf dem Markt einen guten Gewinn zu machen. Als er aber nicht den gewünschten Preis erzielt hatte, machte er sich voller Zorn wieder auf den Heimweg.

Dort, wo sich am Ortseingang vor dem Friedhof die Straße gabelt, erhebt sich ein hohes, schlankes Kruzifix aus dem Jahre 1720. Vor langer Zeit soll hier einmal etwas recht Ungewöhnliches geschehen sein.

Strafe für einen Gotteslästerer

Vor vielen Jahren, als die Bruchhausener noch mit ihren Pferdewagen auf den Markt nach Ettlingen fuhren, spannte einmal ein Bauer seine Pferde ein, belud den Karren mit seinem Fruchtvorrat und gedachte, damit einen guten Gewinn zu machen. Als er nun auf dem Markt seine Ware feilgeboten, aber nicht den gewünschten Preis erzielt hatte, machte er sich voller Zorn wieder auf den Heimweg. Unterwegs kam er an einem Wegkreuz vorbei, und da er seine Wut an jemandem auszulassen wünschte, hielt er an und rief mit geballter

Faust: „Du Hund bist schuld, daß ich meinen Erlös nicht bekommen habe!"

Das letzte böse Wort war kaum verklungen, da merkte der Bauer zu seinem Entsetzen, daß er in einen Hund verwandelt war. Sein eigener Hund, den er immer bei sich hatte, wurde darüber sehr unruhig und rannte nach Hause auf den Hof. Dort begann er jämmerlich zu winseln, bis die Angehörigen aufmerksam wurden und schließlich dem Hund die Straße entlang folgten.

Als sie das Kruzifix erreicht hatten, fanden sie dort wohl den Wagen und die Pferde vor, von dem Bauern jedoch war nichts zu sehen. Statt seiner lag bei dem Gespann ein gänzlich verängstigter Hund.

Auf den Kreuzäckern hat sich auch folgende seltsame Begebenheit zugetragen:

Die verschütteten Erbsen

In Ettlingen lebte vor langer Zeit eine arme, aber brave Familie, deren Vater große Mühe hatte, die große Schar der Kinder satt zu bekommen. Eines Tages arbeitete er wieder auf seinem Feld bei Ettlingenweier, und weil die Mittagszeit heranrückte, sollte das größte Mädchen ihm das Essen bringen. Die Mutter hatte aber nur noch wenige Erbsen in ihrem Vorrat, die kochte sie, tat sie in ein Schüsselchen und gemahnte die Tochter, sehr vorsichtig zu sein, denn weiter sei nichts mehr an Nahrung im Hause.

Das Kind machte sich frohgemut auf den Weg, doch bevor es sein Ziel erreicht hatte, stolperte es, das Schüsselchen fiel hinunter und zerbrach, und die Erbsen lagen im Staub der Straße. Zutiefst erschrocken sammelte das arme Mädchen die Erbsen in seine Schürze und setzte weinend seinen Weg fort, dabei inständig zu Gott betend, er möge doch helfen, sie hätten daheim ja nichts mehr zu essen.

Endlich hatte das Kind den Vater auf dem Acker erreicht, und als dieser die vom Weinen geröteten Augen seiner Tochter sah, fragte er verwundert nach dem Grund. Sie erzählte ihm von ihrem Mißgeschick und öffnete die Schürze. Da sahen beide zu ihrem größten Erstaunen – lauter blanke Taler, und von nun an war die arme Familie für lange Zeit von der drückenden Not befreit.

2 Auf den Höhen rechts der Alb

Busenbach

Unweit von Ettlingen zieht sich auf der rechten Albseite das alte Dorf Busenbach den Hang hinauf. Es wird erstmals 1292 urkundlich als Bousenbach, Bach des Busao, erwähnt und ist heute ein Ortsteil der bei der Kreisreform geschaffenen Gesamtgemeinde Waldbronn.

Der Maurerbastel

Als die alte Dorfkirche in Busenbach abgebrochen wurde und einige Dinge veräußert werden mußten, erstand der Maurer Sebastian aus Stupferich für wenig Geld das Standbild seines Namenspatrons, des hl. Sebastian. Da er sich über den Kauf sehr freute, kehrte er vor seinem Heimweg noch im Gasthaus ein und leerte ein Glas oder auch einige mehr, jedenfalls hatte

er hernach große Mühe, die Holzfigur zu schultern und fortzutragen. Schwerfällig wankte er schließlich zum Busenbacher Oberdorf hinaus und machte sich auf den langen und buckeligen Weg über den Rotenbuckel nach Stupferich. Schwer und kantig war der Heilige, aber der Maurerbastel war in bester Stimmung, und wie immer, wenn der Wein durch seine Adern floß, sang er sein Lieblingslied „O Mutter mit dem Himmelskind ...“

Endlich hatte er sein Heimatdorf erreicht und konnte trotz seines schwankenden Ganges und mehrmaligen Stolperns die Heiligenfigur unbeschadet absetzen. Bastel wollte seinen Heiligen am Hausgiebel anbringen, und da man wichtige Dinge nicht aufschieben soll, machte er sich sofort an die Arbeit, holte eine lange Leiter, stellte sie gegen die Wand des Hauses und stieg mit der Holzfigur hinauf. Es war wohl

Wieder einmal machte sich der Maurer Sebastian auf den Weg nach Busenbach. Erst vor kurzem war ihm seine Frau gestorben.

doch ein Glas zuviel gewesen in Busenbach, denn plötzlich fielen beide miteinander in die Tiefe, und der hl. Sebastian blieb zerschmettert auf der Straße liegen. Bis der doppelte Beinbruch des Maurerbastels ausgeheilt war, hatte er genug Zeit, über die Wirkung des Weines nachzudenken.

Wieder einmal machte sich der Maurerbastel auf den Weg nach Busenbach. Erst vor kurzem war ihm seine Frau gestorben. Im Oberdorf traf er den Pfarrer, der ihm sein Beileid aussprach und mitfühlend sagte: „Ja, Bastel, nun hat unser Herrgott deine Frau zu sich gerufen ...“ - „Ach lassen Sie nur,“ antwortete darauf der Witwer, „wenn der Herrgott meine Alte so lange gehabt hat wie ich, dann hat er auch die Nase voll!“

Hatzenwiesen

Busenbach hatte früher keine eigene Kirche, und so mußten die Leute jeden Sonntag nach Grünwettersbach gehen, wobei sie der Weg über die Hatzenwiesen führte. Unweit von Busenbach, am Weg vom Friedhof über den Hatzengraben nach Grünwettersbach, steht ein Kreuz; warum man es dort aufgestellt hat, davon erzählt die folgende Geschichte:

Der Geist
auf den Hatzenwiesen

Vor langer Zeit, es war noch vor der Reformation, lebte in Busenbach ein großer, langer Mann. Schon von weitem erkannte man ihn an seinen weiten Schritten, auch waren seine Arme und Finger sehr lang.

Zwischen Grünwettersbach und Busenbach liegen die Hatzenwiesen, auf denen wuchs saftiges Futter. Wenn die Bewohner beider Dörfer sich sonntags zum Kirchgang in Grünwettersbach trafen, erzählten

sie, nachts würden die ganzen Wiesen von einem großen Mann abgemäht und riesige Bündel fortgeschleppt. Niemand zeigte jedoch diesen Mann an, und so fanden die Bauern noch lange Zeit immer nur ihre abgemähten Wiesen vor.

Schließlich starb der lange Mann. Die Wiesen wuchsen prächtig, und die Leute konnten Heu in großen Mengen einfahren. Aber seit seinem Tod muß der lange Mann bei den Hatzenwiesen umgehen. Mit großen Schritten, eine feurige Sense auf seinen Schultern, umschreitet er eine abgemähte Wiese. Wenn jedoch in Grünwettersbach die Morgenglocke geläutet wird, so ist der Geist mitsamt der feurigen Sense mit einem Mal verschwunden.

Mit der Zeit hat der arme Geist den Leuten leid getan, und da sie damals sehr fromm waren, beteten sie jeden Sonntag für seine Erlösung. Schließlich ließen Bernhard Schottmüller und seine Ehefrau Catharina im Jahre 1894 ein Feldkreuz errichten, und seither hat sich der Geist des langen Mannes nicht mehr sehen lassen.

Folgt man von der Busenbacher Kirche aus immer nordwärts dem Weg nach Grünwettersbach, so findet man auf halber Strecke, unweit der Gemarkungsgrenze der beiden Dörfer, auf der linken Seite ein kleines, blokkartig dickes, regelmäßiges Steinkreuzchen aus rotem Sandstein mit einem eingehauenen Pflugsech (Pflugmesser). Die Alten wissen zu erzählen, was sich hier einstmals zugetragen hat:

Das Steinkreuz
mit dem Pflugsech

Es war ein heiterer Tag, als sich ein Bauer auf sein Feld begab, um es zu pflügen. Frohgemut spannte er seine Pferde vor den Pflug und machte sich an die Arbeit. Bis zum Abend war es noch lang und der Acker nicht allzu groß, und so könnte er wohl pünktlich sein Tagwerk beenden.

Plötzlich erhoben sich, wie aufgescheucht, laut schreiend und kreischend alle Krähen, die auf den Krumen saßen, und flogen wie eine dunkle Gewitterwolke über das Gespann hinweg. Zu Tode erschrocken bäumten die Pferde sich auf, wieherten laut und rasten alsdann fluchtartig von dannen. Das Pflugsech aber traf den überraschten Bauern so unglücklich, daß sein Haupt vom Rumpf getrennt wurde, und sein arbeitsreiches Leben ein jähes Ende fand.

Zur Erinnerung an das schreckliche Unglück hat man an dieser Stelle dann ein Steinkreuz errichtet.

Grünwettersbach

Grünwettersbach, früher auch Grünenweterspach, das im 13. Jahrhundert erstmals urkundlich erwähnt wird, ist heute ein Karlsruher Höhenstadtteil im Südosten der einstigen Residenzstadt.

Kirche

Schon von weitem grüßt von der Höhe die Kirche zu Grünwettersbach mit ihrem romanischen Turm aus dem 12. Jahrhundert. Der Turm der Grünwettersbacher Kirche – bis in die erste Hälfte des 16. Jahrhunderts die Mutterkirche für Busenbach, Etzenrot, Reichenbach und Stupferich, früher auch Langensteinbach – zeigt sich als einziger Rest des mittelalterlichen Dorfes und ist das älteste romanische Bauwerk der ganzen Gegend, und die eigenar-

tigen Steinmasken über dem Zahnfries des unteren Stockwerkes, die an dämonenbannende Mächte aus alten Glaubensvorstellungen erinnern, deuten auf die gleiche Zeit. Es heißt, zwei Kapuziner seien *im Kirchturm, da wo die beiden ausgehauenen Köpfe sich befinden, eingemauert.* (6) Wer sich gerade gegen zwölf Uhr mittags diesem alten Dorf nähert sollte anhalten und lauschen: Er hört dann

Das Mittagläuten in Grünwettersbach

Vor dem Dreißigjährigen Krieg war Grünwettersbach ein reicher Marktflecken von sechshundert Bürgern, die fleißig arbeiteten und genauso fleißig die Kirche besuchten. Aber so, wie der Reichtum zunahm, nahmen die Andachten ab, und alsbald verminderte sich auch ihr Wohlstand.

Mit dem Krieg zogen die Schweden in den Ort. Bis sie wieder abzogen, knechteten und unterdrückten sie die Einwohner, nahmen ihnen ihr Vieh und ihre Vorräte, so daß die armen Leute sich bald nur noch von Gras und Nesseln zu ernähren wußten.

Gegen Ende des Krieges, als das Dorf nur noch fünfzehn Einwohner zählte, wurde es abermals von der Ankunft der Schweden bedroht. Rasch flüchteten die Leute mit all' ihrer Habe in den Wald, um dem drohenden Unheil zu entgehen.

Endlich aber hatte der Krieg ein Ende, der Schwede war besiegt und der Friede geschlossen. Mittags um zwölf Uhr wurde die Nachricht unter Trompetenschall und Glockengeläute verkündet, die Geflohenen kehrten zurück und dankten Gott für ihre Rettung. Fortan wurde jeden Mittag die Glocke gezogen, und jeder unterbrach seine Arbeit und hielt in Andacht inne.

Als aber die Grünwettersbacher Bewohner vom katholischen zum lutherischen

Glauben wechselten, sollte das Geläute abgeschafft werden. Wie erschraken die braven Leute, als plötzlich die Kirchenglocke ganz von alleine zu läuten begann. Mehrere Tage nacheinander ging das so, immer läutete die Glocke um die Mittagstunde von selbst. Schnell führten die Grünwettersbacher das Geläute wieder ein, und so ist um zwölf Uhr mittags die Kirchenglocke zu hören bis auf den heutigen Tag.

Neben der Kirche ruht in seinem Grab

Der zauberkundige Pfarrer Maier

Vor langer Zeit, es ist vielleicht hundert Jahre her oder mehr, diente ein Pfarrer seinem Gott und der Gemeinde in Grünwettersbach, der war zwar klein an Wuchs aber groß an Geist. Er wußte alles über die Zauberkunst und besaß viele wertvolle Bücher. Auch hatte er sich das sechste und siebente Buch Moses verschafft, als er auf der Klosterschule in Maulbronn war. Dort ist er nachts in die Bücherei gestiegen, wo er den von Doktor Faust hinterlassenen Abdruck vollständig abgeschrieben hat.

Er konnte Menschen und Tiere krank und gesund machen, konnte das Wetter beeinflussen, wahrsagen und Geister berufen, niemals jedoch gebrauchte er seine Kunst zu bösen Zwecken.

Einzig ein Geist machte ihm zu schaffen. Früher, als Grünwettersbach noch katholisch war, wurde der Gottesdienst häufig von Kapuzinern versehen, und einer von den zwei Kapuzinern, die im Kirchturm eingemauert sind, ging nun in und bei der Kirche, sowie im Pfarrhaus um. Zwar fürchtete der Geist den Pfarrer und versorgte sein Vieh, aber manchmal band er es nachts los und trieb es in die Hecken am Waldrand. Auch neckte er das Gesinde auf vielfältige

Weise, ohrfeigte zuweilen nachts den Kirchner oder den Nachtwächter und lärmte oft im Kirchturm so sehr, daß die benachbarten Bewohner nicht schlafen konnten.

Mehrmals schon hatte ihn der Pfarrer vergeblich wegen dieser Streiche gezüchtigt, und endlich nun beschloß er, den Geist aus dem Ort zu verbannen. In der Christnacht ließ er sich kurz vor zwölf vom Küster in die Kirche leuchten. Da floh der Kapuziner vor ihm auf den Turm und rief, als der Pfarrer ihm nachfolgte: „Was willst du? Du bist selbst nicht rein und hast einmal deinem Vater einen Groschen gestohlen." Der Pfarrer antwortete: „Damit habe ich Papier gekauft, um Gottes Wort darauf zu schreiben." und brachte damit den Kapuziner zum Schweigen. Alsdann beschwor er ihn, aus dem Dorf zu weichen, und mit einem heftigen Knall fuhr daraufhin der Geist zum Turm hinaus.

Wie schon bei seiner Frau hatte Pfarrer Maier auch seinen eigenen Todestag vorausgesagt, und als die Zeit nahte, legte er sich in seinen bereits fertigen Sarg. Dann ließ er den Vikar und den Schulmeister kommen und befahl ihnen, seine sämtlichen Zauberbücher in der Waschküche zu verbrennen. Aber die beiden schafften die seltenen Werke beiseite und meldeten, der Befehl sei ausgeführt. Der Pfarrer wußte natürlich von dem Ungehorsam und äußerte seinen Befehl erneut. Nun verbrannten die beiden alle Bücher bis auf zwei, aber erst als ihnen für ihre Unfolgsamkeit mit dem Tode gedroht wurde, warfen sie nun auch die restlichen Bücher in das Feuer, wo sie jedoch nur sehr schwer verbrannten.

Jetzt endlich, doch zum großen Leidwesen seiner Gemeinde, konnte der Pfarrer friedlich sterben. Er fand seine letzte Ruhestätte an der Kirche neben seiner Frau und seinen beiden Kindern.

Der treue Hund des Pfarrers

Es war ein schöner Frühlingstag, der junge Pfarrer von Grünwettersbach saß vor seinem Hause und dachte über die nächste Predigt nach, als aus dem nahen Wald ein großer Wolfshund die Gasse heraufgeschlichen kam und sich zu Füßen des Geistlichen legte. Da das Tier ganz abgemagert war und sein Fell struppig und schmutzig, gab ihm der Mann zu essen und zu trinken und wusch ihn in dem Bach, der in der Nähe vorbeifloß. Fortan wich der Hund nicht mehr von seiner Seite, sprang in der Frühe freudig an ihm empor, begleitete ihn selbst in die Glockenstube und zog dort allmorgendlich das Glockenseil.

Wieder einmal hausten die Feinde entsetzlich im Lande und bedrohten auch das friedliche Dorf, so daß der Pfarrer die Bewohner anhieß, sich in den Wäldern zu verstecken; er dagegen wolle alleine zurückbleiben. Kaum hatten die Leute ihr Heim verlassen, da zogen feindliche Truppen das Tal hinauf, plünderten die Häuser, die Kirche und den Pfarrhof, und da ihnen die Beute nicht genug schien, verlangten sie vom Pfarrer die Preisgabe des Verstecks, wo alles Geld vergraben sein sollte. Das Dorf sei arm, sagte der Geistliche, und man habe keine Schätze, die es zu vergraben gelte. Daraufhin fesselten die Soldaten den Mann, schleppten ihn an das Scheunentor und nagelten ihn dort an Händen und Füßen fest. Vielleicht sei ja so ein Geständnis zu erzwingen.

Der treue Hund, wohl erkennend, in welcher Gefahr sein Herr schwebte, sprang hinüber in die Glockenstube, zerrte am Glockenseil, und als die Glocke erst leise und schwach, dann lauter und stärker erschallte, fuhr plötzlich ein Blitz in die Linde, die neben der Scheune stand, und tötete drei Soldaten. Ein fürchterlicher Donnerschlag folgte, und in panischer Angst - „Das ist Gottes Gericht!" - rann-

ten die Feinde davon und ließen ihre Beute und den angenagelten Pfarrer zurück.

Tief im Wald hörten die Flüchtlinge den Ruf der Glocke und eilten geschwind in ihr Dorf zurück. Sofort befreiten sie den Unglücklichen, hernach fanden sie auf dem Turm den keuchenden und völlig erschöpften Hund. Der Pfarrer dankte diesem treuen Tier, das ihm sein Leben gerettet hatte, durch eine liebevolle Pflege bis zu seinem Ende.

Reichenbach

Das Dorf Reichenbach, urkundlich erstmals erwähnt im Jahre 1292, war schon 1533 eine Stabgemeinde zusammen mit Busenbach und Etzenrot und bildet heute mit diesen beiden Orten die neue Gemeinde Waldbronn.
In der zweiten Hälfte des 16. Jahrhunderts wird eine Kapelle in Reichenbach erwähnt, die heutige Kirche St. Wendelin steht seit 1839/40.

Das Reichenbacher Geläute

Es gab eine Zeit, da herrschte in Reichenbach das Nervenfieber (Typhus), und in vielen Häusern lagen die Leute mit hohem Fieber und Schmerzen krank danieder.

Am Rande des Dorfes wohnte eine arme Witwe mit ihrer einzigen Tochter, die waren auch von der Epidemie heimgesucht worden aber ohne jegliche Pflege, da ihre Hütte ganz abseits von der Straße stand und niemand von ihrer Krankheit wußte. Sie waren so schwach, daß sie ihr Haus nicht verlassen konnten, und so gingen ihnen nach einigen Tagen die Vorräte und sogar das Trinkwasser aus.

Schließlich raffte sich die todkranke Frau auf und schleppte sich mühevoll bis zum Brunnen. Ihre Tochter, die noch nicht so schwach war, rief ihr hinterher: „Trink und bring mir's!" Als die Mutter mit größter Anstrengung die Wohnung wieder erreicht hatte, gab sie der Tochter zu trinken und sank dann tot zusammen.

Nun erst erkannte die Tochter, die ihre Mutter bisher nicht sonderlich gut behandelt hatte, was sie an ihr verloren hatte. Sie weinte in ihrer Trauer bittere Tränen, und als sie wieder genesen war, stiftete sie in großer Dankbarkeit für alles, was ihr die Mutter in ihrem Leben Gutes getan hatte, der Reichenbacher Kapelle eine Glocke, die nun immerzu rief: „Trink und bring mir's!"

Anders als diesen fröhlichen Frauen erging es einst einer Mutter aus Reichenbach, die an Typhus erkrankt war. Die todkranke Frau schleppte sich mühevoll bis zum Brunnen, und ihre Tochter, die auch krank aber noch nicht so schwach war, rief ihr hinterher: „Trink und bring mir's!"

Etzenrot

Wie seine zwei Schwestergemeinden Reichenbach und Busenbach wird Etzenrot erstmals 1292 erwähnt, damals als „Ebercenrode". In seiner Geschichte hatte das Dorf viel Leid erlebt. Während des Dreißigjährigen Krieges war der kleine Ort fast völlig vom Erdboden verschwunden, nur noch zwei Familien waren übriggeblieben. Nach dem Krieg haben zugezogene Köhler und Holzmacher die zerstörten Hofstätten wiedererrichtet und eine neue Siedlung angelegt.
Zu Beginn des 19. Jahrhunderts drohte abermals der Niedergang des Dorfes:

Das verschuldete Dorf

Krieg und Mißernte in den schlechten Zeiten am Ende des 18. Jahrhunderts brachten es mit sich, daß Etzenrot in große Schulden geraten war. Nicht einmal mehr die Zinsen vermochten die braven Bürger aufzubringen, und so wußten sie schließlich nur noch einen einzigen Ausweg: Im Jahre 1800 erging an den Markgrafen Karl Friedrich eine Bittschrift, in der die Etzenroter um Erlaubnis baten, ihre ganze Gemarkung verkaufen zu dürfen, um den Erlös gleichheitlich aufteilen und dann auswandern zu können.

Die Angelegenheit wurde eingehend untersucht, und nachdem die Regierung zunächst gegen eine Auflösung der Gemeinde entschieden hatte, und ein Teil der Einwohner doch lieber in der Heimat zu verbleiben wünschte, wurde 1801 folgender Beschluß gefaßt: 100 Morgen Wald sollte an den Fiskus verkauft werden, der Erlös unter den Bürgern verteilt und die Schulden beglichen werden; dafür sollten jedoch zehn der 30 Familien das Dorf verlassen und auswandern.

Im Jahre 1803 hatten schließlich drei Familien ihre Heimat verlassen, und da dies nicht den Abmachungen entsprach, mußten nach großem Widerstreben weitere sechs Familien in die Fremde ziehen.

„Schlecht, Herr Großherzog!"

„Heil, unserem Fürsten, heil!" sangen die Schulkinder unter der Leitung ihres Dorfschullehrers. Die Bürgermeister und die Gemeinderäte trugen Frack und Zylinder, und die Frauen schmückten sich mit ihren besten Kleidern, als der Großherzog im Jahre 1892 mit seiner Hofkutsche durch das vordere Albtal fuhr, um die neuangelegte Wasserleitung zu besichtigen, und allerorts ertönten Böllerschüsse und Glockengeläut.

Schließlich kam die „Königliche Hoheit" auch nach Etzenrot. Das ganze Dorf war auf den Beinen, und wieder begrüßten die Kinder ihren Landesherren mit einem fröhlichen Lied. Der Großherzog stieg aus seiner Karosse, streckte dem Bürgermeister die Hand entgegen und fragte in bester Laune: „Na, wie geht's hier oben?" Leutselig antwortete das biedere Gemeindeoberhaupt: „Schlecht, Herr Großherzog!"

Da die Frage ja nur höflich gemeint war, wie es die Etikette erfordert, und eine wahre Antwort nicht erwartet wurde, verzog der hohe Herr augenblicklich das Gesicht, und sein Begleitpersonal schaute betreten ins Nichts. Um dem Bürgermeister eine Chance zu geben, frage der Landesvater: „Warum denn?" – „Nun, der hohen Steuern wegen!" bekam der Fürst zur Antwort, worauf dieser nur brummte: „Das muß auch sein!", in seine Karosse stieg und grußlos das kleine Albtaldorf verließ.

Seither bekommt im vorderen Albtal ein Freund, der sich nach dem Befinden erkundigt, oftmals zur Antwort: „Schlecht, Herr Großherzog!"

Langensteinbach

Langensteinbach, der „langgestreckte Ort am Steinbach" – heute der Bocksbach –, dessen Geschichte bis in das Jahr 1197 zurückverfolgt werden kann, war einstmals ein weithin berühmter Badeort. Im Wiesengrund des Bocksbachs, am Fuße des „Barbarabuckels", entsprang eine heilkräftige Quelle, die im 18. Jahrhundert zu einer vielbesuchten Bade- und Trinkanstalt ausgebaut wurde. Markgraf Karl Friedrich von Baden verweilte hier jeden Sommer, und jeden Morgen ließ er sich von dieser Quelle durch einen reitenden Boten frisches Wasser zum Frühstück holen. Nach dem Tode Karl Friedrichs (1811) nahm der Badebesuch nach und nach ab, und 1840 wurden die Gebäude schließlich abgerissen. Heute ist von den prächtigen Anlagen keine Spur mehr zu finden.

Die aufrührerischen Bauern

Im Bauernkrieg 1524/25, als sich die unterdrückten Bauern gegen die Fronlasten erhoben, hatten sich auch aufrührerische Bauern aus Langensteinbach gegen die Obrigkeit aufgelehnt. Am 29. April 1525 plünderten sie den herrenalbischen Klosterhof in Langensteinbach, zerrissen die wertvollen Pergamenturkunden, streuten sie auf die Wege oder schmückten sich damit die Hüte.

Noch am gleichen Tag machte sich der Bischof von Speyer auf den Weg, um mit den Bauern zu verhandeln, als er aber in Langensteinbach eintraf, waren die meisten Bauern schon zum Kloster Herrenalb weitergezogen. Der Bischof solle ihnen dorthin nachfolgen, lautete der Befehl, und so fuhr er also weiter, den Rebellen hinterher. Als der geistliche Würdenträger endlich am Nachmittag in Herrenalb eintraf, hatte sich der Bauernhaufen schon um die Anlage gelagert, und er konnte nicht mehr verhindern, daß das Kloster geplündert und verwüstet wurde.

ᘓᐟᛉᐟᛉᐟᛉᐟᛉᐟᛉᐟᘓ

Ein Gespenst führt in die Irre

Es war tief in der Nacht, vielleicht zwei Uhr, als sich ein Bauer von Langensteinbach auf seinen Heimweg machte. Er kam von der Dietenhauser Mühle und hatte gerade den Dreieichenbuckel erreicht, als er plötzlich im freien Feld jemanden mit einem Licht wandeln sah. Da es sehr dunkel war, dachte er: ‚Wenn doch der mit der Laterne bei mir wär!', und schon stand ein Gespenst neben ihm. „Da bin ich, ich will dir leuchten," sagte es, und dankbar folgte nun der Bauer diesem Licht. Aber das Gespenst führte den armen Mann so in der Irre umher, daß er erst am Morgen gegen fünf Uhr sein Haus erreichte. Völlig erschöpft wollte der Bauer eintreten, als der Geist für sein Leuchten ein Trinkgeld forderte. Der Mann griff in seine Tasche, holte einen Groschen hervor, und als er ihn in die fremde Hand legte und sie dabei mit dem Finger berührte, zischte dieser augenblicklich in Rauch auf.

ᘓᐟᛉᐟᛉᐟᛉᐟᛉᐟᘓ

St. Barbara-Kapelle

Auf einem bewaldeten Bergvorsprung im Südwesten des Ortes erhebt sich die Ruine der St. Barbarakapelle, früher auch „Bärweleskerch" genannt. Daneben findet man die Turmreste einer Burg, im Volksmund das „Römertürmle", die um 1100 erbaut, um 1200/1300 aber wieder aufgegeben wurde.
Die ehemalige Wallfahrtskirche, 1432 erstmals urkundlich erwähnt, wurde wohl schon im 14. Jahrhundert in der Nähe heilkräftiger Quellen errichtet und war damals ein wegen seiner Wunder weit und breit berühmter Wallfahrtsort. Nach dem Dreißigjährigen Krieg ist die kleine Kirche dann aber mehr und mehr zerfallen.

Die heilige Barbara in Langensteinbach

Vor langer, langer Zeit, als das Christentum noch nicht überall Fuß gefaßt hatte im Lande, lebte einmal in der Gegend von Langensteinbach ein fränkischer Fürst, der hatte eine schöne und kluge Tochter. Als diese eines Tages den prächtigen Tempel betrat, den ihr Vater hatte erbauen lassen, sah sie durch das einzige Fenster drei Sterne am Himmel stehen - am hellichten Tage. Während sie noch verwundert hinausschaute, erschien plötzlich ein Engel und sprach: „Diese Sterne wie das ganze Weltall hat der eine, dreifaltige Gott gemacht." Die schöne Fürstentochter bekehrte sich darauf zum Christentum und erhielt in der Taufe den Namen Barbara.

Barbara ließ nun im Tempel zwei weitere Fenster zu Ehren der heiligen Dreifaltigkeit anbringen und zertrümmerte die heidnischen Götzenbilder. Der Vater, als er davon erfuhr, geriet darüber in großen Zorn und drohte seiner Tochter mit dem Tode, sollte sie nicht vom Christenglauben lassen; auch sollte sie den heidnischen Fürstensohn heiraten, der schon lange um sie warb. Barbara hatte jedoch die ewige Jungfrauschaft gelobt, um Gott allein dienen zu können. In ihrer Not sah sie keinen anderen Ausweg als die Flucht, und so belud sie in der Nacht einen Maulesel mit ihren Schätzen und floh mit ihrem Kammerfräulein aus dem väterlichen Schloß.

Bald kamen sie in eine Wildnis, in der etliche Kapuziner hausten, dort bauten sie sich auf einem Hügel eine Hütte. Nach

dem Rat der Kapuziner ließ die Königs-
tochter wenig später eine prächtige Kirche
errichten, für die sie als Patronin die heilige
Barbara wählte, und daneben entstand ein
kleines Schloß, in dem sie fortan lebte.

Lange hatte der Fürst vergeblich nach
seiner Tochter suchen lassen, und schließlich versprach er demjenigen eine hohe
Belohnung, der ihr Versteck ausfindig
machte. Dies erfuhr einer der Kapuziner,
Barbaras Beichtvater. Er verriet den Aufenthaltsort der geflohenen Tochter, und
schon bald erschien der Vater mit seinem
Kriegsheer und nahm sie gefangen. Wieder
versuchte er mit schönen Worten und mit
Drohungen, seine Tochter von dem neu-
en Glauben abzubringen; als aber Barbara
weiterhin standhaft blieb, ließ er sie nackt
durch zwei Reihen seiner Krieger Spieß-
ruten laufen. Wie durch ein Wunder fiel
jedoch vom Himmel ein weißes Gewand
herab und bedeckte Barbaras Blöße.

Nun ließ der Vater seiner Tochter beide Brüste abschneiden, und als er sah, daß
sie auch jetzt noch unerschütterlich ihrem
Glauben treu blieb, schlug er ihr mit den
eigenen Händen das Haupt ab. Sogleich
versank Barbaras Schloß in die Tiefe der
Erde. Ihr Haupt aber rollte den Hügel hinab, und dort, wo es schließlich liegenblieb,
entsprang eine Quelle, deren Wasser fortan heilende Kräfte besaß.

Der Abt von Herrenalb ließ den Leichnam der frommen Fürstentochter unter
dem Hochaltar der Barbarakirche beiset-
zen, und das Gotteshaus wie die Quelle
wurde ein von nah und fern gern besuchter
Wallfahrtsort.

Es wird auch erzählt, Barbara sei, kaum
daß ihr Haupt abgeschlagen war, sogleich
wieder aufgestanden. Sie habe ihr Haupt
unter den Arm genommen, sei das Tal
hinabgestiegen, an einer Quelle niederge-
sunken und sanft entschlummert. Ihr Blut
habe sich mit dem klaren Wasser vermischt,
und so sollen seither aus dieser Quelle

heilsame Kräfte sprudeln. Als die Leute in
der Gegend von diesem Wunder erfuhren,
seien sie alle gläubige Christen geworden.
Der heidnische Fürst habe eigenhändig seine tote Tochter auf den Hügel zurückgetra-
gen und stattlich beerdigt, und zum Andenken an sein frommes Kind sei hernach eine
Kirche erbaut worden, die fortan das Ziel
zahlreicher Wallfahrten wurde.

❧❦❧

In und bei der Kirche soll es oftmals seltsame
Erscheinungen geben, und mancher sah hier
schon bei Nacht und auch am Tage

Die weiße Frau

Vor vielen, vielen Jahren beschloß ein Ritter, auf einem Hügel bei Langensteinbach
eine Kirche zu bauen, die er der heiligen
Barbara widmen wollte. Der Bau war
noch nicht vollendet, als der Ritter vom
Kaiser zu einem Kriegszug abgerufen wurde. Er befahl seiner Tochter, während
seiner Abwesenheit die Bautätigkeiten zu
überwachen und darauf zu achten, daß
alles genau nach seinem Plane ausgeführt
werde. Sie gab ihm ihr Versprechen, und
unbesorgt machte sich der Vater auf den
Weg.

Die Kirche wuchs prächtig empor, aber
als die Ritterstochter den Bau besichtigte,
war sie doch nicht zufrieden. Es könnte
wohl mehr Licht in den Raum fallen,
dachte sie und gab den Befehl, mehr Fenster anzubringen, als die Planung vorsah.

Nach einer anderen Version wird berichtet, die Tochter habe sich lieber in
Langensteinbach ein schönes Leben gemacht und es mit der Bauaufsicht nicht allzu genau genommen, weshalb die Fenster
zu hoch angesetzt wurden. Tatsächlich entfuhr einem Fachmann vor einigen Jahren
beim Besuch der Ruine die Bemerkung:
„Oh, diese Fenster sitzen zu hoch!"

Endlich kehrte der Ritter zurück, aber wie entsetzt war er, als er sah, daß der Bau seiner Kirche nicht so ausgeführt worden war, wie er gewollt hatte. In seinem Zorn verwünschte er die Tochter in die Kirche, und dort geht sie nun seit ihrem Tode um und hütet die vergrabenen Schätze. In der ganzen Gegend wird sie seither die „weiße Frau" genannt.

Man sagt auch, die weiße Frau sei Barbara (s.o.), die einst die Barbarakirche habe erbauen lassen. Sie habe nach dem Bau von ihren Schätzen noch etwas übrigbehalten, und als ihr heidnischer Vater sie verfolgte, sei ihr nicht genug Zeit geblieben, die Schätze aus dem Versteck hervorzuholen. Seit ihrem Tode muß sie nun bei dem ehemaligen Kirchenplatz als „weiße Frau" umgehen und findet erst Ruhe, wenn jemand die Schätze gehoben hat.

Es war in einem Schaltjahr, die Frühlingssonne lachte warm vom Himmel, als ein junges Mädchen mit seinem Vater hinauf zur Barbarakirche ging. Der Vater und ein anderer Mann hatten vor der Kirche zu arbeiten, und so ging die Tochter alleine in das Gotteshaus. Als sie sich dem Altar näherte und eben niederknien wollte, sah sie plötzlich die weiße Frau aus dem Chor kommen. Dort blieb sie stehen und winkte das Mädchen zu sich hin. Schneeweiß waren Gesicht und Hände, aber Augen und Haare rabenschwarz, und in der Hand, an der viele goldene Ringe steckten, hielt sie einen kleinen Strauß blauer Blumen. Auch ihr Gewand war weiß, und an der Seite trug sie einen großen Bund Schlüssel.

Zu Tode erschrocken eilte das Mädchen zur Kirche hinaus und erzählte den beiden Männern, was es eben gesehen hatte. Sofort folgten sie dem aufgeregten Kind, konnten aber die weiße Frau nicht entdecken. „Dort ist sie!" rief das Mädchen, aber nur ihm war sichtbar, wie die

weiße Frau, die Haare über den Rücken bis auf den Boden herab, wieder nach dem Chor zurückschritt; daraufhin fiel das Mädchen in Ohnmacht. In der ganzen Kirche suchten die Männer nach der weißen Frau, konnten sie aber nirgendwo entdecken.

Auch einem anderen jungen Mädchen – es war gerade dreizehn Jahre alt – ist die weiße Frau einmal erschienen. An einem Tag im Advent stieg es gerade mit seinen Freundinnen die Turmtreppe der Barbarakirche hinauf, da sah es plötzlich die weiße Frau unten stehen, welche ihm mit einem Strauß blauer Schlüsselblumen zuwinkte. Das Mädchen zeigte den anderen die seltsame Erscheinung, aber niemand konnte sie wahrnehmen, dennoch liefen alle in großer Eile davon. Oft ist die Neugierde junger Mädchen größer als ihre Angst, also stiegen die Freundinnen wieder auf den Turm, und wieder konnte das eine Kind die Frau auf dem Platze stehen und winken sehen, diesmal mit einer roten Pfingstrose in der Hand.

Aufgeregt erzählten sie daheim ihren Eltern, was sie erlebt hatten. Sie sollten am anderen Tage wieder in die Kirche gehen, so wurde ihnen geraten. Die Mädchen taten, wie ihnen geheißen, und als sie das Gotteshaus betreten hatten, erblickten einige von ihnen im Gewölbe eine Schüssel voll dampfender Bohnen, den anderen blieb sie unsichtbar. Niemand hatte den Mut, sich der Schüssel zu nähern, und so eilten sie wieder nach Hause zurück und erzählten, was sie gesehen hatten.

Die Bohnen seien Geld gewesen, sagten die Eltern, und wenn sie eine Schürze oder etwas anderes, das nicht auf dem Leib getragen wird, darübergeworfen hätten, so wäre es das ihre gewesen. Am nächsten Tag gingen die Mädchen wieder in die Kirche, aber die weiße Frau und die Schüssel mit den Bohnen blieben verborgen und ließen sich zu ihrem Verdruß niemals wieder blicken.

Noch oft ist die weiße Frau von verschiedenen Leuten gesehen worden. Einmal saß sie vor der Kirche und las in einem Buch, und ein anderes Mal sah man sie mit einem weißen Schleier und einem bunten Blumenstrauß in der Hand. Andere erzählten, man habe sie auch einmal in Begleitung einer zweiten weißen Frau gesehen, und jemand sah auch einen kleinen weißen Hund an ihrer Seite.

Es gab auch Leute, die haben die weiße Frau gesucht, um Geld von ihr zu erhalten, aber sie ist ihnen nicht erschienen. Dennoch haben sie nach dem Geld gegraben. Als sie es gefunden hatten, sind die Schätze im Boden jedoch fortgerückt, und die Leute mußten mit leeren Händen wieder fortgehen.

Schätze in der Barbarakirche

In Spielberg lebte einst eine Bauersfrau, die besuchte regelmäßig den Gottesdienst in Langensteinbach. Wieder einmal machte sie sich mit leichtem Herzen auf den Heimweg, als ihr an der Barbarakirche die „weiße Frau" begegnete. Sie solle mitkommen, sagte die Erscheinung, denn sie könne sie erlösen und dabei reich werden.

Nun, reich zu werden ist nicht schlecht, und so folgte die Frau dem Geist in das Gewölbe unter der Kirche. Dort standen zwei Kisten, auf der einen saß eine Kröte und auf der anderen ein weißer Hund. Die weiße Frau gab der Bäuerin eine Gerte in die Hand, die solle sie schwingen, aber dabei kein Wort, auch nicht den Namen Jesus dabei sprechen. Sie wolle nun gehen und bald mit den Schlüsseln zu den Kisten zurückkehren. Die Bauersfrau tat, wie ihr geheißen, und schwang die Gerte umher. Plötzlich sah sie, wie der weiße Hund kohlschwarz wurde, und erschrak darüber so sehr, daß ihr ein „Ach Gott!" entfuhr. Im gleichen Moment fiel sie in eine tiefe Ohnmacht.

Nach einiger Zeit erwachte die Bauersfrau wieder und fand sich oben im Gotteshause unter dem Schwibbogen liegen. Wie sie erstaunt um sich blickte, hörte sie in der Luft ein Ächzen und Wehklagen: „Nun muß ich noch so lange leiden!" Einige Stunden lang dauerte dieses Jammern an, und die arme Frau wußte vor Angst nicht aus noch ein. Schließlich erhob sie sich ganz erschöpft und begab sich in das nahe Badehaus, wo sie sich ganz allmählich wieder von ihrem Schrecken erholen konnte.

Von der langen und schweren Arbeit müde legte sich ein Mann aus Langensteinbach am späten Abend in sein Bett und streckte wohlig seine Glieder. Wie er so friedlich eine Weile geschlafen hatte, erschien ihm plötzlich, es war kurz vor Mitternacht, die „weiße Frau", die sprach zu ihm: „Komm nächstens um diese Zeit in das Gewölbe der Barbarakirche, wo du eine Kiste finden wirst, die ganz mit Geld gefüllt ist. Auf ihr liegt ein schwarzer Hund, welcher dreimal zu dir sagen wird: Geh weg. Jedesmal mußt du erwidern: Geh du weg! und dabei ihm einen Streich mit einer dortliegenden Rute geben. Bei dem dritten Hieb wird der Hund weichen, du kannst dann das Geld in Besitz nehmen, und mich dadurch erlösen."

Drei Nächte hintereinander ging das so, dann, in der vierten Nacht, ging der Mann endlich in das Gewölbe, wo er tatsächlich eine Kiste fand, auf der ein schwarzer Hund lag. Als das Tier ihn aber mit seinen furchterregenden Feueraugen anblickte, ergriff den Mann das blanke Entsetzen, und er flüchtete in größter Eile aus der Kirche. Er hat sich von seinem Schrecken nicht mehr erholt und ist wenige Wochen später gestorben.

Man schrieb das Jahr 1840, als am Weihnachtstag zwischen elf und zwölf Uhr in der Nacht einem Zieglergesellen aus Langensteinbach die „weiße Frau" erschien. Schon seit vielen Jahrhunderten müsse sie umgehen, sprach sie, und er könne sie erlösen und dabei reich werden. Er müsse nur genau das tun, was sie ihm später auftragen werde. Der Mann erklärte sich zu allem bereit, und die Erscheinung verschwand.

In der Neujahrsnacht holte die weiße Frau den Gesellen in die Barbarakirche und führte ihn in das Beichtkämmerchen. Sie hob einen großen Stein auf, der den Eingang zu einem unterirdischen Gang verschloß, und führte nun den Mann über zweiundneunzig Stufen hinab in einen tiefen Keller. Dort standen vier Kisten, von denen die erste gefüllt war mit Goldstücken, die zweite mit Silbergeld und die dritte mit anderen Kleinodien - die vierte indes enthielt ein goldenes Kruzifix und einen goldenen Kelch. Alle Schätze hier könne er gewinnen, sagte die Frau, nur diese beiden Stücke solle er der Kirche in Busenbach geben. Zuvor aber müsse er zu ihrer Erlösung beitragen. In der Nacht des nächsten Karfreitags solle er herkommen, rein von Weibern und geistigen Getränken, und kein Wort sprechen. Was weiter zu tun sei, werde sie ihm beim nächsten Mal sagen.

Nach etlichen Wochen gegen Mitternacht brachte die weiße Frau den Zieglergesellen wieder in den Keller, aber diesmal lag auf den Stufen im unterirdischen Gang eine große Schlange, die sich angriffslustig aufrichtete, und auf einer der Kisten saß ein feuerspeiender Hund. Die Frau wies auf eine Rute und ein Schwert: Mit der Rute müsse der Mann in der Karfreitagsnacht den Hund von der Kiste jagen und ihm hernach mit dem Schwert den Kopf abschlagen. Dann brachte sie ihn wieder ins Freie zurück.

Eine Woche vor Karfreitag kam die weiße Frau wieder nach Langensteinbach. Warum sie ganz in Schwarz gekleidet sei, fragte der Geselle, und sie antwortete ihm, weil Fastenzeit sei. Wieder stiegen sie in den Keller hinab, und als dort ein Haufen Krieger und scheußliche Tierfratzen auf den Mann loszugehen drohten und er angstvoll beiseite wich, versicherte ihm der Geist, es werde ihm bei der Erlösung kein Leid geschehen. Aber die Erscheinungen waren doch zu gräßlich, und so rief der Geselle angstvoll in seiner übergroßen Not: „Ach, Jesus! Nein, ich kann dich nicht erlösen. Mein Leben ist mir zu lieb!" Kaum hatte der verzweifelte Mann diese Worte ausgestoßen, so verlor er die Besinnung.

Als der Zieglergeselle nach einiger Zeit wieder zu sich kam, fand er sich im Freien wieder, und Keller und Kisten waren ihm wie nie gewesen. Auch die weiße Frau hat er niemals wieder zu Gesicht bekommen.

Viele Leute haben wohl seither versucht, die Schätze der Barbara zu heben. Von der Kirche war schon längst nur noch die Ruine übrig, als sich in einer Herbstnacht drei Langensteinbacher Jünglinge und ein verfahrener Schüler auf den Weg machten, nach den Schätzen zu graben. Während sie nun so in dem dachlosen Gotteshaus ihr Wesen trieben, begann es plötzlich so fürchterlich zu blitzen und zu donnern, daß sie in großer Angst die Flucht ergriffen.

Außerhalb der Kirche war jedoch alles ruhig, und am Sternenhimmel war nicht eine einzige Wolke zu entdecken. *(Ein verfahrener Schüler ist verflucht und verdammt, da er eine üble Fahrt zum Teufel und in die Hölle gemacht hat.)*

In Langensteinbach wohnte einst ein Schreiner, zu dem kam eines Tages ein unbekannter Mühlarzt, der sprach ihn an: „Früher ist bei der Barbarakirche ein Nußbaum gestanden, unter ihm soll ein Schatz verborgen sein. Du allein kennst die richtige Stelle. Wenn du mit mir heute nacht dort graben kommst, so will ich dir von dem Schatz die Hälfte abgeben."

Wohl wußte nur der Schreiner allein, wo der Baum einstmals gestanden hatte, aber ihm kam die ganze Sache doch recht unheimlich vor, und so ließ er sich nicht auf diesen Handel ein.

Also machte sich der andere alleine auf den Weg. Niemand hat je erfahren, was in jener Nacht geschehen ist. Es wird erzählt, solange der Unbekannte bei der Barbarakirche gewesen sei, habe man Windgebrause gehört und schweifende Lichter gesehen. Den Mühlarzt habe hernach nie wieder jemand zu Gesicht bekommen.

Ganz früher, als noch allerorten im Ofen ein Holzfeuer prasselte, und die armen Leute ihr Holz in den Wäldern sammeln mußten, ging wieder einmal, wie so oft, ein Bub in den Wald bei der Barbarakirche, um trockene Äste zu sammeln. Er hatte schon einen ordentlichen Haufen zusammengetragen und seinen Strick, mit dem er alles binden wollte, darauf geworfen. Als er schließlich soviel gesammelt hatte, wie er tragen konnte, und den Strick wieder aufheben wollte, war der ganze Haufen verschwunden, und nur noch etwas Reisig lag an seiner Stelle. Aber das, was an dem Stricke hängengeblieben war, hatte sich zum großen Erstaunen des Buben in blanke Sechsbätzner verwandelt. *(Sechsbätzner = Münze: Bätzner, Batzen oder Batzenstück)*

Noch oft sollen in dem verfallenen Gebäude umherliegende Goldmünzen gefunden worden sein, die die Größe von Sechsern, aber auch ein unbekanntes wie unkenntliches Gepräge hatten.

❧❦❧❦❧

Der gespenstische Kapuziner

Wie wir bereits erfahren haben (*s.o.: Die heilige Barbara in Langensteinbach*), wurde damals die fromme Barbara von ihrem Beichtvater, einem Kapuziner, verraten. Noch lange Zeit ging dieser Mönch nach seinem Tode ohne Kopf in der Kirche und ihrer Umgebung um.

An einem schönen Tage ging der Sohn des Langensteinbacher Wundarztes in den Wald, vielleicht um dort Beeren zu suchen, man weiß es heute nicht mehr so genau. Auf einmal sah er einen Kapuziner mit blutender Halswunde auf der Erde sitzen. Dem Knaben war recht unheimlich zumute, und so hetzte er seinen Hund auf die seltsame Erscheinung. Aber das Tier begann zu zittern und verkroch sich ängstlich hinter einem Baumstumpf. Die Gestalt verschwand, aber bald sah der Bub sie wieder: einmal stand sie auf einem Markstein, ein andermal schaukelte sie an einem Eichenast. Den Knaben erfaßte das Grausen; er eilte nach Hause und erzählte aufgeregt seinem Vater, was er gesehen hatte.

Der Vater und ein weiterer Mann gingen nun mit dem Jungen zu der Stelle, wo der Markstein stand, aber die beiden Männer konnten nichts entdecken. Der Bub deutete auf den Geist, aber selbst, als der Vater den Markstein abtastete und dabei zum Erschauern seines Sohnes das Gespenst sogar berührte, konnte er nichts ungewöhnliches entdecken. Während sie so ratlos um den Stein herumstanden, erhielt der Knabe plötzlich eine Ohrfeige; dann war die Erscheinung verschwunden. *(Markstein ist ein altes Wort für Grenzstein.)*

Andere sahen manchmal den Kapuziner an der Barbarakirche sitzen; auch soll es schon vorgekommen sein, daß er mit hochgeschlagener Kapuze nächtliche Wanderer nach Hause begleitet und ihnen mit einem blauen Licht vorausgeleuchtet hat. Manch einem soll er auch schon angedeutet haben, daß in der Barbarakirche ein Schatz verborgen sei, und, wer ihn hebe, einen Geist erlösen könne.

So erging es einem Mann aus Pfaffenrot. Drei Mittage nacheinander erschien ihm der Kapuziner und forderte ihn auf, mit ihm in die Barbarakirche zu gehen, dort könne er einen Geist erlösen und überdies reich werden. Beim dritten Mal ging der Mann mit. Der Kapuziner sagte zu ihm, er dürfe sich vor nichts fürchten, müsse jeden mit „du" anreden, und bei allem, was man von ihm fordere, erwidern: Tu du es doch selbst! Als der Mann aber aus dem Gewölbe einen feuerspeienden Kapuziner auf sich zukommen sah, ergriff ihn ein so großes Entsetzen, daß er Hals über Kopf die Flucht ergriff. Den Kapuziner hat man niemals wiedergesehen.

Es ist schon lange her, in der ersten Zeit nach Einstellung der Wallfahrt, als eine Frau aus Reichenbach mit ihrem Kind die Barbarakirche aufsuchte. Sie betrat das bereits recht verfallene Gotteshaus, da sah sie plötzlich unter dem Schwibbogen einen Kapuziner stehen, der trug einen langen, weißen Bart und war in ein Chorhemd gekleidet. Vor ihm stand ein kleiner Kübel. Schweigend winkte er der Frau näherzukommen, aber im gleichen Moment lief das Kind mit großen Geschrei davon und die Mutter im ersten Schrecken hinterher. Wie sie nun so draußen vor der Kirche steht, denkt sie, in dem Kübel könne wohl Geld gewesen sein, und vielleicht sei es besser gewesen, dem Wink zu folgen. Also ging sie wieder zurück, aber da waren der Mönch und der Kübel schon verschwunden.

༄ ༄ ༄

Spuk in der Barbarakirche

Dunkle Schatten wirft die Ruine der Barbarakirche in der Vollmondnacht. Weiße Tauben fliegen um ihre verfallenen Mauern, und dann und wann ist ihr öder Innenraum hell erleuchtet, und Schellenklang und Kirchengesang und die Töne einer Orgel dringen aus den Resten des alten Gotteshauses. Aber nur an hohen Festen und besonders am Vorabend des Barbaratages (4. Dezember) kann der einsame Besucher diese wundersamen Vorgänge wahrnehmen.

In manchen Nächten zeigten sich in und bei der Ruine Hunde, Katzen und Schlangen, auch Lichter in verschiedenen Farben, und manchem sind dort weiße Kinder und ein schwarzer Mann erschienen. Jagte ein Jäger in dem Wald bei der Kirche, so konnte das Wild von seinen Kugeln nicht getroffen werden. Näherte sich ein Gespann der Barbarakirche, so konnte es sein, daß die Pferde wie festgebannt stehenblieben, und nur wenn man dreimal das Fuhrwerk umgangen und Gottes Namen angerufen hatte, konnten sie wieder angetrieben werden.

Einmal sah eine Frau aus Langensteinbach, die ihren holzfällenden Leuten das Essen gebracht und hernach die Kirchenruine betreten hatte, in einer Ecke einen Topf mit Mehlknöpflein stehen. Verwundert ging sie hinaus und fragte die Männer, wer denn das Essen dorthin gestellt habe. Niemand hatte dies getan, und so führte sie ihren Mann und den Knecht in das alte Gemäuer. Wohl stand hier der Topf noch an seinem Platz, aber nur die Frau konnte ihn sehen. Sobald sie den Männern aber die Stelle zeigte, war er verschwunden, und statt seiner lag dort nur noch ein Häuflein gewöhnlicher Erde.

An einem schönen Tage kam einmal ein Bauer an der Barbarakirche vorbei und sah dort einen kleinen Kirschbaum stehen. ‚Daraus läßt sich gut eine Flegelrute machen', dachte er und machte sich ans Schneiden. Als er aber den ersten Schnitt tat, hörte er es plötzlich „Au weh!" rufen, und auch, als er zum zweiten Schnitt ansetzte, hörte er den Schmerzensruf. Der

Eine Frau aus Reichenbach betrat einmal mit ihrem Kind die bereits recht verfallene Barbarakapelle, da sah sie plötzlich unter dem Schwibbogen einen Kapuziner stehen, der trug einen langen weißen Bart.

Bauer blickte sich um, und als er weit und breit niemanden sah, ergriff ihn das Grauen, und er machte sich eilig davon. Am anderen Tage, als er sich beruhigt hatte, ging er wieder zu der Kirche, aber das Bäumchen war verschwunden.
(Eine Flegelrute wurde damals zum Dreschen benötigt.)

Ähnlich ist es einem Küfer ergangen, der dort eine Birke schneiden wollte. Dreimal setzte er sein Messer an die Äste, und bei jedem Schnitt hörte er es „O Jesus!" rufen. Da verließ auch er mit großem Herzklopfen den Ort, und auch er hat später, so lange er auch suchte, das Bäumchen nicht wiederfinden können.

Das Ende der Barbarakirche

In ihrer Blütezeit, vor vielen hundert Jahren, gehörten zur Barbarakirche das dabeigelegene Kloster, die Langensteinbacher Kapelle und die Gottesau. Sie verfügte über einen sehr großen Reichtum, denn stündlich betrugen ihre Einkünfte ein Goldstück. Der Chor und das Schiff des Gotteshauses glänzten von den edelsten Kostbarkeiten, und sein wertvollster Schatz, eine lebensgroße Heilandfigur, war aus reinstem Gold. Damals, so sagt man, soll ein unterirdischer Gang aus der Kirche nach Ettlingen und Gottesau geführt haben und ein weiterer aus dem Kloster bis nach Herrenalb.

Während der Reformationszeit wechselten die Konfessionen in Langensteinbach hin und her, je nach dem Bekenntnis des jeweiligen Landesherren. Ein lutherischer Markgraf wollte schließlich die Wallfahrt ganz aufheben und das Besitztum der Barbarakirche einziehen. Um dies zu verhindern, machten die Jesuiten in Ettlingen den Vorschlag, so viele Krontaler zu bezahlen, wie sich von ihrem Ordenshaus bis zur Barbarakirche in einer zusammenhängenden Reihe würden legen lassen. Das Angebot gefiel dem Markgrafen nicht schlecht, allein er verlangte, daß die Reihe aus aneinander gestellten Talern bestehen solle. Dies war den Jesuiten jedoch zuviel und so konnte der Landesherr schließlich sein Vorhaben ausführen.

Die Wallfahrt in St. Barbara hörte auf, und nach dem Dreißigjährigen Kriege zerfiel die Kirche mehr und mehr. Viele Steine des Mauerwerks wurden ausgebrochen und zu Bausteinen für Wohnhäuser verwendet. Heute sieht man noch die Ruinen des gotischen Schiffes und Chores, das wohlerhaltene Gewölbe und den Turm.

Spielberg

Auf der Höhe zwischen Langensteinbach und der Alb liegt Spielberg, heute wie Langensteinbach ein Ortsteil der Gemeinde Karlsbad. Der Ort wird im Jahre 1281 erstmals urkundlich erwähnt als „Spilberch".

Der schwarze Mann

Es war ein heller, freundlicher Tag, die Sonne stand strahlend am Himmel, als ein Bauer aus Spielberg auf einer Wiese nach Langensteinbach zu Gräben zog. Fröhlich pfiff er vor sich hin, und weil er so guter Laune war, ging die Arbeit fast von alleine voran.

Plötzlich stand, er hatte ihn nicht kommen sehen, ein fremder Mann vor ihm, ganz in Schwarz, der sprach: „Haue den Stein dort aus dem Boden, dann bekommst du so viel Geld, wie du tragen kannst, und ich darf heimgehen!" Gutartig und ohne Bedenken griff der Bauer zu seiner Spitzhacke und hieb geschwind den Stein heraus. Als er ihn beiseite gelegt hatte, sah er zu seinem Erstaunen, daß darunter eine große Menge Geldes lag. Schnell holte er einen Sack herbei, der Fremde half ihn aufhalten, und füllte ihn voll, bis er kaum mehr zu binden war. Schwer war die Last, die der Bauer nun schulterte, aber glücklich machte er sich mit seinem Schatz auf den Heimweg.

Aber kaum war er einige Schritte gegangen, da folgte der Mann ihm nach und meinte mit unschuldiger Miene, einen Handschlag zum Abschied habe er wohl verdient. Gerne streckte der Bauer dem schwarzen Mann seine bloße Hand hin, denn er war ihm ja für den gewonnenen Reichtum wirklich sehr dankbar. Kaum legte der Fremde die seine darauf, so brannte die Hand des Bauern weg, und das Gespenst war verschwunden.

Der Mann aus Spielberg konnte sich nicht lange an seinem vielen Geld erfreuen; noch ehe ein Jahr vergangen war, ist er plötzlich und unerwartet gestorben.

3   Das Albtal bis zu seinem Ursprung

Zwischen Neurod und Marxzell

Von ihrer Quelle bis nach Waldbronn fließt die Alb fast geradewegs nach Norden. Sie wird auf
der linken, der westlichen Flußseite, vom Graf-Rhena-Weg begleitet.
Graf Rhena, ein nicht standesge-
mäßer Enkel des Großherzogs
Leopold, war ein großer Förderer
des Schwarzwaldvereins. Auf dieser
Strecke, zwischen der Kochmühle
und Marxzell, geht ein Geisterzug
hin und zurück, das sind

Die umgehenden Feldmesser

In den heiligen Nächten ziehen seltsame,
unheimliche Gestalten durch das Albtal.
Vier Männer gehen durch die Dunkelheit,
jeder von ihnen trägt in der Hand ein Licht,
und in ihrer Mitte führen sie einen fünften
Mann. Dieser ist ganz nackt, und aus seinem
Leib glüht vom Kopf bis zu den Füßen Feuer
hervor. In kleiner Entfernung schreitet ein
sechster nebenher, der trägt ein blaues Licht
und kann erlöst werden. Die fünf Männer
streiten sich heftig und schlagen wild aufeinander ein, und der Nackte in der Mitte
bezieht die größten Prügel. Zu ihren Lebzeiten, vor langer Zeit, waren sie betrügerische
Feldmesser gewesen. Bis heute müssen sie
zur Strafe umgehen und nehmen dafür nun
an ihrem Anführer tatkräftig Rache.

Tatsächlich ist in einem Protokoll aus dem
Jahre 1762 festgehalten, daß fünf Ettlinger
Männer in Begleitung eines Stadtrates bei
Spessart mit der Messung des Feldes am
Waldrand beauftragt waren. Schon über
Jahrhunderte hindurch zogen sich zwi-
schen Spessart, das früher frauenalbisches
Gebiet war, und Ettlingen Grenzstreitig-
keiten hin. Um nun die Größe eines Ge-

markungsteiles an Wald und Wiese im
Albtal genau zu bestimmen, sollte eine
neue Messung stattfinden.
Die fünf Männer begannen also mit ihrer
Arbeit, während der Stadtrat selbst am
Waldrand stehenblieb. Die Spessarter, welche von dem Zweck der Messung nichts
ahnten und nicht wußten, wer sie beauftragt hatte, machten sofort bei der Äbtissin
von Frauenalb Anzeige. Noch am gleichen
Abend überbrachte der Klosterjäger der
Äbtissin Freifrau von Stotzing dem Vogt des
Dorfes den Befehl, *daß er bei Vermeidung
von 50 Reichstaler Strafe obenwähnte Leute befragen solle, wer sie seien, was sie zu
Spessart zu verrichten oder abzumessen
hätten, und von wem sie bevollmächtigt
oder abgeschickt seien. Sollte Güte zu
nichts helfen wollen, so solle er mit Hinzu-
ziehung des Klosterjägers und mit genug-
samer Zuhilfenahme von jungen Bürgern
und Bürgerssöhnen durch Verschlagung
und Verhauung der Meßruten sie mit Gewalt von Dorf und Feld vertreiben.* (7)
   Dieser Vorfall brachte natürlich große
Aufregung in das Dorf und gab wahrscheinlich den Stoff für die Sage von den
betrügerischen Feldmessern.

Kochmühle

Überquert man beim Stadtbahn-
haltepunkt Neurod die Alb, sieht
man gleich rechts die Kochmühle
liegen, die urkundlich schon 1289
genannt wird und die Mühle
eines Mannes namens Koch war.
Sie stand ehedem im Besitz des
Klosters Herrenalb und hatte den
Mahlzwang für die Dörfer Spielberg, Etzenrot, Reichenbach und
Spessart. Heute befindet sie sich
in Privatbesitz und wurde in den
1990er Jahren aufwendig und
detailgetreu restauriert.

Die drei Freischärler in der Kochmühle

Die Revolution 1848/49 in Baden war gerade blutig niedergeschlagen worden, und so mußten sich, wie so viele andere auch, drei Freischärler vor ihren Verfolgern in Sicherheit bringen. Sie flohen in die Kochmühle und hielten sich dort einige Zeit versteckt. Aber kein Platz auf der Erde ist wirklich sicher. Eines Tages sahen die Männer mit Entsetzen, daß ihr Zufluchtsort von berittenen Soldaten umstellt war.

In seiner hoffnungslosen Lage verlor einer von ihnen die Nerven. Um nicht in die Hände der Verfolger zu geraten, legte er in Panik seinen jungen Kopf unter die Ölpresse. Der zweite wurde festgenommen, der dritte jedoch lief wie irrsinnig in seinem Schlafrock, die Zipfelmütze noch auf dem Kopf, auf dem Hof herum, bis die Soldaten in ein wildes Gelächter ausbrachen und ihn ins Wasser warfen. Schnaubend und fluchend schwamm er ans andere Ufer, kroch aus der Alb und verschwand, unversehrt an Geist und Gliedern, in die Freiheit.

Toter Mann

Wo die Moosalb in die Alb mündet, liegt der Stadtbahnhaltepunkt Fischweier. Von der Straße in das Moosalbtal führt nach rechts ein Weg zu einem Steg über die Moosalb. Folgt man nach der Überquerung dem linken Pfad in den Wald hinauf – das Gewann heißt „Toter Mann" – sieht man bald auf der rechten Seite eine aufrecht stehende Sandsteinplatte, dies ist der

Toter-Mann-Stein

Dieser behauene Stein ist der älteste vorhandene Grenzhauptstein der Stadt Ettlin-

gen, der einst die Gemarkungsgrenzen zu Schöllbronn und Spessart anzeigte. Auf seiner Rückseite sind ein Schild und die Jahreszahl 1570 eingehauen, und auf der Vorderseite sehen wir ein menschliches Skelett mit einer Sanduhr in der Knochenhand. Darüber steht der Satz:

Von Alters her zum todten Mann
werd ich von der Stadt Ettlingen genannt.

Im frühen Mittelalter reichte die Ettlinger Gemarkung bis an den Bernbach, wurde aber im 15. Jahrhundert – es gab Auseinandersetzungen mit dem Kloster Frauenalb wegen der Waldbewirtschaftung – aufgrund eines kaiserlichen Richterspruchs zurückversetzt. Später hat Ettlingen noch weitere Waldgebiete an Albtalgemeinden abgeben müssen, aber bis heute steht der alte Grenzstein an seiner alten Stelle.

Es gibt mehrere Deutungen über die seltsame Gestaltung dieses Steines. Vielleicht war ein plötzlicher Todesfall, ein Totschlag oder Mord die Ursache. Vielleicht ist hier aber auch ein versuchter Bergbau gescheitert, denn in der Nähe liegt der „Gertrudenhof", eine ehemalige Hammerschmiede, die Erz benötigte, und „tot" bedeutet ja in der Bergmannsprache so viel wie „unbrauchbar". Auch ist für jene Gegend der Flurname „Tote Mann" belegt, was auf eine frühere Begräbnisstätte schließen lassen kann, und man hat dem Stein mit Bezug auf die Bezeichnung ein Gerippe beigegeben. Vielleicht soll der Stein mit dem Knochenmann aber auch nur den vorbeigehenden Wanderer an die Vergänglichkeit des Lebens gemahnen.

Viel spannender ist jedoch die Geschichte, die von einem Nesträuber erzählt.

Der tote Mann

Es ist schon sehr lange her, da wollte ein Mann aus Ettlingen ein Nest junger Stare aus einer alten Eiche holen. Weil es aber Pfingstsonntag war, und sich bei ihm das Gewissen regte, versprach er, Gott zu lieb den schönsten der Vögel fliegen zu lassen. Kaum hatte der Mann aber den Baum bestiegen und das Nest ausgenommen, war das Versprechen vergessen. Da brach plötzlich der Ast, auf dem der Frevler saß, der Mann stürzte herab und blieb mit gebrochenem Genick liegen. Lange Zeit hat niemand den Leichnam entdeckt, denn das Gestrüpp, das ihn bedeckte, war dicht und unzugänglich. Sehr viel später erst fand man seine Gebeine und errichtete an jener Stelle einen großen Stein mit einem Knochenmann, der eine Sanduhr trägt.

Es wird auch erzählt, der Mann habe den Staren die Zungen herausgeschnitten. Zur Strafe dafür sei er in den hohlen Eichenstamm hinabgefallen, wo erst nach langer Zeit sein Gerippe gefunden wurde.
Seither geht dort der Geist des Vogeldiebes um. Einmal, in der Nacht, hat ihn ein Wanderer auf dem Baum sitzen sehen und folgendes Gespräch mit ihm geführt:

Wanderer. Wo geht der Weg naus?
Geist.   Da oben hau' ich Vögel aus.
Wanderer. Ich glaub', du hörst nicht wohl!
Geist.   Ja, der Baum ist faßhohl.
Wanderer. Ich glaub', du bist ein Narr!
Geist.   Es können drin sein, sieben
            Stück oder acht.
Wanderer. Du bist wahrhaftig nicht gescheidt!
Geist.   Ja, das Loch ist jetzt ziemlich
            weit.
Wanderer. Wenn ich dich hunten hätt',
            wollt ich dich klopfen!
Geist.   Wenn ich sie haus hätt', wollt
            ich sie ropfen! (8)

Gertrudenhof

Zwischen Fischweier und Marxzell liegt auf der rechten Albseite der Gertrudenhof, benannt nach der Frauenalber Äbtissin Gertrud von Ichtratzheim. Bei dem ehemals bäuerlichen Anwesen – heute beherbergt es einen Antiquitätenhandel – gab es früher einmal eine Eisenhammerschmiede.

Die Hammerschmiede im Albtal

Es war zur Zeit des Dreißigjährigen Krieges, als der junge Köhlergeselle Bastian aus dem Murgtal über das „Käppele" ins Albtal gezogen kam und sich beim Totenmannstein an der Moosalbmündung niederließ. Er baute sich ein kleines Häuschen, ging fleißig seiner Arbeit nach und nahm sich bald die brave Lene aus Pfaffenrot zur Frau. Als ihnen der kleine Friedel geboren wurde, war ihr Glück vollkommen, litten sie doch keine Not, denn die Holzkohlen fanden gute Abnahme bei einem Waffenschmied in Durlach, und ein kleiner Garten und einige Ziegen sorgten zusätzlich für einen ausreichenden Lebensunterhalt. Durch Fleiß und Sparsamkeit gelangte die junge Familie bald zu einem gewissen Wohlstand, aber wer Geld hat, hat auch Neider.

An einem schönen Sonntag nun kehrte die Köhlerlene mit ihrem Friedel fröhlich vom Kirchgang in Marxzell zurück, da fand sie vor ihrem Haus den Bastian erschlagen in seinem Blute liegen, und alle mühsam ersparten Silbermünzen waren geraubt.

Unter großer Trauer wurde der gute Ehemann und Vater in Marxzell beerdigt, dann zog die Lene mit ihrem Friedel hinauf nach Pfaffenrot, wo sie am Ortsausgang noch ein kleines Häuschen besaß. Sie arbeitete fortan bei den Bauern, und ihr Sohn lernte fleißig beim Pfarrer das Lesen und Schreiben. Mit den Jahren war aus dem kleinen Friedel ein stattlicher Jüngling geworden, und schließlich war auch der Tag gekommen, an dem er von seiner Mutter Abschied nehmen mußte. Durch die Vermittlung des Klosteramtmannes von Frauenalb konnte er bei dem Waffenschmied in Durlach, den sein Vater einst beliefert hatte, in die Lehre gehen, und so verließ der Bursche seine Mutter und sein Heimatdorf.

Inzwischen war auch der Mord an dem Köhler Bastian geklärt. Lange hatte man vergeblich nach dem Täter gesucht, als eines Tages einige Viehhirten aus Spessart, die ihre Herden hinunter ins Moosalbtal trieben, an einem Baum die Leiche eines Mannes hängen sahen. Der dem Spiel und dem Trunk ergebene Übeltäter aus Burbach hatte aus Reue seinem Leben am Ort der ruchlosen Tat ein Ende bereitet.

Nach vielen Jahren kehrte der Friedel als ausgelernter Waffenschmied ins Albtal zurück und wurde von seiner Mutter und seiner Jugendfreundin Gertrud mit großer Freude empfangen. Hier im Tale wollte er nun bleiben und sein Handwerk ausüben, und als ihm der Klosteramtmann in der Nähe ein Stück Land verschaffte, hat Friedel schon bald eine Werkstatt und ein Wohnhaus erbaut, und nicht lange, so hielt er Hochzeit mit seiner Gertrud, welche die ganzen Jahre treu auf ihn gewartet hatte.

Seinem Anwesen gab er seiner geliebten Frau zu Ehren den Namen „Gertrudenhof", der mit der Zeit bis weit ins Land zu großem Ansehen gelangte. Als mit dem Ende der schrecklichen Kriegszeiten keine Waffen mehr benötigt wurden, hat der Friedel fortan in seiner Hammerschmiede nur noch Werkzeuge des Friedens gefertigt.

Marxzell

Dort, wo der Maisenbach in die Alb mündet, liegt Marxzell, die „Perle des Albtals". Im Jahre 1255 wird der Flecken mit seiner Mühle erstmals genannt, als Ritter Conrad von Remchingen die „Celle" an das Kloster Frauenalb verkaufte. Die Zelle des Waldbruders Markus war einst eine häufig besuchte Wallfahrtsstätte. Heute ist der Weiler, in dem auch Hans Thoma in seinem Haus oft und gerne weilte, das Ziel ungezählter Ausflügler und Erholungssuchender.

Die Entstehung von Marxzell

Lange bevor die Kirche und die Mühle von Marxzell im Tale standen, und alles ringsum noch unberührte Natur war, wanderte einmal ein Waldbruder durch diese schöne Gegend, und weil sie ihm so gut gefiel, beschloß er, sich hier niederzulassen. Bald hatte er sich eine kleine Zelle errichtet, worin er bescheiden lebte, sich von Beeren und Kräutern aus dem Wald ernährte und seine Zeit in Andacht und Gebet verbrachte.

Nicht lange, so wurden die Leute aus der Umgebung auf den Einsiedler aufmerksam und kamen oft an diesen stillen Platz, um gemeinsam mit dem frommen Manne zu beten. So gut gefiel es ihnen hier, daß die Zahl der Besucher ständig zunahm, und die Leute nach den Andachten noch längere Zeit an diesem Ort verweilten, wobei es oft recht lustig zuging.

Auf den Wiesen an der Alb fand nun jährlich, am Tag des heiligen Markus, ein großer Markt statt, der „Zeller Geißenmarkt", der noch bis zum ersten Weltkrieg abgehalten wurde.

Bei der Einsiedlerzelle bauten die Leute dann eine Kapelle, dem heiligen Markus geweiht, und dieses Kirchlein, bereits im Jahre 1324 erstmals erwähnt, blieb bis ins 17. Jahrhundert hinein die größte Pfarrei des Albtals. Heute sieht der Besucher einen kräftigen Turm aus dem 15. Jahrhundert und das anschließende Schiff aus dem 18. Jahrhundert, und wenn er über den stillen Gottesacker geht, sollte er wissen, daß hier auch die Äbtissinnen des Klosters Frauenalb ihre letzte Ruhe fanden.

Die Kirche zu Mariazell

Nach einer alten Sage soll Marxzell früher einmal Mariazell geheißen haben und ein berühmter Muttergotteswallfahrtsort gewesen sein. Als die kleine Kirche mit der Zeit baufällig geworden war, beschloß man, sie abzubrechen und eine neue in dem ihr eingepfarrten Dorfe Pfaffenrot zu errichten. Nun brachte man also das Baumaterial und die benötigten Werkzeuge hinauf nach Pfaffenrot, aber am nächsten Morgen lag alles wieder auf dem Platz der alten Marxzeller Kirche. Noch einige Male ging das so, und schließlich band man einige Stiere an ein Stück Holz und beschloß, dort, wo sie es ohne Führung hinbringen würden, das neue Gotteshaus zu bauen. Die Stiere zogen das Holz geradewegs hinunter nach Marxzell und blieben erst auf dem Platz der alten Kirche stehen. Dies wurde nun als ein Zeichen erkannt, und man errichtete die neue Kirche dort, wo sie noch heute inmitten des kleinen Kirchhofes den Besucher zur stillen Einkehr lädt.

Pfaffenrot

Von Marxzell nach Pfaffenrot, früher Pfaffenrode = Rodung der „Pfaffen", gelangt man über eine kleine Straße, die sich recht steil zu dem alten Dorf hinaufwindet – die Pfaffenroter Steige.
Bis zur Reformationszeit war „Pfaffe" der Ehrentitel eines jeden Priesters, der dann aber später eine verächtliche Bedeutung erhalten hat.

Der gespenstische Bube

Viel zu lange war ein Mann aus Pfaffenrot in der Zellmühle gesessen, denn als er sich endlich auf den Heimweg machte, kroch die Sonne schon herauf und sandte ihr erstes diffuses Licht auf die Erde. Leicht beschwingt stapfte er also die Pfaffenroter Steige hinauf, als er plötzlich einen Knaben mit einem runden Hut die Steige herab auf sich zulaufen sah. Der Mann war von der feuchten Nacht noch recht albern, und so beschloß er, sich zu verstecken und den Knaben zu erschrecken. Als dieser nahe genug herangekommen war, sprang der Mann aus seinem Versteck und rief laut: „Halt!"

Im gleichen Moment erhob sich der seltsame Bube in die Luft, zischte mit einem starken Krachen über die Baumwipfel hinweg, hinunter ins Albtal, und ist erst in der Gegend des Gertrudenhofes wieder auf dem Boden gelandet.

Der „Knochenschüttler" des Carl Benz

Hier oben in diesem grünen Erdenwinkel regierten meine Groß- und Urgroßväter. Mein Stammbaum hat seinen Wurzelboden in der Jahrhunderte alten Dorfschmiede. Als Volksschüler wie als Lyzeist betrachtete ich es immer als ein besonderes Glück, daß ich meine Ferien droben im Albtal, in der Heimat meiner Väter, verleben durfte ... schrieb der achtzigjäh-

rige Carl Benz in seinem Buch „Lebensfahrt eines deutschen Erfinders".

Wieder einmal besuchte Benz *seine liebe, kleine Welt von Pfaffenrot*, diesmal jedoch mit seiner ersten „pferdelosen Kutsche". Bald hatte er sein Reiseziel erreicht, nur noch die Pfaffenroter Steige mußte bewältigt werden. Langsam töffte sein Auto also den Buckel hinauf, Meter um Meter, aber dann ging dem „Benzschen Teufelskarren" doch die Puste aus. Im Schlepptau zweier kräftiger Dorfochsen erreichten Carl Benz und sein „Knochenschüttler" aber schließlich doch das Ziel und trugen nebenbei ganz erheblich zur Erheiterung der Pfaffenroter Bevölkerung bei.

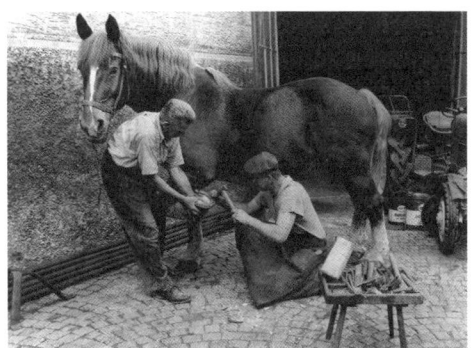

Hier oben in diesem grünen Erdenwinkel regierten meine Groß- und Urgroßväter. Mein Stammbaum hat seinen Wurzelboden in der Jahrhunderte alten Dorfschmiede.

Das blaue Licht

Es war schon spät, als sich einige Pfaffenroter Bauern auf den Heimweg vom Neuenbürger Markt machten. Sie hatten ihr Ziel schon fast erreicht, da wurden sie plötzlich von einem kräftigen Gewitter überrascht. Eilig suchten sie Unterschlupf in einem Heuschober und warteten, bis das Unwetter vorbei war. Inzwischen herrschte stockfinstere Nacht, und sie konnten, als sie sich wieder auf den Weg machten, kaum die Hand vor den Augen sehen.

„Wenn wir doch ein Licht hätten, damit wir uns im Wald nicht verirren!" sagte da einer der Männer, und kaum war der Wunsch ausgesprochen, so brannte oben auf seinem Stock ein blaues Licht. Zutiefst erschrocken versuchte er, es zu löschen und stieß den Stock immer wieder auf den Boden und in Pfützen, aber erst, als sie den Wald durchschritten hatten und die ersten Häuser von Pfaffenrot erkennen konnten, erlosch das Licht von selbst.

Das Hungerkreuz

Am Rande des Friedhofs von Pfaffenrot steht ein schlankes, hohes Kreuz, an dessen Armen und am Fuße des Sockels mehrere Steinkugeln zu sehen sind. Die Leute nennen es das „Hungerkreuz", denn als der Dreißigjährige Krieg Tod und Armut in das Land brachte, sollen die Einwohner von Pfaffenrot letztlich nur noch so viele Brotlaibe gehabt haben, wie die Menge der Steinkugeln noch heute anzeigt.

Frauenalb

In einer damals weltverlorenen Wildnis entstand vor vielen hundert Jahren das Benediktiner-Frauenkloster Frauenalb. Das eigentliche Freiadelsstift diente mancher Tochter aus adeliger Familie, die oft schon als Kind dorthin gebracht wurde, als Unterkunft und nannte sich daher später auch „Hoch- und Freiadeliges Stift".

Nach einer wechselvollen Geschichte machte im Jahre 1853 ein letzter großer Brand die Klosterkirche zur Ruine, und außer den Umfassungswänden ist nur noch die stattliche Zweiturmfassade erhalten geblieben.

Die Gründung des Klosters Frauenalb

Wann genau das Kloster Frauenalb gegründet wurde, weiß man nicht genau; die Sage nennt das Jahr 1138. Das erste Schriftstück mit Jahresangabe datiert aus dem Jahre 1193, aber die Gründung erfolgte wohl um 1180 oder schon etwas früher. Eine alte Urkunde berichtet von der Errichtung des Klosters „cella sancte Mariae" durch Eberhard III. von Eberstein und seiner Mutter Uta nebst seinen Schwestern als erste Nonnen, aber sie trägt kein Datum.

Die Sage von der Stiftung des Klosters Frauenalb, basierend auf der um 1560 verfaßten Chronik der Grafen von Zimmern, erzählt:

Es war zur Zeit des Kaisers Lothar III., im Jahre 1134, als Albrecht Freiherr von Zimmern mit anderen Herren am Hofe des Herzogs Konrad von Schwaben dessen Gastfreundschaft genoß. Die Gesellschaft jagte im Wald bei Monheim auf dem Stromberg, als sich dem noch sehr jungen Herrn von Zimmern eine rätselhafte Gespenstererscheinung zeigte. Er kam zwar mit dem Schrecken davon, das Haar seines jugendlichen Hauptes jedoch war von jetzt auf nachher völlig ergraut. Herr Albrecht ist von Stund an in sich gegangen und hat schließlich mit Einwilligung des Grafen Erkinger von Monheim in dessen Grafschaft das Kloster Frauenzimmern gestiftet und reichlich mit Gütern ausgestattet.

Zu den Gästen des Herzogs von Schwaben zählte auch Graf Berthold III. von Eberstein, und als dieser nun von dem Erlebnis seines Jagdgefährten hörte, war er

nit weniger beherzget und bewegt, dann ob es ihm selbs widerfahren. Derhalben pawt er zu gleicher weis ain frawncloster ... Frauenalb genannt. (9)

Weitaus malerischer erzählt die folgende Gründungssage:

Das Geisterschloß

Man schrieb das Jahr 1134, als Bertold III. von Eberstein und Albrecht von Zimmern nebst anderen Edlen sich beim Herzog von Schwaben im Stromberger Wald auf der Jagd vergnügten. Herr Albrecht gewahrte einen prächtigen Hirschen, setzte ihm nach, gelangte immer tiefer in den unwegsamen Wald und hatte sich schließlich gänzlich verirrt, so daß dem mutigen Mann doch angst und bange wurde.

Plötzlich sah der Graf aus dem Dickicht einen großen bleichen Mann hervortreten, der winkte ihm zu folgen, und bald standen sie vor einem prächtigen Schloß. Vor dem Tore halfen mehrere Diener dem Jäger vom Pferd und führten es fort. Alsdann wurde Herr Albrecht von seinem Begleiter in einen großen Saal geführt, wo an einer festlichen Tafel ein kostbar gekleideter Herr mit vielen Rittern beim feierlichen Mahle saß. Beim Eintreten des Gastes erhoben sich alle schweigsam zum Gruße von ihren Plätzen, setzten sich wieder nieder und aßen und tranken, während von den Dienern emsig die Speisen in kunstvollen Silbergefäßen auf- und abgetragen wurden. Höchst verwundert beobachtete Herr Albrecht das seltsame Mahl, dann verneigte er sich wieder, und wieder stand die Gesellschaft auf und erwiderte schweigsam seinen Gruß.

Als sie den Saal verlassen hatten, fragte der Graf seinen bleichen Begleiter, was dies alles zu bedeuten habe und erhielt zur Antwort:

Der vornehme Herr, den du gesehen, war ehedem dein Oheim, Friedrich von Zimmern, ein tapferer Ritter, der oft wider die Ungläubigen gestritten, aber auch seine Leute hart bedrückt und die Früchte ihres sauren Schweißes verpraßt hat. Ich und die übrigen Gäste, die du gesehen, waren im Leben seine Räte und Diener, die ihm bei alle bösen Taten behilflich waren. Darum leiden wir jetzt, gleich ihm, die gerechte Strafe der Verdammnis und können vor lauter Qualen die Ruhe des Grabes nicht finden. Dies tue ich dir kund, damit du dein Leben besserst und dich hütest vor schwerer Schuld. (10)

Der geisterhafte Begleiter wies dem erstaunten Grafen nach diesen Worten noch den richtigen Weg, dann war er verschwunden. Ein jämmerliches Stöhnen und Wehklagen erfüllte die Luft, und als Herr Albrecht sich umdrehte, sah er das Geisterschloß in einen gähnenden Abgrund in Feuer und Schwefeldampf versinken. Der junge Herr von Zimmern stand starr vor Schreck und Entsetzen und konnte noch nicht ahnen, daß ihm die Haupt- und Barthaare im gleichen Moment schneeweiß geworden waren.

Völlig verstört und totenbleich kehrte Herr Albrecht zu seinen Jagdgefährten zurück, die mit Schaudern seinem Berichte folgten. Schweigend saßen sie in der Runde, und wohl jeder horchte auch in sich hinein, der eine etwas mehr, der andere etwas weniger.

Albrecht von Zimmern ließ an der Stelle, wo er die geisterhafte Erscheinung gehabt hatte, im Jahre 1134 das Kloster Frauenzimmern bauen, und Graf Bertold von Eberstein folgte bald dem Beispiel seines Gefährten und stiftete im Jahre 1138 das Kloster Frauenalb.

Klosterruine Frauenalb

Nach einer wechselvollen Geschichte machte im Jahre 1853 ein letzter großer Brand die Klosterkirche zur Ruine, und außer den Umfassungswänden ist nur noch die stattliche Zweiturmfassade erhalten geblieben.

Die goldenen Ameisen

Es ist schon lange her, da wurde einmal ein Bube aus der Abtei Frauenalb in den Wald des nahen Sägbergs geschickt; dort sollte er Ameisen holen, die für ein Krankenbad benötigt wurden. Frohgemut machte er sich auf den Weg, aber nirgends konnte er diese Tierchen ausfindig machen.

Plötzlich sah er einen Mann, der trug Kleider wie ein Jäger. Dieser winkte ihm mitzugehen und führte ihn ein Stückchen durch den Wald, bis sie endlich vor einem großen Ameisenhaufen standen. Freudig füllte der Knabe seinen Sack und stellte diesen nachher in die Stube der Klosterpförtnerin.

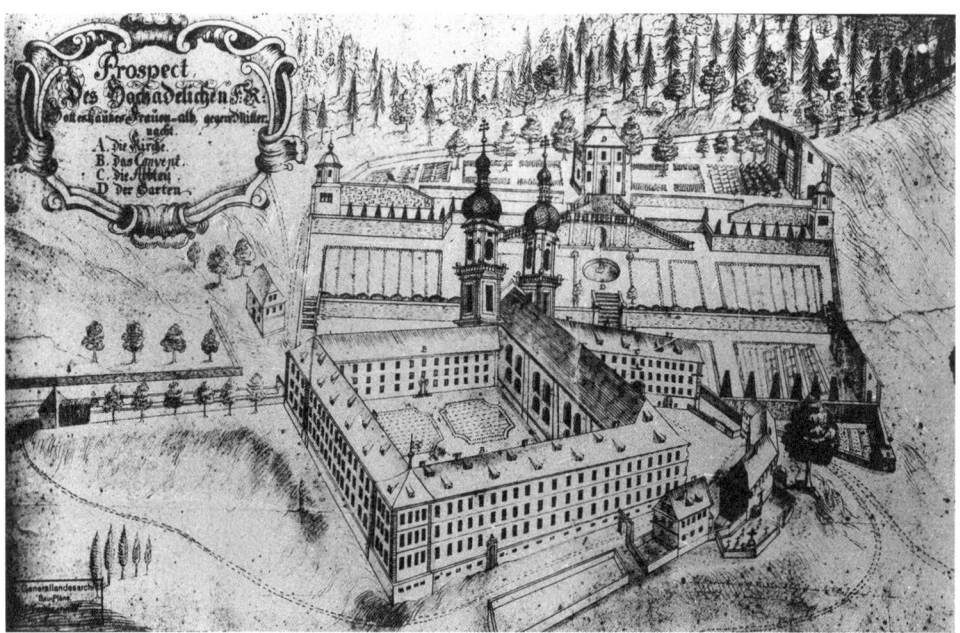

*Das Kloster Frauenalb war einstmals reich an Grund und Boden; viele Buchen-, Eichen- und Tannen-
wälder zogen sich weit über die Berge.*

Weil es aber inzwischen Abend geworden und die Pförtnerin schon zu Bett gegangen war, blieb der Sack dort bis zum
Morgen stehen. Als man ihn schließlich
öffnete, fand man zum großen Erstaunen
statt der Ameisen lauter Goldstücke. Da
herrschte große Freude im Kloster, und
noch am selben Tag führte eine Prozession auf den Sägberg, um an Ort und Stelle
Gott für den unverhofften Reichtum zu
danken; aber wie der Bub auch suchte, die
richtige Stelle mit dem Ameisenhaufen hat
er niemals mehr finden können.

Von dem vielen Gold konnten die Klosterfrauen nun reichlich Almosen spenden
und dem Knaben zum Dank eine sorgfäl-
tige Erziehung zukommen lassen.

Der Klosterjäger von Frauenalb

Das Kloster Frauenalb war einstmals reich
an Grund und Boden; viele Buchen-, Ei-

chen- und Tannenwälder zogen sich weit
über die Berge. In diesen Wäldern gab es
auch reichlich Wild, und manche Äbtissin
zog begeistert mit ihrem Jäger hinaus zur
Jagd, um Hasen, Rehe, Hirsche und Wildschweine zu schießen.

So hatte auch einmal eine jagdlustige
Äbtissin einen Jäger in ihren Diensten, den
Konrad, der zwar lange Jahre hindurch treu-
lich den Klosterwald und die Jagd bewachte, aber doch auch mit den Wilddieben
gemeinsame Sache machte. Das Waldvolk
war ja arm, kaum je lag Fleisch auf ihrem
Teller, und so war manch einer recht verbit-
tert gegen das reiche Frauenkloster. Die Äbtissin, die ein strenges Regiment führte, erfuhr von den Machenschaften ihres Jägers,
und als dieser auf ihre häufigen Warnungen
nicht hörte, entließ sie ihn schließlich aus
ihren Diensten. Nun schlug sich Konrad
ganz auf die Seite der Wilderer und schoß
mit ihnen so manchen prächtigen Bock.

Nicht lange, so stellte die Äbtissin einen neuen Jäger ein, den großen und kräf-

tigen Karl aus dem Elsaß. Zuverlässig und gewissenhaft versah Karl seinen schweren Dienst. Seine Herrin war sehr zufrieden mit ihm, aber die Wilddiebe fürchteten ihn und haßten ihn auch.

Eines Tages nun stellte Karl den ehemaligen Klosterjäger Konrad auf frischer Tat, und als der Wilderer seinen Widersacher hinterrücks niedermachen wollte, überwältigte ihn der starke Karl und warf ihn zu Boden. Laut schrie nun der alte Konrad um Hilfe, und nicht lange, so kam ihm sein Sohn, der schwarze Steffen zu Hilfe, stürzte sich auf den Karl und erstach ihn mit seinem Hirschfänger. Aber auch Konrad war bei dem Kampf schwer verletzt worden. Er wurde mit einer Tragbahre in das Kloster gebracht, wo er kurz darauf in der Klosterstube gestorben ist.

Der blutige Vorfall brachte viel Unruhe und Aufregung unter die frommen Frauen, und noch mehrere Wochen lang trauerten die Nonnen um ihren pflichtbewußten Hüter des Waldes und der Jagd. Ihm zu Ehren ließ die geistliche Herrin schließlich droben im Wald einen Gedenkstein errichten, der im Volksmund seither den Namen „Jägerstein" trägt.

Der schwarze Steffen war seither flüchtig, und man hat nie wieder etwas von ihm gehört. Es wird erzählt, er müsse seit seinem Tode als „Schwarzer Mann" am Ort seiner Meucheltat umgehen, bis sein Verbrechen und seine Wilddieberei gesühnt sind.

❧

Der Fluch der Äbtissin

Durch den Frieden von Lunéville im Jahre 1801 mußten die Gebiete des linken Rheinufers an Frankreich abgetreten werden, und die davon betroffenen deutschen Fürsten sollten durch rechts des Rheines gelegene Klostergebiete entschädigt werden. Alle geistlichen Stände im alten Römischen Reich deutscher Nation wurden durch den Reichsdeputationshauptschluß von 1803 abgeschafft, und so kam es, daß auch für Frauenalb nach über sechshundertjähriger Geschichte die letzte Stunde geschlagen hatte. Das Benediktinerinnenkloster wurde aufgehoben und Baden zugeschlagen; die Klosterfrauen und ihre Äbtissin Maria Viktoria von Wrede wurden in Pension geschickt und mußten das Kloster verlassen.

Weinend nahmen die frommen Frauen von ihrem Konvent und ihrer Kirche Abschied. Bevor die Äbtissin sich entfernte, wandte sie sich jedoch auf der Schwelle der Klosterpforte noch einmal um und schleuderte in ihrer Ohnmacht einen schrecklichen Fluch in die nun verlassenen Räume:

All jene, die mit ihrem irdischen Treiben die geweihte Stätte entheiligten, sollten von Unglück und Feuersbrünsten heimgesucht werden, alle Unternehmungen sollten durch Flammen zerstört werden, und jeder Stein, der aus den Klostermauern gebrochen würde, sollte den Fluch für immer und an jeden Ort weitertragen.

Tatsächlich wurden die Gebäude wiederholt durch Brände verwüstet, bis schließlich im Jahre 1853 ein letzter großer Brand Kirche und Konvent endgültig in Ruinen verwandelte.

In manchen Nächten meint man, in der alten Klosteranlage leise Schritte und ein Rauschen von Kleidern zu hören, und ein wundersamer Gesang scheint aus den Ruinen der zerstörten Kirche zu ertönen.

Es geht das Gerücht, die Klosterfrauen seien sehr weltlich gesinnt gewesen und sollen ein böses Maul gehabt haben, auch seien etliche Bucklige und Krumme darunter gewesen.

❧

Das Weinen an der Türe

Laut brausend und heulend tobte der Sturm durch das Albtal, und das Gebälk eines kleinen Hauses in Frauenalb knarrte und krachte; aber die Familie darin saß zufrieden an ihrem Mittagstisch, denn das Mahl, obwohl kärglich, würde doch alle satt machen, und das war nicht alle Tage so.

Plötzlich hörten die Kinder ein leises Weinen an der Türe. Der Vater stand auf und sah nach, aber da war kein Laut mehr zu vernehmen, und keine Menschenseele war zu sehen. Kaum saßen sie wieder still bei ihrer Suppe, so fing das Weinen von neuem an. Nun ging die ganze Familie vor die Tür, um zu sehen, was die Ursache sei, und gerade, als auch der letzte hinausgetreten war, stürzte das ganze Haus zusammen. Nun erkannten die Leute, daß sie durch das Weinen vor dem sicheren Tod bewahrt werden sollten und dankten tiefergriffen ihrem unsichtbaren Retter.

Bad Herrenalb

Am Beginn des Albtals liegt die „Siebentälerstadt" Bad Herrenalb. Der heilklimatische Kurort mit seiner mineralreichen Quelle geht auf eine Klostergründung der Zisterzienser im Jahre 1147/49 zurück, einer Stiftung des Grafenpaares Bertold III. von Eberstein und Uta von Sinzheim.

Der gespenstische Kapuziner

Schon sehr lange ist es her, da ging einmal in Herrenalb ein Kapuziner um. Besonders oft zeigte er sich in der Schmiede, und dies hauptsächlich um die Weihnachtszeit. Er schlug auf den Amboß, schürte im Ofen das Feuer, und zuweilen neckte er auch die Menschen.

Einmal nun hat der Schmied mit seinen Gesellen den Amboß hochgehoben, und da sahen sie darunter eine Erbse liegen. Geschwind nahm die Frau des Schmieds die Erbse in ihre Schürze und warf sie über die Mauer ins Wasser. Wie erstaunt war sie aber, als sie ein Klingeln hörte, so, als habe sie eine ganze Schürze voll Silbermünzen ausgeschüttet.

Seither hat sich der Kapuziner nicht mehr sehen und hören lassen, und die Leute nehmen an, daß sein Geist nun erlöst sei.

Man erzählt in Herrenalb auch von einer anderen unheimlichen Erscheinung. Zur Geisterstunde will man schon oft das „weiße Fräulein" gesehen haben, wie es mit einer Laterne in der Hand über das Feld der Ortschaft zu wandelt.

Der ewige Jäger bei Herrenalb

So wie in anderen Gegenden jagt auch bei Herrenalb der ewige Jäger mit Hundegebell und Jagdgetöse durch die Wälder. Hier wird er „Neck" genannt, denn dies ist der Name eines Mannes, den es tatsächlich einmal gegeben haben soll.

Droben auf dem Dobel wohnte einstmals ein Jäger, der hieß Neck und war ein allseits gefürchteter Zeitgenosse, besonders unter den Wilderern. Kein Wilddieb war vor ihm sicher, jeden spürte er auf, und bekam er einen zu fassen, so beendete er dessen sträfliches Tun alsbald mit einer Kugel. Selbst an den Sonntagen war kein Jagdfrevler vor ihm sicher, und an solch einem heiligen Tage soll er sogar fünf von ihnen erschossen haben.

Eines Tages war er wieder einmal einem Wilderer auf der Spur, hatte ihn auch bald ausgemacht, aber der Dieb war diesmal schneller, und so fand das Leben des Neck ein jähes Ende. Seither geht er um in den Wäldern bei Herrenalb, von mehreren bellenden Hunden begleitet, und klopft laut mit einem Hammer. Zuweilen hat man ihn auch schon auf einem Hirschen reiten sehen.

Kloster Herrenalb

Als Gegenstück zum benachbarten Frauenalb wurde im 12. Jh. das Kloster Herrenalb gegründet, von dessen altem Bau aus der Zeit um 1200 heute nur noch die Vorhalle, das „Paradies" erhalten geblieben ist, und von der im Jahre 1428 veränderten Kirche nur noch der Chor und die Nebenkapelle.

Die Gründung des Klosters Herrenalb

Wieder einmal zog Graf Bertold III. von Eberstein mit seinen Jägern durch die Wälder, und wieder freuten sich alle über eine ausgiebige Beute. Da sah der Graf plötzlich wenig entfernt einen stattlichen Hirschen, jagte ihm nach, kam von seinem Gefolge ab und hatte sich schließlich in dem tiefen und unwegsamen Wald gänzlich verirrt. Inzwischen war die Nacht hereingebrochen, und so ließ er sich völlig erschöpft unter einer Buche nieder und überlegte, was zu tun sei.

Auf einmal hörte er von ferne den Ton eines hellen Glöckleins. Verwundert stand er auf, faßte neuen Mut und stieg auf einen Felsen, um zu sehen, woher das seltsame Läuten kam. Da sah er unten im Tale am Ufer eines Baches eine Kirche stehen, sah die hellerleuchteten Fenster und hörte wohlklingenden Chorgesang. Er stieg hinab, und als er das Gotteshaus betreten hatte, schaute er auf einen prächtigen Altar, davor stand

ein Priester, und zahlreiche Mönche sangen andächtig dem Herrn zu Ehren.

Als die heilige Handlung zu Ende war, wandte sich der Priester um, erhob die Hände zum Segen und sprach: „Ziehe hin in Frieden und vergiß den Herrn nicht!" Graf Bertold senkte sein Haupt, und als er es wieder erhoben hatte, so war die Kirche und alles verschwunden, und er fand sich am Ufer eines Waldbaches wieder.

„Wohl," - ruft er, „ist die Deutung klar! -
Wo jene Wunder mir erschienen,
Da sollen fromme Männer dienen,
Da gründ' ich Tempel und Altar!" (11)

An der Stelle, wo ihm die seltsame Erscheinung widerfahren war, ließ Graf Bertold III. von Eberstein alsbald ein Mönchskloster mit einem Gotteshaus errichten, das fortan den Namen Herrenalb trug, und das der Ausgangspunkt wurde für ein blühendes Klosterdorf und für die heutige Albtalbäderstadt Bad Herrenalb.

Die schöne Agnes von Eberstein

Vor langer Zeit erteilte der Kaiser dem Grafen Eberhard von Eberstein den Auftrag, des geächteten Ritters Kunz von Hohenwart Burg zu zerbrechen und ihn, lebendig oder tot, in seine Gewalt zu bringen. Nach wochenlanger Belagerung gelang es dem Grafen schließlich, die Burg einzunehmen, aber nur wenige Überlebende fielen in seine Hände. Unter den Gefangenen befand sich der vierzehnjährige Sohn des Hohenwarters, der alsbald in das Kloster Herrenalb gebracht wurde, um dort erzogen und, sobald alt genug, in die Mönchskutte gesteckt zu werden; dafür erhielt das Kloster einen großen Teil des Erbes, über das jetzt der Sieger verfügte.

In glühendem Haß verbrachte Bruder Johannes nun seine Jugendjahre hinter den Klostermauern, abgeschieden von der Welt, seines Erbteils entrissen und eines frischen, kräftigen Lebens beraubt. Dennoch verhielt er sich demütig und fromm, war ein Muster klösterlicher Brüderlichkeit, und da er sich auch durch einen großen Verstand hervortat, ernannte man ihn, erst fünfundzwanzig Jahre alt, nach dem Tode des Abtes zum neuen Vorsteher des Klosters. Nun sah er die Zeit gekommen, Rache zu nehmen an dem verhaßten Verderber seines Hauses, an Graf Eberhard von Eberstein.

Bald erfuhr der junge Abt, daß der Graf eine schöne Tochter hatte, Agnes mit Namen, die er innig liebte, und er erfuhr auch, daß Agnes oft und gerne an der Murg lustwandelnd ihre Zeit vertrieb. Nicht lange, so hatte er sie durch vermummte Knechte überfallen und heimlich ins Kloster führen lassen, wo sie in einer geheimen Zelle fortgesperrt wurde. Sein Plan war es, die Keuschheit der gefangenen Jungfrau zu verderben, und darum besuchte er nun täglich, als Ritter verkleidet, die junge Gräfin in ihrem Gemach. Bruder Johannes war aber durch die Unschuld und Schönheit des Mädchens so entwaffnet, daß heftige Liebe in seinem Herzen entbrannte und dem Haß keinen Platz mehr ließ. So kam es, daß der Abt als falscher Ritter der Tochter des Ebersteiners versprach, sie aus dem Kloster zu befreien und auf das väterliche Schloß zu bringen; in seinem Kopfe jedoch wuchs der Plan, mit ihr in ein fremdes Land zu fliehen, um dort fortan das Leben mit ihr zu teilen.

Durch Kundschafter oder Verrat hatte der Vater von dem Aufenthaltsort seiner Tochter erfahren, und auch der Fluchtplan wurde ihm bekannt. Als nun der junge Abt Johann in der geplanten Nacht mit Agnes und dem Klosterschatz heimlich das Weite suchen wollte, standen ihm plötzlich bei den Falkensteinen die Männer des Eber-

steiners entgegen, und es kam zu einem blutigen Gefecht. Schwerverletzt lag Johann am Boden, und da er sein Ende nahe fühlte, gestand er seinem Widersacher reumütig seine Tat. Graf Eberhard verstand und verzieh und ließ den Verwundeten auf sein Schloß bringen, wo er aufopfernd gepflegt und geheilt wurde.

Als der junge Abt wieder bei Kräften war, rüstete ihn der Graf stattlich aus und hieß ihn an, in Palästina gegen die Ungläubigen zu kämpfen. Nie wieder hat man etwas von Johann gehört, aber man sagt, er sei in der Schlacht bei Edessa gefallen. Die schöne Agnes indes nahm den Schleier im Kloster Frauenalb und ist noch in der Blüte ihrer Jahre gestorben.

Die Sage vom Geldloch

Es war in einer Zeit, als dem Kloster wieder einmal Gefahr drohte, da vergrub ein Herrenalber Mönch den Klosterschatz beim Althof in einer Vertiefung des Bodens. Noch heute wird diese Stelle als „Geldloch" bezeichnet,

Wie es so kommt, erhielt der Klosterschaffner Kunde davon und machte sich mit einigen Männern heimlich auf, nach dem Schatz zu suchen. Zufällig fanden sie auch die richtige Stelle, und als der Schaffner dies erkannte, ließ er die Grabungen einstellen, denn ungeteilt bringt allemal mehr.

Also ging er in der folgenden Nacht mit seinem Sohn allein hinaus in den Wald und hob mit ihm den Schatz, aber als er heimkam, fehlte sein Kind, obwohl es doch immer hinter ihm geschritten war, und wie er auch suchte, er konnte es nirgendwo finden. Was sagten daraufhin die Leute? Der Teufel habe ihn geholt!

Falkenstein

Zwischen Bad Herrenalb und der
Kullenmühle erheben sich auf der
linken Seite der Alb die Felsen des
Falkensteins; hier soll einmal vor
vielen hundert Jahren eine Burg
gestanden haben, die Falkenburg.

Die Falkenburg bei Herrenalb

Sehr, sehr lange ist es schon her, da lebte einmal auf der Falkenburg ein edler und stolzer Ritter. Lange schon wünschte er sich einen Sohn, aber seine Frau gebar ihm ein Töchterchen und starb schon bald nach dessen Geburt. Aus Gram darüber schloß er sich einem fremden Heere an und zog in der Krieg in ein fernes Land. Für sein Kind fand er eine Taglöhnerfrau, sie sich liebevoll seiner annahm und es großzog.

Viele Jahre waren vergangen, die Taglöhnerfrau war inzwischen in eine andere Gegend gezogen, da war aus dem Kind eine wunderschöne Jungfer geworden. Ein Bauernbursche aus der Nachbarschaft verliebte sich in das junge Mädchen, das Mädchen liebte auch ihn, und so gelobten sie sich ewige Treue.

Als es Frühling wurde und die Hochzeit besprochen war, kehrte der Ritter von seinen Kriegszügen auf seine Burg zurück und ließ sogleich sein Töchterchen suchen. Die Boten fanden schließlich das Kind und erzählten ihm von all dem Reichtum und dem Glück auf der väterlichen Falkenburg. Da konnte die Jungfer nicht widerstehen, zog mit den Boten zurück zu ihrem Vater und hatte bald den Burschen und ihre große Liebe vergessen. Noch ehe ein Jahr um war, vermählte sich die untreue Ritterstochter mit einem ihrer reichen Vettern.

Gaistal

Oben am jungen Gaisbach, der in
Bad Herrenalb der Alb zufließt, liegt
der Herrenalber Ortsteil Gaistal. Bereits im 13. Jahrhundert stand hier
oben auf der Talwiese ein Viehhof
des Klosters Herrenalb und im 18.
Jahrhundert eine Glashütte.

Wie das Gaistal zu seinem Namen kam

Vor vielen hundert Jahren, als das Tal noch eine Einöde war, stand an seinem Eingang eine Mühle. Der Müller hatte eine schöne Tochter, die liebte den jungen Jäger Franz, und beide wollten gar zu gerne heiraten. Aber der Vater war ein geiziger und habgieriger Mann, der die Hand seiner Marie nur dann versprechen wollte, könnte er dafür das ganze Tal erhalten.

Wie so oft saß der junge Jäger wieder einmal bei den Felsen und dachte über seine ausweglose Lage nach. Plötzlich hörte er hinter sich ein Rascheln im Laub, und als er sich umdrehte, stand der leibhaftige Teufel vor ihm. Er kenne seinen Kummer, meinte der Böse, und er könne ihm helfen. Würde Franz mit seinem Blut einen Vertrag unterschreiben, mit dem er ihm seine Seele versprach, könnte das ganze Tal noch heute ihm gehören.

Zutiefst erschrocken sprang der Jäger auf und rief: „Fahr zur Hölle, niemals wirst du meine Seele bekommen!" Aber, aber, ein Hintertürchen wolle er ihm noch offenhalten, entgegnete der Teufel. Er habe hier oben noch nie ein Vieh weiden sehen, sagte er, und sollte es dem jungen Mann möglich sein, eine Geiß hier heraufzubringen, die dann noch freudig mekkerte, so sollte seine Seele frei sein. Franz hatte einen guten und frischen Verstand, und sofort fiel ihm eine Lösung ein. Also unterschrieb er den Pakt, der Teufel war's zufrieden und verschwand hohnlachend in einer stinkenden Wolke mit der Urkunde.

Zu Hause erzählte Franz alles seiner Liebsten und erklärte ihr seinen Plan, und am anderen Tag stiegen beide hinauf in die Einöde. Dort wartete schon mit siegessicherer Miene der Teufel hinter einem Felsen. „Schaut hinter Euch, was seht Ihr dort?" rief ihm der Jäger zu, und als sich der Böse umdrehte, sah er Marie mit ihrer Geiß den Berg heraufkommen. Kaum hatte sie die Nähe des Felsens erreicht, gab sie ihrer Geiß einen derben Schlag mit der Rute, worauf das überraschte Tier dreimal kräftig meckerte.

Nun mußte der Teufel erkennen, daß er von dem liebenden Paar überlistet worden war, stieß einen fürchterlichen Fluch aus und verschwand mit einem Donnerschlag, den man bis zur Teufelsmühle hinüber hören konnte. Franz war wieder Herr über seine Seele, und da ihm nun auch das ganze Tal gehörte, willigte der geizige Müller in eine Heirat ein, und beide lebten glücklich bis an ihr Lebensende.

Das Tal nannte der junge Jäger „Geißtal", woraus im Laufe der Zeit „Gaistal" wurde.

Aschenhütte

Im Gaistal stand zu damaliger Zeit eine Glashütte. Für die Glasherstellung, aber auch zum Backen, Waschen und Bleichen wurde früher „Pottasche" benötigt, die aus Holzasche in großen Kesseln gesotten wurde, so auch in der Aschenhütte, einem kleinen Ortsteil im Gaistal.

Die Alte von der Aschenhütte

Ganz früher einmal wohnte in der Aschenhütte eine sehr alte Frau; wie alt sie war, konnte niemand genau sagen. Die Alte glaubte noch an „Modes Heer", an Wodans Heer, und auch noch an Hexen, die sich in der Walpurgisnacht zum Tanze trafen. Weil sie sich davon nie und von niemandem abbringen ließ, wurde sie von den jungen Burschen oftmals verspottet und gehänselt.

Einmal, in einer finsteren und stürmischen Nacht, banden die Burschen den Mistwagen der Frau auf dem Dachfirst auf und beluden ihn mit Mist. Durch die Dachluke schoben sie den Geißbock der Alten, der nun auf dem Speicher die ganze lange Nacht herumstakste. Die Frau wußte jedoch, daß diese Geräusche nicht des Teufels waren und schlief unbesorgt weiter.

Einige Tage später, die Nacht war mondhell und sternenklar, kamen zwei der Burschen wieder an der Hütte vorbei und sahen zwei junge Pferde, die hier noch nie gestanden hatten. Leise schlichen sie sich heran und schwangen sich auf ihre Rücken, aber kaum waren sie aufgesessen, erhoben sich die Pferde in die Luft und trugen die beiden Burschen fort, weit fort über alle Berge.

Auf der Talwiese stand damals ein Hof, dessen Glöckchen hat viele Jahre und Generationen hindurch zum Aufstehen, zur Vesper und zum Feierabend geläutet und mit seiner magischen Kraft die Gaistaler immer wieder zurückgezogen in ihre Heimat. Als einzige wohl sind die zwei Burschen nicht zurückgekehrt, und so hatte die Alte in der Aschenhütte ihre Ruhe, bis sie noch viel, viel älter geworden und schließlich gestorben ist.

Albquelle

Am östlichen Abhange der Teufelsmühle, in südöstlicher Richtung, dort wo der Weg entlang der Alb in einer scharfen Kehre den noch ganz jungen Fluß überquert, führt ein schmaler Pfad hinauf zu ihrer Quelle, die beschaulich zwischen Farnkraut und Moos aus der Erde sprudelt.

Die Tränen des Teufels

Vor langer, langer Zeit, als die alten Götter noch über das Land herrschten und die ersten Glaubensboten das Christentum zu verbreiten begannen, drangen sie auch in die hinteren Täler vor, wo sie den Siedlern und Köhlern die neue Lehre verkündeten. Sie taten dies so erfolgreich, daß bald jeder mit Hingabe den Worten der neuen Prediger lauschte.

Darüber wurde der Teufel sehr zornig. Er errichtete zum Beweis seiner Macht auf dem Berg in der Nähe der Teufelsmühle eine Burg, die so gewaltig war, daß die braven Leute zutiefst erschraken. In ihrer Angst und Not wandten sie sich an den Priester, der ihnen von der Boshaftigkeit des Teufels predigte. Nichts könne ihnen geschehen, wenn sie sich zu dem neuen Glauben bekannten.

Eines Tages, als die Gläubigen wieder einmal andächtig einer Predigt folgten und beteten, begann der Böse in seiner grenzenlosen Wut so lautstark zu schreien, daß kein Wort des Predigers zu verstehen war. Schließlich vergoß er in seinem übermäßigen Zorn viele bittere Tränen, aus denen sich eine Quelle bildete, die bis auf den heutigen Tag nicht versiegt ist.

Der Götterhammer

Es wird auch erzählt, die Burg sei von den alten Göttern erbaut worden. Als sie sahen, daß das Christentum gesiegt hatte und die Gläubigen nun andächtig zu ihrem neuen Herrn beteten, gerieten sie außer sich vor Zorn. Der Himmel öffnete sich, die Wagen und Heerscharen der höchsten Gottheit Wodan rasten über den Himmel, und das ganze Tal war erfüllt von Donner und Blitz, so daß niemand mehr ein Wort verstehen konnte.

Donar, der Gott des Donners, zerstörte mit seinem gewaltigen Hammer die Burg. Aber bevor die Götter sich endgültig zurückzogen, warf er den Hammer in das hinterste Tal, die Erde brach auf, und seither rinnt von dieser Stelle friedlich ein Bach hinunter – die Alb.

Vom Teufel und der versprochenen Seele

Dort, wo die Alb noch jung ist, sollte dereinst eine kleine Brücke gebaut werden. Die Leute machten sich an die Arbeit, und bald war das Werk vollendet. Aber schließlich fehlte noch ein einziger Stein. Niemand konnte einen passenden Stein herbeischaffen, worauf der Baumeister sehr wütend wurde und fürchterlich zu fluchen begann.

Plötzlich stand hinter ihm der Teufel. „Wenn ich die erste Seele, die über diese Brücke geht, bekomme, so will ich den Stein hinlegen," sprach er, und als der Baumeister damit einverstanden war, legte der Böse den letzten Stein hin und verschwand.

So war die Brücke endlich fertig, aber niemand durfte sie betreten. Der Baumeister war jedoch ein schlauer und listiger Mann; er ließ einen Hahn herbeischaffen, und dieser stolzierte nun als erster über das neue Bauwerk.

Als der Teufel dies sah, wurde er darüber so wütend, daß er zu rasen und zu toben begann und voller Zorn mit seinem Fuß auf die Brücke stampfte. Dadurch entstand ein Loch, und dieses Loch brachte man hernach nicht mehr zu.

HERRENALB   Kloster-Ruine — Paradies

An der Stelle, wo ihm die seltsame Erscheinung widerfahren war, ließ Graf Bertold III. von Eberstein ein Kloster errichten, von dessen altem Bau aus der Zeit um 1200 heute nur noch die Vorhalle, das „Paradies" erhalten geblieben ist und von der 1428 veränderten Kirche nur noch der Chor und die Nebenkapelle. (Klosterruine Herrenalb, um 1910. Quelle: Kreisarchiv Calw, S. 9 – Postkartensammlung)

4 Hochebene und Vorbergzone

Der Kreuzelberg

Gegenüber vom Wattkopf erhebt sich südlich von Ettlingen zwischen Ettlingenweier und Spessart der Kreuzelberg. Durch dieses Waldgebiet zogen sich dereinst die Ettlinger Linien, deren Reste nebst einer Redoute noch in der Nähe des südwestlichen Ortsausganges von Spessart zu sehen sind.

Die Hexen auf dem Kreuzelberg

Am Tage des Neumondes, wenn die Abendsonne blutrot ihre letzten Strahlen zum Kreuzelberg sendet, lenkt mancher Ettlinger beklommen seinen Blick auf die dunkle Berghöhe, denn er weiß, daß in einer solchen Nacht dort oben die Ettlinger Hexen zusammentreffen.

Bald rauscht und pfeift es durch die Lüfte, die Äste der hohen Bäume knarren und quietschen, kein Rascheln und kein Laut eines Tieres ist zu vernehmen, selbst die Käuzchen sind verstummt.

Dies ist die Nacht der Hexen. Sie kommen ohne den Teufel mit seinen finsteren Gesellen zusammen, denn heute wollen sich die Jungen von den Alten in die Hexenkünste einweihen lassen.

Nicht jede kann an diesen Versammlungen teilnehmen. Wer eine richtige Hexe werden will, muß zuvor dem Teufel ein ungetauftes Kind verschaffen. Jede junge Mutter gibt daher acht, daß kein zweifelhaftes Weib in die Nähe ihres Kindleins kommt, und läßt sich dies nicht vermeiden, so hält sie zur Abwehr des bösen Blicks eine Innenfläche des kleinen Händchens so lange nach außen, bis die vermeintliche Hexe das Haus verlassen hat.

Wenn es aber doch gelingt, und die Hexenanwärterin dem Teufel ein Kindesopfer verschafft, dann darf sie für ihren ersten Hexenritt die höllische Hilfe erwarten. In ihrer verdunkelten und unbeleuchteten Kammer rüstet sie sich in der Neumondnacht um die mitternächtliche Stunde. Sie streicht ihren neuen Besenstiel mit der Hexensalbe ein, setzt sich hernach nackt darauf, und wenn sich nun noch eine schwarze Katze in ihrem Zimmer befindet, so kann sie sicher sein, daß sie zur zwölften Stunde durch geheime Kräfte auf den Kreuzelberg geführt wird. Dort wird sie von den erfahrenen Alten die geheimen Hexenkünste lernen und Anweisungen erhalten, wie sie Mensch und Tier durch ihren bösen Einfluß verderben und vernichten kann.

Kein Ettlinger Bürger, der davon weiß, verläßt in dieser Nacht das Haus. Türen und Fenster bleiben verschlossen, und jeder erwartet voll Grauen den anbrechenden Tag, wenn die ersten Sonnenstrahlen einen heiteren Morgen ankünden.

Hannesenklause

Der Weg von Ettlingenweier nach Spessart führt durch den Wald des Kreuzelberges. Zwischen dem „Hellberg" und der „Jägerwiese" lag etwas abseits der Wege die Hannesenklause. *Zwischen über 150-jährigen Buchen ist ein rechteckiges, mit Steinen umrandetes Geviert zu sehen. Hier stand ehemals die Einsiedlerklause des Johannes Schwartz ... Etwa 50 m weiter unterhalb in nördlicher Richtung sind in einer Mulde noch Überreste des ‚Hannesenbrunnens' vorhanden.* (12) Von der Klause ist heute nichts mehr zu sehen; geht man aber, wie beschrieben, ein Stückchen weiter Richtung Norden, so findet man dort noch die Wassermulde des Hannesenbrunnens.

Bruder Hannes

In Forchheim lebte einmal ein sehr frommer Bauer, der hatte, als im Jahre 1726 seine Frau starb, den Wunsch, als Einsiedler in Armut ganz seinen Glauben leben zu können. Also bat er die Stadt Ettlingen um Erlaubnis, auf dem abgeschiedenen Kreuzelberg eine Hütte zu erbauen, teilte sein Vermögen unter seinen Kindern auf und hauste fortan als Eremit des Dritten Ordens des heiligen Franziskus in seiner bescheidenen Klause.

Neben seiner Hütte hatte der Waldbruder einen kleinen Garten angelegt, der ihn mit dem Nötigsten versorgte, aber oft ging „Hannes", wie ihn die Ettlinger nannten, auch hinunter in die Stadt, wo er Almosen erhielt. Ebenso standen ihm seine Kinder zur Seite, die ihm ausreichend Hilfe zukommen ließen.

In seiner Einsiedelei wurde Bruder Hannes oftmals von Leuten besucht; da er aber in völliger Abgeschiedenheit zu leben wünschte, war er darüber nicht sehr erfreut. So bat er die Herrschaft, den Zugang zu ihm zu verbieten; nur der Ortsgeistliche und seine Kinder sollten ihn aufsuchen können.

Dennoch lebte der fromme Mann nicht immer ganz alleine. Lange Zeit teilte ein anderer Einsiedler mit ihm die Hütte, Lorenz Stolz aus Bruchsal, der dem Alten als Gehilfe diente. Dieser Bruder war ein gewalttätiger, trotziger und unverschämter Bursche, über den sich Hannes schließlich bei der Obrigkeit beschwerte. So mußte Lorenz in die Stadt hinunterziehen, wo er jedoch wegen seiner aufdringlichen Bettelei auch nicht gerne gesehen war und daher 1747 des Landes verwiesen wurde.

Am 4. Juni 1749 ist der von den Ettlingern sehr verehrte Eremit im hohen Alter von 92 Jahren gestorben und fand auf dem alten Ettlinger Friedhof hinter der Herz-Jesu-Kirche seine letzte Ruhestätte.

Jägerwiese

Zwischen Ettlingenweier und Spessart, südlich der Hannesenklause, liegt die Jägerwiese, wo einer armen Frau einmal Seltsames widerfahren ist.

Das verhexte Reisigbündel

Wie so oft holte wieder einmal eine Frau auf der Jägerwiese Fallholz. Die Arbeit ging gut voran, und schon bald hatte sie eine kleine Welle (Reisigbündel) gesammelt, die sie nun auf dem Kopfe nach Hause tragen wollte. Aber obwohl es nur ein kleines Bündel war, vermochte sie es doch nicht hochzuheben, es war gar zu schwer.

Plötzlich trat aus dem Dickicht des Waldes eine menschliche Gestalt hervor. Nun, das wird der Waldschütz sein, dachte die Frau und sprach zu sich: „Der kann mir jetzt helfen." Als die Gestalt näherkam, erblickte sie einen ganz unheimlichen Mann, der ihr einen solchen Schrecken einflößte, daß sie sich angstvoll hinter ihrer Welle niederließ, sich bekreuzte und inbrünstig zu beten begann.

Augenblicklich war die gespenstische Gestalt wieder verschwunden, und als die Frau nun erneut ihr Reisig auf den Kopf heben wollte, stellte sie erstaunt fest, daß es ganz leicht geworden war.

Spessart

Ein sehr schöner Fußweg führt vom südöstlichen Ortsausgang Ettlingens das Krebsbächle entlang durch die Eberbachklinge hinauf nach Spessart, dem alten Rodungsdorf im Spechtswald.

„d'Späserder Äwer"

Vor vielen hundert Jahren wechselten in den Schluchten der großen Eichenwälder, die von kleinen Bächen durchflossen wurden, zahlreiche wilde Eber; sie fanden hier nicht nur genügend Wasser, sondern auch ihre bevorzugte Nahrung, die Eicheln, die in reichen Mengen vorhanden waren. Einer ihrer Lieblingsplätze war wohl auch in der Eberbachklamm oder -klinge, im Volksmund „d'Äwerbach" genannt.

So kam es, daß die ersten Siedler im Spechtswald, die ihre Hütten und Häuschen in der Nähe dieser Eberschlucht bauten, von ihren Angehörigen in der Ebene „de do owe bei denne Äwer" oder auch „de Äwer dehove" (die Eber dort oben) genannt wurden. Als sie sich dann auch nach einem Schutzheiligen umsehen mußten, wählten sie den hl. Antonius Einsiedler, zu dessen Attributen u.a. der Eber oder das Schwein gehören. Noch heute ziert den Hauptaltar der Spessarter Kirche ein Bild des hl. Antonius mit dem Eber zu Füßen, und sein Bild fand sich später auch auf der Kirchenfahne, die bei Flurprozessionen mitgetragen wurde.

Eine der Prozessionen führte auf die Höhe zu dem Kreuz am Waldrand, dort, wo die Spessarter- in die Schöllbronner Straße mündet. Wenn man hinüberblickt nach Schöllbronn, so sieht man die Schöllbronner Linde; zu dem Feldkreuz dort führten die Schöllbronner ihre Bittprozessionen. Manchmal traf es sich, daß beide Bittgänge zu gleicher Zeit stattfanden; dann, so wird erzählt, sagten die Schöllbronner Nachbarn: „Guck, d'Späserder Äwer senn a dat diwer!"

Wie Spessart zu seinem Namen kam

Ganz früher, als es das Dorf Spessart noch nicht gab, wuchs an seiner Stelle ein großer Wald mit mächtigen Eichenbäumen. Er war der Lebensraum zahlreicher Spechte, und so nannten die Ettlinger ihren Wald „Spechtswald" oder „Spechtshart". Nach und nach wurde später ein Teil des Waldes gerodet, um Platz zu machen für eine neue Ansiedlung. Die Bewohner jedoch behielten den alten Namen bei, und aus Spechtshart wurde über lange Jahre hinweg das heutige Spessart.

Das Haus am Waldbrünnle

Tag für Tag trieben Jakob und Max, zwei Ettlinger Schweinehirten, ihre Schweine den Berg hinauf, der zum heutigen Spessart führt, und abends wieder herunter. Es war eine schweißtriefende Arbeit, aber in diesem Wald gab es viele Eichen, deren Eicheln ein gutes Futter abgaben für ihre Tiere.

„Max," sagte einmal der Jakob zu seinem Begleiter, „wenn man die Klamm raufgeht, eine Stunde oder so, kommt man an eine Senke; dort stehen so große Eichen, daß vier Mann mit ausgestreckten Armen nicht rumlangen können. Daß es dort Eicheln gibt, kannst du dir denken - das ist ein Fressen für meine Säu! Aber es ist ein unheimlicher Wald. Man hört das Röhren der Hirsche, und dann gibt's dort oben ein Hämmern und Klopfen, als wenn einer den ganzen Tag schustern und nageln dät. Eine Menge Spechte hat's da in dem Wald, ich sag' dir, der reinste Spechtswald."

Er schob seine alte Mütze aus der Stirn zurück und brummte dann nachdenklich: „Und Wässerlen gibt's da in der Senke - und als ich einmal oben war, da hab' ich mir gedacht ... hm, hm ... so saudumm wär' das gar net ..." und er erzählte von seinem Plan, statt jeden Tag den beschwerlichen Weg nach oben und wieder hinunter zu gehen, doch gleich dort oben zu bleiben und sich eine Hütte zu errichten.

Abends am Herdfeuer steckte sich Jakob seine Pfeife an, setzte sich neben seine Kathrin und beschrieb ihr den Wald und die Senke und das Wässerle. Ob sie sich denn vorstellen könne, mit ihm dort oben zu wohnen, sie seien ja dort ihre eigenen Herren, fragte er, aber sie meinte, es sei doch sehr einsam für sie in der Wildnis so ganz allein und ohne Nachbarn.

Den Herbst und den Winter über träumte der Schweinehirt von seiner Hütte im Wald; wieder und wieder besprach er sich mit seiner Frau, und als er sie im Frühjahr mitnahm an seinen Platz am Brünnle, und als sie dort so innig und vertraut zusammensaßen, da willigte sie endlich ein.

Jakob machte sich sofort an die Arbeit, und bald stand sein kleines Haus und ein Stall, die ersten Blumen und Kräuter wuchsen im Garten, und die Schweine tummelten sich unter den riesigen Eichen. Er und seine Kathrin wohnten nun in der ersten menschlichen Behausung im Spechtswald.

Die junge Frau jedoch wurde immer blasser und stiller, und eines Tages, als der Jakob an einem stürmischen Herbstabend aus dem Walde heimkam, fand er sie hustend und nach Atem ringend neben dem Herdfeuer. Er brachte sie behutsam zu Bett und wachte die ganze Nacht an ihrer Seite.

Als der Morgen graute, sagte die Kathrin mit ganz schwacher Stimme: „Jaköble, laß mich wieder hoim!" Dem Mann schnürte es die Kehle zu, und damit sein Weib nicht sehen sollte, daß ihm die Tränen über das Gesicht rannen, wandte er sich ab, und als er wieder nach der Kranken schaute, sah er, daß sie ihre Augen für immer geschlossen hatte.

Zwei Tage hielt der Jakob Wache bei der Toten, dann trug er sie heim an die Alb und kehrte traurig und allein zurück in sein Haus, dem ersten in der Spechtwaldsiedlung.

Die Hexe im Strohbund

In Spessart wohnte dereinst ein Bauer, der hatte nur eine einzige Kuh; sie gab aber so viel Milch, daß der Mann und seine Familie nicht zu darben hatten.

Eines Tages traute der Bauer seinen Augen nicht: Der Melkeimer füllte sich mit roter Milch, und niemand konnte sich diesen Vorgang erklären. Eine ganze Zeitlang ging das so, immer war die Milch rot und mußte weggeschüttet werden. Der Bauer war sehr verzweifelt, denn wie sollte er fürderhin seine hungrige Kinderschar ernähren?

Als er eines Morgens wieder in den Stall kam, sah er dort ein Bund Stroh liegen. Da er nicht wußte, woher es kam, und weil er ja wieder rote Milch erwartete, stieß er voll Zorn mit seiner dreizackigen Mistgabel hinein, und augenblicklich war der Strohbund verschwunden. Von diesem Tage an füllte sich der Eimer des Bauern wieder mit weißer Milch.

In ihrer Kate fand man am anderen Tag eine alte Frau, die im Dorf als Hexe galt, auf dem Bette liegen mit drei Löchern in ihrem Rücken.

Schöllbronn

Über eine kurze Strecke hinter Spessart erreicht man bald Schöllbronn, eine der ältesten Ansiedlungen in der Gegend. Es wird vermutet, daß hier schon zur Römerzeit einzelne Gehöfte gestanden haben, denn die Römerstraße führte von Ettlingen über Spessart und Schöllbronn ins hintere Albtal; auch hat man beim Bau der Kirche einen Viergötterstein aus Sandstein gefunden.

Woher Schöllbronn seinen Namen hat

Es gibt viele Deutungsmöglichkeiten über die Herkunft des Namens, von denen vielleicht die plausibelsten *Schellbronn* = tönende, schallende, als Brunnen gefaßte Quelle oder auch *Scheltebrunnen* = strittiger Brunnen ist. Ebenso wird vermutet, „Schelthebrunnen" (1254) könne heiliger Brunnen bedeuten, von althochdeutsch scald = heilig, oder aber von „Skeltobrunnen" stammen, der Brunnen des Skelto oder Scelto.

Die Leute im Ort und eine alte Sage erzählen jedoch etwas ganz anderes:

Ganz früher, als im Hochmittelalter zahlreiche Rodungssiedlungen entstanden, gab es dort, wo jetzt das Dorf liegt, nur etliche Höfe. Eine einzige Quelle versorgte die Leute mit trinkbarem Wasser: der „Gallbrunnen". Dieser war verschlossen, und jedesmal, wenn er zum Wasserholen geöffnet wurde, verkündete man es durch eine Schelle. So erhielt das Dorf den Namen „Schellbrunn", und daraus ist mit der Zeit „Schöllbronn" geworden.

Lindenkreuz

Am nördlichen Ortseingang, wo sich die Straße gabelt, steht das Lindenkreuz: ein steinernes Kruzifix mit einer Marienfigur, auf dessen Barocksockel ein Relief eingemeißelt ist, das einen liegenden Mann mit einem Stock zeigt und eine neben ihm kniende betende Frau. Aus der Chronik eines Schöllbronner Pfarrers geht hervor, daß das Kreuz damals errichtet worden ist, um an ein Unglück zu erinnern.

Das Lindenkreuz

Im Januar 1781 verstarb an dieser Stelle ein Mann im Alter von vierzig Jahren an einem Schlaganfall. Eine Frau, die des Weges kam, sah den Mann liegen; da sie aber rechtzeitig zu einer Hochzeit nach Reichenbach kommen wollte, ging sie weiter und ließ den Todkranken liegen, der kurz darauf verstarb. Über den schrecklichen Tod seines Sohnes kam der Vater des Unglücklichen nicht hinweg und ist aus Gram kurze Zeit später auch gestorben.
Es wird auch erzählt, im Winter 1725 sei an dieser Stelle ein Landbriefträger erfroren.

Vielleicht ist hier auch etwas ganz anderes geschehen?

Einstmals schaute der Heiland an diesem Kreuz gegen Spessart. Das ist schon lange her, aber auch damals gab es Menschen mit schlechten Manieren, und so ist einmal ein Mann auf seinem Heimweg an diesem Kreuz vorbeigekommen und hat vor ihm seine Notdurft verrichtet. Dabei schaute er den Gekreuzigten an und sagte höhnisch: „Dreh' dich doch um, wenn du's nicht sehen kannst!"

Seither ist der Kopf des Heilands gegen Schöllbronn gewandt, den Spötter aber fand man am anderen Morgen erfroren unter dem Kreuze liegen.

Im Süden schließt an den Schöllbronner Ortsetter die Gemarkung Retzberg an; dort stand früher am Waldrand ein altes steinernes Kreuz. Ein alter Mann erzählte einmal eine Geschichte von diesem Steinkreuz, die er schon damals als Knabe von seiner Großmutter erzählt bekommen hatte:

Der Stumpenbummler

Wenn abends die Betglocke läutete, mußten die Kinder heimkommen, und wenn sie nicht wollten, weil das Spiel mit den anderen viel zu schön war, sagte die Mutter oft: „Wenn du nicht heimkommst, muß dich der Stumpenbummler mitnehmen."

Der Stumpenbummler ist ein Geist, der bei dem Steinkreuz umgehen muß. In der Adventszeit hat man dort oft gegen Mitternacht Axthiebe gehört, dann hat der Stumpenbummler Holz gefällt. Einige haben auch schon ein Licht gesehen, das dem Geist wohl bei seiner nächtlichen Arbeit geleuchtet hat. Einmal wollte ein Mann hinunter zur Schöllbronner Mühle gehen, da kam er an dieser Stelle vorbei und sah dort ein schwelendes Feuer. ‚Das kommt mir gerade recht', dachte er, nahm sich ein Stück Kohle und zündete damit seine Pfeife an. Als er die Mühle erreicht hatte und eben seine Pfeife ausklopfen wollte, fiel ihm zu seinem Erstaunen ein blankes Goldstück in die Hände. Zu Hause erzählte er später, was geschehen war. Die Kinder waren recht neugierig, und so machten sie sich am anderen Tag auf den Weg zu der bezeichneten Stelle. Sie gruben im Waldboden herum, um noch etwas von den glückbringenden Kohlen zu finden, aber so lange sie auch suchten, es war nichts mehr zu entdecken.

Warum der Geist „Stumpenbummler" heißt? Sicherlich hängt der Name mit den nächtlichen Schlägen zusammen, denn wenn man sie hörte, sagte man: „Er hat an die Stumpen gebummelt." Für den unruhigen Geist habe man schließlich ein Steinkreuz gesetzt, es kann aber auch sein, daß an jener Stelle einmal ein Holzfäller tödlich verunglückt ist.

Schluttenbach

Wer nach Schluttenbach kommt, dem fällt als erstes das „Herz des Dorfes" auf, der schöne Dorfplatz mit seinem Brunnen und der alten Linde. Das Alter dieses mächtigen Baumes wird auf rund 1000 Jahre geschätzt, und so muß er schon an seinem Platz bei der Quelle gestanden haben, als die ersten Schluttenbacher ihre Häuser bauten, denn das Dorf wird erst im Jahre 1346 urkundlich erwähnt.
Schluttenbach hatte früher noch ein anderes, damals recht berühmtes Naturdenkmal aufzuweisen: eine uralte Eiche, die einstmals *am Saume des Gemeindewaldes von Schluttenbach, etwa 250 Schritte vom Rathaus, westlich des nach dem Rimmelsbacher Hof führenden Weges* (13) gestanden haben soll.

Die Schluttenbacher Eiche

Lange, bevor es das Dorf Schluttenbach gab, es mag wohl um das Jahr 1000 gewesen sein, wurde dort eine Eiche gepflanzt, die im Laufe der Jahrhunderte zu einem mächtigen Baum herangewachsen war. Diese Eiche hatte einen Umfang von 9,60 m, und zunächst der Erde sogar 16,80 m, und der Baum war so hohl, daß der Stamm am unteren Teil nur noch aus einer dünnen Schale bestand. Fünfzehn bis zwanzig erwachsene Männer konnten sich darin aufhalten, und als einmal die Schüler des Ettlinger Lehrerseminars einen Ausflug zu den alten Eiche machten, sangen fünfzig von ihnen darin einen Chor.

Das Schluttenbacher Rathaus mußte repariert werden, und niemand wußte, wo nun die Versammlungen stattfinden sollten. Da fiel den Leuten die alte Eiche ein, und nun wurden in der riesigen Aushöhlung des Baumes die Gemeinderatssit-

Das Alter dieses mächtigen Baumes am Dorf-platz wird auf rund 1000 Jahre geschätzt, und so muß er schon an seinem Platz bei der Quelle gestanden haben, als die ersten Schluttenbacher ihre Häuser bauten.

zungen abgehalten, bis das Haus wieder bezogen werden konnte.

Der Baum soll sogar einmal einem Dorf-schuhmacher als Werkstätte gedient haben.

Im Jahre 1847, an Christi Himmelfahrt, ist die alte Eiche plötzlich, wohl aus Alters-schwäche, krachend zusammengebrochen.

Völkersbach

Das „Dorf der Schneider", Völkers-bach, 1254 erwähnt als Volchers-bahe = Bach des Volcher, war früher ein wichtiger Ort auf der Strecke von den Albklöstern über die Berge in das Rheintal.

Die Kartenspieler und der Teufel

Längst hatte es die Mitternacht geschlagen, da saßen, wie sonst oft auch, drei auf das Kartenspiel versessene Männer im Wirtshaus zusammen und vergaßen die Zeit. Die Tü-ren und Fenster waren bereits verschlossen, als eine schwarze Katze in der Gaststube er-schien, die reckte und streckte sich und be-gann schrecklich zu miauen. Plötzlich stand sie als schwarz gekleideter Mann vor den Spielern und bat sie, mitspielen zu dürfen. Angstvoll gestatteten sie dem unheimlichen Gast, an ihrem Tische Platz zu nehmen. Je-des Spiel gewann der schwarze Mann, bis schließlich einer der Freunde merkte, daß der Fremde alle Karten verschwinden ließ und dafür neue hervorzog. Mit zitternder Stimme stellte einer der Spieler den Gast zur Rede. Mit einemmal wuchsen diesem Hör-ner auf dem Kopf, und zum Schrecken der anderen gab er sich als Teufel zu erkennen.

Schnell eilte einer der Männer aus dem Hause und holte den Pfarrer. Als dieser die Stube betrat, verschwand mit einem lauten Knall und gräßlichem Schwefel-gestank der Teufel durch das verschlos-sene Fenster. „Nun," meinte der Pfarrer, „es wird wohl in Zukunft besser sein, ihr beendet euer Kartenspiel noch vor der zwölften Stunde."

Steinkreuz Brunnenstraße

In der Brunnenstraße steht, direkt an der Wand eines alten Hauses, ein gut erhaltenes Steinkreuz. Sieht man genau hin, bemerkt man, daß der obere Teil ein Grabkreuz ist mit der Inschrift: *Ano 1707 Stofel Reichart Schultheis in Got ver (stor-ben).* Dieses Kreuz wurde später

zu einem Wegkreuz zusammenge-
fügt, auf dessen schlichtem Stamm
steht: *1834 gevunden au(f) d(em)*
Gotesacker von Sebastian Gerstner
und seiner Ehefrau Mariana Huk-
ker. Bis 1834 lag der Friedhof noch
bei der Kirche. Warum aus dem
Grabkreuz ein Wegkreuz wurde,
und warum man es hier aufgestellt
hat, weiß niemand. Die Leute aber
erzählen über

Das Kreuz in
der Brunnenstraße

Dort, wo das Kreuz stand, unterhielten
sich einmal zwei Mädchen. Sie hatten sich
viel zu erzählen und bemerkten nicht die
hereinbrechende Dunkelheit. Plötzlich sah
das eine von ihnen in der Neuen Straße
ein Licht, deutete darauf und zeigte es
dem anderen Mädchen. Da fiel es auf der
Stelle um und war tot.

Es war schon spät in der Nacht, als sich drei
Mädchen, die am Abend noch zum Rim-
melsbacher Hof gegangen waren, auf ihren
Heimweg machten. Die Turmuhr schlug ge-
rade zwölf Uhr, als eines von ihnen in den
Wald hinunterschaute. Da sah es von unten
ein Licht heraufkommen. Als es ihren Freun-
dinnen davon erzählte, überkam sie ein
Gruseln, und alle drei liefen eiligst davon.
Sie waren aber schon recht müde und wur-
den zunehmend langsamer. So holte sie das
Licht schließlich ein und berührte das Mäd-
chen, das den anderen davon erzählt hatte.
Im gleichen Moment fiel dieses tot um.
An der Stelle, wo dies geschah, soll
man dann dieses Kreuz errichtet haben.

Bildstock am Wald

Völkersbach ist reich an Bildstök-
ken, Feld- und Straßenkreuzen.

Nach einer kurzen Strecke hinter
dem östlichen Ortsausgang entlang der Straße, die in das Moosalbtal führt, findet man auf der linken
Seite an einem Weg am Waldrand
einen alten Bildstock aus dem Jahre
1717, errichtet von Lorendz Daum
und seiner Frau Magdalena.

Das Bildstöcklein
am Waldesrand

Es wird erzählt, einmal habe sich dort, wo
das Bildstöcklein steht, etwas Seltsames
zugetragen. Ein Bauer fuhr mit seinem Gespann an jener Stelle vorbei, als sein Pferd
ganz plötzlich nicht mehr weitergehen
wollte. Als er nach der Ursache suchte, bemerkte er, daß sein Tier einen Fuß gebrochen hatte. Nichts Unwegsames war ihm
aufgefallen, kein Stein und kein Wegloch
war zu sehen gewesen, und so wunderte
er sich sehr über diesen Unfall. Wenig
später grub man dort nach und fand im
Boden einen Bildstock, den man hernach
wieder aufstellte, und so ist er nach fast
300 Jahren heute noch zu sehen.

Steinkreuz auf dem Feld

Eine kurze Strecke hinter dem Ortsausgang von Völkersbach in Richtung Malsch erhebt sich auf der
rechten Straßenseite ein Kreuz, das
auf steinernen Brotlaiben zu stehen
scheint.

Die steinernen Brotlaibe

Ganz früher hatte Völkersbach keinen eigenen Bäcker; also wurde ein Mann aus dem
Dorfe bestimmt, der immer nach Malsch
gehen mußte, um dort für alle Brot einzukaufen. Weil aber der Weg durch den
Wald recht steil und mit der Last auf dem

Rücken auch sehr beschwerlich war, gedachte er, aus seiner Arbeit einen Vorteil zu ziehen. Also verkaufte er seinen Leuten das Brot oft und gerne zu einem erhöhten Preis, wodurch gerade die Armen im Dorf in große Not gerieten.

Wieder einmal hatte er seinen Einkauf in Malsch erledigt und befand sich gerade auf dem Heimweg, als er plötzlich kurz vor seinem Ziel von einer Rotte Wildschweinen angefallen wurde. So sehr er sich auch zur Wehr setzte, es half alles nichts: Die Bestien rissen und bissen, bis der Mann schließlich seine Seele aushauchte. Augenblicklich wurde das Brot, das er bei sich trug, in einen Haufen Steine verwandelt.

Auf den zu Stein gewordenen Brotlaiben haben die Dorfbewohner dann für den hartherzigen Mann ein mahnendes Sühnekreuz errichtet.

Weimersmühle

In früheren Zeiten war Völkersbach in die Weimersmühle gebannt, d.h. alle seine Bewohner mußten dort ihr Getreide mahlen lassen. Die alte Mühle im Moosalbtal wird 1516 erstmals erwähnt, ist aber wahrscheinlich doch viel älter.

Die Rache des jungen Müllers

Vor fast dreihundert Jahren, als die alte Weimersmühle noch Frauenalber Besitz war, hatte das Kloster das Recht, die Mühle nach dem Tode des Müllers an sich zu ziehen, aber auch die Verpflichtung, die minderjährigen Kinder zu versorgen und zu erziehen. Als nun der Müller Abendschön starb, bot sein ältester Sohn an, trotz seines Alters von erst 17 Jahren das Mühlengeschäft selbständig weiterzuführen und seine jüngeren Geschwister zu versorgen. Die

strenge und harte Äbtissin beharrte jedoch auf ihrem Recht, vertrieb die Kinder von des Vaters Besitz, ließ die alte kleine Mühle niederreißen und gab den Auftrag, oberhalb eine neue und größere zu bauen.

Der Bau ging zügig voran, und eben sollte der Dachstuhl aufgerichtet werden, da ertönte plötzlich vom nahen Mühlberg ein Schuß, und einer der Zimmerleute fiel von der Kugel getroffen tot zu Boden. Sofort jagte man dem Täter, den man als den jungen Abendschön erkannt hatte, hinterher. Er aber floh in Richtung Freiolsheim und hatte, ehe man ihn einholte, den dortigen „Freistein" erreicht, der jedem Täter Straflosigkeit sicherte.

Am anderen Tag, als die Zimmerleute wieder fleißig bei der Arbeit waren, wurde ein zweiter Mann das Opfer des zornigen und rachsüchtigen Müllersohnes, und nun war niemand mehr bereit, an der Mühle auch nur einen Tag weiterzuarbeiten.

Die Äbtissin wandte sich an den Markgrafen von Baden, der die Gerichtsbarkeit im Klostergebiet ausübte, und der junge Abendschön wurde des Landes verwiesen.

Viele Jahre verbrachte der Müllersohn in Österreich und erwarb sich dort in seinem Handwerk durch Fleiß, Tatkraft und Sparsamkeit einige tausend Gulden Vermögen. Dann sprach er beim Kaiser in Wien vor, erzählte ihm sein Schicksal und bat um Hilfe zur Rückgabe seines väterlichen Erbes. Durch die traurige Geschichte des Müllers gerührt, stellte ihm der Kaiser einen Berechtigungsbrief aus, an drei Gewässern Mühlen bauen zu dürfen, und damit konnte Abendschön endlich in seine Heimat zurückkehren.

Als die Äbtissin von der Ankunft des Müllers im Tal erfuhr, fürchtete sie dessen Rache und machte ihm verschiedene Angebote, um ihn friedlich zu stimmen. Abendschön jedoch schlug alles aus. Er war ja im Besitz des kaiserlichen Briefes und baute nun aus Rache, dem Kloster zum Schaden, eine Mühle bei Oberweier (Ettlingen), die heutige Lochmühle.

Nun berühren sich ja oft Geschichte und Sage, und so erfährt man aus einem Protokoll von 1779, wie es sich nach der Aussage eines alten Mannes tatsächlich zugetragen haben soll.

Etwa 55 Jahre vor der Niederschrift befand sich das Gebäude der alten Weimersmühle in einem sehr schlechten Zustand, selbst das Dach soll so zerfallen gewesen sein, daß es auf das Bett geregnet habe. Aber obgleich er vom Kloster Holz erhalten hatte und dieses schon auf seinem Platze lag, weigerte sich der Eigentümer, Hans Jörg Abendschön, das Bauwerk wiederherzustellen, verließ sein Haus und zog in seine auf der Völkersbacher Gemarkung liegende Ölmühle. Daraufhin nahm sich die Frauenalber Äbtissin das Recht, die baufällige Mühle in Besitz zu nehmen und ganz neu herstellen zu lassen.

Diesem Vorgang hat sich der Sohn des Müllers, Matthäus Abendschön, jedoch heftig widersetzt und versucht, mit Waffengewalt die vom Kloster bestellten Maurer von der Arbeit abzuhalten. Schließlich steckte man ihn in den Turm, und nun konnte der Neubau ohne Störungen vollendet werden.

Der junge Müller zog nach Österreich und baute sich nach seiner Rückkehr in Oberweier eine eigene kleine Mühle. Als das Kloster ihn später als Erbpächter für sich, seine Kinder und Kindeskinder wieder auf die Weimersmühle nehmen wollte, hat er dieses Angebot abgelehnt und vergeblich darauf bestanden, daß man ihm sein vormaliges Eigentumsrecht einräume.

In den 1730er Jahren gab die neue Mühle des Matthäus Abendschön in Oberweier den Anlaß für einen Mühlenkrieg zwischen Baden und Frauenalb, der drei Jahre dauern sollte.

Die Orte Oberweier und Sulzbach, die bisher in die Weimersmühle gebannt waren, sollten auf Befehl der badischen Herrschaft fürderhin in der neuen Mühle mahlen lassen. Das Kloster bestand jedoch auf seinem Recht und schickte Mühlknechte in die Orte, das Mahlgut abzuholen, aber die Esel kamen ohne jede Last zurück. Daraufhin verbot Frauenalb seinen Untertanen in Spessart, in der herrschaftlich badischen Kochmühle im Albtal mahlen zu lassen, wohin sie rechtmäßig gebannt waren. Das Kloster zog aber mit seinen Repressalien den kürzeren, da die Herrschaft sich auf den alten Mühlenbrief von 1487 bezog. Zuletzt wußten die Leute nicht mehr, wo sie nun überhaupt mahlen lassen sollten.

Um der schädlichen Selbstverwaltung ein Ende zu machen, entschloß sich im Jahre 1797 die Abtei, die Weimersmühle zu versteigern, und so wurde nach dem Müller Abendschön und dem Kloster Frauenalb ein Wendelin Herm für 6750 Gulden Herr über die Mühle samt Güter und Zubehör.

Im 19. Jahrhundert wurden die alten Mühlrechte und Müllerspflichten schließlich aufgehoben.

Malsch

Eine sehr alte Ansiedlung in dieser Gegend ist auch Malsch – erste urkundliche Erwähnung 1065 – dessen Name wahrscheinlich keltischen Ursprungs ist. Der Ort war einstmals, um 1100, der Wohnsitz des „Reginboto", Graf im Ufgau (siehe auch Waldprechtsweier). Im Mittelalter hatte hier die Malscher Markgenossenschaft ihren Sitz, zu der neben Malsch auch Waldprechtweier, Freiolsheim und Völkersbach gehörten.

Die Rädelsführer

Malsch und Waldprechtsweier zählten zu den ersten mittelbadischen Dörfern, die sich in dem verderblichen Bauernkrieg empörten, und so kamen aus diesen Orten mehrere Anführer der Bauernhaufen. In seinem Wappen führte Waldprechtsweier ein Wassermühlenrad, daher hatten die Anführer auch ein Rad auf ihren Fahnen und wurden darum „die Rädelsführer" genannt. Die Sache der Bauern nahm aber ein schlimmes Ende. Auf dem Schloß Kißlau wurde allen Rädelsführern der Kopf abgeschlagen.

Steinkreuze

In einem niedrigen Mäuerchen eingemauert, Ecke Friedrich- und Kreuzstraße, und vor der Gartenmauer des Hauses Sulzbacher Straße 2 findet man zwei alte Steinkreuze; auf dem einen sieht man eine große Pflugschar, bei dem anderen ist ein Zeichen nicht mehr klar zu erkennen. Der Sage nach sollen es einmal drei Kreuze gewesen sein, aber von dem dritten weiß man heute nichts mehr.
Als das kleine Kreuz in der Sulzbacher Straße versetzt werden mußte, hat man – dies berichtete unlängst ein Augenzeuge – darunter einen ziselierten Dolch gefunden.

Die drei Bauern von Malsch

Es ist schon lange her, da herrschte wieder einmal eine böse Seuche in Malsch. In jedem Hause waren Tote zu beklagen, aber bald war auch zum Klagen kaum jemand mehr am Leben. Schließlich blieben von allen Bewohnern nur noch drei Bauern übrig. Als sie merkten, daß die furchtbare Seuche ein Ende hatte, und sie dem Tode vorerst von der Schippe gehopst waren, begannen sie,

die Gemarkung unter sich neu aufzuteilen. Alles verlief gut und gerecht; als aber das Amtsfeld an die Reihe kam, das beste Feld der Gemarkung, entbrannte unter ihnen ein heftiger Streit. Mit zorngeröteten Gesichtern und mit Geschrei griffen die Bauern zu ihren Waffen und Geräten, schlugen aufeinander ein, und am Ende haben sich alle drei gegenseitig totgeschlagen.

Für die Toten hat man hernach drei Kreuzchen errichtet, von denen zwei heute noch zu sehen sind.

Es heißt auch, im Dreißigjährigen Krieg sei Malsch beinahe entvölkert worden, und nach dem Krieg habe das Dorf nur noch drei Bürger gehabt. Zur Erinnerung an sie seien die Kreuze errichtet worden.

Bergwald

Südöstlich von Malsch führt am Tannelgraben die Hohlbergsteige hinauf in den Bergwald. Über diesen Weg zogen in Kriegszeiten die flüchtenden Menschen, um sich im Wald in Sicherheit zu bringen.

Die Geschichte vom Malscher Bärbele

Im Dreißigjährigen Krieg lebten auch die Leute von Malsch ständig in Angst und Schrecken. Oft wurde das Dorf von fremden Soldaten heimgesucht; Freund wie Feind überfielen es gleichermaßen, plünderten und marodierten, und so herrschte bald eine große Hungersnot. Sobald die Sturmglocke läutete, flüchteten die armen Leute mit Sack und Pack und, wenn die Zeit es erlaubte, auch mit ihrem Vieh hinaus in den Bergwald, wo sie sich in ihren Schlupflöchern vor den Soldaten verkriechen und verbergen konnten.

Es war in einem sehr kalten Winter, als wieder einmal die Sturmglocke den nahen Feind ankündigte, und die Malscher in großer Eile das Weite suchten. Im Dorfe lebte ein kleines Mädchen, vielleicht zehn Jahre alt, dem waren seine Eltern gestorben, und nun hatte es Aufnahme bei liebevollen Pflegeeltern gefunden. Als nun die Glocke läutete, war das Bärbele nirgends zu finden, und so meinte sein Pflegevater, es sei wohl bei Bekannten, die würden es schon mitnehmen. Also hastete er mit den anderen die Hohlbergsteige hinaus in ihr Versteck, in der Hoffnung, das Bärbele werde mit anderen Leuten schon noch nachkommen. Derweil hatte sich das Mädchen auf dem Heustall versteckt, bis die marodierenden Soldaten wieder fort waren; dann hat es sich herausgewagt und ist mutterseelenallein in Richtung Bergwald geeilt, bei den anderen aber niemals angekommen.

Die Pflegeeltern und die anderen Leute machten sich inzwischen große Sorgen um das Bärbele, konnten sich aber wegen der großen Gefahr nicht aus ihrem Versteck wagen. Als sie schließlich nach drei Tagen ihre Schlupflöcher wieder verließen und sich auf den Weg in ihr Dorf machten, fanden sie in einem Hohlweg einige Blutspuren, einen Fetzen von Bärbeles Kleid und einen ihrer Schuhe. Mit Entsetzen wurde ihnen nun zur Gewißheit, daß das arme Kind von hungrigen Wölfen angefallen und zerrissen worden war.

Stumm vor Schmerz standen die Leute zunächst beisammen, dann aber ergriff sie ein großer Zorn, und wutentbrannt schrien alle auf den Pflegevater ein, der besser hätte aufpassen müssen und für das Schicksal des kleinen Mädchens alleine die Schuld trage. Auf dem nächsten Gerichtstag wurde der unglückliche Mann zu einer ordentlichen Strafe verurteilt, aber dem armen Bärbele hat das auch nicht mehr geholfen.

Diese Geschichte hat sich tatsächlich so oder ähnlich abgespielt. Aus alten Akten geht hervor, daß der Winter 1637/38 bitterkalt war, und viele Menschen in den Schlupfwinkeln des Bergwaldes schon erkrankt oder gar erfroren waren. Damals sei bei Wernhard Kastner *des Hans Mohren seelig Döchterlin, 12 oder 13 Jahre alt, in Kost gewesen, worüber er Pfleger war und das Kind ihm und seiner Frau das ganze Jahr über gedient und ihren Nutzen geschaffen haben.* Als die Leute nun wieder einmal fliehen mußten, hatte Wernhard das Kind daheim gelassen, *welches in etlichen Tagen hernach aus großen Hungersnöthen in großer Kält dem Bergwald zue gehen wöllt, unterwegs dasselbig arm Waislein ist liegen blieben und ist von den Wölfen aufgefressen worden.* (14)

Der Wilderer im Bergwald

Die Zeiten in der Gegend waren oft sehr schlecht, und selten lag ein Stück Fleisch auf den Tellern der armen Leute. So kam es nicht selten vor, daß Wilddiebe in den Wäldern ihren kargen Speiseplan aufzubessern suchten, aber oftmals war es wohl auch die reine Jagdlust, die manchen jungen Burschen zur Flinte greifen ließ.

Es ist schon über hundert Jahre her, da zog auch der Hermann, Sohn des ehrbaren Schreinermeisters Kunz, hinauf in den Bergwald und schoß einen prächtigen Rehbock. Dabei wurde er entdeckt, und obwohl er wußte, daß die Jäger einen flüchtenden Wilderer nur von hinten erschießen durften, wandte er sich um und rannte, als sei der Teufel hinter ihm her, seinem Elternhause in der Kesselgasse zu. Die Beute mußte er zurücklassen, aber auch, was weitaus schlimmer war, seine Flinte, anhand derer man ihn später mit Sicherheit identifizieren würde.

Aufgeregt und mit hastigen Worten erzählte er den Vorfall seinen Eltern. Mit Entsetzen wurde dem Vater bewußt, daß sein Hermann als Sohn eines angesehenen Handwerksmeisters im Gefängnis landen werde, und so kamen sie überein: Nur eine Flucht aus dem Heimatdorf konnte ihn vor dieser Schande bewahren.

Schnell packte die Mutter ein Bündel Wäsche zusammen, der Vater holte alles verfügbare Bargeld hervor und so, versehen mit dem Allernötigsten, wurde Hermann in seinem Sonntagsanzug nach Ettlingen gefahren. Dort sollte er den Zug besteigen, so schnell wie möglich nach Bremerhaven gelangen und von dort aus ein Schiff nach Amerika besteigen. Die Flucht ist dem Unglücklichen gelungen, und wohlbehalten ist er nach einer langen Reise in der Neuen Welt angekommen.

Erst viele Jahre später ist Hermann in seine Heimat zurückgekehrt. Sehr hart seien die ersten Jahre in der Fremde gewesen, erzählte er. Aber er hatte sein Glück gemacht, geheiratet und viele Kinder bekommen. Nur seine traurigen Eltern hat er niemals mehr wiedergesehen.

Brunnenäcker

Westlich von Malsch liegt im Dreieck zwischen der L 67 und der A 5 das Gewann Brunnenäcker. Geht man auf der linken Seite der Straße in Richtung Neumalsch vor ihrer Steigung zur Brücke über die Autobahn wenige Meter entlang der Böschung ins Feld hinein, stößt man bald auf den alten Ziegelhofbrunnen, der unlängst vom Heimatverein Malsch neu aufgemauert und überdacht wurde. Er wird in einer Urkunde aus dem Jahre 1511 erwähnt, ist aber vermutlich viel älter.

Der alte Ziegelhofbrunnen

Dort, wo heute noch der alte Ziegelhofbrunnen zu sehen ist, lag vor vielen Jahrhunderten einmal der Weiler Ziegelhofen. In Urkunden des 13. und 14. Jahrhunderts wird er als „Ciegelhouen" genannt und war im Besitz des Klosters Herrenalb. Ziegelhofen war vermutlich eine „Schweige", also ein Viehgehöft mit Jungvieh, und bestand aus mehreren Hofstellen. Um das 16./17. Jahrhundert wird der Weiler noch erwähnt, später hört man nichts mehr von der Siedlung; sie war abgegangen. Einzig der Brunnen ist noch übriggeblieben. Über ihn erzählt man eine alte Geschichte:

Vor langer Zeit zogen an einem heißen Sommertag einige Bauern auf das Feld, um Gras zu mähen. Das Zischen der Sensen, das Geräusch der Schleifsteine, die hurtig über die Schneideflächen gezogen wurden, und der Gesang der Vögel erfüllten die Luft, während die Sonne glühend heiß auf die Schnitter strahlte. Schweißperlen rannen über die Stirnen der fleißigen Männer, und trocken wurden ihre Münder und Gaumen. Schließlich legten sie ihre Sensen nieder und gingen zu dem nahen Brunnen, um sich Wasser zu schöpfen. Gierig in ihrem Durste tranken sie das kühle Naß mit großen Schlucken und machten sich hernach wieder frisch an ihre Arbeit.

Einige Zeit später lag einer der Männer auf dem Sterbelager, bald folgte der nächste, und nicht lange, da hatten alle Familien der Schnitter einen Toten zu beklagen. Das Wasser des Ziegelhofbrunnens war vergiftet, denn die Pest herrschte im Lande. Den Schnittern zum Gedächtnis hat man hernach am Wegesrand ein kleines Steinkreuz erstellt, das aber heute nicht mehr zu finden ist.

Ein weiterer, ebenso alter Brunnen befindet sich nördlich von Malsch, zwischen der A 5 und der B3. Kurz, nachdem der

Mörscher Weg nach Norden die Autobahn überquert hat und von einem anderen Weg gekreuzt wird, findet man an der Gabelung Mörscher- und Brunnenweg unter einem Baum ein Hinweisschild mit der Jahresangabe 1511. Der zugeschüttete Brunnen gehörte vermutlich zu einem weiteren einstigen Herrenalber Schweighof, dem „Lindenhardthof", der aber auch schon längst verschwunden ist.

Sulzbach,

erstmals erwähnt im Jahre 1115, gehörte früher zum „Stab Weier". Heute ist das Dorf ein Ortsteil von Malsch.

Das Steinbild der sündigen Geschwister

Ganz früher einmal soll auf dem Friedhof von Sulzbach ein Schloß gestanden haben. Von dem adligen Geschlecht waren aber schließlich nur noch ein Sohn und dessen Schwester übrig, und keiner von ihnen hatte den Bund fürs Leben geschlossen. Um

ihr Geschlecht vor dem Aussterben zu bewahren, zeugten sie miteinander ein Kind und büßten ihre schändliche Tat mit dem Tod auf dem Schafott.

Am Sulzbacher Kelterhaus konnte man in früherer Zeit einen eingemauerten Stein sehen, worauf Bruder und Schwester ohne Köpfe und das Kind ausgehauen waren.

Der Streit um zwei Ochsen

Etwas mißmutig zog an einem schönen Tag ein Sulzbacher Bauer auf sein Feld, um es zu pflügen. Es kratzte ihn ihm Hals, und auch sonst fühlte er sich nicht ganz wohl, aber die Arbeit mußte getan werden, und so ging er mit seinen zwei schönen Ochsen hinaus in das Gewann „Sand", das westlich des alten Römerweges liegt.

Wie er nun also seine Bahnen zog, kam von Malsch her der Schloßherr vom „Gefällwald" geritten – dort soll einmal ein Schloß gestanden haben – und warf ein Auge auf die schönen und kräftigen Tiere. Wie gut wäre es, stünden diese in seinem Stall, dachte er und wies seinen Edelknaben an, die Ochsen fortzuführen. Aber der Bauer war nicht gewillt, seine Tiere her-

Etwas mißmutig zog an einem schönen Tag ein Sulzbacher Bauer auf sein Feld, um es zu pflügen. Er fühlte sich nicht ganz wohl, aber die Arbeit mußte getan werden.

zugeben, und so entbrannte ein heftiger Streit. Während sie so stritten und schließlich gar miteinander kämpften, gelangten sie auf die östliche Seite des Römerweges, wo der Bauer am Ende seinen Widersacher mit dem Pflugsech getötet hat.

Waldprechtsweier

Am nördlichen Fuße des Eichelberges liegt im Walpertstal das alte Dorf Waldprechtsweier. 1065 wird es als Albrahteswilre erwähnt, dem Weiler eines Mannes mit Namen Albrecht oder Walbrecht. Schon früher war das Dorf ein Filialort zu Malsch und ist heute ein Ortsteil der Gesamtgemeinde.

Burg Waldenfels

Nordöstlich des Ortes, in den „Spielfinken", erinnern noch heute die Gewannamen Burgschlag, Burgäkker und Burgwiesen an die einstige Burg Waldenfels. Folgt man dem kleinen Bach südlich des Schwimmbades aufwärts, so sieht man bald auf der rechten Seite eine von Gräben umgebene hügelartige Erhebung mit von Erde bedeckten Mauerresten: Hier stand vor langer Zeit das einstige Wasserschloß oder auch Tiefburg des Grafen Reginboto II. von Malsch.

Die Burg Waldenfels

In den „Spielfinken" liegen recht versteckt die moosüberzogenen Mauerreste der einstigen Burg Waldenfels. In ihrer Blütezeit, um 1100, diente sie dem Ufgaugrafen Reginboto von Malsch als Wohnsitz, später den Herren von Malsch, Ebersteinischen Lehensleuten. Durch eine Erbschaft kam

„das huse ze Waldenvelse" in den Besitz der Markgrafen von Baden und wurde zusammen mit dem Dorf Malsch im Jahre 1318 von Friedrich II. von Baden an das Kloster Herrenalb verkauft. Das Kloster hatte natürlich keine Verwendung für dieses Schloß, und so diente es im 14. und 15. Jahrhundert weiterhin den Markgrafen als Jagdhaus.

Wenn die Herren früher tagelang in den Wäldern von Malsch jagten, konnte man oft den Klang des Hifthorns und das Gebell der Hundemeute hören, und an den Abenden kreisten dann die Becher edlen Weines in der fröhlichen Runde, und das Lachen und Singen der erfolgreichen Jäger erfüllte die alten Mauern der Burg.

Aber alle Herrlichkeit hatte ein Ende, als die Herzöge von Württemberg die neuen Schirmherren des Klosters Herrenalb wurden. Im Jahre 1535 hoben diese das Kloster auf, und nun begann der Verfall des Schlosses „Rudera", wie es auch genannt wurde, denn wohl nie kam einer der Herzöge zur Jagd nach Malsch, und auch nie wieder wird die Burg in den Akten genannt. Sie ist nach und nach verfallen und diente schließlich den Malscher und Waldprechtsweierer Leuten als „Steinbruch", aus dem sie sich kostenlos mit zugehauenen Steinen versorgen konnten.

So sieht man heute nur noch die kleinen Bodenerhebungen und einige noch erkennbare Mauerreste, die von dem einstigen Sitz des Ufgaugrafen zeugen.

In mondhellen Nächten will man bei den Burgwiesen in den Spielfinken oftmals einen weißen Reiter gesehen haben. Dies, sagt man, sei immer ein Zeichen gewesen, daß dem Dorfe Gefahr drohte.

Man erzählt auch von Schatzgräbern, die das verfallene Gemäuer und das Erdreich der Burgruine auf der Suche nach Verborgenem durchwühlt haben, denn es heißt, in den Tiefen der alten Burgkeller solle eine goldene Madonna ruhen, die demjenigen Glück und Reichtum bescheren würde, der sie fände und unversehrt wieder ans Tageslicht brächte.

Eselspfad

Kommt man von Oberweier aus nach Waldprechtsweier und biegt kurz vor der Ortschaft, dort, wo links die Straße nach Muggensturm abzweigt, auf der rechten Seite in einen Weg ein, so befindet man sich auf dem Eselspfad.

Der Spuk am Eselspfad

In alter Zeit ließen die Bauern von Oberweier ihr Getreide in der oberen Mühle in Waldprechtsweier mahlen. Dorthin führte als kürzester Weg der Eselspfad, der aber in einem schlimmen Ruf stand.

Mühelos konnte ein Mann seinen Sack auf dem Rücken zur Mühle tragen, obwohl der Pfad ziemlich bergan stieg. Abends aber, wenn er den Mehlsack fast gleichen Gewichts zurücktragen wollte, kam es oft vor, daß dieser nach und nach so schwer geworden war, daß manch einer ihn unterwegs abwerfen mußte, um nicht unter der Last zusammenzubrechen; den Bauern schien ein Tier nach dem anderen auf den Rücken zu springen, um die Last noch zu vermehren. Wenn jemand aber lästerlich fluchte, konnte es sein, daß der Sack an Gewicht verlor.

Hatte ein Mann seinen Sack auf den Boden geworfen, weil er gar zu schwer geworden war, so konnte er ihn nicht wieder aufnehmen. Mit leeren Händen mußte er nach Hause gehen, doch sobald der neue Tag angebrochen war und der Bauer zu seinem Sack zurückkehrte, fand er die abgeworfene Bürde stets unversehrt an, und mühelos konnte er sie nun auf den Rücken nehmen und frohgemut nach Hause tragen.

Oberweier

Im Vorhügelland, westlich des Eichelberges, liegt der heutige Gaggenauer Ortsteil Oberweier, einstmals auch Oberinwilri und Oberweyr; er ist von alters her aufs engste mit dem kleineren Niederweier verbunden. Das Dorf ist eine Ausbausiedlung des hohen Mittelalters, dessen urkundliche Ersterwähnung auf das Jahr 1102 zurückgeht.

Das Dorftier

Es wird erzählt, früher habe sich nachts manchmal auf der Dorfstraße von Oberweier ein Schafbock mit großen Hörnern, mit feurigen Augen und einem zottigen Fell gezeigt, aber nur Kinder sollen die Fähigkeit gehabt haben, seiner ansichtig zu werden.

Einmal blieb eine Mutter mit ihrem Kind noch bis in die Nacht hinein in der Kunkelstube (Spinnstube); es war sehr gemütlich dort, und man hatte sich viel zu erzählen. Spät machten sie sich also auf den Heimweg, müde waren sie beide, und stillschweigend gingen sie Hand in Hand nebeneinander her. Plötzlich rief der Knabe: „Mutter, Mutter, schau, was da für ein großes Schaf daherkommt!" Die Mutter sah sich um, konnte aber nichts entdecken. Als das Tier an dem Bub vorbeiging, strich dieser ihm zärtlich über den Rücken. Sofort flogen viele feurige Funken heraus. Obwohl die Mutter das Tier nicht wahrnehmen konnte, sah sie doch die Funken, erschrak darüber gewaltig und eilte, so schnell sie konnte, mit dem Kind ihrem Hause zu.

Auch ein großer Hund, wie man keinen bisher gesehen hatte, zeigte sich öfter im Dorf und versetzte die Leute in Angst und Schrecken, besonders die Männer, wenn sie zu tief ins Glas geschaut hatten und sich auf dem Heimweg befanden.

Es war schon sehr spät geworden, die Nacht war längst hereingebrochen, als sich ein Mann aus Niederweier endlich bei seinen Verwandten in Oberweier verabschiedet hatte und sich auf den Heimweg machte. Bis zum Rathaus war er ganz allein, da gesellte sich plötzlich ein riesengroßer Hund zu ihm; der Mann erschrak sehr, obgleich das Tier sich ruhig verhielt und auch nicht bellte. Ihn fortzujagen hatte der Mann keinen Mut, also begann er zu laufen, aber der Hund blieb stets an seiner Seite. Schließlich blieb der Unglückliche stehen und warf dem Tier ein Stück Brot hin, das er noch in seiner Tasche trug – das unheimliche Wesen rührte es nicht an und ging weiter immer neben dem Manne her. Endlich hatte dieser sein Haus erreicht; das Herz klopfte ihm bis zum Hals, denn er fürchtete, der lästige Begleiter könne ihm weiterhin folgen. Als der Mann jedoch die Haustür aufgeschlossen hatte und sich angstvoll umblickte, da war der Hund verschwunden und nirgendwo mehr zu sehen.

Der Einsiedler und der Bär

Vor langer, langer Zeit lebte bei Oberweier einmal ein frommer Einsiedler; dessen einziger Begleiter war ein großer brauner Bär. Als dieser noch jung war, hatte ihn der Mann mit Futter und Schläge und mit viel Arbeit so zahm gemacht, daß er ihm schließlich so treu ergeben war wie ein Hund. Nagte der Hunger, so brachte der Bär ein ordentliches Stück Wild, auch Holz und Wasser besorgte er folgsam, und noch viele andere Arbeiten nahm er dem frommen Manne ab; vor allem aber war er ein wachsamer Hüter seines Herrn.

An einem schönen Tag – die Sonne schien wärmend vom Himmel, und die Luft war erfüllt vom fröhlichen Gezwitscher der Vögel – lag der Einsiedler wohlig im Gras und träumte von der Herrlichkeit des Diesseits und Jenseits und merkte nicht, wie einige Mücken um ihn her surrten und sich auf seinem Gesicht und seinen Gliedern niederließen. Sein treuer Bär aber saß neben ihm, und daß die lästigen Tierchen seinen Herren ja nicht weckten, war er unentwegt damit beschäftigt, sie zu verjagen.

Lange währte dieses Spielchen, bis der Bär erbost merkte, daß eine der frechen Mücken immer wiederkam und sich auf der Stirn des Mannes niederließ. Voll Zorn ergriff das treue Tier schließlich einen großen Stein und warf ihn auf den lästigen Ruhestörer. Natürlich ist die Mücke sofort tot gewesen – aber der fromme Einsiedler auch.

Im Jahre 1683 wird urkundlich ein Ort Mittelweier erwähnt, der damals fünf Familien zählte. Diese Ansiedlung zwischen Ober- und Niederweier scheint aber nur von kurzer Dauer gewesen zu sein.

Auf dem Weg zwischen den beiden Ortsteilen konnte man früher Irrlichter wahrnehmen; die Leute sagten, dies seien

Die Seelen der ungetauften Kinder

Ging man früher bei Dunkelheit hinüber nach Niederweier, so konnte es passieren, daß man plötzlich Irrlichter sah; sie zeigten sich als *zwei kleine, sich seltsam bewegende Lichter von gelb-bläulicher Färbung: sie schwankten hin und her; bald standen sie still, bald hüpften sie vorwärts, dann wieder rückwärts; jetzt huschten sie aneinander vorüber, fuhren* dann in toller Flucht jäh in die Höhe, dann wieder zur Erde nieder; verweilten einige Augenblicke in Ruhe wie Schwebefliegen, verschwanden bald und erschienen an anderer Stelle wieder; drehten sich, eins ums andere, als wollten sie einen Tanz aufführen, erloschen für einen Augenblick, blitzten aber urplötzlich wieder hell auf.

Ein wundersames Spiel, das oft eine Viertelstunde lang die Zuschauer fesselte, bis dann auf einmal nichts mehr zu sehen war und die Lichter erloschen und erloschen blieben.

Diese Erscheinung wurde nicht mit einer Grenzverrückung in Beziehung gebracht, man deutete diese Lichter vielmehr als Seelen ungetaufter Kinder. (15)

Niederweier

Im Nordwesten von Niederweier, 1256 als Niderenwilre, später auch Nyderwyller erwähnt, stand einstmals eine Burg, die zuletzt auf einem alten Gemarkungsplan von 1785 als „Altes Schloß" verzeichnet ist, und deren Reste und Ruinen noch bis zur Mitte des 19. Jahrhunderts zu sehen waren.

Die Wasserburg zu Niederweier

Im Jahre 1387 erscheint zum ersten Mal in einer Urkunde das wasserhuse und dorffe zu Niederwilr, daz under dem Eichelberge herabe gelegen ist. (16). Es wird aber angenommen, daß die Niederweirer Burg bereits um die Wende vom 12. zum 13. Jahrhundert gegründet wurde. Ihre letzte Erwähnung findet die Burg im Jahre 1444, und nur auf einem alten Gemarkungsplan von 1785 ist später noch der Flurname „Alte Schloß" eingetragen.

Dennoch weiß man heute, wie die Anlage einstmals ausgesehen haben könnte, denn in einem Bericht von 1846 wird eingehend beschrieben, was 1810 noch zu sehen gewesen ist:

Hier sah ich noch vor 36 Jahren (also um 1810) die wohlerhaltenen Mauern eines römischen Kastells, welches auf einer Wiese gestanden und von dem Eigenthümer bis auf den Grund abgebrochen und die Stelle eingeebnet wurde. Das ganze Bauwesen bildete ein von Gräben umgebenes Viereck, etwa siebenzig Fuß ins Gevierte, mit einem einzigen Thore, dessen Bogen noch vorhanden war, und zwei Thürmen, deren Fundamente den Beweis ihrer Existenz beurkundeten, und die Mauern hatten damals noch eine Höhe von 18 Fuß. Gegenwärtig noch erkennt man die Stelle, wo das Kastell gestanden. Beim Abbruch fand man viele Pfeile, Spieße, Schwerter, mehrere mit aufgewölbten Köpfen versehene Niednägel, wahrscheinlich vom Thorbeschläge, einen Thorhandgriff, sodann verschiedene Münzen von Kupfer. (17)

Diese Reste eines vermeintlichen römischen Kastells waren die zwischen 1810 und 1846 beseitigten Ruinen der Wasserburg, deren Mauerwerk demnach noch im 19. Jahrhundert um stattliche 6 Meter in die Höhe geragt haben muß, von der aber an ihrem einstigen Standort, einer mit Obstbäumen bestandenen Wiese, heute nichts mehr zu erkennen ist.

Das Gespenst des Ritters von Gemmingen

Viele hundert Jahre ist es schon her, es soll im Jahre 1420 gewesen sein, da tränkte wie so oft der Ritter von Gemmingen, Herr auf der Niederweirer Burg, sein Pferd am Brunnen zu Niederweier. Spielend tollte

ein kleines Kind am Wasser, als plötzlich –
geschah es aus Unachtsamkeit oder Übermut des Ritters? – das Pferd ausschlug und
das arme Kind zu Tode trampelte.

Seit dieser Zeit hat man noch viele Jahre lang in der Nacht den Ritter umgehen
sehen; mal erschien er auf dem nebligen
Feld, mal im verschneiten Hohlweg, aber
wieder und wieder hat man ihn in den
Weinreben gesehen.

Winkel

Zwischen Oberweier und Bad
Rotenfels liegt Winkel; dieser kleine Weiler wird 1102 urkundlich
erstmals genannt als Winkeln. Der
Weg von Oberweier nach Winkel
führt über ein Feldstück, den „Klosteracker". Auch hier soll es spuken.

Der Hirsch am Klosteracker

Wenn die Dämmerung hereinbricht, tritt
ein stattlicher Hirsch aus dem Wald, um auf
dem Klosteracker zu äsen. Viele Jäger haben
schon versucht, das prächtige Wild zu erle-
gen, doch immer hat das Gewehr versagt;
kein Waidmann konnte es sich erklären, aber
niemals hat eine Kugel den Lauf verlassen.
Jedesmal ist der Hirsch ganz plötzlich und
spurlos wieder verschwunden und niemand
hat ihn jemals flüchten sehen.

Steinhart

In dem kleinen Waldstreifen Steinhart, auch Steiert, zwischen Niederweier und Muggensturm ist es,
besonders in der Adventszeit, ebenfalls nicht ganz geheuer.

Der Geist in der Steinhart

Es ist schon sehr lange her, da kam oft in
der Nacht ein Edelmann an den Brunnen in
Niederweier geritten, tränkte dort sein Pferd
und ritt dann wieder fort. Zu Lebzeiten hatte
er für ein Ohm (altes deutsches Hohlmaß,
etwa 1,5 hl) roten Weines den Wald Steinhart
verkauft, obwohl er der Gemeinde hätte zu-
fallen sollen. Zur Strafe mußte er seither dort
bis zu seiner Erlösung umgehen.

Einstmals gingen zwei Burschen von Niederweier an einem frühen Morgen in die
Steiert, um einen jungen Baum zu fällen.
Es war kurz vor Weihnachten, und die
beiden hatten sich schon am Tage zuvor
das Bäumchen ausgesucht, das ihnen die
Stube zum Fest ordentlich wärmen sollte.
Damals war das Waldfrevlen noch ganz
gewöhnlich, denn die Großeltern hatten
es auch schon so gehalten.

Die Burschen fällten den Baum, hieben
die Äste ab und packten ihn auf ihre Schultern. Frohgemut machten sie sich auf den
Heimweg, er war ja nicht weit und den beiden gut bekannt. Wie sie aber immer weiter-
gingen, kamen sie doch nicht ans Ziel, und
der Tag wurde immer älter. Sie wunderten
sich zwar, wähnten sich aber auf dem richtigen Weg und setzten munter einen Fuß
vor den anderen. Inzwischen war die Nacht
hereingebrochen und die Burschen recht
müde geworden. Schließlich warfen sie ihre
schwere Last ab, setzten sich hin und warteten auf den anbrechenden Tag.

Als die Sonne ihre ersten Strahlen auf
die Erde schickte und die Burschen sich
wieder auf den Weg machen wollten, erkannten sie ganz verwundert, daß sie die
ganze Zeit über in die entgegengesetzte
Richtung gegangen waren und sich nun
am Bachgraben bei Muggensturm befanden. Erschrocken ließen sie den Baum-
stamm fallen und traten stillschweigend
den richtigen Heimweg an in der festen

Überzeugung, der Geist in der Steiert habe ihnen diesen Spuk angetan.

An einem Nachmittag begab sich eine Frau aus Niederweier noch spät mit ihren beiden Söhnen in die Steiert, um Brennholz zu holen. Sie machten sich sofort an die Arbeit, denn der Tag war ja schon kurz geworden. Der Älteste stieg auf eine mächtige, alte Buche und machte sich daran, die dürren Äste abzuschlagen, und bald schon hatte er seine Arbeit beendet.

Als er frohgemut vom Baum heruntersteigen wollte, sah er zu seinem Entsetzen, daß das auf dem Boden liegende Holz zu brennen begann, und das Feuer an seinem Baum emporflackerte. Der aufsteigende Rauch drohte ihm die Sinne zu rauben; er hustete, versuchte dem Qualm auszuweichen und machte dabei eine so unglückliche Bewegung, daß der Ast, auf dem er stand, brach, und der Knabe hinabstürzte. Ohne Besinnung blieb er am Boden liegen, wo ihn die Mutter weinend und jammernd umsorgte. In einem nahen Tümpel fand sie etwas Wasser, benetzte damit Schläfe und Stirne des Ohnmächtigen, und bald schon schlug der verunglückte Knabe seine Augen wieder auf.

Nun, da sie sahen, daß alles gutgegangen war, richteten sie ihr Augenmerk auf das seltsame Feuer - aber nirgends mehr war eine Spur davon zu entdecken. Heiß und kalt lief es ihnen über den Rücken, und ohne noch das geschlagene Holz einzusammeln, eilten sie fort aus diesem gespenstischen Wald, froh darüber, daß der älteste Sohn nicht zu Schaden gekommen war.

Hundert Jahre oder noch mehr mag es wohl her sein, da erzählte des öfteren ein angesehener Weber von Oberweier abends in der Spinnstube, was ihm einmal in der Steiert zugestoßen war.

Der Weber Friedrich hatte in Rastatt ein Geschäft zu erledigen, und damit er um die Mittagszeit wieder zu Hause sein konnte, machte er sich schon sehr früh auf den Weg. Als er den Brunnen in Niederweier erreicht hatte, hörte er plötzlich wie aus weiter Ferne ein schauerlich klingendes „Huul, huul, huulihuul!" Die Waldeule war es nicht, denn deren Geschrei kannte er wohl. Näher und näher kam der unheimliche Schrei, und als Friedrich schließlich in der Steiert angelangt war, meinte er, daß das „Huul!" direkt hinter ihm sei. Im gleichen Moment erblickte er eine hochgewachsene Männergestalt. Auf seine Frage: „Eilt es so? Ich geh' auch mit," erhielt der Weber keine Antwort; die Gestalt schritt an ihm vorüber und war ganz plötzlich verschwunden. An der Stelle jedoch, wo er eben noch den großen Mann gesehen hatte, erschien mit einem Mal ein heller Lichtschimmer, und gleichzeitig war wiederum der unheimliche Schrei zu hören. Das Licht wurde schwächer und war so plötzlich verschwunden wie vordem die seltsame Gestalt. Zu Tode erschrocken rannte Friedrich durch den Wald, bis er endlich das freie Feld erreicht hatte.

Ähnlich erging es einem Mann aus Niederweier. Spät in der Nacht kehrte er von Muggensturm kommend nach Hause zurück und hatte schon die Mitte des Steiert-Wäldchens erreicht, als er plötzlich von der linken Seite her ein eigenartiges Lachen vernahm. Erstaunt blieb er stehen, drehte sich um, und als er neben sich eine Männergestalt erblickte, fragte er leicht verärgert: „Was gibt's denn da zu lachen?" Im gleichen Moment war die Gestalt wieder verschwunden, aber aus der Ferne hörte er es noch hell und froh rufen: *„Soeben ist die Eichel auf den Boden gefallen, aus der der Eichbaum wächst, der das Holz liefern wird zu der Wiege des Kindes, das mich einst erlösen wird."* (18)

Den Mann packte das Gruseln, und mit großen Schritten eilte er seinem Dorf und Hause zu.

Es war schon spät am Abend, als sich wieder einmal ein Mann auf seinen Heimweg von Muggensturm nach Oberweier machte. Sein Weg führte ihn durch die Steiert, und als er mitten im Wald war, hörte er auf einmal neben sich jemanden niesen. Da er gerade tief in Gedanken versunken war, sagte er nach alter Gewohnheit „Hilf dir Gott!", ohne bisher eine Menschenseele bemerkt zu haben. Plötzlich stand eine große Gestalt vor ihm, die sagte: „Habe Dank! Du hast mich erlöst. Ich danke dir damit, daß ich dir zu wissen tue, daß du morgen eines seligen Todes sterben wirst!" Im gleichen Moment war die Erscheinung verschwunden.

Mühsam setzte der zu Tode erschrockene Mann seinen Weg nach Hause fort, und als er dort angekommen war, mußte er sich sofort schwer erkrankt zu Bett begeben. Am Abend des folgenden Tages ist er dann tatsächlich friedlich aus dem Leben geschieden.

Es wird auch erzählt, in der Weihnachtszeit sause über den Steinhartswald das wilde Heer. Manch nächtlicher Wanderer sieht dann den wilden Rodensteiner ohne Kopf, wie er am Kreuzwirtsbrunnen sein Pferd tränkt.

In der Fastenzeit will man auch schon beobachtet haben, wie ein Riese auf seinem feurigen Roß im Torfbruch hin und her geritten sei.

Dollert

Zwischen Niederweier und Wald-prechtsweier, nordwestlich der Mülldeponie, liegt das Gewann Dollert. Dort, wie auch in vielen anderen Oberweierer Gewannen, wurde einstmals großflächig Wein angebaut. So ist seit 1604 das Rebmesser Bestandteil des Siegels von Oberweier. Reblausbefall und Pilzkrankheiten brachten 1935 dem Weinbau das Aus, und heute gibt es nur noch wenige Hobbywinzer.

Der Geist in der Dollert

Früher stand einmal in der Dollert, an der Muggensturmer Gemarkungsgrenze am Nordostrand der Steinhart, eine herrschaftliche Kelter; sie wurde auch von den Muggensturmern benützt und schließlich sogar von ihnen ersteigert.

Eines Tages, man schrieb das Jahr 1846, brannte sie vollständig nieder, und ein Schuldiger war bald gefunden: Man verdächtigte einen Mann aus Oberweier der Brandstiftung und brachte ihn schließlich vor Gericht. Für seine Schandtat soll dieser Mann bis heute dort umgehen, und besonders in der Fastenzeit will ihm manch einer schon begegnet sein.

Ein unheimlicher Ort ist auch die Kohlplatte, wie eine kurze Wegstrecke an der Gemarkungsgrenze von Oberweier und Waldprechtsweier genannt wird. Die Bezeichnung „Kohlplatte" weist auf eine Stelle hin, an der früher ein Holzkohlenmeiler gestanden hatte.

Das Gespenst auf der Kohlplatte

Es war schon sehr spät geworden, als sich einige Leute aus Oberweier, die den Markt in Malsch besucht hatten, mit ihrem Leiterwagen auf den Heimweg machten. Als sie die Kohlplatte erreicht hatten, blieben plötzlich, ohne ersichtlichen Grund, die Pferde stehen. Bevor die Oberweierer nach der Ursache schauen konnten, wurde der Wagen wie von einer unsichtbaren Kraft auf der einen Seite in die Höhe gehoben, immer weiter, bis er schließlich umfiel. Da dies nur sehr langsam geschah, konnten sich die Insassen an der Wagenleiter festhalten und blieben glücklicherweise alle unverletzt.

Die Nacht war schon längst hereingebrochen, als sich ein Mann auf seinen Heimweg machte. Er hatte, als die Arbeit getan war, noch ein Weilchen gemütlich mit den Leuten beisammengesessen, und inzwischen war es elf Uhr geworden.

Sofort begann man, nach dem Anlaß zu suchen, aber der Boden war ganz eben, und auch kein einziger Stein hatte ihnen im Wege gelegen, der den Unfall hätte herbeiführen können. Schweigend richteten die Leute den Wagen wieder auf und fuhren weiter, ohne noch einmal im geringsten behelligt zu werden. Es ist halt ein verrufener Ort, und böse Geister haben ihnen diesen Streich gespielt, dachten sie, froh darüber, daß alles so gut ausgegangen war.

Auch andere Oberweierer haben auf der Kohlplatte unheimliche Erfahrungen gemacht, zumal wenn sie in der Nacht an diesem seltsamen Ort vorbeikamen. Schon mancher erzählte, es sei ihm dort eine schwere Last auf den Rücken gelegt worden, so daß er tief gebückt und schwer keuchend nur langsam vorwärtsgekommen sei. Andere meinten, es sei ihnen ein großes schweres Tier auf den Rücken gesprungen, das ihnen den Kopf hinuntergedrückt und sie angetrieben habe, obwohl doch die Beine wie gelähmt gewesen seien und man sich doch nur mühsam habe fortbewegen können.

Wer auch immer an diesem Ort vorbeikam, wurde mit großer Angst erfüllt, und gingen zwei oder mehrere dort vorbei, so konnte niemand mit dem anderen auch nur ein einziges Wort sprechen.

❧

Das unheimliche Feuer

Damals, als man noch abends in der Spinnstube beisammensaß, wurde oft erzählt, was der Adam Wachter aus Oberweier an der gespenstischen Kohlplatte erlebt hatte:

Die Nacht war schon längst hereingebrochen, als sich Adam auf seinen Heimweg machte. Er hatte in der oberen Mühle zu Waldprechtsweier seine Frucht mahlen lassen und hinterher noch ein Weilchen gemütlich mit den Leuten beisammengesessen, und inzwischen war es elf Uhr geworden. Adam steckte sich seine Tabakspfeife an und setzte wohlgelaunt Schritt um Schritt. Als er sich auf der Kohlplatte dem verrufenen Platze näherte, verlosch mit einem Mal das Feuer in seiner Pfeife. Adam suchte nach seinem Feuerstein und dem Zunder und stelle ärgerlich fest, daß er beides vergessen hatte. Wie er so vor sich hinbrummelte, sah er plötzlich vor sich mitten auf dem Weg ein Feuer. Erstaunt trat er näher; da erblickte er eine am Boden liegende menschliche Gestalt. Höflich fragte er, ob er Feuer für seine Pfeife haben könne, erhielt aber keine Antwort. Also bückte er sich, nahm eine der feurigen Kohlen und drückte sie in seinen Pfeifenkopf. Kaum war der Tabak entzündet, so war die Pfeife auch schon wieder erloschen, und er nahm sich ein zweites Kohlestück. Wieder erlosch seine Pfeife, und als er sich ein drittes Mal bückte und ein Kohlestück in den Pfeifenkopf steckte, hörte er die Gestalt sagen: „Jetzt langt's aber." Die Stimme klang so dumpf und hohl, dabei so feindselig, daß Adam zutiefst erschrocken zurückwich und in großer Eile seinen Weg fortsetzte.

Am Abend des folgenden Tages machte es sich Adam nach getaner Arbeit auf seiner Bank gemütlich, und weil dazu auch seine Pfeife gehörte, holte er sie hervor und wollte sie eben reinigen, als er darin drei silberne fremdländische Münzen fand. Sofort macht er sich auf, um noch bei Tageslicht den Schreckensort der vergangenen Nacht aufzusuchen und nach den Überresten des gespenstischen Feuers zu sehen. Aber als er an der Kohlplatte angekommen war, war

dort nichts mehr zu sehen und nicht die geringste Spur mehr zu entdecken.

Früher soll sich die Oberweierer Gemarkung viel weiter in Richtung gegen Osten ausgedehnt haben, bis die Grenzlinie durch einen Betrug näher an das Dorf gerückt worden ist.

Der versetzte Grenzstein

Die Oberweierer stellten eines Tages fest, daß die Grenzsteine an der Gemarkungsgrenze zu ihrem Nachteil verrückt worden waren. Sie zogen daraufhin vor Gericht, und als es zum Prozeß kam, hat man eine Inaugenscheinnahme angeordnet. Die gegnerischen Zeugen stellten sich auf die strittige Grenzlinie und schworen: „So wahr der Schöpfer über unserem Haupte ist, so wahr stehen wir auf unserem Grund und Boden." Um aber reinen Gewissens leben zu können, hatten sie ihre Schuhe mit etwas Erde aus ihren Gärten gefüllt und unter ihren Hüten einen Suppenschöpfer versteckt. (s.a. *Das Rockertweiblein*)

Das Urteil wurde zuungunsten der Oberweierer gefällt, aber die betrügerischen Grenzverletzer entgingen ihrer gerechten Strafe nicht: Nach ihrem Tode mußten sie zur Strafe für ihr begangenes Unrecht umgehen, und noch lange hat man an der Gemarkungsgrenze Irrlichter gesehen, die auf und abschwankten, hin und herfuhren.

Als Papst Urban später erbeten hat, daß die Geister unsichtbar bleiben sollten, um die Menschen nicht mehr zu erschrecken, sind die Irrlichten schließlich verschwunden und bis heute nicht mehr gesehen worden.

5   In Hardt und Rheinniederung

Neuburgweier

In der Rheinebene, am Rande der Rheinauenwälder, liegt das alte Fischerdorf Neuburgweier, ehedem auch Wilre oder später Nuwemburg, heute ein Stadtteil von Rheinstetten. Früher wurde der Ort oftmals vom Hochwasser heimgesucht, so auch im Jahre 1926, schon nach der Rheinkorrektion durch Tulla, als eine schwere Überschwemmung drei Viertel der gesamten Fläche unter Wasser setzte, und von Mörsch her die Landschaft den Anblick eines großen Sees bot.

Früher wurde Neuburgweier oftmals vom Hochwasser heimgesucht, so auch im Jahre 1926, als eine schwere Überschwemmung drei Viertel der gesamten Fläche unter Wasser setzte.

Die Gemarkung von Neuburgweier

Ganz früher einmal lag der Ort Neuburgweier auf der linken Rheinseite. Er hieß damals Weiler oder auch Weier, war durch eine Ansiedlung auf einer der vielen Inseln im Rhein entstanden und gehörte zur Stadt Neuburg. Als sich der Strom vor vielen hundert Jahren zwischen den beiden Orten einen neuen Lauf geschaffen hatte, wurden diese voneinander getrennt, und der kleine Weiler hieß fortan Neuburgweier.

So kam es, daß durch die häufigen Veränderungen des Flußlaufs Neuburg mit den Nachbargemeinden manche Gemarkungsteile gemeinschaftlich hatte, was oft zu langwierigen Verhandlungen und Streitigkeiten führte. Waren solche Händel zum Abschluß gekommen, so brach der Rhein wieder durch, und neue Gebietsveränderungen brachten neue Verhandlungen.

Einmal war es wieder soweit, daß die benachbarten Dörfer die Grenzen jeder Gemarkung genau bestimmen mußten. So versammelten sich die Gemeinderäte von Neuburgweier, Forchheim, Mörsch und Au mit ihren Bürgermeistern unter einem großen schattigen Waldkirschenbaum bei Neuburgweier, wo sich der Bürgermeister von Neuburgweier, der ein wohlbeleibter Mann war, behaglich im Schatten des Baumes ausstreckte.

Schließlich kam die Reihe an ihn. Er sollte die Grenzen seiner Gemarkung genau bezeichnen, war indes zu bequem, sich aus seiner gemütlichen Lage zu erheben. Da er aber der Aufforderung nachkommen mußte, begnügte er sich damit, auf dem Boden liegend mit dem rechten Bein einen Halbkreis zu beschreiben.

Seither hat - durch die Faulheit jenes Bürgermeisters - die Gemarkung von Neuburgweier diese merkwürdig kleine und abgerundete Gestalt.

❧

Der bewegte Sternenhimmel

Man schrieb das Jahr 1869 oder auch nicht, als drei Bürger aus Neuburgweier um ein Uhr nachts ins Dreschen gingen. Die Arbeit ging flott voran, aber bald mußten sie eine kleine Pause einlegen. Wie sie da so saßen und in den Himmel hinaufblickten, sahen sie zu ihrem Entsetzen, daß die Sterne ihre Stelle wechselten und sich drunter und drüber bewegten. Die Drescher gerieten darüber in solche große Angst, daß sie alles zurückließen und in höchster Eile nach Hause flüchteten.

Bald darauf ist dann der Krieg ausgebrochen.

Au am Rhein

Ein sehr alter, uralter Ort ist Au am Rhein, denn er wird bereits im Jahre 830 erstmals erwähnt als „Augia" und war damals ein großes Hofgut, aus dem im Verlauf der Zeit das Dorf Au entstanden ist. Römische Funde – Leugensäule, Viergöttersteine und Spuren einer römischen Ansiedlung – zeigen, daß diese Gegend sogar schon viel früher besiedelt worden ist.

Das Dorftier von Au

Abends, wenn es dunkel wird, die Kinder auf den Gassen ihr Spiel beenden und die braven Leute nach Hause gehen, dann schlurft ein schwarzes Tier durch das Dorf, zieht durch jede Gasse und hält an jedem Haus. Anfangs ist es noch recht klein, aber je später der Abend vorrückt, desto größer wächst es und ist bald so groß wie das höchste Haus im Ort. Sieht es noch irgendwo Licht in einem der Häuser, so rüttelt es wild an den Fensterläden, daß es den Jungen und Alten angst und bange wird. Oftmals hat man es auch schon im Dorfbach plätschern hören gleich den Enten und Gänsen, die man draußen gelassen hatte.

Gar manchem, der in einem der Wirtshäuser über seinem Glas die Zeit vergessen hatte, ist es beim späten Heimweg auf den Buckel gesprungen und hat sich ein Stück des Weges tragen lassen, bis es wieder kichernd in der Dunkelheit verschwunden ist.

Erst wenn vom Kirchturm die Geisterstunde schlägt, haben die Leute im Dorf wieder Ruhe.

Hochzeitsbrauchtum im alten Au

Früher, wenn ein junges Paar in Au Hochzeit feierte, wurde es um die Mitternacht von den jungen Mädchen des Dorfes beschenkt. Dies geschah nach einer strengen Regel:

Das erste Mädchen brachte den Maien dar und sagte dazu ein Gedicht auf, das zweite stellte ein Kreuz auf den Tisch und das dritte je einen Leuchter links und rechts davon, das vierte Mädchen trug ein Kränzchen, das fünfte brachte einen Korb mit Gemüse und das sechste schließlich stellte eine Suppenschüssel auf den Tisch, worin eine Puppe lag, ein Bütschelkind. Zu jeder einzelnen Gabe wurde bei dieser feierlichen Handlung ein Vers gesagt. Dann nahm das erste Mädchen der Braut den Kranz ab und dem Bräutigam den Strauß, und nun erst galten die jungen Leute als Ehepaar.

Windschläggraben

Auf dem Weg von Au nach Neuburgweier überquert man kurz vor dem Niederwald den Windschläggraben. Jenseits des Grabens, links der Straße, lehnt am zweiten Baum, vom Graben aus, ein kräftiges, kleines altes Sandsteinkreuz.

Der Schneider und der Weber

Es ist schon sehr lange her, da kamen einmal zwei junge Handwerksburschen in

das Dorf, ein Schneider und ein Leinenweber. Als sich die zwei Fremden wieder
auf die Wanderschaft machten und gegen
Neuburgweier schritten, gerieten sie plötzlich in einen heftigen Streit. Die beiden
Zankhähne ereiferten sich derart, daß sie
schließlich wutentbrannt aufeinander los-
gingen und kein Ende fanden, bis jeder
von ihnen tot am Boden lag.

Man begrub die zwei Handwerksburschen dort, wo die böse Tat geschehen
war und setzte zur Mahnung ein Steinkreuz. Noch heute kann man darauf, trotz
starker Verwitterung, ein Weberschiffchen
erkennen, und auf der anderen Seite will
man früher eine Schere gesehen haben.

Gießengraben

Die Straße von Au nach Würmersheim führt über den Gießengraben.
Neben der Kreisstraße geht ein Weg
über eine alte Brücke; an dieser Stelle soll es nicht ganz geheuer sein.
Nacht für Nacht lassen sich dort einige Raben nieder, und wer um die
Geisterstunde dort vorbeikommt,
kann sie sogar sprechen hören.

Die Raben
auf der Gießenbrücke

Vor etwa zweihundert Jahren befand
sich einmal der „alte Haitz" auf seinem
Heimweg nach Au. Er war in Würmersheim als „Geburtshelfer für Rindvieh" tä-
tig gewesen, und inzwischen war es doch
recht spät geworden. Als er sich nun der
Brücke näherte, sah er auf der Brüstung
einige Raben sitzen. Erstaunt vernahm er
krächzende menschliche Laute und schlich
neugierig etwas näher heran. Da kam es
ihm vor, als säßen dort einige Männer in
vornehmen schwarzen Fräcken. Er hörte,

wie sie von drei Toten sprachen, die sie soeben beerdigt hätten, und um zu erfahren,
um wen es sich denn handelte, schlich er
noch ein wenig dichter heran – da mußte
er plötzlich ganz fürchterlich niesen. Augenblicklich waren die Raben im Dunkel
der Nacht verschwunden.

Viele Jahre später, als der „alte Haitz"
sein Leben aushauchte, soll es an seinem
Sterbetag drei Tote auf einmal in Au gegeben haben.

Meeräcker

Zwischen Au am Rhein und Illingen, südwestlich des Ortes Au,
liegt das Gewann Meeräcker, in
dem ein von Schilfrohr zugewach-
sener Teich liegt, ein Biotop und
Wildentenparadies. In diesem
Gebiet lag einstmals die kleine Siedlung Merfeld.

Merfeld und Altenherd

Vor über sechshundert Jahren gab es einmal am Rhein, in der Nähe von Au und
Illingen, einen kleinen Ort, „Merfeld" genannt. In einer alten Urkunde von 1102
wird er zum ersten Mal erwähnt, aber
bereits im Jahre 1405 nur noch als Wü-
stung angeführt. In der ersten Hälfte des
14. Jahrhunderts war bei Merfeld eine badische Rheinzollstätte eingerichtet, eine
Fähre schuf jedoch schon um 1288 die
Verbindung mit dem linken Rheinufer.
Die Zollstätte bestand aber nicht lange,
denn wenig später, im Jahre 1350, hat sie
der Markgraf von Baden in die Nähe von
Mühlburg verlegen lassen. Ob dies der
Grund für den Niedergang der Siedlung
war, oder ob Krankheit und Not zu ihrem
Ende geführt haben, weiß man heute nicht
mehr; vielleicht ist sie auch ein Opfer des
launischen Stromes geworden.

Noch viel früher, nämlich 1080, wird urkundlich ein Ort „Altenherd" erwähnt, der bei Au gelegen hatte. Spätere Erwähnungen sind nicht bekannt, und so kann angenommen werden, daß auch diese kleine Siedlung schon frühzeitig ausgegangen ist.

Durmersheim

Schon sehr früh, im Jahre 991, wird urkundlich ein Ort „Turmaresheim" = Heim des Turmar genannt, das heutige stattliche Durmersheim. Der ursprüngliche Ort scheint dort gelegen zu haben, wo heute die Wallfahrtskirche steht, denn in deren Umgebung und Mörsch zu fand man beim Graben alte Mauerreste, wahrscheinlich Trümmer der alten Ansiedlung. Zahlreiche Römerfunde weisen auf eine römische Ansiedlung hin, was nicht verwundert, denn immerhin kreuzten sich hier zwei wichtige Römerstraßen.

Die „Bärentreiber"

In Durmersheim lebte vor über hundert Jahren, es mag gegen Ende des 19. Jahrhunderts gewesen sein, ein Ortsbüttel mit Namen Lederle, der stellte den Leuten die Holzzettel für das Langholz zu und erledigte auch sonst Botengänge mit großem Eifer.

Einmal hatte er wieder seinen Auftrag zuverlässig und prompt erledigt, die Sonne lachte vom Himmel und er war in bester Laune, und da ihm seine Kehle recht trokken geworden war, kehrte er frohgemut in einer Wirtschaft ein. Bis in den späten Nachmittag hinein saß er dort vergnügt bei Wein, Bier und Schnaps, bis er endlich meinte, den Heimweg antreten zu müssen.

Wie er so beschwingt über die Felder marschierte, fühlte er plötzlich eine menschliche Regung. Oje, sein Haus lag noch zu weit, und so ging er schnell in einen Kornacker, um sich Erleichterung zu verschaffen. Plötzlich hörte er hinter sich ein Knurren und Brummen. Du lieber Gott, das wird doch am Ende kein Bär sein? Entsetzt nahm er die Beine in die Hand, eilte nach Durmersheim und meldete außer Atem: „Auf unserem Feld draußen hockt ein ungeheuer großer Bär!"

Sowie die Leute die Kunde vernommen hatten, machten sich alle auf die Beine. Auf den Alarm hin zogen die Männer mit Roß und Wagen, mit Säbel, Pistolen und Gewehren auf das Feld hinaus, ganz Durmersheim marschierte los, Frauen, Kind und Kegel, mit Axt und Sensen. Zuletzt kam auch die Feuerwehr angefahren mit ihrer Spritze, ihr Hauptmann übernahm das Kommando, sicherte sich schon vorab das Bärenfell und versprach einen Festtagsschmaus für alle mit frischem Bärenschinken.

Bald hatten sie den Kornacker erreicht, der Kommandant ließ zehn Salven abschießen, vom Kirchturm schlug es sechs Uhr, es wurde zum Sturm geblasen, und im Geiste sah jeder schon den Bären in seinem Blute liegen.

Ach, wie war die Enttäuschung groß – statt eines großen Bären saß im Acker ein kleiner schwarzer Pudel, der blinzelte die Häscher angstvoll an, zitterte vor Kälte und Hunger und begann kläglich zu winseln.

Beschämt schlichen die Durmersheimer davon, die Schlacht war verloren, und statt des Sieges

da waren Spott und Hohn nicht weit.
Drum nennt man sie seit jener Zeit,
die Männer, Kind' und Weiber,
nur noch „die Bärentreiber".

Bickesheim

Auf dem Hochgestade des Rheins, am nördlichen Ausgang des alten Ortskernes von Durmersheim, steht die gotische Kirche Maria Bickesheim, wohl einer der ältesten Wallfahrtsorte von Baden und einstmals eine „Freistätte", ein Unterschlupf für manchen Unglücklichen und Verfolgten. Eine Tafel am Eingang gibt Auskunft über die Entstehung und Geschichte dieses Ortes.

Die Wallfahrtskirche von Bickesheim

Auf dem Rathausturm von Durmersheim soll ein Glöckchen hängen, das aus einer sehr alten Vorgängerin gegossen wurde. Dieses alte Glöckchen trug die Jahreszahl 918 und hing einstmals in der ersten Bickesheimer Kapelle. Über tausend Jahre alt ist also diese christliche Stätte, die heute wie damals die Vorbeigehenden und die Pilger zur frommen Einkehr einlädt.

Bevor um 1065 - das Jahr der urkundlichen Ersterwähnung - eine romanische Steinkapelle errichtet wurde, die später von der heutigen, Mitte des 13. Jahrhunderts erbauten gotischen Kirche abgelöst wurde, stand schon recht früh, um 920, hier eine Kapelle; sie sollte den Fuhrleuten und Wanderern die Gelegenheit zu frommer Rast geben.

Besondere Wohltäter der Wallfahrtskirche waren die badischen Markgrafen. So ließ Markgraf Hermann I. die erste romanische Kapelle erbauen; die gotische Kirche wurde wahrscheinlich von Rudolf I. von Baden und seiner Frau Kunigunde von Eberstein errichtet, durch deren Vermählung die beiden Herrschaftshäuser aufs Innigste verbunden wurden. In der Reformationszeit war die Bickesheimer Kirche über viele Jahre geschlossen; als sich aber die Jesuiten später in Ettlingen niederließen

und dort ein Kollegium gegründet hatten, ließen sie den Gottesdienst wiederaufleben, und zahlreiche Pilger aus nah und fern kamen wie einst an diese Wallfahrtsstätte mit dem berühmten Gnadenbild.

Auch die Markgräfin Augusta Sibylla, die Gemahlin von Ludwig Wilhelm, dem „Türkenlouis", war eine große Wohltäterin und Verehrerin des Gnadenbildes, durch das die Kapelle so bekannt geworden war. Im Jahre 1909 wurde die Wallfahrtskirche vergrößert und restauriert, und noch heute sieht man über dem Chorbogen ein großes Gemälde, auf welchem die Stifter und Wohltäter der Kirche dargestellt sind: „Die Huldigung der Markgrafen von Baden-Baden an Maria U[nserer] L[ieben] Frau von Bickesheim als Landespatronin".

Die Sage von der ersten Kapelle in Bickesheim

Ursprünglich hatte man beschlossen, eine Kapelle zu Ehren Mariä bei Durmersheim gegen Ettlingen hin zu errichten. Also schaffte man alles herbei, was für den Bau nötig war, und legte und stapelte es an der geplanten Stelle. Als die Arbeiter aber am Morgen mit ihrer Arbeit beginnen wollten, so war das ganze Baumaterial verschwunden; alle Steine und alles Holz lag versetzt weit entfernt von jenem Ort, gerade dort, wo heute die Kirche steht.

Das ist ein übler Streich, dachten die Männer und brachten alles Material wieder an die gewünschte Stelle; aber am anderen Tage war wieder alles verschwunden, und wieder lagen Holz und Steine an dem selben Platze wie gestern. Als man abermals alles zurückgebracht hatte, beschloß einer der Zimmerleute, die Nacht über auf der Baustelle zu bleiben, um dem Übeltäter aufzulauern, und legte sich auf einen der großen Holzstöße.

Am nächsten Morgen rieben sich die Männer verwundert die Augen, als sie wiederholt keinen einzigen Stein und keinen einzigen Holzbalken mehr vorfanden; alles war wieder an die andere Stelle versetzt, wie am Tage zuvor. Auf einem der Holzstapel aber lag der wachsame Zimmermann, tot und starr.

Sofort erkannte man in den wundersamen Ereignissen einen Fingerzeig des Himmels und errichtete die Kapelle auf jenem Platze, wo heute die stattliche Wallfahrtskirche steht.

Rohrburger Wiesen

Am westlichen Ortsrand von Durmersheim, dort, wo der Schmidtbach und der Federbach zusammenfließen, auf den heutigen Rohrburger Wiesen, stand vor langer, langer Zeit das Wasserschloß „Rohrburg".

Das Wasserschloß Rohrburg

Noch zu Beginn des 19. Jahrhunderts sollen bei Durmersheim die Überreste einer Burg gestanden haben, die bereits um 1388 urkundlich erwähnt wird, aber schon lange vorher bestanden haben kann; um 1500 kommt erstmals der Name Rohrburg vor. Diese Burg war ein von Sümpfen umgebenes Wasserschloß der Markgrafen von Baden, das wohl in Zeiten des Krieges als Unterschlupf diente. Als markgräfliches Lehen befand sich das kleine Schloß im Besitz mehrerer adliger Herren, zuletzt, nach dem 30jährigen Krieg, der Adelsfamilie Haller von Hallerstein, und war später der Amtssitz markgräflicher Burgvögte. Es heißt, die Gemeinden, die den Amtleuten unterstanden - Durmersheim, Würmersheim, Au und Elchesheim - sollen unter ihnen viel zu leiden gehabt haben.

Als der 30jährige Krieg durch die Lande tobte, war die Rohrburg unbewohnt und ist nach und nach zerfallen. Später hat man sie jedoch wiederaufgebaut und mit einem Weiher umgeben, und zuletzt bestand die Anlage, nach einer Beschreibung von 1763, aus einem schloßartigen dreistöckigen Steinhaus, einem Wohnhaus und Wirtschaftsgebäuden.

Aber der Verfall des Schlosses war nicht aufzuhalten, und so wurden die Güter schließlich im Jahre 1773 versteigert und das Schloß mit allem, was dazugehörte, abgetragen.

Bietigheim

Schon vor über tausend Jahren wurde urkundlich ein Ort „Biutincheim" erwähnt, das heutige Bietigheim, früher eine wichtige Gegend für die Viehzucht. So besaß auch der Herrenalber Schweighof „Ziegelhofen" (siehe Kap. 4, Malsch) in den Gemarkungen von Bietigheim die Weidegerechtigkeit.

Im Westen des alten Ortes, zwischen dem Federbach und dem Alten Federbach, heißt eine Stelle im Wald „Burgbühl"; hier fand man Steingeröll und tieferes Gemäuer, was auf einen ehemaligen festen Bau schließen läßt. Urkundlich ist hierüber aber nichts überliefert. Fest steht nur, daß Bietigheim einen Ortsadel hatte, welche Lehensleute der Grafen von Eberstein waren.

Heilige den Sonntag!

Das Wetter war schön, bald konnte es vielleicht wieder regnen, und so beschloß ein Bauer aus Bietigheim, im Wald Streu zu rechen. Früher hat man, als es noch nicht so viele Wiesen gab, im Wald Laub gesammelt als Unterlage für das Vieh. Es war zwar Sonntag, und alle Arbeit hatte zu ruhen, aber unser Bauer dachte sich: ‚Es sieht mich ja niemand' und machte sich geschwind an die Arbeit.

Auf einmal schrie ihm eine gewaltige Stimme ins Ohr. Ganz erschrocken blickte er sich um, konnte aber nirgendwo eine Menschenseele entdecken. Da ließ er sofort seinen Rechen fallen und die Streu im Stich und eilte, so schnell ihn seine Beine tragen konnten, aus dem Wald hinaus und seinem Hause zu.

An einem anderen Sonntag sammelten zwei Männer aus Bietigheim im selben Wald Laub, und da es Nacht war, meinten sie, unentdeckt zu bleiben. Plötzlich stieg vor ihnen ein wundersames Feuer in fürchterlicher Größe auf; darüber erschraken sie so heftig, daß sie eiligst von ihrer sündhaften Arbeit abließen und in großer Hast das Weite suchten.

Die gleiche Geschichte wird auch in Steinmauern erzählt.

Steinmauern

Bei der Mündung der Murg in den Rhein liegt das alte Flößerdorf Steinmauern, das im 18. und 19. Jahrhundert die Drehscheibe der badischen Holzwirtschaft war. Im Jahre 1239 wird der Ort erstmals urkundlich erwähnt. Seinen Namen hat es von den Steinmauern, die damals, als das Gebiet noch eine inselreiche Auenlandschaft war, als Schutzwälle für die Häuser und Katen angelegt worden waren.

Der Bierhefehändler

Die folgende Geschichte soll sich tatsächlich einmal zugetragen haben.

In den siebziger Jahren des 19. Jahrhunderts ist manchmal ein Bierhefehändler mit seiner Schubkarre durch Steinmauern gezogen und hat den Leuten Bierhefe feilgeboten. Seine Karre hat er dann auf der Straße stehengelassen und ist mit dem Meßbecher in die Häuser gegangen. Immer wenn er ins Dorf kam, sind ihm die Kinder nachgelaufen und haben ihn verspottet, weil er ein halber Idiot gewesen sein soll.

Einmal, als er wieder einmal ins Dorf gekommen ist, von Elchesheim her, hat er seinen Karren vor dem Kronenwirt abgestellt, wo zufällig zwei Damen aus Rastatt standen, die, wie es damals Mode war, Reifröcke trugen. Der Bierhefehändler geht mit seinem Becher ins Haus, und in dem Moment kommt der alte Ratschreiber aus dem Wirthaus und sieht den Hefeeimer. Wie immer ist er zu einem Spaß aufgelegt, nimmt den Eimer und stellt ihn hinter die Tür. Gleich danach kommt der Hefemann, sieht, daß der Eimer fort ist, und brüllt: „Wo ist mein Eimer? Wo ist mein Eimer?" Der Ratschreiber blinzelt ihm zu, deutet auf die Damen und tut so, als hätten diese den Eimer unter ihrem Rock versteckt. Der Trottel kapiert sofort, greift der dickeren unter den Rock und zieht ihn ihr über den Kopf. Fast wäre diese in Ohnmacht gefallen, und nun haben die beiden Stadtfrauen nicht mehr aufgehört zu schimpfen. Aber sie haben bald gemerkt: Wer den Schaden hat, braucht für den Spott nicht zu sorgen!

Der Ratschreiber indes hatte sich flink aus dem Staub gemacht.

Die betrügerischen Feldmesser

In den heiligen Nächten wandern zwischen Steinmauern und Ötigheim unheim-

Seinen Namen hat das Dorf von den Steinmauern, die damals als Schutzwälle angelegt waren. Später erst errichtete man Erddämme zum Schutz vor den Hochwassern des Rheins.

liche Gestalten hin und her. Zwischen vier Männern, die jeder ein Licht tragen, geht ein nackter Mann, aus dessen Leib, vom Kopf bis zu den Füßen, Feuerfunken sprühen. In einiger Entfernung schreitet ein sechster nebenher, der ein blaues Licht trägt. Die anderen streiten sich unentwegt und schlagen wie wild aufeinander los, und der Mann in der Mitte bekommt die meisten Hiebe. Zu Lebzeiten waren diese Männer betrügerische Feldmesser gewesen, die zur Strafe bis auf den heutigen Tag umgehen müssen, und der Nackte war ihr Anstifter, an dem die anderen nun Rache nehmen.

Diese Geschichte wird auch im Albtal erzählt, wo betrügerische Feldmesser zwischen Marxzell und Neurod umgehen müssen.

Etwa eine Viertelstunde Fußweg von Steinmauern entfernt liegt auf dem Weg nach Bietigheim im Wald ein Wiesengelände, das man Höllenkreuzbrunnen nennt. Von einem Brunnen ist zwar nichts mehr zu sehen, aber Fundamente, die man in der Nähe gefunden haben will, lassen auf einen verschwundenen Bauernhof schließen. Ursprünglich soll der sagenhafte Brunnen „Heilkreuzbrunnen" geheißen haben, was nach dem Lesen der folgenden Sage gerne geglaubt wird.

Der Höllenkreuzbrunnen

Nach dem Dreißigjährigen Krieg, als das Kirchlein von Steinmauern unter großen Opfern wiederaufgebaut worden war, wünschten sich die Leute nichts sehnlicher, als in ihrem dürftig aussehenden Gotteshaus wenigstens eine Muttergottesstatue auf den leeren Altar zu bekommen. Ein nahes Kloster nahm sich schließlich der armen Gemeinde an und schenkte den Steinmauerner Gläubigen eine Gottesmutter. Die Freude war groß, und es wurde eifrig gebetet, aber manchmal kam es den Andächtigen vor, als blickte das Antlitz der Heiligen mit der Zeit immer trauriger, und einige wollten sogar Tränen wahrgenommen haben. Sie deuteten dies bald als ein Zeichen drohenden Unheils.

Zu jener Zeit brachen die Eroberungskriege des Franzosenkönigs Ludwigs XIV. aus, und die blutgierigen Horden des Generals Melac rückten immer beängstigender den Rhein herauf. Die Leute begruben ihre Habe nachts in Gärten und Äckern und flüchteten mit ihrem Vieh in die umliegenden Wälder. Jeder dachte nur an sich und die Seinen, niemand an das Kirchlein, wo sie doch in den vergangenen Tagen so oft den Schutz der Heiligen Familie erbeten hatten. Für lange Zeit sollten sie dafür zur Strafe ihr Heiligenbild wieder verlieren.

Als die Mordbrenner nun wirklich in das Dorf kamen, nahmen sie alles mit, was ihnen wertvoll erschien, legten Feuer an die Häuser und plünderten die Kirche, wobei sie auch die Madonna auf einen Wagen luden. Nachdem sie aus den Kirchenstühlen und den Holzkreuzen des Friedhofes ein riesiges Feuer entfacht hatten, zogen sie schließlich von dannen, weiter gegen Bietigheim. Ihr Weg führte sie über eine Wiese, die mitten im Wald lag. An ihrem Rand befand sich unter einer alten Linde ein offener Feldbrunnen, dort ließ der Anführer seine Soldaten halten, denn es war heiß und ihr Durst recht groß. Wie sie da nun im Schatten des Baumes lagerten und ihre Beute untersuchten, richtete sich bald ihr Spott auf den Kameraden, der die Marienstatue mitgenommen hatte. Voll Zorn packte dieser nun das Heiligenbild und warf es in den Brunnen. Im selben Augenblick stürzten auch die Umfassungssteine in die Tiefe, und ein fürchterliches Unwetter zog plötzlich durch die Gegend. Ein gewaltiger Wolkenbruch überschwemmte die ganze Niederung, löschte aber dabei auch die brennenden Häuser. Die Franzosen flohen entsetzt in den nun finstern Wald, und niemand hat je erfahren, was aus ihnen geworden ist.

Bald schien wieder die Sonne, und der Friede kehrte ein ins Land. Die Leute bauten alles wieder auf und gingen wie gewohnt ihrer Arbeit nach, aber ihre Selbstsucht und religiöse Gleichgültigkeit nahm stetig zu. Da jeder meinte, mit den Kirchenstühlen sei auch die Madonna verbrannt, dachte niemand mehr an die Heilige, bis ein wunderbares Ereignis sie eines Besseren belehren sollte.

An einem schönen Sommerabend saßen einmal Schnitter und Schnitterinnen nach getaner Arbeit unter der alten Linde, als sie plötzlich aus seiner Krone ein liebliches Singen und Töne wie von Engelsharfen vernahmen. Erstaunt wurden alle still und lauschten, und als vom Dorf her das Abendglöckchen tönte, knieten sie nieder und beteten.

Die Kunde verbreitete sich schnell im Dorfe, aber in der folgenden Zeit geschah nichts mehr dergleichen, bis einmal gegen Abend ein frommes Mädchen hinaus zu der Linde ging, um dort ein Bild der Heiligen am Stamm zu befestigen. Wieder ertönte das himmlische Singen, aber diesmal schien es aus dem Boden zu kommen. Als der Geistliche erfuhr, daß dort einmal ein Brunnen gewesen war, ließ er unverzüglich nachgraben; dabei stieß man auf die alten Umfassungssteine und schließlich auch auf die unverletzt gebliebene Statue der Gottesmutter. Sogleich fand sie wieder ihren früheren Platz, und alle Leute strömten in die Kirche, um das Bildnis zu sehen.

Nicht lange, so war die Statue wieder verschwunden, und wieder ertönte der wundersame Gesang auf dem Felde, und wieder trug man das Bild zurück in die Kirche, wo am anderen Tag der Platz abermals leerstand. Nun begannen die Leute nachzudenken, und es wurde ihnen bewußt, daß sie die Heilige nur mit neugierigen Blicken angeschaut hatten, aber nicht mit ihrem Herzen. Eine Predigt des Geistlichen tat sein übriges, und so zog man in einer feierlichen Prozession hinaus zum Brunnen, um die Madonna für immer heimzuholen in die Kirche von Steinmauern.

Bollmannshausener Loch

Von der Landstraße von Steinmauern nach Plittersdorf biegt ca.
200 m hinter der Brücke über den
Riedkanal auf der rechten Seite
ein Weg ab, der nach wenigen
Schritten rechts zu einem kleinen
runden, recht idyllisch gelegenen
Teich führt; man nennt ihn das Bollmannshausener Loch. Dieses Loch,
so wird erzählt, sei die Stelle, an
der einstmals die Kirche des unter-
gegangenen Dorfes Bollmannshausen gestanden haben soll.

Die Sage von Bollmannshausen

Damals lag in der Nähe der Murgmün-
dung, zwischen Steinmauern und Plittersdorf, ein kleiner Flecken mit vier oder
fünf Gehöften, der aber im Dreißigjährigen Krieg von den Schweden niedergebrannt wurde und seither von der Erde
verschwunden ist. Einzig ein kleiner Teich
zeigt heute die Stelle an, wo der Weiler
einstmals gelegen hat.

Vor langer Zeit wohnte am Ufer des
Stromes – früher lag Steinmauern noch am
Rhein – ein armer Fischer, der hatte eine
schöne und tugendhafte Tochter. Irmingard besorgte fleißig und still den Haus-
halt ihres Vaters, und jeden Abend ging
sie in die nahe Kapelle, um vor dem Bilde
der Gottesmutter andächtig zu beten. Ihre
Schönheit und Anmut blieb nicht verborgen, und so kam es, daß sich Gregorius,
der Sohn des reichen Bollmann, in das
fromme Mädchen verliebte. Der geizige
Bollmann sah dies mit Mißbehagen, denn
warum sollte sich der Sohn sein Eheweib
aus einer elenden Fischerhütte holen.

Eines Tages, als Gregorius wieder einmal die Hand einer reichen Bauerntochter
ausgeschlagen hatte, überkam den Alten

ein grenzenloser Groll, und er beschloß,
das Kind des Fischers zu verderben. Zornig eilte er zum Richter und beschuldigte die Jungfrau der Zauberei und Hexenkünste, und so mußte wenig später
die beklagte Irmingard vor das Untersu-
chungsgericht treten. Ohne Furcht stellte
sich das Mädchen dem Gericht, denn es
war sich keiner Schuld bewußt und hoffte
wohl auch, ihr Liebster werde ihr helfend
zur Seite stehen. Die Bollmannshausener,
alle bestochen, brachten jedoch hervor,
Gregorius sei behext und durch einen
Liebestrunk seines Verstandes beraubt.
Immer wieder beteuerte Irmingard ihre
Unschuld, bis sie schließlich unter der
schrecklichsten Folter ein Geständnis ab-
legte. Die Geschworenen verurteilten sie
zum qualvollen Flammentod, und am folgenden Tag schon sollte die Hinrichtung
vollzogen werden.

Als die Jungfrau am anderen Tag aus
ihre Zelle geholt wurde, bat sie unter Tränen, man möge ihr noch eine letzte Bitte
erfüllen: Sie wolle so gerne noch einmal
das Bild der Gottesmutter sehen. Die Bitte wurde ihr gewährt, und als der Abend
schon dunkelte, zog ein langer Zug von
meineidigen Bollmannshausenern, den
Schergen und der Verurteilten der Kapelle
zu. Kaum hatte Irmingard das Gotteshaus
betreten, so begannen die Kerzen am Altar ganz von selbst zu leuchten, und milde
blickte das Gnadenbild auf das Mädchen
herab, dessen Gesicht in einem himmlischen Glanz erstrahlte. Voll Grauen
schauten die Leute durch die offene Tür,
aber als sie sich anschickten einzutreten,
wurden sie durch eine unsichtbare Macht
zurückgehalten; nicht einen Schritt konnten sie sich vorwärts bewegen. Der alte
Bollmann begann jämmerlich zu zittern,
und plötzlich stieß er einen fürchterlichen
Fluch aus und verwünschte alle seine
meineidigen Helfer in den Abgrund der
Hölle.

Augenblicklich erloschen die Kerzen am Altar, und ein heftiger Sturm erhob sich in der Finsternis. Schnell flohen die Bollmannshausener zurück in ihre Häuser, wo sie, wimmernd vor Angst in ihren Betten liegend, durch das Sturmgebraus hell das Glöcklein der Kirche läuten hörten. Immer kräftiger wuchs der Sturm, immer lauter klang das Glöcklein - dann war auf einen Schlag alles still.

Als der Morgen graute, und die Leute aufatmend ihre Betten verließen und vor die Häuser traten, war alles noch viel fürchterlicher als in der vergangenen Nacht. Horden fremder Kriegsmänner stürmten durch das Dorf, drangen in jedes Haus ein, töteten die Männer und schonten auch nicht Frau und Kind. Mit ihnen zog auch Gregorius, denn er war ihr Anführer, der die Schweden in blinder Rachsucht aufgesucht und herbeigeholt hatte. Eigenhändig schlug er seinem Vater die meineidige Hand ab; als er sie jedoch, zum Zeichen der Rache, in der Kapelle aufhängen wollte, stellte er mit Entsetzen fest, daß das Kirchlein vom Erdboden verschwunden war und an seiner Stelle ein schwarzes Gewässer lag. Schnell eilte er zu der Fischerhütte, nach seiner Liebsten zu suchen, aber das Häuschen stand in hellen Flammen, so wie alle anderen Häuser des Dorfes auch. Wahnsinnig vor Kummer und Verzweiflung stürzte sich Gregorius vor den Augen der Schweden in den schwarzen Teich. Die fremden Kriegsleute aber kehrten mit reicher Beute grölend in ihr Lager zurück.

Bollmannshausen ist nicht wiederaufgebaut worden, einzig der kleine Teich gibt Kunde von dem verschwundenen Dorf. Auf seinem Grund soll das Kirchlein stehen, und zur Mitternachtsstunde, so sagt man, steigen die sündigen Bewohner auf, bis sie das Glöcklein wieder zurückruft in die schwarze Tiefe.

Geister am Bollmanshausener Loch

Wenn zu stiller Mitternacht der Mond seine Silberstrahlen in die Tiefe des kleinen Teiches hinuntersendet, dann steigen die Geister und Nixen in ihren aus Nebel gewobenen Gewändern hinauf an den glänzenden Wasserspiegel. Mit gesenkten Häuptern schweben sie langsam im Kreise dahin, und wenn der Ruf der Unken und der Gesang der Frösche verstummt ist, dringen aus dem Grunde des Wassers, erst wie aus weiter Ferne, dann immer lauter, die Schläge einer Glocke herauf. Immer schneller schweben die Nebelgestalten im Kreise, ringen dabei in wildem Schmerz ihre Arme und sinken schließlich ächzend in die Tiefe. Eine Totenstille herrscht wieder über dem Wasser, und der Weiher liegt in tiefer, dunkler Ruhe.

Diese Erscheinungen sind die sündigen Bewohner von Bollmannshausen, die keine Ruhe mehr finden, und die nun stets zur Mitternachtsstunde wandeln müssen, bis die Glocke ihrer versunkenen Kirche sie zurückruft in die Tiefe.

Manch einer, der des Nachts am Bollmanshausener Loch vorbeikam, hat selbst die Schläge der Glocke aus der Tiefe gehört. Kein Bauer nahm furchtlos zu später Stunde den Weg durch diese Gegend, denn oftmals sollen dort schon die Pferde gescheut haben. Auch der unglückliche Gregorius sei schon gesehen worden. Es wird erzählt, er sei mit einem Licht in der Hand auf den Wagen geklettert und habe den Leuten heimgeleuchtet. Wenn sie ihren Hof erreicht hatten, so habe er noch lange schweigend auf dem Torpfosten gesessen, bis die ersten Sonnenstrahlen den neuen Tag verkündeten.

Die Geister des Bollmannshausener Lochs mußten aber auch für manch andere, nur scheinbar unerklärliche Begebenheiten herhalten, wie die folgende Geschichte zeigt:

Der beschwerliche Heimweg des Dorfblechners

Die Sonne war längst schon untergegangen, als sich ein Dorfblechner auf seinen Heimweg nach Plittersdorf machte. Er hatte in Steinmauern einige Kochtöpfe repariert und in manchem Hause ein Schnäpschen getrunken oder auch ein Glas Most und hinterher im Dorfgasthaus mit den anderen Männern noch das eine oder andere Glas auf den Feierabend geleert. Während er dort zufrieden gesessen hatte, und sein Blick allmählich etwas trübe wurde, waren einige Lausbuben aus dem Dorfe nicht untätig geblieben. Sie hatten das einzige Rad der Schiebekarre des Blechners mit Draht so festgebunden, daß es sich nicht mehr drehen ließ.

Nun befand sich der Mann also auf dem Heimweg. Fluchend und schwitzend drückte er seine Karre mit dem blockierten Rad in Richtung Plittersdorf, ohne auch nur einmal nachzuschauen, was der Grund für das beschwerliche Vorwärtskommen sein könnte. Als er die Murgbrücke erreicht hatte, wischte er sich zum letzten Mal den Schweiß aus der Stirn und den Augen, denn nun galt es, zügig voranzukommen, er wollte am Bollmannshausener Loch auf keinen Fall den Geistern begegnen. Um sich selber Mut zu machen, stimmte er ein fröhliches Liedchen an, aber unter seinem Wams schlug recht kräftig sein Herz, und alle seine Sinne waren aufs äußerste angespannt.

Bald hatte er das geisterhafte Loch erreicht, da gab es plötzlich einen lauten Schlag. Der Draht, mit dem das Rad festgebunden war, hatte sich durchgeschlif-

fen, und auf einmal lief die Karre wie von selbst. Gott steh' mir bei, dachte der Mann und rannte nun los, bis er endlich, völlig erschöpft, sein Heimatdorf erreicht hatte. Dort erzählte er den Seinen, was ihm unterwegs widerfahren war: Daß die Geister zunächst seinen Karren gebremst haben und hernach am Bollmannshausener Loch endlich wieder abgesprungen seien.

Muggensturm

Die Gemeinde Muggensturm wird erstmals im Jahre 1193 erwähnt als „Mugetstrum", aber schon 1219 schreibt man „Muckensturm" = Ort der ausschwärmenden Mucken. Auch aus dem Keltischen wurde der Name schon hergeleitet, als Pferch für junge Schweine, oder es wurde an das keltische „durum" = Festung gedacht, aus dem das althochdeutsche „turn" = Turm wurde. Sei's drum – die nachfolgende Geschichte gibt eine viel schönere Erklärung. Bei einem Besuch des schönen Ortes sollte der Wanderer aufpassen, wenn er in den Torfbruch Richtung Malsch gelangt, denn hier soll es nicht ganz geheuer sein: Ein Licht irrt im Bruch umher; man sagt, das sei der Geist eines Toten, der bis zu seiner Erlösung dort umgehen muß.

Woher Muggensturm seinen Namen hat

Es war einmal vor langer Zeit, da wurde die Muggensturmer Rohrburg von Feinden belagert. In ihrer ausweglosen Lage sahen die Eingeschlossenen schließlich nur noch einen einzigen Ausweg: Von den Mauerzinnen ihrer Burg aus bewarfen sie die Anstürmenden mit all den Bienenkörben, die sie in ihrer Festung vorfanden.

Westlich vom alten Dorfkern stand vor langer Zeit die Rohrburg, mit der sich eine alte Sage über die Entstehung des Ortsnamens Muggensturm verbindet.

Unter Freudengeschrei sahen sie nun zu, wie die gereizten Bienen den Angreifern derart zusetzten, daß sie schließlich unverrichteter Dinge die Flucht ergreifen mußten.

Seither soll der Ort den Namen Muggensturm (Muckensturm) tragen, und über das Rathaustor des Dorfes setzte man damals den Spruch, der aber heute verschwunden ist:

Die Väter bedrängte greulicher Krieg,
Die Mucken halfen ihnen zum Sieg! (19)

Burgwies

Zwischen dem alten Dorfkern von Muggensturm und dem Federbach liegt im Westen das Gewann Burgwies; hier stand vor langer Zeit die Rohrburg, mit der sich die alte Sage über die Entstehung des Ortsnamens Muggensturm verbindet.

Die Rohrburg von Muggensturm

In Muggensturm hatten einstmals die Grafen von Eberstein einige Besitztümer, und so hatte auch hier ein ebersteinisches Vasallengeschlecht seinen Sitz, das sich „Krudel von Muggensturm" nannte, aber bereits im 14. Jahrhundert ausgestorben ist. Ihre Burg war ein sogenanntes Wasserschloß, das von einer Ringmauer und einem breiten Wassergraben umgeben war, der den direkten Angriff auf die Mauer erschweren sollte.

Zur Zeit des Grafen Wolf von Eberstein, den sein unruhiges und teures Kriegerleben, das er gegen den württembergischen Graf Eberhard im Rauschebart führte, in große Schulden gebracht hatte (siehe Kapitel 8), mußte die Burg und der halbe Ort an Markgraf Rudolf VII. von Baden verkauft werden. Der Ebersteiner besaß schließlich nichts mehr weiter als ein Haus in Muggensturm und bestritt seinen Unterhalt durch Gefälligkeiten, die ihm sein Onkel, der Markgraf, auf Lebenszeit zukommen ließ.

Am Beginn des 15. Jahrhunderts war die Rohrburg noch markgräflicher Amtsitz, wurde aber im Jahre 1424 gänzlich zerstört und erscheint 1450 nur noch als Burgstadel, also Burgruine. Danach wird das Schloß nicht mehr genannt. Heute sind auf den „Burgwiesen" über der Erde keine Reste der ehemaligen Burganlage mehr vorhanden, doch wurden vor vielen

Jahren beim Graben noch ansehnliche Trümmer aufgefunden, deren Umfang aber nicht festgestellt ist.

Margaretenkapelle

Etwas abseits, südlich des Ortes, ruhen die verstorbenen Muggensturmer. Dort steht ein kleines Gotteshaus, die Margaretenkapelle; früher einmal war sie die Kirche des längst ausgegangenen Dorfes Eichelbach.

Das verschwundene Dorf Eichelbach

Vor vielen hundert Jahren lag unweit des Muggensturmer Friedhofes ein Dorf, das nach dem dort vorbeifließenden Bach (heute Bachgraben) den Namen „Eichelbach" führte. Das Dorf war von einem Graben und einem aus Weidenruten geflochtenen Zaun umgeben, und seine Gemarkung, oft sumpfige oder sandige und öde Stellen, reichte bis zum Eichelberg. Seine Bewohner waren unfreie Leute, die fleißig ihre zu Lehen gegebenen Äcker bebauten, pünktlich ihre Abgaben zahlten und treu ihre Dienste leisteten.

Das Dorf, das einmal bis zu 300 Einwohner hatte, wird erstmals 1102 erwähnt. Sein Grundherr war der Graf von Eberstein, aber auch das Kloster Herrenalb hatte Besitztümer in Eichelbach. Ein eigener Adel wird in einer Urkunde von 1207 genannt mit Konrad und Heinrich von Eichelbach; er starb aber noch im gleichen Jahrhundert aus.

Auch das Dorf war zum Aussterben bestimmt, denn gegen Ende des 13. Jahrhunderts verlegte Graf Heinrich von Eberstein seine Hofgebäude nach dem befestigten Muggensturm, und nach und nach sind auch die meist leibeigenen Bauern dorthin übergesiedelt. So ist das alte Dorf allmählich gänzlich vom Erdboden verschwunden und, wie so vieles andere auch, mit der Zeit in Vergessenheit geraten.

Einzig übriggeblieben ist die Pfarrkirche von Eichelberg, die heutige Margaretenkapelle des Muggensturmer Friedhofes mit ihrem gotischen Glockenturm. Von einem Siegel weiß man, daß es um 1351 einen Pfarrer Heinrich in Eichelberg gegeben hat, und man nimmt an, daß in die Pfarrei damals außer Muggensturm auch Oberweier eingepfarrt war. Die kleine Kirche wurde früher stark besucht, und besonders zum Fest der heiligen Margarete fanden hier alljährlich Prozessionen statt; dann wurde auch ein Markt abgehalten, der damals als ein wichtiger und beliebter Treffpunkt der Leute aus der ganzen Umgebung galt.

Rastatt

Die ehemalige Residenz der Markgrafen von Baden, Rastatt, „Rasteten" = Stätte, an der man rastet, blickt auf eine lange Geschichte und bewegte Zeiten zurück. Als im Pfälzischen Erbfolgekrieg die Stadt 1689 fast vollständig von den Franzosen verwüstet wurde, entstand auf der Trümmerstätte etwas völlig Neues: Markgraf Ludwig Wilhelm, der „Türkenlouis", verlegte seinen Regierungssitz von Baden-Baden hierher in die Ebene, wo er seine Vorstellungen von einer repräsentativen Schloß- und Stadtanlage erfüllen konnte.

In einem Gasthaus, das es heute nicht mehr gibt, lebte früher einmal ein Wirt, dem fiel das Aufstehen am Morgen besonders schwer. Jeden Tag pflegte er so lange in seinem Bette zu liegen, daß die Arbeit nicht getan werden konnte.

Die weiße Frau im Rastatter Schloß

Als Markgraf Ludwig Wilhelm seine Residenz von Baden-Baden nach Rastatt verlegte, ist der Herrscherfamilie die „weiße Frau" gefolgt, die seither im Rastatter Schloß umgeht.

In manchen finsteren Nächten wandelt eine helle Gestalt schweigsam durch die weiten Räume des prächtigen Schlosses. Sie trägt ein schneeweißes Gewand, über ihr Gesicht fällt ein feiner durchsichtiger Schleier, und wer je in ihre schwarzen starren Augen geschaut hat, wird den grauenvollen Blick niemals wieder vergessen können. Man sagt, immer wenn die weiße Frau sich zeige, wolle sie mit ihrem Erscheinen den nahen Tod eines Angehörigen der fürstlichen Familie oder sonst ein drohendes Unglück ankündigen.

(siehe auch: Kap. 13, Baden-Baden, *Die weiße Frau im Neuen Schloß*)

❧❦❧

Eine Hexe fällt vom Himmel

Es war an einem Walpurgistag, noch sehr früh in der Morgendämmerung, als der Markgraf von Baden mit einem Hofherrn das Rastatter Schloß verließ, um in den Wäldern zu jagen. Sie hatten gerade die Stadt verlassen, da hörten sie plötzlich, wie etwas Schweres in ein nahes Gebüsch plumpste. Neugierig näherten sie sich der Stelle, stiegen von ihren Pferden, suchten nach dem gefallenen Gegenstand - und fanden zu ihrer Überraschung eine nackte Frau aus Rastatt auf dem Boden liegen. Sogleich reichte ihr der Markgraf seinen Mantel, damit sie bekleidet heimgehen konnte; gleichwohl merkte er, daß die nackte Frau eine Hexe war. Sie hatte sich auf ihrer nächtlichen Fahrt verspätet, und als nun früh am Morgen die Betglocke läutete, ist sie augenblicklich aus der Luft heruntergefallen.

Der glückliche Langschläfer

Früher lebte einmal in Rastatt ein Wirt, dem fiel das Aufstehen am Morgen besonders schwer. Jeden Tag pflegte er so lange in seinem Bette zu liegen, daß die Arbeit nicht getan werden konnte, und die Wirtschaft allmählich sehr zurückging. Seine fleißige Frau war darüber sehr verärgert, und um ihn für sein langes Schlafen zu strafen, brachte sie eines Tages aus dem Garten einen Haufen roter Ameisen, steckte diesen ihrem Manne unter die Bettdecke und ging wieder an ihre Arbeit.

Als über eine Stunde vergangen und ihr Mann noch immer nicht erschienen war, begab sie sich abermals in das Schlafgemach, um gehörig mit dem faulen Langschläfer zu zanken. Der Wirt sah seiner Frau fröhlich entgegen und rief: „Ich habe heute im Bett mehr erworben, als du dein Leben lang verdienen kannst!" Dabei schlug er seine Bettdecke zurück, und die Frau sah zu ihrem großen Erstaunen, wie ihr Mann um und um von Goldstücken umgeben war.

Schnell eilte die Wirtin in den Garten und grub an der Stelle nach, von wo sie die Ameisen geholt hatte; aber sie fand nur noch einige Goldstücke in der Nähe, die sie vordem unterwegs verloren hatte.

Rötterer Berg

Im Nordosten der alten Stadt liegt der Rötterer Berg, heute ein großes Wohngebiet von Rastatt. Vor langer, langer Zeit, als der Rhein noch am Rötterer Berg vorbeifloß, soll hier ein Schloß gestanden haben, der Sitz der Grafen „von Rötter".

Das Gespenst des Grafen von Rötter

Niemand weiß, wie lange es schon her ist, da lebte auf dem Rötterer Berg in seinem stattlichen Schlosse der reiche Graf von Rötter. Auf dem nahen Rheinstrom überfiel er oft und gerne die vorbeiziehenden Schiffe und hatte bald durch diese Räuberei einen großen Schatz zusammengetragen. Aber alles Unrecht will bestraft sein, und so versank er eines Tages mitsamt seinem Schloß und allem, was darin war. Seither muß der Graf in dieser Gegend umgehen, und manch einer hat ihn schon auf einem Schimmel reiten sehen.

Unweit des Berges stand einmal ein kleines Hirtenhäuschen, das hat der spukende Graf öfters aufgesucht, ruhig durch das Fenster geschaut und den Leuten beim Nachtmahl zugesehen. Wenn er dreimal an die Scheiben klopfte, so nickten die Bewohner ihm freundlich grüßend zu. Wieder einmal kam er zu diesem Häuschen, und wieder klopfte er dreimal an die Scheiben, aber niemand wandte sich um und antwortete ihm. Wutentbrannt sprengte er daraufhin mit seinem Schimmel in die anstoßende Schweinesteige, womit er den Säuen einen solchen Schrecken einjagte, daß die armen Tiere wie wild hinüber nach der Stadt Rastatt rannten.

Graf von Rötter hatte eine Tochter; auch sie muß bis heute am Berg umgehen und wird von den Leuten nur „das weiße Fräulein" genannt.

Das weiße Fräulein vom Rötterer Berg

Nachts, um die zwölfte Stunde, hat man schon oft ein weißgekleidetes Fräulein aus dem Berg kommen und an demselben umgehen sehen; immer sei es in Begleitung mehrerer kleiner weißer Gestalten gewesen. Und als die alte Schuhuhütte noch stand, soll sie manchem auf dem Dach in einem brennenden Nest erschienen sein.

Auch ein weißer Mann ist dort schon gesehen worden, sowie ein Jäger in einer altertümlichen Kleidung.

Es war um die Mittagszeit, die Sonne schien warm vom Himmel, die Tiere grasten friedlich, und so spielte ein Hirtenknabe heiter und zufrieden auf seinem Dudelsack. Plötzlich stand das weiße Fräulein vor ihm, das sagte dem Buben, als der sich von seinem Schrecken erholt hatte, er könne es erlösen, wenn er genau das tue, was ihm geheißen: In den folgenden drei Nächten solle er um zwölf Uhr ein weißes Hemd bringen und dieses der Erscheinung überwerfen. Er dürfe aber kein einziges Wort reden; dann sei sie erlöst und er habe sein Glück gemacht.

Nun, das wird so schwer nicht sein, dachte der Bursche und kam pünktlich in der folgenden Nacht an die gleiche Stelle. Er fand die Jungfrau in einem Busch, und obwohl sie ganz schwarz war und Feuer, Schlangen und Kröten gegen ihn spie, warf er ihr doch das Hemd über. In der zweiten Nacht erschien die Jungfrau mit einem weißen Kopf, und noch ärger spie sie gegen ihn, aber der Hirtenknabe warf ihr mutig auch diesmal das Hemd über. Als aber in der dritten Nacht das

Fräulein, diesmal mit einer weißen Brust, noch gräßlicher das Feuer, die Kröten und Schlangen ausstieß, fiel der Knabe, kaum hatte er das Hemd zur Hälfte übergeworfen, mit dem Schrei „O Jesus!" in eine tiefe Ohnmacht.

Augenblicklich erscholl in den Lüften ein schreckliches Getöse, und mit der Erlösung war es vorbei. Sieben Jahre später ist der Hirtenknabe gestorben.

Ein anderer Junge, den die Leute für etwas blödsinnig hielten, sammelte einmal am Rötterer Berg Kamillen. Da öffnete sich plötzlich der Berg, und heraus trat das Fräulein in weißer Gestalt. Es forderte ihn auf mitzugehen, und nun wurde der erstaunte Knabe in das Innere des Berges geführt, wo er bald vor einer Reihe Kisten mit Geld stand. Das Fräulein öffnete eine der Kisten und gab dem Jungen daraus soviel, wie er tragen konnte, dann sagte es zu ihm, er könne am Freitag mittag wiederkommen und sich noch mehr von dem Schatze holen; keiner Menschenseele dürfe er aber etwas davon sagen, sonst könne er nichts mehr erhalten. Zweimal noch suchte der Knabe das weiße Fräulein auf und brachte viel Geld nach Hause, denn niemandem hatte er von seinem Erlebnis erzählt.

Dem Vater blieb der plötzliche Reichtum nicht verborgen, und er schüchterte seinen Sohn so ein, daß dieser ihm schließlich alles erzählte. Sofort ließ der Vater leere Säcke auf den Wagen laden und fuhr mit dem Jungen hinaus, um den ganzen Schatz zu holen; aber der Sohn konnte die Öffnung nicht mehr finden, sosehr er auch suchte. Da winkte ihnen vom Berge die Jungfrau herüber und wies sie an, umzukehren. Also fuhren die beiden unverrichteter Dinge zurück, und mit dem Geldsegen hatte es ein Ende.

Kaum waren Vater und Sohn wieder zu Hause angekommen, wurde der Junge krank und ist nach wenigen Tagen gestorben.

Einmal hatten zwei junge Brüder aus Rastatt im Wald Holz gelesen und beim Heimgehen an der Schuhuhütte das weiße Fräulein gesehen; das winkte ihnen zu, sie sollten mitkommen, aber nur der Ältere war mutig genug, der Erscheinung zu folgen. Er wurde in die Hütte geführt und zu seiner großen Freude mit einem prallen Sack voll Geld beschenkt. Der Sack war so schwer, daß der Bursche ihn nur mit Mühe zu seinem Bruder schleppen konnte. Kaum hatte er seinen Reichtum gezeigt, da trat ein Mann hinzu und wollte ihnen den Sack wegnehmen. Er kam aus Rheinau und hatte von einer nahen Wiese alles mitansehen können. Die Brüder verteidigten ihren Reichtum unter großem Geschrei. Plötzlich trat ein altertümlich gekleidete Jäger hinter der Schuhuhütte hervor und schlug mit seinem Gewehr auf den Mann ein, bis dieser fluchend die Flucht ergriff. Der Jäger half den Knaben, den schweren Sack fortzutragen, und als zufällig ein Wagen vorbeikam, gab er dem Fuhrmann ein gutes Trinkgeld, und so wurden Brüder und Sack sicher nach Hause gefahren. Der Mann aus Rheinau aber ist nach drei Tagen ganz plötzlich gestorben.

❧

Schätze im Rötterer Berg

Aus dem Inneren des Rötterer Berges ertönt zuweilen ein dumpfes Geräusch und ein Gesang, und manchmal zeigen sich nachts glühende Kohlenhaufen, die aber Geld sind.

Einmal gingen am Berg zwei Burschen vorbei, die sahen dort eine Menge Kröten sitzen. Der dümmste von ihnen steckte sich einige davon in seine Taschen, und als er sie daheim wieder hervorziehen wollte, hatten sie sich zu reinem Gold verwandelt.

Eines Tages gingen zwei Edelknaben aus dem alten Rastatter Schloß am Berg spazieren, der eine immer forsch voran, der andere schlendernd hinterher. Letzterer, weil er sich die Erde, auf der er ging, genauer ansah, erblickte plötzlich in einem Maulwurfsloch etwas Glänzendes. Als er danach griff, bekam er einen silbernen Kettenring zu fassen, und als er daran zog, brachte er dreißig solcher Ringe ans Tageslicht. In großer Freude rief er seinen Gefährten zu sich, aber kaum war der Ruf erschallt, versank der noch nicht gänzlich gehobene Teil der Kette klirrend in der Tiefe; den schon geborgenen Teil aber konnte der Edelknabe getrost nach Hause tragen.

Auch ein armes Mädchen kam einmal an jenem Maulwurfsloch vorbei und beobachtete, wie das Tier schönen weißen Sand an die Oberfläche schaufelte. Das Mädchen füllte sich ein wenig davon in einen kleinen Sack, den es hernach wieder auf die Erde legte, um dem Treiben des Maulwurfs noch eine Weile zuzuschauen. Plötzlich kam eine Schlange aus dem Loch hervor, kroch dreimal um den Sack herum und schlüpfte dann wieder in die Öffnung zurück. Das Mädchen hob den Sack auf, denn es wollte nun heimgehen, aber er war auf einmal so schwer geworden, daß es ihn abwarf. Da hörte es, wie es darin klingelte, und als es erstaunt den Sack öffnete, so war er ganz mit altem fränkischen Silbergeld gefüllt.

Ein anderes Mädchen half einmal auf einer Wiese am Berg beim Umgraben, und wie es so grub, brachte es einen Kronentaler nach dem anderen hervor. Zwei Schürzen waren schon gefüllt und der Hut auch, als eine Frau dazukam, die dem Mädchen den wertvollen Fund wieder fortnahm, da er auf ihrem Grundstück gemacht wurde. Viel Geld ist gut, aber mehr ist noch besser, dachte die Frau und half nun auch bei der Arbeit; aber wie fleißig sie auch umgrub - mit dem Geldfinden hatte es nun ein Ende.

Auf dem Grund eines dortigen Wassers, man nennt es den „Keßler", soll ein silberner Kessel liegen. Vor langer Zeit haben einmal etliche Männer versucht, ihn zu heben und hatten auch schon eine Stange durch seinen Ring geschoben, da fragte plötzlich einer von ihnen in die Stille hinein „Hast du ihn?", und im selben Moment war der Kessel wieder in die Tiefe des Wasser versunken. Nur der Ring, welcher auch aus Silber war, blieb an der Stange hängen, und man sagt, er werde noch heute zum Andenken aufbewahrt.

Niederbühl

Niederbühl, 1057 erwähnt als „Puhile", später „Bohele" und „Bühl, dem niederen", ist heute ein Ortsteil von Rastatt. Das Dorf hatte früher einen eigenen Ortsadel, die ebersteinischen Dienstmannen „von Bühl". Zu Niederbühl gehört der Ort Förch mit dem Schloß Favorite, das hier jedoch wegen der räumlichen Nähe zu Kuppenheim in Kapitel 6 erwähnt ist.

Spuk am Kirchenloch

Der Jakob aus Niederbühl kam einmal spät in der Nacht, es war so um halb zwölf, am Kirchenloch vorbei und sah dort eine helle Beleuchtung. Da er nicht ängstlich war, aber um so neugieriger, trat er näher und erblickte eine festlich geschmückte Tafel, auf der Speisen und Getränke in goldenen und silbernen Gefäßen standen. An der Tafel saßen viele Leute, die nun, als sie den Jakob erblickten, ihre Becher erhoben und ihm zuriefen: „Gesundheit, Jockele!" Jakob war ein höflicher Mensch, und so rief er hinüber: „Gesegne es euch Gott!" – da zerstob mit Gebraus die ganze Versammlung in alle Winde, und statt der kostbaren Geschirre sah Jakob jetzt nur noch Kuhklauen und alte Schuhe auf der Tafel.

6　Das Tor zum Murgtal

Kuppenheim

Dort, wo die Murg den Nord-schwarzwald verläßt und ihren Weg durch die Rheinebene beginnt, liegt Kuppenheim, das „Tor zum Murgtal". Der Ort wird 1090 erstmals urkundlich erwähnt, und bereits um 1254 war die „Amtsstatt Cuppenheim" eine Stadt mit Marktrecht, festen Mauern, Gräben und einem Schloß; dieses lag außerhalb der Stadtmauer und wurde im 17. Jahrhundert abgerissen. Die kleine alte Stadt blickt auf eine wechselvolle Geschichte zurück, die Stoff gab für manche alte Sage und Geschichte.

Die „Knöpflestadt"

Vor Zeiten, so ist zu lesen, habe Kuppenheim einmal Mailoth geheißen. Im Mittelalter war das alte Städtchen der Hauptort des Ufgaues und als solcher gut befestigt. Als der Dreißigjährige Krieg überall die Lande verwüstete, umschlossen schwedische Truppen unter ihrem Befehlshaber Bissinger auch Kuppenheim von allen Seiten und wollten die wohlverteidigte Feste durch Hunger zur Aufgabe zwingen.

Sehr lange dauerte die Belagerung schon an, und den Leuten gingen allmählich die Lebensmittel aus. Als die Vorräte schließlich bis auf einen Malter (altes Getreidemaß) Mehl zusammengeschmolzen waren und die Bürger sich schon ergeben wollten, um nicht einen qualvollen Hungertod sterben zu müssen, hatten die klugen Hausfrauen eine rettende Idee. Aus dem einzigen Malter Mehl, der ihnen noch geblieben war, bereiteten sie die Mailother Knöpfle, und die Männer speisten damit in aller Eile die mächtigen Festungskanonen und überschütteten die feindlichen Belagerer mit einem Hagel von Mehlspätzle. Die überraschten schwedischen Truppen glaubten nun, es sei in der Stadt noch überreichlich Vorrat vorhanden,

und zogen, des langen Wartens müde, mit Sack und Pack davon.

Ha! fluchten sie: „Hol' euch die Pest!
Am klügsten wär's, wir gingen.
Nun läßt sich doch das feste Nest
Auch nicht durch Hunger zwingen!" (20)

Den Ort nannte man hierauf die „Knöpflestadt", und der Name hat sich bis heute erhalten.

General Bissinger

Im Dreißigjährigen Krieg haben die Schweden Kuppenheim dann doch eingenommen und auf Befehl ihres Generals Bissinger die ganze Stadt in Brand gesetzt. Als sie schließlich wieder abzogen, hat sich, um dem Feuer noch eine Weile zuzusehen, der General verkehrtherum auf sein Pferd gesetzt. Zur Strafe muß er seither in der Advents- und Fastenzeit um die Stadt reiten. Sein Geist sitzt verkehrt auf einem Schimmel, hat statt des Zaumes dessen Schwanz in der Hand und trägt seinen Kopf unter dem Arm. Früher pflegte er dem Wächter des oberen und des unteren Stadttores mit drei Schlägen zu klopfen.

Man sagt, wenn sich der Bissinger außer in der Advents- oder Fastenzeit sehen ließe, werde es Krieg geben.

Der französische General

Im August des Jahres 1689, während des Pfälzischen Erbfolgekrieges, wurde Kuppenheim von den Franzosen erobert, die alles bis auf ein einziges Haus niederbrannten. Die Einwohner versuchten verzweifelt, von ihrer Habe zu retten, was noch nicht Opfer der Flammen geworden war. Währenddessen saß auf dem Marktplatz der französische General hoch zu Roß und sah lachend zu, wie die Leute jammernd umherliefen. In ihrer grenzenlosen Wut über diesen Übermut und die Herzlosigkeit haben die Bürger den Franzosen schließlich getötet.

Lange noch soll der Geist des Generals, seinen Kopf in der Hand, um Mitternacht auf dem Umgang um die Stadtmauer geritten sein.

Das Glockenloch

Als Kuppenheim gänzlich niederbrannte, haben die drei silbernen Kirchenglocken ihren Turm von selbst verlassen und versenkten sich in das unergründliche Wasser eines Teiches am westlichen Ende der Gemarkung. Seither nennt man dieses Wasser das „Glockenloch". Noch heute sind die Glocken dort verborgen, und Jahr für Jahr ertönt in der Weihnacht ihr silberhelles Geläute.

Einmal kam ein Knabe aus Niederbühl an der Wassergrube vorbei und sah dort viele kleine Steine auf einem Haufen liegen. Spielerisch nahm er einige davon und warf sie so auf das Wasser, daß sie auf seiner Oberfläche dahinhüpften. Sobald die Steinchen das Wasser berührten, schien es dem Knaben, als schimmerten sie wie Silber. Schnell füllte er seine Kappe mit Steinen von dem Haufen und eilte nach Hause. Als er sie dort ausleerte, sah er erstaunt, daß daraus wertvolle Silbermünzen geworden waren.

Sofort erzählte er alles seinem Vater, und zusammen gingen sie sogleich zu der Fundstelle, aber der Steinhaufen war nicht mehr zu entdecken. Also packten sie ähnliche Steinchen ein, mußten jedoch zu ihrer Enttäuschung feststellen, daß dieselben sich nicht in Geld verwandeln wollten.

Der verwandelte Knecht

Es wird erzählt, in der Nähe von Kuppenheim habe einmal eine Witwe mit ihrer Tochter gelebt, die sich beide ihren Lebensunterhalt durch den Handel mit Milch verdienten. Täglich brachte ein Knecht mit seinem Eselskarren die Milch von den umliegenden Höfen, und Mutter und Tochter stellten sie ihren Kunden zu. Man war mit der Milch sehr zufrieden, nur die beiden Frauen waren den Leuten nicht geheuer; Hexen sollten sie sein und jede Nacht fortgehen.

Auch der Knecht hatte von diesem Verdacht gehört, und um die beiden zu belauschen, versteckte er sich eines Abends in der Küche hinter dem Aschenfaß. Nicht lange, so kamen die Frauen in die Küche und besprachen ihre Pläne für die kommende Nacht. Man könne heute ins Elsaß gehen und einem Weinhändler den Wein verderben, meinte die Alte, und schon sprach sie den Zauberspruch „Olla Hobaß!", schwang sich mit der Tochter in die Höhe und fuhr mir ihr den Kamin hinaus durch die Lüfte.

Mit großen Augen hatte der Knecht alles beobachtet, und weil er noch jung und neugierig war, wollte er versuchen, ob der Zauberspruch auch bei ihm wirkte. „Olla Hobaß!" rief er also, und schon sauste er durch die Nacht den beiden Hexen hinterher. Bald sahen Mutter und Tochter zu ihrem Schrecken, daß der Knecht bei ihnen war und kamen überein, daß sie ihn auf einem Ziegenbock wieder nach Hause bringen wollten. Schnell war die Zauberformel gesprochen, und in Windeseile landeten die Hexen und der Knecht auf seinem Ziegenbock wieder in der heimischen Küche.

Nun aber hatten die Frauen einen Mitwisser, und um ihn auszuschalten, verwandelten sie ihn alsbald in einen Esel und verkauften ihn. Sieben Jahre später, als sie sich wieder einmal einen Esel kauften, merkten sie nicht, das dies der verwandelte Knecht war. In seinem Stall hörte dieser eines Tages die Tochter fragen, wie man einen verwünschten Esel denn wieder zurückverwandeln könnte, wenn man wollte. Die Mutter erklärte, der Esel müsse an Fronleichnam den Blumenstrauß eines Kindes abfressen, dann sei der Zauber gebrochen.

Am Fronleichnamstag tat der Esel, was die Hexe gesagt hatte: Er ging auf ein Kind zu, das einen bunten Blumenstrauß in der Hand trug, fraß ihn ab und hatte sogleich seine menschliche Gestalt wieder zurückerhalten.

Das Stadttier

Ganz früher einmal soll in Kuppenheim ein Stadttier umgegangen sein. Die Großeltern der alten Leute erzählten, es soll so groß wie ein Kalb gewesen sein, und wenn man sich auf ihn draufsetzte, so sei es immer noch mehr gewachsen. Besonders in jenen Nächten, wenn die Häuser der stillen Stadt im fahlen Licht des Vollmondes graue Schatten warfen, habe man es durch die Straßen laufen sehen; dabei habe es bei manchen Häusern angehalten und den erschreckten Leuten in die Fenster gestarrt.

Aus dem Volksglauben

In Kuppenheim kommen die Kinder aus dem Wasser, aus dem Kindlesbrunnen.
Wenn der Wind von Nordosten hart um die Häuser bläst, sagen die Leute: „Hu, der Geiseschinder isch drus!"
Und wenn ein Unwetter aufzieht, dann fährt, bevor es zu donnern beginnt, im brutheißen Mittag in die Stille der Hexenwind.

Lange noch wurde in Kuppenheim heimlich der „Geistliche Schild" aufbewahrt, sorgsam vor der Kirche verborgen, ein Zauberbuch, das heidnische und christliche Beschwörungs- und Segenssprüche und uralte Bannformeln enthält. Es soll Soldaten gegeben haben, die den „Geistlichen Schild" als Talisman mit in den 1870er Krieg genommen haben.

Weingärtenstraße

Im östlichen Wohngebiet von Kuppenheim steht auf einer kleinen Grünfläche in der Weingärtenstraße ein recht einfacher, schmuckloser kleiner Bildstock auf neuem Sockel. Auf allen seinen vier Seiten sind kleine Kruzifixe ausgehauen, und auf der Vorderseite liest man die Jahreszahl 1636. Der Bildstock wurde beim Neubau der Straße versetzt; früher befand man sich hier schon längst außerhalb der Ortschaft auf einem Weg nach Oberndorf.

Der Bildstock aus dem Dreißigjährigen Krieg

Waren die Zeiten des Dreißigjährigen Krieges nicht schon schwer genug, so wurde Kuppenheim auch noch von der Pest heimgesucht. Die Seuche wütete in schrecklicher Weise unter der Bevölkerung und forderte so viele Opfer, daß es unmöglich wurde, alle Toten in Einzelgräbern zu bestatten. Weil man sich zudem vor weiterer Ansteckung fürchtete, beschloß man, alle an der Pest Verstorbenen außerhalb der Stadt in einem Massengrab zu bestatten. An dieser Stelle errichtete man dann einen Bildstock, der heute noch an jene schlimme Zeit erinnern soll.

Es wird auch erzählt, im Dreißigjährigen Krieg soll im Jahre 1636 ein russischer

General in Kuppenheim gefallen und an jener Stelle begraben worden sein; später sei er aber wieder ausgegraben und nach Rußland überführt worden.

Andere sagen, es sei kein russischer, sondern ein schwedischer Offizier gewesen.

Judenfriedhof

Südöstlich von Kuppenheim beim Frauberg liegt der alte Judenfriedhof. In früherer Zeit war die Anlage nichtchristlicher Begräbnisstätten stets mit großen Schwierigkeiten verbunden. Über die Entstehung dieses Friedhofs wird erzählt:

Wie der Judenfriedhof entstand

Vor langer Zeit lebte auf Schloß Eberstein ein Graf, der hatte sich mit einer vornehmen Jüdin vermählt. Sie war aber auch als Ehefrau des Ebersteiners insgeheim ihrem Glauben treu geblieben, was ihren umwohnenden Glaubensgenossen nicht verborgen blieb.

Als sie ans Sterben kam, bestimmte sie, man solle ihren Leichnam auf einen Ochsenkarren legen und das Gespann führerlos davonfahren lassen. Dort, wo die Tiere hielten, wolle sie begraben werden. Die Ochsen blieben schließlich an der Stelle stehen, wo heute der Friedhof ist, und zu Ehren ihrer Standhaftigkeit haben die Juden den Ort fortan zu ihrer allgemeinen Begräbnisstätte gewählt.

Schloß Favorite

Nicht weit von Kuppenheim entfernt, südwestlich der alten Stadt,

liegt in einem großen Schloßpark das Lustschloß Favorite, erbaut 1725 von Augusta Sibylla, der Witwe des Markgrafen Ludwig Wilhelm von Baden. Bis zu ihrem Tode 1733 war dies der Lieblingsaufenthalt der Markgräfin, wo sie sich in der „Magdalenenkapelle" gegen Ende ihres Lebens strengen Bußübungen hingab.

Kieselsteine für Schloß Favorite

In den heißen Julitagen des Jahres 1724 konnte man von Kuppenheim bis Gernsbach fröhliche Kinder beobachten, wie sie im Flußbett der Murg singend und lachend Kieselsteine zusammentrugen. Dies geschah im Auftrag der Landesherrin, Markgräfin Augusta Sibylla, der Witwe des „Türkenlouis", welche die Kinder sehr liebte und ihnen gerne ein Zubrot zukommen ließ. So tummelten sich also die Kleinen und Größeren mit großer Freude im kühlenden Wasser des kleinen Flusses, und am Abend sahen sie mit kindlichem Vergnügen und froher Erwartung dem Vogt entgegen, wenn er am Ufer erschien und die Kieselsteine auf einen Wagen laden ließ. Dann nämlich öffnete er seine braune lederne Tasche und belohnte die Kinder mit ein paar Kreuzern, wobei auch oft der Apfel nicht fehlte.

Der Baumeister des Schlosses Favorite, Johann Michael Ludwig Rohrer aus Böhmen, gab mit diesen Steinen seinem neuen Werk ein reizvolles Kieselgewand, und dieser eigenartige Schmuck kann noch heute von jedem Besucher des Schlosses bewundert werden.

Die weiße Frau in Favorite

Es wird erzählt, früher einmal sei der Schloßkaplan des Schlößchens Favorite in der

Es wird erzählt, einmal habe der Kaplan vom Schloß Favorite in der Nacht eine Dame gesehen, die in weißen, seidenen Kleidern durch sein Zimmer geschritten sei. Ganz deutlich habe er das Knistern der Seide gehört, aber der Geist habe kein Wort gesprochen und sei sofort wieder verschwunden.

Nacht ganz plötzlich aufgewacht; da habe er eine Dame gesehen, die in weißen, seidenen Kleidern durch sein Zimmer geschritten sei. Ganz deutlich habe er das Knistern der Seide gehört, aber der Geist habe kein Wort gesprochen und sei sofort wieder verschwunden.

Noch lange ließen es sich die Leute nicht ausreden, daß die Markgräfin Sibylla als weiße Frau in Favorit umgehe und den Krieg ankündige. Einmal, wenige Tage vor der Kriegserklärung 1870, stand ein Soldat in Favorite Wache, als plötzlich der Kamerad, der ihn ablösen sollte, aufgeregt herbeistürmte und erzählte, er habe die weiße Frau gesehen.

Auch im Juni 1914, gleich nach der Ermordung des Erzherzogs Franz Ferdinand in Sarajevo, ging das Gerücht um, daß Sibylla wieder geistere, und man sagt, selbst Leute, die sonst derartige Erscheinungen für Unsinn hielten, seien recht nachdenklich geworden.

Fichtental, Giersberg, Zellerwiesen

In der Nähe von Kuppenheim lagen dereinst drei längst abgegangene Orte, an die heute nur noch Flurnamen erinnern.

Die verschwundenen Dörfer

Im Tal des kleinen Krebsbaches, südlich von Kuppenheim, lag einstmals der kleine Ort **Fechtental**, dessen Name heute noch als „Fichtental" erhalten ist, in der Nähe der kleinen Brücke über den Krebsbach, eine halbe Gehstunde von der L 67 entfernt. Die Siedlung wird erstmals im Jahre 1102 erwähnt, 1288 als „Vehental". Auf einer sehr alten Gemarkungskarte sind noch die „Fechthentaler Wiesen" eingezeichnet. Eine letzte Erwähnung findet der Flecken 1579, indem er ausdrücklich als Besitz von Kuppenheim genannt wird. Es wird angenommen, daß seine Bewohner ihre Höfe im Bauernkrieg durch Brand und Verwüstung verloren und sich im Schutz der Kuppenheimer Stadtmauern angesiedelt haben.

Südöstlich von Kuppenheim erinnert noch heute der Waldname „**Giersberg**" an einen längst verschwunden Ort. Er wird erstmals 1288 erwähnt als „Gigersberg", und 1431 noch als Dorf genannt; spätere Urkunden nennen nur noch Höfe zu Giersberg. Diese Höfe sind wahrscheinlich ebenfalls im Bauernkrieg zerstört worden. Auf einer alten Gemarkungskarte ist an der Gabelung des Weges, der vom heutigen Friedhof zum Krebsbach führt, der Name „Girsperg" verzeichnet.

Von den Höfen liest man aus dem Jahre 1579: *Zu Giersperg seindt vor Jaren zwen Hofsessen gewesen. Diese Hofsessen aber seind vor vil Jaren verdorben, gestorben, auch die Höff sampt den Behaussungen unnd Gütern inn Abgang kommen und zur Wildnussen und Gerten worden, werden nit mehr gebauwet, sondern die von Cuppenheim haben die jetzundt innhanden und gebrauchen dieselbigen zu einer gemeinen Weyd ...* (21)

Auf dem linken Murgufer, nordwestlich von Kuppenheim, liegt das Gewann „Zellerwiesen"; hier soll einstmals der kleine Ort „Zell" gelegen haben. Im Jahre 1283 wird er als „Zelle" und 1288 als „Celle" erwähnt, dann hört man nichts mehr von ihm, und so ist anzunehmen, daß der Weiler schon recht früh ausgegangen sein muß.

Oberndorf

Murgaufwärts, Gaggenau zu, liegt der Kuppenheimer Ortsteil Oberndorf; das „obere Dorf" wird 1288 erstmals urkundlich erwähnt. Die Murg wurde hier schon früh durch Dämme in ihr Bett gezwungen, das bei Hochwasser oftmals zu eng wurde.

Der Dammbruch

Der Winter hatte sich verabschiedet und die Sonne schien mit solcher Macht auf die Berge und Wälder, daß der Schnee sehr rasch zu schmelzen begann. In kurzer Zeit hatte die Murg Hochwasser, und so mußten die Wasserwehren ausrücken, um einen gefürchteten Dammbruch zu verhindern.

Die Männer der Oberndorfer Wasserwehr waren fleißig bei der Arbeit, als sie plötzlich auf der anderen Murgseite ein feuriges Pferd in der Luft sahen. Sogleich stiegen zwei von ihnen in ein Boot und wagten die Fahrt über den stark ansteigenden Fluß. Kaum waren sie jedoch am anderen Ufer angelangt, so war die Erscheinung verschwunden. Kurze Zeit später bemerkten die Männer einige brennende Lichter, die aber bald wieder verlöschten, und an dieser Stelle ist der Damm dann gebrochen.

Am Abend erzählten die Männer im Dorf, was sie gesehen hatten, und von nun an wollte niemand mehr diese Strecke bewachen. Noch viele Jahre lang ist hernach bei Hochwasser der Murgdamm genau an jener Stelle gebrochen.

Oftmals trat die Murg schon über ihre Ufer. So versetzte ein furchtbares Hochwasser im Oktober 1824 die Murganwohner in großen Schrecken. Ein entsetzliches Gewitter zog über die Gegend hinweg, und dreißig Stunden lang goß es wie aus vollen Kübeln, so daß die kleinen Waldbäche zu mächtigen Flüssen wurden und die hochschäumende Murg großen Schaden anrichtete. Mit einem Male waren die kleinen Vorgärten am Ufer verschwunden, und das alte Spitalgebäude zu Gernsbach und die Ölmühle auf der Insel wurden von den Wellen fortgerissen. Auch viele Privathäuser fielen diesem Hochwasser zum Opfer, und in den meisten Häusern längs der Murg wurden die unteren Stockwerke und die Stallungen völlig unter Wasser gesetzt.

Seltsame Dinge haben sich früher in Oberndorf zugetragen, zumal in der Silvesternacht:

Die sprechenden Kühe

Es war der letzte Tag im alten Jahr, die Leute erwarteten in froher Stimmung die kommende Nacht, und mancherorts erzählte man sich die Wünsche und Hoffnungen, die man in das neue Jahr hinübertragen wolle. So standen auch zwei Frauen beisammen, tratschten und tuschelten, und plötzlich sagte die eine geheimnisvoll zu der anderen, heute nacht um zwölf Uhr würden die Kühe miteinander sprechen, und man wolle in den Stall gehen, sie zu belauschen.

Das Gespräch wurde von einem Mann belauscht, und weil er nun neugierig geworden war, legte er sich in der Nacht in seinem Stall unter die Futterkrippe. Kaum hatte die Uhr zwölf geschlagen, da begann eine seiner Kühe zu sprechen: Morgen werde der Herrn totgeschlagen!

Das Gesicht des Mannes wurde kreidebleich; angsterfüllt ging er sofort in sein Zimmer, und damit ihm auch ja nichts geschehe, blieb er den ganzen folgenden Tag zu Hause. Er saß in seinem großen Sessel, las in einem Buche und hoffte, daß die Zeit schnell vergehen und der Abend bald hereinbrechen möge.

Plötzlich fiel von dem hohen Bücherschrank ein großes, schweres, mit Eisen beschlagenes Buch herab und schlug dem Mann mit aller Kraft in das Genick, daß er auf der Stelle tot zusammenbrach. So war, was die Kühe in der Silvesternacht wahrgesagt hatten, dem armen Manne tatsächlich widerfahren.

✧❀✧❀✧❀

In der Nähe von Oberndorf lebten einstmals zwei böse Hexen, die den Leuten in der Gegend das Leben recht schwermachten; besonders die Bauern hatten oftmals unter ihnen zu leiden.

Der beschworene Wind

An einem sonnigen Morgen ging einmal eine Frau auf ihr Feld, um das Korn zu binden, da begegnete ihr unterwegs eine andere Frau, mit der sie, keiner weiß warum, in einen heftigen Streit geriet. Mit zorngeröteten Wangen ging die erste weiter ihrem Acker zu, die zweite jedoch war eine böse Hexe, die rachsüchtig den Wind beschwor. Sofort kam ein starker Wirbel auf, fegte über das frisch gemähte Kornfeld und hob die Ähren durch die Luft, daß sie überallhin zerstreut wurden. Lange versuchte die brave Frau, die Frucht zusammenzulesen, aber ihr blieb schließlich nur noch eine einzige Garbe.

Auch das Schulfeld von Oberndorf war zum Teil mit Korn bepflanzt, als plötzlich ein starker Wind aufkam, der alle Frucht davontrug. In seiner Not ging der Bauer, dem der Acker gehörte, zu einem Hexenmeister, klagte ihm sein Leid und bat ihn um Rat. Der Meister trug ihm auf, drei Kornähren zu nehmen und sie zu kochen, die Haustüre solle dabei aber fest verschlossen und die Hintertüre geöffnet sein. Wenn er alles so machte, wie ihm geraten, würde eine Hexe erscheinen und rufen: „Hört auf, hört auf mit dem Kochen, sonst muß ich verbrennen!"

Wieder einmal herrschte ein starker Wirbelwind. In großer Eile liefen ein Bauer und seine Frau auf ihr Feld um zu sehen, ob das abgemähte Korn Schaden genommen habe. Da begegnete ihnen unterwegs ein Mann, der ihnen zurief, die Frucht sei fort. Nachdem er seine Frau heimgeschickt hatte, machte sich der Bauer auf, die wenigen Überbleibsel auf seinem Acker aufzulesen. Wieder kam ein Mann auf ihn zu, der riet ihm, einige Ähren mitzunehmen, sie in einen Topf zu tun und so lange zu rühren, bis jemand käme und sagte: „Jetzt langt's!"

✧❀✧❀✧❀

Gaggenau

Am Eingang des romantischen Murgtales liegt Gaggenau, im Jahre 1243 erstmals urkundlich als Gaggenaw erwähnt. Das zunächst unbedeutende Dorf nahm in der zweiten Hälfte des 18. Jahrhunderts während der Amtszeit des Schultheißen Anton Rindenschwender einen gewaltigen Aufschwung. Die Eigenschaft einer Stadtgemeinde bekam Gaggenau 1922 verliehen. Im Zweiten Weltkrieg wurde die blühende Industriestadt stark zerstört, ein Großteil entstand völlig neu. Heute ist der von vielen Industriebetrieben geprägte Ort aufgrund seiner Lage ein beliebtes Urlaubsziel.

Die Hexe von Gaggenau

Ganz früher einmal wohnte in Gaggenau eine böse Frau, die weit und breit als Hexe galt, und von der man wußte, daß sie sich in einen Strohhalm verwandeln konnte. Überall, wo sie sich sehen ließ, wurde sie deshalb verspottet und beschimpft, und so wurde ihr Zorn auf die Leute immer größer.

Auf eine Familie richtete sich besonders ihr Groll. In dieses Haus kam sie jede Nacht und brachte alles durcheinander. Die Leute waren machtlos, denn was sie auch gegen die Hexe unternahmen, es wollte ihnen nicht gelingen.

Eines Nachts setzte sich der Mann vor das Schlüsselloch, und als der Strohhalm schließlich langsam hereinkroch, packte er ihn und nagelte ihn an der Türe fest. Weder vorwärts noch rückwärts konnte der Halm sich nun fortbewegen, und so hatten die Leute in dieser Nacht Ruhe.

Am nächsten Morgen kam der Mann, nach dem Stroh zu sehen, da hatte es wieder die Gestalt der bösen Frau angenommen. Er jagte sie davon, und von nun an ließ sie das Haus in Ruhe und ist niemals wiedergekommen.

Zwischen Gaggenau und Ottenau, niemand kann mehr genau sagen wo, entsprang auf dem rechten Murgufer einstmals eine Bergquelle,

Der Heidenbrunnen

Auf der rechten Murgseite, zwischen Ottenau und Gaggenau, soll einmal eine Quelle aus dem Berg entsprungen sein, der Heidenbrunnen. Diese Quelle sei sehr heilkräftig gewesen und daher recht oft von Leidenden und Kranken aufgesucht worden. Weil aber die Wiese, über die der Weg führte, immer sehr naß war, und die Leute das Gras zudem immer ordentlich zertraten, schüttete der Besitzer eines Tages den Brunnen mit Lehm und Unrat zu. Fortan war das Wasser ungenießbar geworden und hatte seine Heilkraft verloren, und niemand kam mehr hierher, um Linderung zu suchen.

Als der Mann schließlich starb, konnte er doch keine Ruhe finden. Zur Strafe für seine üble Tat muß er nachts von elf bis zwölf Uhr auf der Wiese als schwarze Gestalt umgehen, und wer ihm begegnet, hat nicht mehr lange zu leben.

Amalienberg

Im Süden der Stadt erhebt sich der Amalienberg, früher auch Hilpert genannt. In den 1780er Jahren wurde dort von Anton Rindenschwender das „Gut Amalienberg" angelegt, das seinen Namen nach der Erbprinzessin Amalie erhielt, die Rindenschwender dort einmal besucht hatte.

Am Fuße des Berges gegen die Murg ist der Eingang einer Höhle in Gestalt eines Stollens zu finden; man nimmt an, daß hier ehemals fruchtlose Versuchsbaue zur Erzgewinnung getrieben wurden.

Woher Gaggenau seinen Namen hat

Die Schreibweise des Ortsnamens erhielt im Laufe der Zeit mehrfache Änderungen: Gaggenaw, Gackenauwe, Gackhenauw. Man erzählt:

Vor langer, langer Zeit, als es das Städtchen noch nicht gab, lag an seiner Stelle ein See. Viele Wildgänse und Wildenten nisteten an seinen Ufern, und die Luft war erfüllt von ihrem steten Schnattern und Gackern. So nannten die Leute, die in der Nähe lebten, die umliegende Au „Gaggenau"; und als der See nach und nach abgeflossen war und sich dort später Menschen niederließen, ging der Name auch auf die neugegründete Siedlung über.

Über die Entstehung der Ortsbezeichnung erzählt eine andere Sage:

Ein Knabe nannte als einzige Habe ein Gänslein sein eigen, das hütete er liebevoll vom frühen Morgen bis zum späten Abend vor dem Stadttor von Baden-Baden. Eines Tages aber war seine Gans verschwunden, und wo er auch suchte, er konnte sie nirgends finden. Auf seiner Suche gelangte er schließlich an die Stelle, wo heute Gaggenau liegt, und setzte sich traurig und müde am Ufer der Murg ins Gras.

Plötzlich kam vom Berg ein kleiner buckliger Zwerg herabgestiegen, der den Knaben fragte, warum er denn so bitterlich weine. Wegen einer Gans? Er solle doch nach Gernsbach gehen und sich eine andere holen. Entrüstet wies der Knabe diesen Vorschlag zurück, worauf sich das bucklige Männlein lachend in den Berg verkroch.

Nicht lange, so ertönte ein „Gag-Gag", und aus dem Berg heraus kam das verlorene Gänslein. Es hatte sich bei Baden-Baden in einen unterirdischen Gang verirrt, der in alten Zeiten bis an das Gestade der Murg führte, und

Bald flog durch's Thal die Kunde,
Und von derselben Stunde
Heißt Gaggenau der Ort. (22)

Das Hilpertsloch

Früher hieß der Amalienberg „der Hilpert" und ganz früher einmal Hülffurth. Am Abhang gegen den Fluß sieht man in einem der steilen Felsen den Eingang einer Höhle, das Hilpertsloch, das vom Murgufer bis nach Baden-Baden reichen soll. Es ist schon sehr lange her, da gab es in dieser Höhle viele Geister, so daß niemand es gewagt hat, in diesen finsteren Gang einzudringen.

Es wird erzählt, daß der Name Hilpertsloch von einem Bergmann namens Hilpert kommt, der einmal von weit her nach Gaggenau gekommen war. Er suchte hier Arbeit, konnte aber keine finden, und so machte er sich auf den Weg, die Gegend etwas näher kennenzulernen. Schließlich gelangte er an den Eingang einer Höhle und stellte dort sofort Untersuchungen an. Die Ergebnisse scheinen gut gewesen zu sein, denn er ließ sich schließlich in Gaggenau nieder, nahm sich eine Frau und führte ein stilles und fleißiges Leben.

Jeden Tag bis spät am Abend ging er mit seiner Gerätschaft zu der Höhle, von der er jedesmal mit einem vollen Sack heimkehrte. Was er dort tat, und was er dort gefunden hatte, wußte niemand zu berichten; es müssen wohl Erze gewesen sein, denn er wurde recht wohlhabend. Viele Jahre hindurch ging das so, und mit der Zeit wurden zahlreiche Gerüchte und geheimnisvolle Geschichten über ihn verbreitet. Eines Morgens ist er, wie er einst gekommen, wieder gegangen, und niemand konnte je in Erfahrung bringen, was aus ihm geworden ist.

Bad Rotenfels,

1041 erwähnt als Rotenuels – seinen Namen hat der Ort von dem dortigen roten Gestein erhalten. Die1762 erbaute St. Laurentius-Kirche ist die älteste Pfarrei im Murgtal, seit dem 13. Jh. die Mutterkirche sämtlicher Kirchen des Tales. Auf der linken Murgseite, am Fuße des Schanzenberges, steht das Schloß Rotenfels, erbaut von Friedrich Weinbrenner 1816–18 als Landsitz des Markgrafen Wilhelm von Baden. Wer dort vorbei in den Wald hochsteigt, erreicht bald auf der Höhe die

Schöneich-Hütte

Hier soll einstmals eine Burg gestanden haben, die aber längst verschwunden ist. Vor langer Zeit lebten dort

Die Schwestern von der Lindenburg

Es ist schon sehr, sehr lange her, da stand in der Nähe von Rotenfels ein festes Ritterschloß, die Lindenburg, das aber heute ganz in Vergessenheit geraten ist. Der Graf, der dort wohnte, führte in seinem Wappenschild drei Lindenbäume, und er hatte drei schöne Töchter, die er innig und zärtlich liebte. Als sie geboren wurden, ließ die Mutter für jedes Kind eine

Linde pflanzen, und die Bäume wurden seither „die drei Schwestern" genannt.

Eines Tages, es war ein heiterer Maimorgen, machten drei junge Ritter auf der Burg ihre Aufwartung. Sie hatten von der Schönheit und dem Reichtum der drei Schwestern erfahren, sich auf den Weg gemacht und waren unterwegs zufällig in einer Schenke zusammengetroffen. Der eine war ein reicher Graf aus dem Elsaß und der zweite nannte sich „der Ritter vom See", denn seine Güter lagen am Bodensee. Der dritte und jüngste stammte vom Rhein, wo er aber nichts besaß als eine kleine aber feste Burg, denn seine Eltern hatten alle Ländereien an die Kirchen und Klöster vermacht.

Die drei Ritter wurden in den prächtigen Rittersaal geführt, wo ihnen die Fräulein von Lindenburg, die sittsam an ihren Spinnrädern saßen, vorgestellt wurden. Die älteste Schwester Rosaura war eine große und stattliche junge Frau, aber ihre schönen und regelmäßigen Züge verrieten wenig Gemüt. Ihre Schwester Eudoria begegnete den jungen Rittern in blühendster Jugendfülle, und die Jüngste, Irene, glich einer aufbrechenden Rosenknospe, die beim Anblick der Jünglinge schüchtern den Blick senkte.

Sofort hatte ein jeder Ritter erkannt, wonach sein Herz begehrte: Der Elsässer warb um Rosaura, der Ritter vom See um Eudoria und der junge Ritter vom Rhein hielt errötend um Irenes Hand an. Der alte Graf war mit der Wahl sehr zufrieden und schloß den Jüngsten sofort in sein Herz. Nur Irene war in ihrer Zustimmung zurückhaltend und äußerte zaghaft ihre Bedenken.

Ob auf der Burg am Rhein Prunk, Glanz und Reichtum herrsche, fragte sie, denn anders als ihre Schwestern würde sie dazu nicht taugen. Ihre früh verstorbene Mutter habe ihr geraten, allen Reichtum und alle Kostbarkeiten ihren Schwestern zu überlassen und ihr Glück in stiller

Häuslichkeit und einem schlichten Leben zu suchen, nur das allein sei beständig. Da schlug der junge Ritter freudigen Herzens ein, hatte er doch selbst nichts zu bieten als einen offenen edlen Sinn und nur ganz geringen Besitz.

Bald fand auf der Lindenburg eine prächtige Hochzeit statt; alle drei Paare wurden zu gleicher Zeit getraut, und glücklich nahmen wenige Tage später die Schwestern Abschied von ihrem Vater und zogen mit ihren Männern in die neue Heimat.

Ein Jahr war vergangen, die junge Irene saß gerade mit ihrem Kind unter dem mächtigen Kastanienbaum im Burghof am Rhein, als plötzlich eine arme Pilgerin auf sie zutrat und um Obdach flehte. Gleich erkannte Irene ihre Schwester Rosaura. Ihr Ehemann hatte sein ganzes Vermögen in Saus und Braus durchgebracht und sich hernach mit einer Schar von Raubrittern verbunden. Ihre Gewalttätigkeiten auf den Heerstraßen führten schließlich dazu, daß der Kaiser ihn in die Acht erklärte und er nach Frankreich flüchten mußte. Als Irene dies alles erfuhr, schloß sie die unglückliche Rosaura in ihre Arme, nahm die Schwester in ihr Haus auf und bat sie, ihr stilles häusliches Glück mit ihr zu teilen.

Wenige Monate später klopfte der Ritter vom See an das Burgtor und bat um Einlaß. Traurig erzählte er, wie seine Eudoria ihn mit anderen Rittern hintergangen und ihn in seiner Ehre verletzt habe, und daß er die Treulose schließlich in ein Kloster habe sperren müssen. Auch diese Nachricht schmerzte Irene sehr, und sie dachte an den Rat ihrer Mutter, der sie ein einfaches und sinnerfülltes Leben führen und sehr glücklich werden ließ.

Ottenau und Hörden

An Gaggenau schließen sich murg-aufwärts die Ortsteile Ottenau und Hörden an. Im Jahr 1243 taucht Ottenau erstmals in der urkundlichen Geschichte als Ottenau auf, Hörden wird 1408 als „Herden" zum ersten Mal erwähnt.

Hördelstein

An ihrer Gemarkungsgrenze reichte ein gewaltiger Felsen bis an die Murg, über den früher die Straße führte, bis für den Bau einer neuen Straße und später der Eisenbahn ein großer Teil des Felsens gesprengt werden mußte.

Der Denkstein am Hördelstein

Dieser Erinnerungsstein weist auf die Sprengung der Felsmassen hin, die Raum schaffte für den Bau der Straße und später der Bahnlinie. Seine lateinische Inschrift lautet frei übersetzt:

Diesen Felsen sprengte man - Und legte einen Fahrweg an 1786
Doch später ging man wieder dran - Und baute eine Eisenbahn 1869

Im Volksmund hält sich seither ein Vers, der an die Sprengungen erinnert:

Diesen Felsen sprengte man und legte einen Fahrweg an,
Später ward der Weg zu schmal, drum sprengte man hier noch einmal. (23)

Es ist interessant zu erfahren, daß laut einer Statistik aus dem Jahre 1790 die Landstraße täglich mit 900 Zugtieren, Reiter nicht mitgezählt, befahren worden ist. Bedenkt man, daß die Fuhrleute - meist die dreispännig fahrende Landpost – die Nachtzeiten gemieden haben, zählt man etwa 75 Zugtiere pro Stunde, die talauf- und talabwärts hier vorbeigezogen sind; ein für damalige Zeiten recht großer Verkehr.

Bildstock

Früher, bevor die Straße durch das Murgtal angelegt wurde, zog zwischen Ottenau und Hörden mitten in der flußbespülten Felsenwand des Hördelsteins ein Fußpfad hin. Wer heute an der alten Bahnstation Hörden-Ottenau über die Gleise schaut, die erst nach schwierigen Sprengungen gelegt werden konnten, sieht am Fuße der Felsenwand einen Bildstock stehen, dessen oberer Teil ein eingehauenes, recht einfaches Kruzifix ziert.

Der Bildstock am Hördelstein

Es ist schon lange her, da fuhr einmal ein Müllerknecht mit seinem Fuhrwerk von Ottenau nach Hörden, und weil der Tag sehr anstrengend gewesen war, schlief er auf dem Wagen ein. Führerlos geworden schlug sein Pferd am Hördelstein, statt auf dem Fahrweg zu bleiben, den schmalen Fußpfad ein, aber wie durch ein Wunder kam das Gefährt glücklich über den Felsen. Als der Mühlknecht erwachte und erkannte, in welcher Gefahr er sich befunden hatte, ließ er zum Dank für den glücklichen Ausgang seiner Irrfahrt einen steinernen Bildstock errichten, auf dem ein kleines Kruzifix ausgehauen ist.

Es wird auch erzählt, der Müllerknecht sei mit seinem schwerbeladenen Fuhrwerk talaufwärts über den Hördelstein gefahren. Als er seinen Auftrag erledigt hatte und sich in später Nacht auf der Heimfahrt befand, kam der Wagen auf der schlechten Straße plötzlich zum Rutschen, und Knecht und Ochse wurden den steilen Abhang hinuntergerissen. Entsetzt und den Tod vor Augen schrie der Knecht in die Dunkelheit und gelobte, er werde einen Bildstock errichten lassen, wenn er gesund an Leib und Seele das Unglück überstehe. Auf wunderbare Weise blieb daraufhin der Wagen an einem vorspringenden Felsstein hängen, und der Knecht hat in großer Dankbarkeit sein Versprechen wahrgemacht und einen Bildstock errichten lassen.

Einen Hügel am Dorfeingang von Hörden nannte man einst den „Judenberg", denn hier, zu seinen Füßen, hatten sich dereinst die ersten Juden im Tal angesiedelt.

Der Schatz im Judenberg

Vor langer Zeit hat auf dem Judenberg einmal ein schönes Kirchlein gestanden, das aber eines Tages ganz plötzlich versunken ist. Mit der kleinen Kirche ist auch ein reicher Schatz in der Erde verschwunden, welcher der Kirche einstmals geschenkt worden war. Viele Leute haben schon versucht, nach ihm zu graben, aber erst, wenn ein Hahn an der richtigen Stelle scharrt und die Kirchturmspitze zu entdecken ist, kann der Schatz gehoben werden.

Haus Kast

In Hörden an der Landstraße steht ein sehr altes Haus mit einem schön geschmückten Torbogen. Den im Jahre 1596 fertiggestellten Renaissancebau ließ sich damals der reiche Murgtalschiffer Jakob Kast als Sommerhaus errichten. Seit 2001 beherbergt es das Museum „Wasser Holz Leben", das ein Jahr nach seiner Einrichtung mit einem Preis als vorbildliches Heimatmuseum ausgezeichnet wurde.

Das Haus des Jakob Kast

Über viele Jahrhunderte brachte der Holzhandel der Murgschifferschaft großen Reichtum, und vor allem die alten Murgtäler Familien Kast und Katz verdankten ihm ihren Aufstieg. Einer der reichsten und bekanntesten Murgschiffer war Jakob Kast, an den noch heute sein altes Haus in Hörden erinnert. Über einem schönen Torbogen steht die Inschrift:

Got Forchten Ist Weisheit
Die Reich Macht Vnd Bringt

Alles Gvts Mit Sich
1594

Jakob Kast soll so reich gewesen sein, daß er eines Tages auf die Idee gekommen sein soll, sein Haus statt mit Schindeln mit Silbertalern zu decken. Bevor er aber sein Vorhaben ausführen konnte, erschien ihm im Traum ein Engel mit der Botschaft, er solle Gott nicht versuchen, sondern lieber an seine vielen armen Mitmenschen denken. Sofort ließ er von seinem Plan ab, verwendete die Silberstücke für eine Almosenstiftung für die Ortsarmen von Hörden und Gernsbach und hat damit viel Gutes bewirkt. Als er starb, fanden seine Erben in seinem Nachlaß so viel Silbergeld, daß sie es in Körben forttragen mußten.

7 Zwischen Murg und Alb

Zwischen Murg und Alb geht unruhig der **„ewige Jäger"** um. Wenn die Waldbauern sich in ihre warmen Stuben zurückgezogen haben, ist es draußen im Revier zunächst unheimlich still. Dann aber zieht der „ewige Jäger" durch das Gebirge, um ein Opfer zu finden, das ihn erlösen kann. Man sagt, es sei der „Neck", der einmal an einem Sonntag fünf Wilderer erschossen habe (siehe auch Kapitel 3, *Der ewige Jäger bei Herrenalb*). Er klopft mit einem Hammer an die Tannen, führt die Menschen in die Irre, und wenn er auf einem Hirschen davonreitet und schreit, hört es sich an wie das Bellen wildernder Hunde. Hat der Jäger schließlich einen Menschen zu Tode gehetzt, so reißt er ihm das Herz aus dem Leib, und wenn er das Blut gierig in sich aufgesaugt hat, kann er die ewige Ruhe wiederfinden. Nun aber geistert der gegriffene Mensch durch die Wälder und muß wieder einen anderen Menschen jagen, bis auch er durch das Blut eines Unglücklichen erlöst werden kann.

Michelbach

Das malerische Fachwerkdorf Michelbach blickt auf eine über 900-jährige Geschichte zurück: In einer Urkunde aus dem Jahre 1102 ist von einer Burg bei Michelbach die Rede, dem „castrum inibi Michilenbach dictum". Die Burg selbst wird schon um 1050 bestanden haben. Früher war Michelbach eine Ein- und Ausgangszollstation gegen den württembergischen Ort Bernbach.

Die Hexe von der Schloßgasse

Es ist schon eine Weile her, da wohnte einmal in der Schloßgasse eine arme alte Frau; sie hatte rote Haare und war daher im ganzen Dorfe als Hexe verschrien. Man sagte, sie habe den „bösen Blick" und vermied jede Begegnung mit ihr. Besonders kleine Kinder wurden vor ihr verborgen, denn man glaubte, wenn eines sie anschaute, so würde es krank und müsse bald sterben.

Eines Tages aber starb die vermeintliche Hexe selbst, und da dies in Ottersweier geschah, mußte ihr Leichnam mit einem Pferdewagen nach Michelbach geholt werden. Einer der beiden Fuhrleute zündete sich genüßlich eine Zigarre an, und weil sich dies auf einem Leichenwagen nicht schickt, versteckte er sie jedesmal hinter seinem Rücken, wenn ihnen jemand begegnete. Als das Fuhrwerk schließlich Michelbach erreicht hatten und beim Friedhof einfuhr – begann plötzlich die Decke über dem Sarg zu brennen. Beim Anblick des brennenden Leichenwagens war den Leuten klar: Der Teufel persönlich hat die Hexe ins Fegefeuer geholt.

Manch einer kannte noch alte Michelbacher, die sich an die „Hexe" erinnern konnten und sagten, in Wahrheit sei sie eine liebe alte Frau gewesen.

Der Schuhmichel

In Michelbach lebte einmal vor vielen Jahren ein Junggeselle in Frieden und Eintracht mit seiner alten Mutter. Als sie starb, mußte der „Schuhmichel", wie man ihn nannte, nun doch endlich heiraten. Er nahm sich ein reiches Mädchen, das aber sehr geizig war. Das Ehepaar lebte bis ins hohe Alter in stetem Zank und Streit. Oft, wenn es im Haus wieder einmal ordentlich krachte, sagte der Michel zu seiner Frau: „Wenn ich einmal sterbe, dann ist es auch mit dir geschehen."

Eines Tages starb der Mann, und sobald er seinen letzten Atemzug getan hatte, stürzte die Frau tot zu Boden.

Die Erben des Schuhmichel und seiner zänkischen Frau teilten die Güter unter sich auf; nur das Haus wollte niemand haben. Seither sah man oftmals in der Nacht über dem Dache zwei Flämmchen, die sich aufeinander zubewegten.

Das Paar hatte keine Kinder hinterlassen, und so teilten die Erben die Güter unter sich auf; nur das Haus wollte niemand haben. Seither sah man oftmals in der Nacht über dem Dache zwei Flämmchen, die sich immer aufeinander zubewegten, und eines Tages ist das Haus schließlich niedergebrannt.

Die Wälder waren reich an Wild; aber nicht nur von der Herrschaft wurde gejagt, der allein es zustand, auch der eine oder andere Untertan schoß heimlich seine Beute.

Der Wilderer von Michelbach

Früher, als die Armut groß und der Nahrungsvorrat klein waren, ging manch einer in die Wälder und schoß verbotenes Wild, damit Frau und Kinder nicht verhungern mußten. Harte Strafen wurden damals für dieses Vergehen verhängt; manchmal endete das Leben eines Wildschützen sogar am Galgen.

Im Jahre 1760 wurde ein Wilddieb aus Michelbach gefaßt, der viele Jahre später erzählt haben soll, wie es ihm ergangen sei: Man habe ihm ein Hirschgeweih auf den Kopf gebunden und Schellen an die Füße geschmiedet, und derart gezeichnet

habe er jeden Tag vierzehn Stunden lang an seinem eigenen Gefängnis mauern und schuften müssen. Später sei er nach Venedig auf die Galeeren transportiert worden und habe nun fünfzehn Jahre lang zusammen mit zweihundert anderen Sträflingen unter unmenschlichen Bedingungen in den Ruderschiffen sitzen müssen.

„Tisch"

Auf der Straße von Gaggenau nach Michelbach kommt man auf halber Strecke am Tisch vorbei; dort befand sich früher eine „Absetze", ein hoher Steintisch zum Absetzen der Kopf- und Rückenlasten. Die Leute konnten sich hier auf ihrem beschwerlichen Weg ein wenig ausruhen. 1993 wurde dieser alte Rastplatz vom Michelbacher Heimatverein nach altem Vorbild rekonstruiert.

Einen Teil des Weges, die Kurve nach dem „Tisch", nennt man „am Roten Felsen"; hier sollen die „Bükkelegeister" hausen, die sich dem nächtlichen Wanderer auf den Buckel setzen und ihn so lange in die Irre führen, bis der neue Tag beginnt.

Auch von anderen seltsamen Begebenheiten und Erscheinungen
weiß man zu erzählen.

Spuk am „Roten Felsen"

In einer stockfinsteren Nacht ging einmal
ein Mann von Gaggenau nach Michelbach
und kam auch am „Roten Felsen" vorbei. Dort sah er plötzlich einige schwarze
Hunde liegen. Als er sich ihnen genähert
hatte, erhoben sie sich und führten ihn zu
einer Pforte; diese tat sich auf, und ein
heller Lichtschein strahlte aus dem Inneren. Der Mann trat ein und fand sich bald
in einem großen Saale wieder, in dem er
eine festlich gedeckte Tafel sah voll der
köstlichsten Gerichte. Als er eingeladen
wurde, Platz zu nehmen, zögerte er nicht
lange und ließ sich die herrlichen Speisen
mit Genuß schmecken.

Satt und wohlig lehnte er sich zurück,
da brachte man ihm ein Pergament und
eine Feder: wenn er dem Teufel seine Seele verschriebe, würde es ihm alle Tage so
gutgehen. Entsetzt verweigerte der Mann
seine Unterschrift. Plötzlich ertönte ein
lautes Zischen und Brausen, er fiel in eine
tiefe Ohnmacht, und als er wieder erwachte, lag er friedlich ausgestreckt auf einer
blühenden und duftenden Wiese.

Es wird auch erzählt, ein Michelbacher sei einmal nachts am „Roten Felsen"
vorbeigekommen und habe plötzlich vor
einem Wirthaus gestanden, das er dort zuvor noch niemals gesehen hatte. Neugierig
ging er hinein und sah an einem Tisch lauter Männer aus dem Dorfe sitzen, die aber
schon längst verstorben waren. Vor ihnen
lag ein Haufen Geld. Als der Mann fragte,
woher denn das viele Geld sei, antwortete
man ihm, er könne davon haben soviel er
wolle, er müsse nur seinen Namen mit
Blut auf ein Blatt schreiben. Schon wollte
er unterschreiben, da erhob sich ein kräf-

tiger Sturmwind, erfaßte ihn und warf ihn
in die Dornenhecken. Erst am anderen
Morgen hat er sich schließlich unter Mühen befreien können.

Schloßköpfel

Nordwestlich von Michelbach erhebt sich der Schloßberg oder auch
Schloßköpfel.
Umkreist man auf einem Trampelpfad den oberen Teil des Köpfels,
so kann man, unter Heckenrosen
verborgen, noch Mauerreste einer
alten Burganlage erkennen; dort
stand einmal vor langer Zeit

Die Werinhardusburg „Castrum Michilenbach"

Zur Zeit des salischen Kaisers Heinrich
III. hatte ein Edelmann namens Werinhardus, der im Ufgau selbst rechtmäßig er-
erbte Güter besaß, dem Hofgut Rotenfels
viel Land geraubt und sich um das Jahr
1050 auf dem Schloßberg bei Michelbach
widerrechtlich eine Adelsburg errichtet.
Auf Befehl des Kaisers hat er sie jedoch
wieder abreißen müssen.
Seine drei Söhne, Cuno, Eberhardus und
Werinhardus, raubten Rotenfels noch
mehr Land und Güter als vordem ihr Vater und bauten die abgerissene Burg wieder auf. Rotenfels gehörte damals dem
Bistum Speyer, und so klagte der Speyerer
Bischof die drei Söhne an, worauf sie auf
Kaiser Heinrichs IV. Befehl im Jahre 1102
die Burg dem Bistum Speyer zurückgeben
mußten, außerdem - gegen eine Entschä-
digung - ihre sämtlichen Besitzungen im
Ufgau als Schenkung an das Hochstift
Speyer. Man wollte wohl die Brüder für
immer aus der Gegend entfernen und un-
schädlich machen.

Im Jahre 1245 wird ein Otto de Michilibach erwähnt, der seinen Sitz auf Schloß Rosenstein, der alten Burg der Werinhardussöhne, hatte, man weiß jedoch nicht, ob er ein Nachfahre war. Auch im ältesten Salbuch (Grundbuch) der Grafschaft Eberstein von 1386 erscheint der „Burgstall Rosenstein", ebenso wird der Sitz der Ritter von Michelbach von 1442–1503 als „Burgstadel Rosenstein" erwähnt. Zum letzten Mal taucht in den Büchern im Jahre 1503 der „Burgstadel Rosenstein" auf, als er dem Adam von Eberstein für treue Dienste zum Geschenk gemacht wurde; und 1765, als der „alte Schloßkopf" vermessen wurde, ist auf der Planskizze „vom alten Rittergut" die Rede.

Überlebt hatten die ganzen Jahrhunderte einzig die alten Sagen, bis schließlich im Jahre 1992 Hobbyarchäologen, unter der Leitung des Michelbacher Arztes Dr. Klarhof, auf dem Schloßberg Fundamente fanden und teilweise ausgruben, wobei sie auch auf Ziegel- und Keramikscherben stießen. Seither kann man mit Gewißheit annehmen, daß die gefundene Burganlage vom frühen 12. bis zum Ende des 15. Jahrhunderts genutzt worden ist.

Der Schatz des Adam von Rosenstein

Es ist schon viele hundert Jahre her, da übergab Graf Bernhard III. von Eberstein seinem Diener und Halbbruder Adam von Eberstein den Burgstadel Rosenstein für dessen langjährige und treue Dienste. Der Beschenkte, der sich von nun an Adam von Rosenstein nannte, soll ein mißtrauischer Kauz und Eigenbrödler gewesen sein. Er hatte einige Reichtümer zusammengetragen, und um alles gut zu verwahren, trug er all sein Geld und Silber in den Keller,

wo er es in eine große eiserne Kiste gelegt und hernach vergraben haben soll.

Viele Jahre waren ins Land gegangen, das Schloß war längst verfallen und an seiner Stelle lagen jetzt Äcker und Felder, da pflügten eines Tages einige Bauern den Boden. Plötzlich stießen sie auf eine große Truhe mit einer schweren eisernen Platte. Aber sie war verschlossen, der Schlüssel dazu fehlte, und niemand konnte sie öffnen.

Oftmals sahen die Leute später auf der Platte eine Schlange sitzen, die trug am Hals einen silbernen Schlüssel. Kein Mensch besaß jedoch den Mut, ihr den Schlüssel wegzunehmen, und so ist der Schatz verborgen geblieben bis auf den heutigen Tag.

Auch bei den Ausgrabungen im Jahre 1992 konnte er nicht gefunden werden.

Dieser Adam von Rosenstein soll auch am „Wachtelbrunnen", in der Nähe des Schlosses Eberstein, einen Schatz vergraben haben, und dort soll sein Geist nun jede Nacht umgehen. (siehe Kapitel 8, *Der Schatz am Wachtelbrunnen*)

Der Tanzplatz bei Schloß Rosenstein

Ganz früher, als auf dem Schloßberg bei Michelbach noch ein großes Schloß gestanden hat, gab es davor einen freien Platz. Oftmals wurden dort Tänze und Spiele abgehalten, an denen aber nur Jünglinge und Jungfrauen teilnehmen durften, die das fünfzehnte Lebensjahr schon erreicht hatten. Wer aber dabei lachte oder sich umschaute, den holte der Teufel.

Einmal, als wieder getanzt und gespielt wurde, brachte ein Mann seinen fünfzehnjährigen Sohn auf den Platz; vorher hatte er ihm erzählt, woran sich der Bursche zu halten hatte. Als das Spiel in vollem Gange war, fand der Jüngling alles so lustig, daß er plötzlich herzhaft lachen mußte. Im gleichen Augenblick erschien der Teufel und riß den Sohn aus dem Kreis der anderen Tänzer. Ganz schrecklich schrie der Jüngling, und alle liefen der Stimme nach, aber sie haben ihn nicht mehr gefunden. Der Teufel, sagt man, habe sein Opfer für immer mit sich genommen.

Großer Wald

Zwischen Michelbach und Bad Rotenfels liegt der Große Wald; hier müssen bis zum heutigen Tag zwei Männer Nacht für Nacht umgehen.

Der Betrug an Rotenfels

Rotenfels und Michelbach hatten ganz früher einmal einen Rechtsstreit um den Großen Wald, den jede der Gemeinden als ihr Eigentum ansah. Lange suchte man schon nach einem Markstein, aber es war keiner zu finden, und so schlugen die Rotenfelser dort weiterhin ihr Holz, waren sie doch von ihrem Recht überzeugt.

Endlich gelang es dem Waldhüter und dem Holzsetzer von Michelbach, einen Markstein aufzufinden, und obwohl er ganz mit Moos bedeckt und recht verwittert war, konnten sie das Wappen von Rotenfels doch erkennen. Sofort teilten sie ihre Entdeckung mit, aber nur dem Anwalt ihrer eigenen Gemeinde; den Rotenfelsern blieb der Fund verborgen. Der Anwalt gab den beiden Männern nun den Rat, sie sollten das Zeichen auf dem Stein erneuern, dann könne man die Rotenfelser beschuldigen, sie hätten es neu eingehauen, um den Wald sich anzueignen.

Also begaben sich die zwei in der folgenden Nacht zu dem Markstein, der Holzsetzer erneuerte mit einem Spitzham-

mer das Wappen, der Waldhüter leuchtete ihm dabei, und am nächsten Morgen erstatteten beide die verabredete Anzeige. Trotz aller Gegenstellungen wurden die Rotenfelser des Betrugs für überführt erklärt und der Rechtsstreit zugunsten der Michelbacher entschieden.

Bald darauf starben die beiden Übeltäter und finden doch keine Ruhe. Bis heute müssen sie zur Strafe im Wald umgehen; dabei hämmert der Holzsetzer mit dem Spitzhammer an dem Stein, und der Waldhüter leuchtet ihm dazu mit seiner Laterne.

Hilsberg

Gleich hinter Michelbach, nordöstlich des Dorfes, liegt der Hilsberg. Dort ereignete sich zur Zeit der 1848/49er Revolution folgende kleine Episode.

Der Mann auf dem Kirschbaum

Im Jahre 1849 hatte eine preußische Kompanie den Hilsberg besetzt. Da es gerade die Zeit der Kirschenernte war, machte sich ein Michelbacher auf den Weg zu seiner Obstwiese, stieg auf einen Kirschbaum und sammelte fleißig die reifen Früchte in seinen Korb. Plötzlich standen zwei Preußen unter dem Baum, schrien hinauf, er sei ein Späher, und stupften ihn mit ihrem Bajonett. Entsetzt sah der Mann nach unten, und in seiner Not stülpte er den Korb um, so daß die ganzen Kirschen auf die Köpfe der Preußen fielen. Himmel hilf! - was wird ihm nun geschehen?

Die Preußen setzten sich auf den Boden, aßen genüßlich die Kirschen und ließen den Mann unbehelligt seinen Baum verlassen und das Weite suchen.

Münzberg

Nicht nur der Schatz auf dem Schloßköpfel, auch ein anderer Schatz in Michelbach ist bis heute nicht gehoben worden. Nach dem östlichen Ortsausgang, den Michelbach hinauf, steht auf der „Klotzwiese", in der Nähe des Münzberges, ein alter Nußbaum, unter dem ein Schatz vergraben sein soll; ihn hüten bis auf den heutigen Tag

Die drei Jungfrauen am Nußbaum

Auf der Klotzwiese bei Michelbach steht ein großer uralter Nußbaum. Dreimal schon wurde er bei einem mächtigen Sturm mitsamt dem Wurzelwerk ausgerissen, aber jedesmal hat der Baum sich wieder selbst aufgerichtet und im Boden verankert. Man sagt, das komme daher, weil unter ihm noch Geld aus der Heidenzeit vergraben liege.

Bei diesem alten Nußbaum gehen drei Jungfrauen um, die den Schatz dort behüten. Oft sieht man sie am Bach ihre schneeweißen Kleider waschen, und wer ganz still ist, hört einen seltsamen Singsang, der von dem leisen Plätschern des Baches begleitet wird.

Einmal kam ein junger Michelbacher Bursche an dieser Stelle vorbei, und als er den verführerischen Gesang vernahm, trat er neugierig näher und sah bei einem alten Weidenbusch die drei Jungfrauen sitzen. Freudig umringten ihn sogleich die gespenstischen Wesen und eröffneten ihm, daß nur er sie erlösen könne und dafür reichlich belohnt würde. Sie führten den Burschen an den nahen Münzberg zu einem Felsentor, das öffnete sich mit donnerndem Getöse, und sie traten in eine große unterirdische Halle. Von einem gespenstischen Schimmer erhellt standen dort drei schwere Kisten, gefüllt mit den reichsten Schätzen. Dies alles solle ihm ge-

hören, wenn er die Jungfrauen küsse; er dürfe sich aber nicht von den Gestalten, als die sie ihm erscheinen werden, abschrecken lassen.

Plötzlich standen vor dem Burschen eine häßlich Kröte, eine züngelnde Schlange und ein schrecklicher Drache. Von Ekel durchschauert küßte er erst die Kröte, dann die Schlange, als aber die Reihe an den Drachen kam, erfaßte ihn ein so panischer Schrecken, daß er in eine tiefe Ohnmacht fiel.

Als er wieder zu sich kam, lag er am Wiesenbach im Weidengebüsch. Er blinzelte ein wenig, dann sah er die drei Jungfrauen, die neben ihm standen. Ach, jammerten sie, nun könnten sie nicht erlöst werden. Erst wenn ein Vogel einen Kirschkern auf den Münzberg fallen ließe und daraus ein Kirschbaum wachsen werde, aus dessen Holz eine Wiege für ein neugeborenes Kind gezimmert würde, dann erst – ach! – könnten sie wieder auf ihre Erlösung hoffen.

Krank und müde schleppte sich der junge Bursche nach Hause. Er hat sich aber von diesem Ereignis nicht wieder erholt und ist schließlich am dritten Tage gestorben.

Totenweg

Vom „Historischen Grenzweg" von Michelbach aus am Münzberg vorbei in Richtung Bernbach führt nach einer halben Stunde Fußmarsch links der „Totenweg" hinauf; er ist durch eine Tafel gekennzeichnet.

Der verlorene Leichnam am Totenweg

Damals, vor der Reformation, als Bernbach noch keine eigene Kirche besaß, mußten die Bernbacher ihre Toten auf dem Kirchhof in

Michelbach beerdigen. Sie wählten für den Transport der schweren Särge natürlich den kürzesten Weg; er führte steil durch den Wald zum Michelbach hinunter und wird noch heute der „Totenweg" genannt.

Es war mitten im Winter, als wieder einmal ein toter Bernbacher nach Michelbach gebracht werden mußte. Bei klirrender Kälte luden einige starke Männer den Sarg auf einen Schlitten und machten sich auf den beschwerlichen Weg zum Michelbacher Friedhof. Der Verstorbene war groß und schwer, und die Männer zogen unter großen Anstrengungen den Schlitten über eine tiefe Eis- und Schneedecke. Um das schwierige Unternehmen etwas leichter ertragen zu können, hatte sich jeder Bernbacher mit einer großen Flasche Schnaps eingedeckt. Immer öfter zogen sie ihre Flasche aus der Tasche und stärkten sich mit der scharfen, wärmenden Flüssigkeit. Lag es an dem frostglatten Untergrund oder an dem sichtbar schwindenden Proviant? - Die Männer verloren eins ums andere Mal das Gleichgewicht und landeten samt Sarg in den tiefen Schneeverwehungen.

Endlich waren die Flaschen leer, und die Last schien auch erträglicher zu werden; so erreichten sie schließlich pünktlich den Michelbacher Friedhof. Dort wartete schon die Trauergemeinde, um dem Verstorbenen das letzte Geleit zu geben. Alles verlief wie immer, bis die Patentante plötzlich den Wunsch äußerte, noch einen letzten Blick auf den Toten werfen zu dürfen. Also öffnete man den Sarg und sah - er war leer! Entsetzt scharten sich die Trauernden um die leere Kiste. - Was nun? Man beschloß, daß einige nüchterne Männer den Totenweg zurückgehen sollten, um den verschwundenen Leichnam zu suchen. Ohne Ergebnis kamen sie zurück, und auch nach der Schneeschmelze im Frühjahr konnte der Tote nicht wiedergefunden werden.

Vogelberg

Zwischen Michelbach und Sulzbach liegt der Vogelberg; dort sollte einst eine gemeinsame Kirche der beiden Dörfer gebaut werden. Nicht jedes Dorf hatte früher seine eigene Kirche, und die Michelbacher mußten bis dahin, wie viele andere auch, stets zum Gottesdienst nach Rotenfels marschieren.

Der Michelbacher Kirchenbau

Die Michelbacher und die Sulzbacher wollten sich eine gemeinsame Kirche bauen, die sollte genau zwischen den beiden Dörfern, auf dem Vogelberg, stehen. Man fuhr das Baumaterial herbei und hatte bald alles beisammen, aber am anderen Morgen war das ganze Material verschwunden. Es lag auf dem „Lindenbuckel" in Michelbach. Sooft man es auch zum Vogelberg zurückschaffte - stets fand man es am nächsten Tag wieder auf dem gleichen Platze wie zuvor. So hat man schließlich beschlossen, die Kirche an jener Stelle zu errichten, wo sie noch heute steht.

Belegt ist eine erste Pfarrkirche im Jahre 1267, aber heute weiß man nicht mehr genau, wo sie gestanden hat. Es wird erzählt, daß auf einem Acker in der Nähe des heutigen „Gumben" die Reste eines Kelches und zwei Schlüssel gefunden worden seien, die Kirchenschlüsseln ähnlich sahen.

In der Bernsteinstraße steht ein Haus, das die Inschrift 1617 trägt. Einer alten Sage nach sollen einst die acht Überlebenden einer Pestepidemie ihre offenbar baufällig gewordene Kirche abgerissen und aus dem Material jenes Haus errichtet haben.

Kreuzweghütte

Verläßt man Michelbach im Norden auf der Straße Richtung Freiolsheim und Moosbronn und biegt auf halber Strecke bei der Haltestelle „Mayersbild", wo ein Bildstöckchen von 1859 steht, nach links ab, so erreicht man bald eine Hütte, an der viele Wege zusammentreffen.

Der „Kreuzweg"

Im Volksaberglauben sind Kreuzwege bis heute nicht ganz geheuer, und um 1020 strafte sogar eine Bußordnung all jene, welche die Orte an Kreuzwegen verehrten, ein Licht anzündeten oder gar ein Opfer darbrachten.

Über hundert Jahre ist es vielleicht schon her, da kamen einmal zwei Michelbacher Burschen auf ihrem Weg nach Karlsruhe auch an der Stelle vorbei, wo heute die Kreuzweghütte steht. Auf einmal erschien vor ihnen eine übergroße Gestalt, gekleidet wie Müller es damals waren. So plötzlich, wie das Gespenst erschienen, war es wieder verschwunden, und die Burschen hörten nur noch ein unheimliches Pferdegetrappel und leiser werdendes Hundegebell. Zu Tode erschrocken nahmen die Burschen ihre Beine in die Hand, eilten so schnell sie konnten davon und schauten sich nicht eher um, bis sie schließlich glücklich ihr Ziel erreicht hatten.

Moosbronn

Am Ende des romantischen Moosalbtales, an der alten Grenze zu Württemberg, liegt der kleine Wallfahrtsort Moosbronn, heute ein Ortsteil von Gaggenau. Der Ort wird 1177 erstmals erwähnt als „ Mosen-brunnen" = Brunnen, auch Quelle im Moos. Es wird angenommen, daß die Mönche von Herrenalb die ganze Gegend urbar gemacht haben; an den Herrenalber Hof erinnert noch heute die Bezeichnung „Althof" süd-östlich des Ortes. Um 1500 besaßen die Markgrafen und die Ebersteiner in Moosbronn einen Fischweiher, in dem eine kleine Burg stand, die aber noch im gleichen Jahrhundert abge-gangen ist. Noch heute führen die von der Moosalb bewässerten Wie-sen den Namen „Schloßwiesen". Moosbronn, ist ein gern besuchter Wallfahrtsort und das Ziel zahlreicher Wanderer.

Die Entstehung der Wallfahrt zu Moosbronn

Im Jahre 1683 soll die erste Kapelle von Mossbronn eingeweiht worden sein, an deren Stelle um die Mitte des 18. Jahrhunderts ein Kirchlein gebaut wurde. In dieser Zeit begann eine viel besuchte Wallfahrt zu dem Gnadenbild „Maria Hilf". Die jetzige Kirche stammt aus der Mitte des 19. Jahrhunderts. Wie es zu der Wallfahrt kam, darüber berichtet eine alte Sage:

Dort, wo die Moosalb entspringt, wenig entfernt von der Wallfahrtskirche, stand vor langer Zeit eine mächtige Linde. Eines Tages ertönte aus dem Baum ein lieblicher Gesang. Verwundert suchten die Leute nach der Ursache und fanden schließlich in dem Stamm ein anmutiges Marienbild, von dem die wundersame Melodie aus-ging. Aber wie erstaunt waren sie erst, als sie in manchen Nächten auf dem nahe-gelegenen Platz sonderbare überirdische Feuer herabfahren sahen. In ihrer großen Gläubigkeit sahen die Leute dies als ein Zeichen und ließen an jener Stelle eine Ka-pelle errichten, in der sie nun das Bild zur Verehrung aufstellen konnten, das alsbald auf das herrlichste zu leuchten begann.

Das Holz der Linde und das Wasser der Quelle zeigten von nun an heilende Kräfte gegen mancherlei Übel, und seither pilgern die Menschen von nah und fern zu der kleinen Kirche „Maria Hilf" in Moosbronn.

Zur Erinnerung an ihre Wallfahrt nahmen die Leute oftmals kleine Rindenstückchen der alten Linde mit und schrieben darauf das Datum ihrer Wallfahrt. So ist der alte Baum mit der Zeit krank geworden, und als er schließlich nicht mehr zu retten war, hat man ihn schweren Herzens fällen müssen.

Es kann aber auch ganz anders gewesen sein:

Nach einem harten Arbeitstag fuhr einst ein Mann mit seinem schwerbeladenen Holzwagen den schroffen Mahlberg hinunter. Er freute sich auf den Feierabend und seine Pfeife auf der Ofenbank und wollte so schnell wie möglich zu Hause sein.

Plötzlich brachen an einer steilen Wegstelle die Radsperren, und der Wagen rollte ungebremst den Berg hinab. Die Pferde schrien, der Mann schrie, und der Wagen polterte unaufhaltsam abwärts. In seiner übergroßen Not rief der Fuhrmann: „O Maria hilf!", und augenblicklich stand das Fuhrwerk auf dem steilen Abhang still.

Als die Leute im Tal von diesem Wunder erfuhren, erbauten sie, erfüllt von Dankbarkeit und Demut, eine Mariahilfkapelle, die fortan das Ziel vieler heilsuchender Wallfahrer wurde.

Die Moosbronner Mühle

Einst saß auf der Moosbronner Mühle der Rastatter Hofglaser Anton Dürr, der vom Markgrafen das Mühlenrecht erhalten hatte. Aber schon bald sah er ein, daß er als Glashüttenbeständer auf der Herrenwiese

schneller reich werden könne und verkaufte seine Mühle an den Frauenalbischen Klostermüller, der sie wiederum an einen Pforzheimer Bäcker und Müller weitergab.

Der neue Besitzer betrieb neben seinem Mahlgeschäft auch eine Wirtschaft, aber im dunklen Keller der Mühle beschäftigte er sich mit ganz anderen Dingen, die ihm noch lukrativer erschienen: Von seinem Pforzheimer Vetter bezog er Metall zur Falschmünzerei, und während seine Frau die schläfrig gehende Mühle bediente, fertigte der Müller in aller Heimlichkeit falsche badische und württembergische Gulden.

Auf die Dauer blieb seine Tätigkeit nicht verborgen, und so begann man auf Befehl des Markgrafen, nach dem Falschmünzer zu fahnden. Als eines Tages berittene Husaren die Moosbronner Mühle aufsuchten, war der Vogel jedoch schon ausgeflogen. Später hat man in Moosbronn, Freiolsheim und Völkersbach erzählt, der Moosmüller habe so viele Schulden hinterlassen, wie eine Sau Borsten hat.

Mahlberg

Die Straße von Michelbach nach Freiolsheim und Moosbronn führt am Mahlberg (612,5 m) vorbei. Wer ihn hinaufgeht und hernach noch den Mahlbergturm besteigt, wird mit einer sehr schönen Aussicht belohnt.

Die Gerichtsstätte auf dem Mahlberg

In uralter Zeit lag in der Nähe des Mahlberges eine Gerichtsstätte. *Beim geheimnisvollen Rauschen des Waldes auf der Mahlstatt (altdeutsch: „mahal" = Gerichtsstätte) unter dem Mahlbaum (Eiche, Esche, Linde oder Holunder) versammel-*

ten sich im heiligen Ring die „schöppbaren Freien" zum Ding oder Thing. (24) Hier wurde über wichtige Angelegenheiten Beschluß gefaßt und Recht gesprochen, und der oberste Richter im Gau, der Huno, verkündete das Urteil. Kein Nichteingeweihter durfte die umhegte Stätte heimlich betreten, sonst drohte ihm die Todesstrafe, denn *schwerer Eid band das Geheimnis der Beteiligten.*

Bernstein

Zwischen Michelbach und Bad Herrenalb erhebt sich in 694 m Höhe der Bernstein; der Hausberg von Michelbach und Sulzbach. Über ihn führt der „Historische Grenzweg" entlang der ehemaligen Grenze zwischen Baden und Württemberg. Vom Bernsteinfelsen, einem großen Sandsteinfelsen, kann der Wanderer eine wunderbare Aussicht genießen.

Der Bernsteinfelsen oder „Bärenstein"

Es ist schon sehr, sehr lange her, da lebte einmal tief im Wald bei Bernbach ein frommer Einsiedler. Die Leute brachten dem alten Mann große Verehrung entgegen, denn er kannte die seltensten Kräuter und Heilpflanzen, die er den Kranken brachte, und auch sonst wußte er allezeit guten Rat. Wenn der fromme Mann seine Klause verließ, wurde er von einem großen zahmen Bären begleitet; wohin er auch ging, stets war das treue Tier an seiner Seite.

Eines Tages hörten die Leute ein fürchterliches Brummen. Einige mutige Männer machten sich auf den Weg in den Wald und kamen auch zu der Einsiedelei. Der Alte war nicht in seiner Hütte,

und so begann man, ihn und die Ursache des schrecklichen Brummens zu suchen. Plötzlich standen sie vor einem mächtigen Felsblock, dort fanden sie den frommen Mann am Boden liegend, aber seine Seele war schon bei Gott. Neben ihm saß sein treuer Bär, und so kam es, daß der Felsen den Namen Bärenstein erhielt, woraus im Laufe der Zeit Bernstein geworden ist.

Es wird auch erzählt, daß sich der Name von gebären, geboren werden herleitet und der Felsen eine vorchristliche Weihestätte gewesen sein soll, wo zu alter Zeit das Neuerwachen der Natur gefeiert wurde.

Wer in einer milden Nacht zum Bernsteinfelsen hochwandert, sieht vielleicht auf dem Stein eine weiße Frau sitzen; er muß sich aber ganz still verhalten, denn sobald ein Wort gesprochen wird, ist die Erscheinung wieder verschwunden.

Heiligenwald

Der Aufstieg zum Bernstein von Moosbronn aus führt durch den Heiligenwald. Zwischen der Tannenwaldhütte und dem Karl-Schwarz-Brunnen entspringt die Mauzenstein-Quelle, die am höchsten gelegene Quelle Michelbachs. Ihr Wasser versickert aber schon nach kurzer Strecke in dem Distrikt mit dem bezeichnenden Namen „Geldloch"; eine Tafel kurz vor dem Karl-Schwarz-Brunnen markiert den Ort. Das Geldloch soll die Stelle sein, an der die Herrenalber Klosterbrüder ihre Schätze vergraben hatten, wovon ein Klosterschaffner Kenntnis bekam und ihn zu heben verstand, dafür jedoch auf unerklärliche Weise seinen Sohn verlor. Dies ist nachzulesen bei Bad Herrenalb, *Die Sage vom Geldloch*.

Der Schatz im Heiligenwald

Der Heiligenwald war einst im Besitz des Klosters Frauenalb. Dort soll in einer Höhle ein unermeßlicher Schatz liegen. Kurz vor der Aufhebung des Klosters Frauenalb hat die letzte Äbtissin den Klosterschatz von einigen treuen Untertanen retten und dort vergraben lassen, aber niemand wird je diesen Schatz heben können, denn die Getreuen haben ihr Geheimnis mit in das Grab genommen.

Jene Stelle aber, an der die Monstranz der Klosterkirche vergraben liegen soll, wird von Zeit zu Zeit in manchen Nächten von einem geheimnisvollen Leuchten angezeigt.

Mauzenberg und Mauzenstein

Unweit des Bernsteins erhebt sich der Mauzenberg (759 m). Wo sein Rücken zur Nordwestseite hin abfällt, am Weg von Bernbach zum Bernsteinfelsen, liegt auf der Höhe von 705 m an der alten Landesgrenze ein eindrucksvoller Buntsandsteinfelsen,

Der Mauzenstein

Auffallend an diesem Felsbrocken sind die zahlreichen Zeichen, Vertiefungen und Erhöhungen, die zu allerlei Deutungen Anlaß geben. *Bei dem Gebilde von Näpfen, Ringen und natürlichen Kugeln handelt es sich wahrscheinlich um die Nachahmung vom Sternbild des Großen Bären, der auch großer Wagen genannt wird. Er weist in die Richtung, wie er am Winterhimmel um Mitternacht zu sehen ist. ... Sternbilder und insbesondere jene des Großen Bären als Felsgravierungen sind nicht ungewöhnlich und kommen in Mitteleuropa vielfach vor. Sie haben ein*

hohes Alter und waren vermutlich ein beliebtes Hilfsmittel für grobe Zeitbestimmung und Zeitzählung. Außerdem wurden solche Objekte für kultische Zwecke mitverwendet und sind daher volkskundlich sehr interessant. Dagegen kommt ihnen aus astronomischer Sicht nur eine geringe Bedeutung zu. (25)

Es wird angenommen, daß es sich bei diesem Naturdenkmal um eine etwa 7000 Jahre alte Astralkultanlage handelt, die vielleicht noch bis in die frühe christliche Zeit hinein genutzt wurde.

Für den Namen dieses imposanten Steinblocks gibt es verschiedene Deutungen. So läßt sich Mauzenstein vom *Mutz* ableiten, das bedeutete bis zum Mittelalter Bär. Möglich ist auch die Herleitung von dem altdeutschen *Mota, Mauta, Mauze,* alte Begriffe für Abgabe, Zoll oder gar Opfer, und der Stein demnach ein alemannisches Opfermal gewesen sein könnte. Eine andere Vermutung ist die Ableitung von *mauzen,* also klagen, und die Deutung des Felsens als heilige Kultstätte für Totenfeiern aus keltischer Vorzeit. Wahrscheinlich diente der Mauzenstein in der Frühzeit der Bevölkerung aber doch dem Astralkult und der religiösen Verehrung der Gestirne.

Geisterklamm

Vom Bernstein stürzt an seinem Südwesthang die Geisterklamm steil herab; der schmale Pfad dort führt hinunter nach Sulzbach.

Das Wilde Heer in der Geisterklamm

Die Zeit um den Jahreswechsel, von der Sonnenwende oder auch von Weihnachten bis Dreikönig, nennt man „Rauhnächte", „Rauchnächte" oder auch „Zwölften"; dies ist die Zeit des ewigen Kampfes von Licht und Finsternis, von Gut und Böse. Der Name erinnert an die rauhen, haarigen und pelzigen Dämonen, die in diesen Nächten ihr Unwesen treiben, aber auch an den Weihrauch, mit dem Haus und Ställe durchräuchert werden, um Hexen und böse Geister zu vertreiben.

In den Rauhnächten gewährt Wodan den bösen Geistern und Dämonen Ausgang und stürmt und tobt mit seinem „Wilden Heer" durch die Nacht. Durch die Geisterklamm saust dann der Wilde Jäger mit vier Rossen hinunter ins Tal, und auch vier feurige Jäger hat man schon toben und brüllen gehört, daß es bis nach Sulzbach schallte. Wer sich um diese Zeit dort oben aufhält, muß sich auf den Boden legen, sonst wird er von der Gewalt des Sturmes mit fortgerissen. Dem gnade Gott, der dann kein Gebet spricht!

Beim toten Mann

Auf dem Weg von Sulzbach über die Sandhütte hinauf zum Bernstein kommt der Wanderer durch ein Waldstück, das „Beim toten Mann" genannt wird. Woher diese seltsame Bezeichnung kommt, davon erzählt eine alte Geschichte.

Der Überfall „Beim toten Mann"

Einstmals führte dort, wo heute die Sandhütte steht, eine alte Verbindung ins Schwäbische vorbei, die oft ein Kaufmann benutzt hatte, um hüben wie drüben seinen Geschäften nachzugehen. Dies blieb bösen Menschen nicht verborgen, und da man annahm, daß die Geschäfte gutliefen und die Taschen gewiß mit vielen Münzen prall gefüllt waren, wurde er eines schönen Tages hinterrücks überfallen, getötet und ausgeplündert. Seither nennt man diese Gegend „Beim toten Mann".

Es wird auch erzählt, daß man, als die Tage plötzlich von heute auf morgen kälter wurden, dort einen toten Wanderer gefunden habe, der sich erschöpft und ermattet zu einer Rast niedergesetzt hatte und schließlich eingeschlafen und erfroren ist.

In den „Rauhnächten", der Zeit des ewigen Kampfes von Licht und Finsternis, von Gut und Böse, werden Haus und Ställe mit Weihrauch durchräuchert, um Hexen und böse Geister zu vertreiben und sie für das ganze kommende Jahr fernzuhalten.

Lange schon war die Burg Alteberstein in die Hände der Badener übergegangen, als in ihren Mauern die große Liebe zweier Menschen ein trauriges Ende fand.

8 Burg und Schloß Eberstein

Ebersteinburg

Zwischen Gernsbach und Baden-Baden liegt an den Berg geschmiegt der kleine Ort Ebersteinburg. Seinen Namen hat er von der Burg Eberstein erhalten, welche 1181 urkundlich erstmals erwähnt wird als Ebersten: „Stein, Burg des Ebers". Das Dorf selber wird als Siedlung erst 1288 erwähnt. Heute ist Ebersteinburg ein Ortsteil der alten Bäderstadt Baden-Baden.

Der Schulmeister von Ebersteinburg

Zweihundert Jahre ist es vielleicht schon her, da lebte in Ebersteinburg ein alter Schulmeister, ein frommer und aufrechter Greis von 75 Jahren. Wie in jedem Jahr, so ging er auch diesmal am Allerseelentag mit seinem Pfarrer hinunter nach Rotenfels, um dort bei der Bruderschaft seine Andacht zu halten. Als er schließlich den Heimweg antreten wollte, sagte ihm der Pfarrer, er wollte noch die Nacht über bleiben. Also kehrte der Schulmeister allein zurück, aber obwohl ihm der Weg von Kindheit an vertraut war, fand er sich doch in der Dunkelheit nicht zurecht. Geister müssen ihn in die Irre geführt haben, denn er lief die ganze Nacht über umher und konnte den Heimweg nicht finden.

Als der Morgen graute, fanden ihn einige Leute ganz nahe beim Dorf auf dem Felde liegen. Sie sahen, daß er dem Tode näher war als dem Leben und brachten ihn eiligst nach Hause. Aber der Schulmeister war so geschwächt von seinem nächtlichen Irrgang, daß er bald seinen letzten Atemzug tat und verschied. In seinen Taschen fand man Schindeln, und seine Schuhe waren ganz durchgelaufen und mit Weiden gebunden, aber an seinem ganzen Körper fand man nicht die geringste Verletzung.

Die Hütte bei Ebersteinburg

In alter Zeit stand in der Nähe der Burg Alteberstein ein Nonnenkloster, das aber bei einer Belagerung der Burg zerstört wurde. Seither zeigen sich in manchen Nächten um die Mitternachtsstunde dort weiße Gestalten, und Leute haben ein oder das andere Mal einen lieblichen Gesang gehört.

Auf dem Platz, wo das Kloster einst gestanden, hatte sich ein armer Mann ein kleines Haus gebaut, und, da er ja kein Geld besaß, um die Handwerker zu bezahlen, alles alleine gearbeitet. So war das Häuschen schon bei seiner Entstehung recht baufällig. Als er gestorben war, wohnte seine Witwe, eine fleißige und fromme Frau, alleine dort und ernährte sich mühsam.

In einer stürmischen Nacht, die Frau saß noch am Spinnrad, klopfte jemand an das Fenster und rief dreimal ihren Namen. Die Witwe meinte, es sei ein müder Wanderer auf der Suche nach einer Unterkunft, stand auf, schlug ein Kreuz und öffnete die Tür. Niemand war zu sehen, und so ging sie einige Schritte in die Dunkelheit hinaus, indem sie rief: „Ist jemand da, der ein Obdach sucht?" Plötzlich gab es ein lautes Krachen und Poltern, und das ganze Häuschen fiel in sich zusammen. Wer aber gerufen und die arme Witwe vor dem Tode bewahrt hatte, waren die weißen Nonnen des verschwundenen Klosters.

Freundliche Menschen ließen die Hütte auf dauerhafte Weise wieder aufbauen, und die Frau hat noch manches gute Jahr darin gelebt.

Tatsächlich sollen zwischen der Burg und dem Dorf ehedem Klausnerinnen zum hl. Antonius gewohnt haben. In der Erinnerung der Bevölkerung weiß man heute noch von einem mit Klosterfrauen besetzten Kloster. Dieses Kloster, das wie die Kirche von Ebersteinburg dem heiligen

Antonius geweiht war, ist 1375 urkundlich bestätigt: Graf Wolf von Eberstein hat als Patronatsherr den Klausnerinnen zum alten Eberstein gestattet, *die in St. Düngens (St. Antonius) mögen machen einen Gang*, er genehmigte also eine Prozession. Diese führte zur Antoniuskapelle, die einstmals beim jetzigen Gasthaus „Wolfsschlucht" stand; dort erinnert heute noch ein Bildstock von 1673 an die einstige Kapelle. Er steht an der Biegung der Straße, die hinaufführt zur Ortschaft Ebersteinburg.

Ehemals soll am Fuße der Burg Alteberstein, in der Nähe der heutigen „Ochsenmatten" nordwestlich von Ebersteinburg, der Weiler „Zell" gelegen haben; er wird 1283 erwähnt. „Zelle" bedeutete auch Klosterabzweigung oder Einsiedelei. Der Weiler wird noch einmal 1476 erwähnt als „Ziegelschuwer" (Zigelscheuer) und „Zelle by Ebersteinburg" genannt.

Ruine Alteberstein

Hoch über Baden-Baden liegt auf dem Schloßberg von Ebersteinburg die Burgruine Alteberstein, der Stammsitz der Grafen von Eberstein, die sich später bei Gernsbach eine neue Burg errichten ließen.

Die Burg Alteberstein

Das Geschlecht der Grafen von Eberstein stammte aus Sachsen und gehörte zu den 12 Familien, welche vor Karl dem Großen in der Regierung dieses Landes mit abwechselten. Wann aber und aus welchem Grunde ein Angehöriger dieses Geschlechts sich in der Nähe von Baden niederließ und eine Burg baute, darüber gibt auch die alte Chronik keinen Aufschluß. (26)

Es wird angenommen, daß die Ebersteiner zu Beginn des 11. Jahrhunderts ihren Wohnsitz aus der Rheinebene auf die Höhenburg verlegten und sich nach der bereits bestehenden Burg benannten, denn 1085 erscheint erstmals in einer Schenkungsurkunde des Klosters Reichenbach der Name Berthold de Eberstein. Teile der heutigen Ruine deuten auf merowingische Bauzeit hin, und da man römische Münzen gefunden hat, ist zu vermuten, daß die Burg auf eine römische Befestigungsanlage zurückgeht.

In ihrer Blütezeit, von der Mitte des 12. bis 13. Jahrhunderts, als die Ebersteiner durch einträgliche Eheschließungen ihre Besitztümer beträchtlich vermehren konnten, wurde ihr Stammsitz zum letzten Mal ausgebaut. In dieser Zeit stiftete Bertholt III. mit seiner Frau Uta das Zisterzienserkloster Herrenalb und später dessen Sohn Eberhard III. mit seiner Mutter das Kloster Frauenalb. Erst im 13. Jahrhundert führten als erste die Brüder Eberhard IV. und Otto I. den Titel „Graf" in ihren Siegeln, aber zu dieser Zeit hatte der Zerfall des Adelsgeschlechtes bereits begonnen.

Als im Jahre 1283 Kunigunde von Eberstein den Markgrafen Rudolf I. heiratete, befanden sich die Grafen – sie waren inzwischen in die neuerbaute Burg Neueberstein nach Gernsbach gezogen – schon längst in finanziellen Nöten, und so kamen die Markgrafen von Baden durch Mitgift und Kauf in den Besitz der Burg Alteberstein. Rudolf I. und Kunigunde ließen die Burg umbauen und bewohnten sie auch; später diente sie bis 1399 als markgräfliches Archiv.

Die letzte Bewohnerin auf der Burg war die unglückliche Tochter des Markgrafen Bernhard I. von Baden.

Die Grafen von Eberstein haben den Eber wieder zu der Rose in ihr Wappen aufgenommen, und als das Geschlecht ausstarb, ging mit der Grafschaft auch das Wappen auf die Markgrafen von Baden über.

Die Gefangene auf Alteberstein

Lange schon war die Burg Alteberstein in die Hände der Badener übergegangen, als in ihren Mauern die große Liebe zweier Menschen ein trauriges Ende fand.

Nach dem Tode des Markgrafen Bernhard I. von Baden ging die Herrschaft auf seinen Sohn Jakob I. über. Dessen eigenwillige Schwester Agnes wurde im Juni 1432 mit Herzog Gerhard VII. von Schleswig verheiratet; da aber der Frischvermählte aus politischen Gründen sofort zurückreisen mußte, fand die offizielle Hochzeitsnacht erst im Oktober statt. Im Januar des folgenden Jahres stürzte die schwangere Agnes in ihrem Schloß Gottorf in Schles-

wig so unglücklich eine Treppe hinunter, daß die Wehen einsetzten und sie am Tage darauf ein gesundes Zwillingspaar zur Welt brachte, einen Knaben und ein Mädchen. Natürlich war nun allen klar, daß die Kinder nicht nach der Eheschließung gezeugt worden sein konnten, und großer Unmut breitete sich aus. Erst als Gerhard VII. offiziell erklärte, er habe seiner Gattin schon vor der Hochzeit beigewohnt, „... *hatte heymelich beslaffen und warlich Juncfrawe gefunden ...*", waren die Gemüter wieder besänftigt.

Noch im selben Jahr brach bei dem jungen Vater eine alte Lungenkrankheit erneut aus, und so brach er mit Agnes zu einer Kur nach Baden-Baden auf, ist aber schon auf der Reise dorthin verstorben. Nun wurde die Vaterschaft erneut angezweifelt; Gerhards Bruder Adolf VIII. verwehrte Agnes die Heimreise, entführte ihre Kinder und verweigerte der jungen Witwe jegliche Ansprüche auf das Erbe und den Witwenteil. Sie habe die Würde des Hauses verletzt, denn die Kinder seien ja nicht ehelich. Im Jahre 1434 war das Problem schließlich aus der Welt geschafft – der Knabe Heinrich ertrank beim Spielen mit dem Hofnarren in der Schlei, die kleine Katharina starb als einjährige Nonne im Kloster – und es wird vermutet, daß beide Zwillinge umgebracht worden seien.

Die unglückliche Agnes war unterdessen nach Baden zurückgekehrt zu ihrem Bruder Jakob, der sich bemüht hatte, die Erbansprüche seiner Familie durchzusetzen. Jakob plante nun eine Heirat seiner Schwester mit dem Herzog von Schlesien-Oels, aber Agnes hatte nach der Rückkehr in die Heimat ihre voreheliche Liebschaft mit dem Ritter Hans von Höwen wiederaufgenommen und sich heimlich mit ihm verlobt. Jakob I. war über das Durchkreuzen seiner Pläne dermaßen erzürnt, daß er seine Schwester auf die Burg Alteberstein verbannte, die sie ihr ganzes Leben lang nicht mehr verlassen sollte.

Agnes verbrachte nun viele einsame Jahre, von aller Welt vergessen, als Gefangene ihrer Familie in den alten Gemäuern, ohne jede Aussicht auf die Freiheit, selbst nach Jakobs Tod nicht. Denn als der Bruder ans Sterben kam, vermachte er in seinem Testament die Burg Alteberstein *„samt seiner Schwester Agnes darin"* seinem Sohn und Nachfolger Karl. Gegen Ende ihres Lebens ist sie erblindet, und als sie schließlich zu Beginn des Jahres 1473 nach fast 40 Jahre währender Gefangenschaft im Alter von 64 Jahren starb, hat sie das Geheimnis um den wahren Vater ihrer Kinder mit ins Grab genommen.

Alteberstein hatte an Bedeutung verloren, und so überließ noch im selben Jahr Karl I. die Burg seinem Hofmeister Hans vom Berge für dessen treue Dienste als lebenslange Wohnstätte mit der Auflage, die Burg zu hüten und in baulichem Stand zu halten, aber der hat sie doch verfallen lassen. So nahm die Burg zusammen mit ihrer Gefangenen ein trauriges Ende. Im Jahre 1530 vermachte sie Markgraf Philipp I. dem Dorf Ebersteinburg gegen einen jährlichen Zins, der wohl gerne bezahlt wurde, gaben doch die dicken Mauern einen schier unerschöpflichen Steinbruch her, bis schließlich 1823 die Ruine der staatlichen Baupflege übergestellt wurde.

❧❦❧❦❧

Die Belagerung der Burg Alte Eberstein

Auf der Burg Alteberstein lebten einmal drei Brüder, die waren bei dem Kaiser fälschlich angezeigt worden, sie hätten im Krieg gegen Frankreich seinen Feinden geholfen. Also zog dieser gegen Baden, um sich an den drei Grafen zu rächen und die Burg Eberstein zu stürmen. Aber das

Schloß war fest und wohlgebaut und die Brüder rechtzeitig gewarnt worden. Sie riefen eiligst ihre Kriegsleute zusammen und versorgten sich ausreichend mit Lebensmitteln. Alle Angriffe konnten abgewehrt werden, und so beschloß man, die Burg zu umzingeln und einzuschließen.

Während der Belagerung kam der Kaiser oft selbst, und als er sah, daß die Burg nicht zu erobern war, griff er schließlich zu einer List: Er ließ in Speyer ein Turnier ausrichten, zu dem alle Grafen und Fürsten geladen waren, und lud bei freiem Geleit auch die drei Grafen von Eberstein ein; während des Festes aber wollte er in deren Abwesenheit die Burg von seinen Soldaten einnehmen lassen.

Die wackeren Grafen erschienen auf dem Turnier, nahmen tapfer an den Kampfspielen teil und freuten sich auf den abschließenden Tanz. Der Kaisers Tochter tanzte mit dem jüngsten Grafen, und während des Reigens flüsterte sie ihm heimlich ins Ohr, noch in dieser Nacht solle seine Burg mit Gewalt eingenommen werden.

In Windeseile, von den anderen unbemerkt, brachen die drei Brüder auf. Noch ehe der Tag angebrochen war, hatten sie ihr Schloß erreicht und kamen noch zur rechten Zeit, um die Kaiserlichen abzuwehren.

Bald darauf schickte der Kaiser drei Abgesandte, die mit den Ebersteinern verhandeln sollten. Die Gäste wurden durch die ganze Burg geführt, alle Türen wurden ihnen aufgetan, und sie sahen, daß Weinkeller, Kornhaus und alle Vorratskammern wohlgefüllt waren. Dies aber war eine List der Grafen, war doch der Reichtum in den Lagerräumen nur vorgetäuscht durch doppelte Böden in Fässern und Kisten.

Nun verlor der Kaiser die Hoffnung, die Burg jemals bezwingen zu können. Er nahm den Vorschlag seiner Ratgeber an und gab seine Tochter dem jüngsten Grafen zur Frau.

Graf Eberstein
(Ludwig Uhland)

Zu Speyer im Saale, da hebt sich ein Klingen,
Mit Fackeln und Kerzen ein Tanzen und Springen,
*   Graf Eberstein*
*   Führet den Reih'n*
Mit des Kaisers holdseligem Töchterlein.

Und als er sie schwingt nun im luftigen Reigen,
Da flüstert sie leise, sie kann's nicht verschweigen:
*   „Graf Eberstein,*
*   Hüte dich fein!*
Heut nacht wird dein Schlößlein gefährdet sein!"

„Ei", denkt der Graf, „Euer kaiserlich' Gnaden,
So habt ihr mich drum zum Tanze geladen!"
*   Er sucht sein Roß,*
*   Läßt seinen Troß*
Jagt nach seinem gefährdeten Schloß.

Um Ebersteins Veste, da wimmelts von Streitern,
Sie schleichen im Nebel mit Haken und Leitern.
*   Graf Eberstein*
*   Grüßet sie fein,*
Er wirft sie vom Wall in die Gräben hinein.

Als nun der Herr Kaiser am Morgen gekommen,
Da meint er, es seie die Burg schon genommen.
*   Doch auf dem Wall*
*   Tanzen mit Schall*
Der Graf und seine Gewappneten all;

„Herr Kaiser, beschleicht Ihr ein andermal Schlösser,
Tuts not, Ihr versteht aufs Tanzen euch besser!
*   Euer Töchterlein*
*   Tanzet so fein,*
Dem soll meine Veste geöffnet sein!"

Im Schlosse des Grafen, da hebt sich ein Klingen,
Mit Fackeln und Kerzen ein Tanzen und Springen,
*   Graf Eberstein*
*   Führet den Reih'n*
Mit des Kaisers holdseligem Töchterlein.

Und als er sie schwingt nun im bräutlichen Reigen,
Da flüstert er leise, nicht kann ers verschweigen:
*   „Schön Jungfräulein,*
*   Hüte dich fein!*
Heut nacht wird ein Schlößlein gefährdet sein." (27)

Die Rose von Eberstein

Einmal stand der Kaiser in schwierigen Verhandlungen mit dem Papst, und weil er um den Scharfsinn des Grafen von Eberstein wußte, schickte er ihn nach Rom. Als die kaiserliche Gesandtschaft in der heiligen Stadt ankam, fand gerade eine Prozession statt, und der Papst hielt eine wunderschöne Rose in der Hand: fünf Rubine bildeten die Blätter, in deren Mitte sich ein kostbarer blauer Saphir befand.

Die Verhandlungen verliefen gut, und Otto von Eberstein entledigte sich so geschickt seines Auftrages, daß der Papst ihm zum Zeichen seiner besonderen Zufriedenheit die Rose zum Geschenk machte. Der Graf brachte diese Rose seinem Kaiser, der wollte den Ebersteiner nun ebenfalls belohnen und sprach: „Diese Rose soll hinfür Dein und Deiner Nachkommen Wappen sein."

Von nun an führten er und seine Nachkommen eine rote Rose auf weißem Feld, mit einem Saphir in der Mitte, in ihrem Wappen; nur die Ebersteiner, die in Sachsen zurückgeblieben waren, behielten ihr altes Wappen mit dem schwarzen Eber im goldenen Feld. Die Grafen von Eberstein jedoch, die später nach Neueberstein gezogen waren, haben den Eber wieder zu der Rose in ihr Wappen aufgenommen, und als das Geschlecht der Ebersteiner schließlich ausstarb, ging mit der Grafschaft auch das Wappen auf die Markgrafen von Baden über.

Das Wappen der Ebersteiner wird auch in einer Ballade von Ludwig Uhland erwähnt:

Graf Eberhard der Rauschebart

...
Da kommt einstmals gesprungen sein jüngster Edelknab:
„Herr Graf, es zieht ein Haufe das obre Tal herab;
Sie tragen schwere Kolben, der Hauptmann führt im Schild

Ein Röslein rot von Golde und einen Eber wild."
„Mein Sohn, das sind die Schlegler, die schlagen
kräftig drein.
Gib mir den Leibrock, Junge! Das ist der Eberstein.
Ich kenne wohl den Eber, er hat so grimmen Zorn;
Ich kenne wohl die Rose, sie führt so scharfen
Dorn." ... (28)

Wer sich das verfallene Gemäuer genauer ansieht, entdeckt vielleicht die Stelle, hinter der ein großer Schatz verborgen sein soll.

Der Schatz von Alteberstein

Niemand weiß, wie lange es schon her ist – die Burg Alte Eberstein war aber schon längst eine Ruine – als ein armer Mann aus dem nahem Dorf nächtens dreimal den gleichen Traum hatte: Wenn er an eine bestimmte Stelle an eine Wand des verfallenen Schlosses klopfe, werde er Geld in Hülle und Fülle erhalten.

Er erzählte den Traum einem guten Freund; der riet ihm, an die bezeichnete Stelle zu klopfen. In der Nacht ging der Mann also auf das Schloß, und kaum hatte er geklopft, da tat sich die Wand auf, und er stand vor einem Gewölbe, in dem drei große Kisten standen, und auf jeder Kiste lag ein schwarzer Hund. Entsetzt und mit der Angst im Nacken ergriff er die Flucht, eilte seinem Hause zu und erzählte am Tag darauf seinem Freund, was er gesehen hatte.

Der Freund sagte ihm, ein einziger Wink könne die Hunde von den Kisten vertreiben, und so machte sich der Mann in der folgenden Nacht abermals auf den Weg und klopfte an die bewußte Stelle. Aber die Wand öffnete sich nicht mehr, und so blieb der Traum vom vielen Geld schließlich doch nur ein Traum.

Es wird auch erzählt, auf der Burg Alteberstein seien unter der Erde fünf Kisten voll Geld, ein silbernes Kegelspiel und ein goldenes Kalb verborgen.

Vor vielen Jahren machten sich mehrere Schatzgräber in der Adventszeit auf den Weg, um nach diesen Schätzen zu graben. Fünfzehn Mondnächte lang gruben und schaufelten sie nach Leibeskräften, als sie endlich mit der Hacke auf eine eiserne Kiste stießen. Plötzlich sahen sie, wie aus der zerfallenen Halle eine Menschengestalt auf einem schwarzen Bock hervorgeritten kam. „Seht, da kommt einer auf einem Geißbock daher!" rief einer der Männer. Kaum waren die Worte ausgesprochen, da versank die Kiste in die Tiefe, und auch der Bock und sein Reiter waren wieder verschwunden.

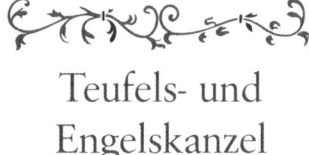

Teufels- und Engelskanzel

*Südlich von Ebersteinburg, unweit der Straße nach Baden-Baden, **liegt ein Felsen, den man die Teufelskanzel nennt. Von hier aus predigte einst der böse Feind. Aber ein guter Engel redete von der gegenüberliegenden Engelskanzel zu den Verblendeten und leitete sie auf den Weg des Heils zurück.*** (29)

Die Teufelskanzel war früher ein Lieblingsplatz des Kaisers Wilhelm I, den er oft aufsuchte, wenn er in Baden-Baden weilte. Die Inschrift auf der Marmorplatte auf dem großen Stein, der dort steht, erinnert an seinen letzten Aufenthalt im September 1886, dem Geburtstag der Kaiserin Augusta.

Der Teufelskanzel gegenüber, auf der anderen Straßenseite, steigt ein Fußweg an zur Engelskanzel. Dort steht ein großes Steinkreuz mit eingravierten Daten, das damals die Tochter Kaiser Wilhelms I.,

Großherzogin Luise von Baden, errichten ließ. Es verweist auf das Dreikaiserjahr: Am 9. März 1888 starb Kaiser Wilhelm I., und am Todestag Kaiser Friedrichs III., am 15. Juni 1888, erfolgte die Thronbesteigung Wilhelms II.

Die Predigt des Teufels

Damals, als die ersten Missionare im Schwarzwald die christliche Lehre predigten, fielen die Leute nach und nach von ihrem heidnischen Glauben ab und wandten sich der neuen Religion zu. Darüber war der Teufel sehr erbost. Er stieg auf einen großen Felsen und hielt eine glühende Rede über den Glanz und die Herrlichkeit seines Reiches und über die Freude und Lust, das Vergnügen und den Genuß, über alle schönen Dinge, die seine Anhänger auf dieser Welt erwarten könnten. Das gefiel den Leuten, und schon bald waren einige versucht abzufallen.

Da sahen sie plötzlich auf dem gegenüberliegenden Felsen ein helles Licht, und ein strahlender Engel erschien; der predigte mit sanfter Stimme zu den Umherstehenden von der Güte und Gnade des Herrn und von der unendlichen Seligkeit des himmlischen Reiches. In tiefer Reue wandten die Leute sich vom Teufel ab und dem Engel zu, und in rasendem Zorn stampfte der Böse mit seinem Pferdefuß auf, daß man die Spur noch heute sehen kann, und verschwand wieder in der Tiefe, woher er gekommen war.

Seither heißen die beiden Felsen Teufelskanzel und Engelskanzel.

Es wird aber auch eine andere Geschichte erzählt: Als der Teufel wieder einmal zu den Leuten predigte, beschloß Graf Eberstein, die Menschen von dem Bösen zu befreien. Er selbst war aber schon in Ehren ergraut und alt und schwach, und so versprach er demjenigen die Hand seiner

Tochter, der Satan im Kampfe bezwingen könne.

Viele tapfere Ritter stellten sich ein, aber nicht einer von ihnen kam jemals zurück. Jubelnd wandten sich die Leute wieder dem bösen Verführer zu, als plötzlich ein Engel herabschwebte und den Teufel mit einem goldenen Stab berührte. Brüllend verschwand er in der Tiefe, und reumütig fanden die Leute wieder zu Gott. In großer Freude und tiefer Dankbarkeit trat nun vor die betende Menge

Graf Eberstein feierlich, führend zur Hand
Die Tochter im schneeigen Nonnengewand,
Und sprach: „Nur dem Sieger versprach ich die Braut,
Der Himmel ward Sieger, ihm sei sie getraut!"
Beharrend im Glauben und Gottesvertrau'n
Ließ er nun das Kloster ‚die Engelsburg' bau'n. (30)

Wolfsschlucht

Von der Landstraße Ebersteinburg nach Selbach biegt bald links hinter dem Hotel ein Schotterweg ab, der zur Wolfsschlucht führt.

Der Fiedler in der Wolfsschlucht

Einmal befand sich ein armer Fiedler auf dem Heimweg nach Gernsbach. Er hatte auf einer Bauernhochzeit gespielt und war noch immer in heiterer Stimmung, dachte an dies und das und merkte nicht, wie er vom rechten Wege abkam. Als ihm die Gegend allmählich aber doch ganz fremd erschien und er nicht mehr wußte, in welcher Richtung sein Heimatort lag, lehnte er sich an eine Felsenwand, und weil er ein Gläschen Wein oder auch zwei zuviel getrunken hatte, fielen ihm bald die Augen zu.

Plötzlich hörte er ein Rascheln im Gebüsch. Er riß die Augen auf und sah einen riesigen Wolf auf sich zukommen. In seiner Panik griff der arme Fiedler zu seiner Geige und begann zu spielen. Zuerst hielt der Wolf an und lauschte, dann aber schlich er weiter auf den Mann zu. Der strich in seiner Verzweiflung ganz aufgeregt auf den Saiten herum, und je näher der Wolf kam, desto wilder wurde sein Spiel. Das ist selbst für Wölfe unerträglich. Die Bestie drehte sich um und sprang, als werde sie gejagt, zur Schlucht hinaus und war verschwunden. Zitternd an allen Gliedern ging der Fiedler langsam zurück, immerzu weiterspielend, bis er endlich den richtigen Heimweg gefunden hatte.

Waldkapelle

Folgt man der Landstraße von Ebersteinburg aus in Richtung Selbach, so sieht man bald auf der linken Seite eine kleine Betstelle mit einem Muttergottesbild, in deren nächster Nähe eine kleine Quelle entspringt. An dieser Stelle stand einstmals eine kleine Kapelle, an die sich die folgende alte Sage knüpft.

Die Sage von der Waldkapelle

Vor langer, langer Zeit verirrte sich einmal ein Ritter im Wald, der wurde nach einiger Zeit sehr von der großen Hitze und einem noch größeren Durst geplagt. Da hörte er plötzlich hinter einem Gebüsch das klare Sprudeln einer Quelle, und eilig bahnte er sich einen Weg zu dem erfrischenden Naß. Als er nun das erquickende Quellwasser erreicht hatte, stand plötzlich eine wunderschöne Jungfrau vor ihm, die reichte dem Ritter in einer goldenen Schale den heißersehnten Trunk. Freudig ergriff dieser den Becher und trank in großen Schlucken das kühlende Wasser,

aber kaum hatte er ihn geleert, da war sein junges Herz von durchströmender Liebe erfüllt, und er fühlte einen unwiderstehlichen Drang, das schöne Mädchen zu besitzen. Gleich fragte er das holde Wesen, ob es die Seine werden wolle, und freudig nahm die Jungfrau den Antrag an, sträubte sich jedoch vor einer kirchlichen Trauung. Nur so aber sei die Ehe für ihn gültig, sagte der junge Ritter, und so folgte sie ihm doch in die nahe Waldkapelle.

Das Paar stand vor dem Altar, und der Priester vollzog die Trauung. Als er aber die Hand zum göttlichen Segen erhob, zuckte plötzlich ein fürchterlicher Blitz auf und zerstörte das kleine Gotteshaus. Ein zweiter Blitz fuhr herab, die Erde tat sich auf, verschlang die junge Braut – und alles war wieder ruhig wie zuvor.

Erschüttert durch dieses Erlebnis wählte der Ritter das fromme Einsiedlerleben und ließ der heiligen Jungfrau zu Ehren eine neue Kapelle bauen. Auch diese gibt es heute nicht mehr, aber an ihrer Stelle steht nun jenes kleine Bethaus, das manchem Gläubigen schon Trost und Hoffnung gespendet hat.

Gernsbach – Schloßberg

Im Süden von Gernsbach steht am Fuße des Schloßberges die Klingelkapelle (siehe Kapitel 9); dort beginnt der „Gernsbacher Sagenweg". Er führt hoch zum Ebersteinschloß, vorbei an einem Aussichtspunkt; man nennt diese Stelle

Die Engelskanzel

Dereinst, als das Christentum nur allmählich Fuß faßte im Murgtal, stand oftmals der Teufel auf einem Felsen über dem Tal und redete zu den Leuten von den Genüssen des Lebens und vom Reichtum im Diesseits. Lange ging das so, denn die Menschen lauschten gebannt seinen verführerischen Worten. Eines Tages jedoch erschien ein prächtiger Engel, der packte den Bösen und warf ihn hinüber auf die andere Seite der Murg. Dann wandte er sich an die erstaunte Menge und hielt eine wunderschöne Predigt und führte so die Verirrten zurück auf den rechten Weg des Glaubens.

Grafensprung

Ein weiteres Ziel des Sagenweges ist ein mächtiger Felsen, der Hustein, früher auch Hochstein genannt, der steil abfällt ins Murgtal. Von der kleinen runden Schutzhütte schweift der Blick weit ins Tal und auf die Berge. Man nennt diesen Felsen Grafensprung, und viele Sagen und Geschichten ranken sich um diesen Stein.

Das Zwerglein im Husteinfelsen

Heute noch wohnen ganz tief drunten im Husteinfelsen Zwerge, die hüten große eiserne Kisten voll von Gold und Silber. Nur alle hundert Jahre kommt einer von ihnen aus dem Felsen hervor; dann fragt er, welche Jahreszahl die Leute gerade schreiben und verschwindet wieder.

Als wieder einmal hundert Jahre um waren, bearbeitete gerade eine Bauersfrau aus Obertsrot ihren kargen Acker unten am Felsen. Da stand auf einmal ein kleines Männlein mit einem langen Bart vor ihr, das sah sie mit klugen Augen an und fragte, welche Jahreszahl denn auf dem Kalender stehe und ob es ihr auch gutge-

he. Die Frau gab ihm bereitwillig Antwort, und zum Lohn für ihre Auskunft holte das Zwerglein aus einem ledernen Beutel eine Handvoll schwarze Schuhnägel hervor. Ihr Mann sei Nagelschmied und habe selber viele Schuhnägel, sagte die Frau, und kein Mensch werde ihnen diese hier abkaufen, es gebe viele Nagelschmiede im Dorf. Aber einen Nagel wolle sie schon mitnehmen, er sei ja so schön geschmiedet.

Die Frau kehrte heim, um schnell zu erzählen, was sie erlebt hatte. Als sie aber den Schuhnagel zeigen wollte, sah sie, daß dieser aus reinem Gold war. Schnell rannte sie zurück, um doch noch die anderen Nägel zu holen, aber das Männlein und die Schuhnägel waren für die nächsten hundert Jahre wieder verschwunden.

Die Sage vom Grafensprung

Einst stritt sich der Graf zu Eberstein mit zwei Rittern. Er behauptete, daß es keinen Gott gebe, und so beschlossen sie, dreimal miteinander den steilen Berghang vom Schloß zur Murg hinunter und wieder hinauf zu reiten; den wahren Glauben habe der, dem das Vorhaben gelingen werde. Zunächst ging alles gut, beim dritten Hinabreiten jedoch stürzte der Graf mit seinem Pferd in die Tiefe, und Roß und Reiter wurden zerschmettert; die beiden Ritter hingegen überstanden unversehrt den Wettstreit. Der Abhang heißt seitdem Grafensprung, *und ein Felsen daneben, von dem der Teufel dem Ritte zugesehen hat, heißt Teufelskanzel. Da, wo der Graf geritten ist, wächst kein Gras mehr, und in den heiligen Nächten muß er dort in feuriger Gestalt umgehen.* (31)

Auch eine andere Geschichte erzählt von drei Streithähnen und ihrem waghalsigen Ritt über den Abhang:

Auf Eberstein lebten einmal drei Brüder. Ihr Vater war gestorben, und nun wollten sie ihr Erbe gerecht aufteilen, konnten aber nicht einig werden. So bestimmten sie denjenigen zum Alleinerben, dem es gelingen werde, dreimal den steilen Abhang hinunter und wieder hinauf zu reiten. Als der Jüngste bei seinem dritten Ritt in die Tiefe stürzte und sich das Genick brach, vertrugen sich die beiden älteren Brüder, kamen zu einer gütlichen Einigung - die Erbmasse teilte sich ja jetzt auch nur noch durch zwei - und nahmen zur dauernden Erinnerung drei Männer in ihr Wappen, von denen einer keinen Kopf trägt.

Es heißt auch, der Sprung den Felsen hinab sei eine Mutprobe gewesen, auf die sich Bernhard von Eberstein eingelassen habe. Wieder einmal nämlich

Hell klingen die Zinken zum festlichen Mahl
Auf Eberstein im Rittersaal. ...
Die Gesichter gerötet wie Feuersglut,
Den kreisenden Humpen füllt Eberblut. (32)

Vom Trinken mutig geworden, wettet der Graf, daß er unbeschadet die steile Wand zur Murg hinunterreiten könne, schwingt sich auf sein Roß, lenkt es zu Tal und erreicht wohlbehalten das Ufer des Flusses.

Einer der Gäste, Herr von Zimmern, schlägt dem Ebersteiner vor, den Ritt ein zweites Mal zu wagen; dafür wolle er ihm seinen wertvollen Ring schenken, den ein Vorfahre vor vielen Jahren aus dem Heiligen Land mitgebracht habe. Schon lange schaute Graf Bernhard begierig auf dieses Kleinod, und so überlegt er nicht lange;

Rasch fährt er auf : „Den Humpen her!"
Er hebt ihn hoch, er trinkt ihn leer. ...
Und wieder steh'n die Gäste zu Hauf
Und folgen gespannt des Pferdes Lauf.
Da plötzlich ein Schrei – „Er stürzt, er fällt!"
Und drunten liegt Graf und Roß – zerschellt. (33)

Ein zunächst glücklicheres Ende nahm der Sprung unseres Helden in der folgenden Geschichte:

Es lebte dereinst auf der Burg Neueberstein ein rechter Kampfhahn und Haudegen. Er hieß Wolf von Eberstein und stand in Fehde mit Graf Eberhard von Württemberg, dem „Greiner" oder auch „Rauschebart". Mit seinem Kampfgefährten Wolf von Wunnenstein, der wegen seiner glänzenden Rüstung der „gleißende Wolf" genannt wurde, überfiel er in einer Sommernacht seinen in Wildbad weilenden Widersacher, der jedoch flüchten konnte. Der Württemberger blieb nichts schuldig und zog vor die Burg Neueberstein, die er von seinen Truppen umstellen, belagern und bestürmen ließ. Um nicht lebendig in die Hände seiner Feinde zu fallen, jagte der Ebersteiner sein Pferd auf den Fels, der nahe des Schlosses auf das Murgtal hinausragt, gab dem Pferd die Sporen, setzte an zu einem gewaltigen Sprung und erreichte unverletzt das andere Ufer.

Tatsächlich wollte Wolf von Eberstein lieber den Hals wagen, als in die Gefangenschaft des Greiners zu fallen. Er kannte eine Stelle, die für völlig unwegsam gehalten und daher nicht bewacht wurde; dort ließ er sein Pferd herabklettern, setzte dann durch die Murg und ist schließlich glücklich seinen Feinden entkommen.

Durch die Intervention des Kaisers wurde Neueberstein wieder frei, aber der streitlustige Wolf hatte sich, wohl auch durch die 20-jährige Fehde mit Graf Eberhard von Württemberg, so hoffnungslos verschuldet, daß er im Jahre 1387 seine sämtlichen Besitztümer für 8000 Gulden an Markgraf Rudolf VII. von Baden verkaufen mußte.

Wolf wird nach vielen Abenteuern Amtmann in Gernsbach, aber er bleibt ein Draufgänger und Heißsporn und wird schließlich wegen totaler Verschuldung amtsenthoben. Sein Leben beschließt er als armer alter Mann in Muggensturm.

Der Grafensprung bei Neu-Eberstein
(von A. Kopisch)

Die Württemberger schlossen ihn ein:
Was tat Herr Wolf Eberstein?
Er ritt von der Burg
hinab in die Murg
zum steilsten Rand
der Felsenwand.
Da war das Tal von Feinden rein,
da sprengt' er in die Murg hinein:
Erhalte dich Gott, Wolf Eberstein!

So kecke Flucht bringt keine Schmach.
die Feinde selber jauchzen nach. -
Er kam herab ohn' Ungemach;
fort ritt er dann,
frei war der Mann!
Seh einer, ob er's auch so kann! (34)

Wachtelbrunnen

Von der Straße hinauf zum Ebersteinschloß biegt unweit des Schlosses links ein kleiner Fußweg ab; wer
ihm einige Meter folgt, erreicht bald
den Wachtelbrunnen. Dort soll ein
Schatz vergraben liegen.

Der Schatz am Wachtelbrunnen

In dieser Gegend soll es, besonders bei Nacht, nicht geheuer sein, und so überkam auch die Grafen von Eberstein stets ein unheimliches und schauriges Gefühl, wenn sie nachts dort entlanggingen oder vorbeiritten.

Lange ist es schon her, da ritt Graf Wilhelm von Eberstein, die Morgendämmerung hatte noch nicht eingesetzt, über den Wachtelbrunnen seinem Schlosse zu.

Da stürzte er plötzlich, er wußte nicht wie und warum, etliche Klafter tief hinab. Wie durch ein Wunder haben Roß und Reiter den Sturz überlebt, aber der Graf glaubte fest, ein Gespenst habe ihn und das Pferd den Hang hinabgeworfen.

War diese nächtliche Erscheinung vielleicht der Adam von Rosenstein? Dieser nämlich, ein lediges Kind von Eberstein, hatte vor vielen, vielen Jahren am Wachtelbrunnen einen Schatz vergraben. Bis zu seinem Lebensende ist er jede Nacht an diese Stelle gekommen, hat aus dem Brunnen getrunken und zuweilen gebetet. Das Geld, so wird erzählt, habe er seinem Herrn gestohlen, und daher geht sein Geist jetzt jede Nacht am Brunnen um.

Später, im Jahre 1562, wurde der Schatz ausgegraben, niemand jedoch konnte sagen, von wem, aber der Schatzgräber hat sich durch das Gespenst weder erschrecken noch vertreiben lassen. Die Grube, aus welcher der Schatz gehoben wurde, soll heute noch zu sehen sein.

Hier vorbei führte einmal vor langer Zeit

Der Pestzug von Gernsbach

Als die große Pest in den deutschen Ländern wütete, es war im Jahre 1518, wohnte auf dem Schloß der fromme Graf Bernhard mit seiner Gemahlin, der Gräfin von Sonnenberg. In seinen Diensten stand ein Meisterkoch mit Namen Marcell, der als tüchtiger und nüchterner Mann bekannt war. Eines Nachts, der helle Mond ließ ihn nicht schlafen, schaute dieser Marcell aus seinem Fenster in Richtung Gernsbach und sah beim nahen Wachtelbrunnen viele Männer, Frauen und Kinder, alle in weiße Gewänder gehüllt, um das plätschernde Gewässer einen Reigen tanzen. Ganz still war es, kein Laut eines Tänzers oder

Musikinstrumentes war zu hören. Als sich die Gesellschaft, immerzu im Kreise sich drehend, dem Schloß näherte, erkannte der Koch die meisten Gesichter, und zu seinem großen Entsetzen sah er unter den Tanzenden auch sich selbst, mit fahlen Wangen und hohlen Augen. Der gespenstische Zug tanzte hinter dem Schloß den Berg hinunter, dem Viehhof zu, und er konnte ihn nicht mehr sehen.

Noch im selben Jahr brach auch im Murgtal der Schwarze Tod aus, und alle, die Marcell in jener Nacht gesehen hatte, wurden von der Pest ergriffen und starben, auch er selbst.

Im Friedhof zu Gernsbach wächst Grab an Grab,
Die Tänzer, sie sanken alle hinab.
Es schläft inmitten den sandigen Reih'n
Der, der sie belauschet im Mondenschein. (35)

Schloß Eberstein

Auf einer Felsennase hoch über dem Murgtal steht das stattliche Schloß Eberstein, ehedem der Sitz der Grafen von Eberstein. Es wird erstmals 1272 erwähnt als „in novum castrum Eberstein". Wie dereinst, als hier das berühmte „Eberblut" angebaut wurde, ziehen heute wieder Weinreben hinunter bis nach Obertsrot.

Die Burg Neueberstein

Als sich die Ebersteiner, die ihren Stammsitz auf der Burg Alteberstein hatten, im 13. Jahrhundert Grafen nannten, zogen sie in die neuerbaute und standesgemäßere Burg Neueberstein. Die Großzügigkeit und Freigiebigkeit dieses Geschlechts, besonders ihren beiden Hausklöstern gegenüber, führten jedoch zu seinem schnellen Niedergang. Auch brauchten die zumeist kinderreichen Ebersteiner wegen der beträchtlichen Mittel, die sie zur Ausstattung ihrer Töchter bereitstellen mußten, immer wieder Geld, und so zwangen die chronischen Finanznöte zu folgenschweren Verpfändungen und Gebietsabtretungen an die Markgrafen von Baden.

Das Schicksal der Ebersteiner als Territorialherren wurde endgültig besiegelt durch Graf Wolf von Eberstein.

Obgleich es die Regel war, daß eine ebersteinische Grafenfamilie zehn Kinder ihr eigen nannte, starb 1660 das Geschlecht der Ebersteiner doch aus, und die Markgrafen von Baden wurden ihre Erben. Die kümmerten sich aber nur wenig um die Burg, und ein Pächter löste den anderen ab. Man sagt, in einem Teil der inzwischen vernachlässigten Burg habe sogar ein Nagelschmied seine Werkstatt gehabt.

Als im Jahre 1796 Markgraf Friedrich von Baden Eigentümer wurde, begann für Eberstein ein neue Zeit. Aus der Burg wurde ein Schloß. *Im Sommer des gleichen Jahres, zur Zeit der damaligen französischen Invasion, bezog der vom Markgrafen auf das Schloß bestellte Gärtner namens Vogt die verfallenen Räume und begann, die Garten- und Feldanlagen gründlich zu bearbeiten. Markgraf Friedrich ließ die Ruine gründlich herrichten* (völlige Umgestaltung von Friedrich Weinbrenner 1803/04) *und verlebte, wie später der letzte Großherzog von Baden, den Sommer über längere Zeit auf Schloß Eberstein. Großherzog Leopold von Baden erwarb es käuflich als Privatbesitz* (36) und ließ es zwischen 1835 und 1840 im spätmittelalterlichen Stil umbauen.

Heute befindet sich Schloß Eberstein in „bürgerlicher Hand", wo der Gast seinen Hunger und Durst bei einer wunderschönen Aussicht ins Murgtal stillen kann.

Die Hochzeit
auf Schloß Eberstein

Kunigunde von Eberstein, die kleine dicke Schwester des Grafen Philipp II., sollte das Eheweib des Zimmerschen Grafen Froben zu werden. Als sich der Bräutigam in stattlicher Begleitung auf den Weg über den Schwarzwald ins Murgtal hinein machte, bekamen die Knechte, welche den Wagen mit den Hochzeitskleidern fuhren, einen ordentlichen Durst und kehrten in einer Herberge ein. Dort tranken sie sich dermaßen voll, daß sie hernach den Weg nicht mehr fanden und mit großer Verspätung auf Schloß Eberstein ankamen. So blieb Graf Froben nichts anderes übrig, als in seinem zerschlissenen Wams zum Altar zu schreiten, aber das ist niemandem aufgefallen, denn am wichtigsten galt auch den Hochzeitsgästen das Gelage.

Die kleine dicke Braut stand den wackeren Zechkumpanen in nichts nach. Immer, wenn die hohen Weinschalen und Humpen kreisten, nahm auch sie einen ordentlichen Schluck, wozu sie jedesmal, da sie ja so klein war, vom Stuhl aufstehen mußte, um das Gefäß halten zu können. Über ihre Trinkfestigkeit erstaunt, schlug der Domdekan von Straßburg eine Wette vor: Wer könne am meisten trinken, ohne unter den Tisch zu fallen? Nach etlichen Runden rief er jedoch: „Nun habe ich einen Pörzel (Schwips)", stand auf und ging.

Die anderen tranken tapfer weiter. Nach und nach mußte einer nach dem anderen den Pörzel ansagen, bis schließlich Kunigunde alleine am Tische saß. „Der Teufel hol die versoffenen Mannsleut!" rief sie, trank ihren neunzehnten Humpen aus und schwankte singend aus dem Saal. Ihr war es schließlich vorbehalten, die traditionelle Trinkfestigkeit des Geschlechts der Ebersteiner fortzupflanzen.

Auch in der Herrschaftsküche ging es nicht zu wie alle Tage. Graf von Eberstein hatte zur Hochzeit auch seinen leibeigenen Bauern, den Moosbronner Benedikt geladen; der hatte eine besondere Vorliebe für Kuchen und sollte heute einmal genug davon bekommen. Der Ebersteiner Koch war darüber sehr verärgert und beschloß, dem guten Benedikt die Leckereien gehörig zu verleiden. Er zerschnitt die Handschuhe eines Jägers in kleine Stücke, briet sie in der Pfanne und würzte sie ordentlich, dann tat er noch Lachsrogen dazu – das seien feine spanische Erbslein, hilfreich für junge Männer, die vor der Hochzeit stünden – und reichte dieses Gericht dem ungeliebten Gast.

Der Bauer verschlang die Speise mit größtem Appetit und machte sich hernach auf den Heimweg. Unterwegs bekam er einen mächtigen Durst, und so kehrte er in Michelbach beim Zinsmüller ein, wo er sich ordentlich einen hinter die Binde goß. Der Wirt sollte der letzte sein, der den Benedikt noch gesehen hat, auch auf Eberstein ist er nicht wieder erschienen.

Der Graf vermißte ihn sehr und ließ schließlich Erkundigungen einziehen. Da erfuhr er, daß der arme Benedikt unter den gräßlichsten Schmerzen gestorben war, und als die böse Tat des Kochs ans Tageslicht kam, hat man ihn am Galgen zu Gernsbach aufgehängt.

Am Gernsberg

Erzgrube

Vom Schloß aus, links an dem dortigen Felsen vorbei, führt der Sagenweg weiter Richtung Müllenbild. An einem Grillplatz mit Schutzhütte macht der Wanderer einen Abste-

Schon vor hundert Jahren fuhr ein Omnibus über die Schwarzwald-höhen zwischen dem Murg- und dem Oostal. Unterwegs kommt man durch eine unheimliche Gegend, in der nachts ein Gespenst ohne Kopf umgehen soll.

cher nach rechts; von dem kleinen Weg geht bald nach links ein schmaler Pfad ab, und schon öffnet sich der Berg – dies ist die alte Erzgrube, auch Eisengrube. Wie man aus alten Urkunden weiß, konnten aber wegen ihrer Sprödigkeit die Erze nicht verschmolzen werden, und der Grubenbau wurde schon bald wieder eingestellt.

Die kleinen Leute im Berg

Vor vielen, vielen Jahren stand einmal eines Nachts ein unbekannter Mann vor dem Gernsbacher Stadttor, der verlangte in höchster Eile nach einer Hebamme. Eine gute alte Frau erklärte sich bereit, ihn zu begleiten; da wurde sie von dem Unbekannten eine Stunde lang in der Finsternis umhergeführt, so daß sie schließlich nicht mehr wußte, wo sie sich befand. Plötzlich führte der Mann sie in einen hohlen Felsen und in der Berg hinein, wo viele Lichter auf zahlreiche kleine Leute fielen, die jedoch kein einziges Wort mit ihr sprachen. Man brachte sie zu einer schwangeren Frau, und als die Geburt näherrückte, waltete die alte Frau mit Sorgfalt ihres Amtes.

Nachdem sie ihre Aufgabe erfüllt hatte, entlohnten die kleinen Leute die Hebamme mit einem Rheinischen Pfennig. Sie aber beschwerte sich über die geringe Anerkennung, sagte, sie sei eine arme Frau und verlangte ihren üblichen Satz von drei Batzen. Die kleinen Leute beließen es bei dem einen Pfennig und erklärten ihr, solange sie ihn be-

halte, werde ihr Geld niemals weniger, denn jedesmal, wenn sie Geld benötige, werde ein weiterer Pfennig im Sack liegen.

Schließlich gab sich die Frau zufrieden und wurde von dem unbekannten Mann noch vor Tagesanbruch nach Gernsbach zurückgeleitet, und wieder konnte sie den Weg nicht erkennen und wußte hernach nicht, woher sie gekommen und an welchem Orte sie gewesen war. Fortan aber hatte die Hebamme immer genug Geld in ihrer Tasche und führte nie mehr ein Leben in Armut und Bedürftigkeit.

Müllenbild

Weiter geht der Weg zur Paßhöhe Müllenbild. Ganz früher war dies eine wichtige Verbindungsstelle zwischen dem Murg- und dem Oostal; zahlreiche Wege führen hier zusammen.
Es ist eine unheimliche Gegend, denn nachts soll hier ein Gespenst ohne Kopf umhergehen. Aber auch andere wunderliche Dinge sollen hier schon geschehen sein.

Die drei Teufel am Müllenbild

Es war schon spät in der Nacht, als sich zwei Männer aus Beuern von Gernsbach aus auf den Heimweg machten. Sie waren in ausgelassener Stimmung, und so zog der eine von ihnen in jugendlichem Übermut seine drei Messer hervor, fuchtelte mit ihnen wild in der Luft herum und rief: „Heute könnte ich es mit drei Teufeln aufnehmen!"

Die beiden schritten forsch weiter, hatten bald die größte Strecke hinter sich gebracht und erreichten schließlich die verrufene Stelle „Müllenbild". Da deutete der Jüngere plötzlich auf einen bestimmten Punkt und sagte: „Schau, dort stehen drei!" Der Ältere konnte niemanden erkennen, sah aber auf einmal den anderen ellenhoch über dem Boden schweben und blitzschnell nach Gernsbach zurücksausen. Er eilte ihm hinterher, konnte ihn aber nicht einholen und schrie: „Um Himmels Willen, lauf, ich kann dir nicht mehr helfen!" Plötzlich stand sein Begleiter jedoch wieder neben ihm, und zitternd am ganzen Leib erzählte er ihm: „Die drei, die dort standen, waren gehörnte Teufel. Sie haben mich gepackt und fortgeschleppt, dann haben sie mein Gesicht zerkratzt, mich geschlagen und gewürgt. Ich muß mich vor ihnen schützen, und so will ich demnächst beichten gehen, denn das habe seit drei Jahren nicht mehr getan."

Heidenell

Dem Gasthof am Müllenbild gegenüber, auf der anderen Straßenseite, führt der Weg über den Hummelsberg zum Heidenell, auch Haidenell oder Heidernell. An einer Schutzhütte (Höhe 492 m) treffen mehrere Wege zusammen. Hier steht auf einer Tafel des „Gernsbacher Sagenweges" zu lesen:

Das Heidenell

Das Heidenell ist ein alter Flurname, dem die Menschen in den vergangenen Jahrhunderten eine eigene Deutung gaben. Der Ort soll nach den Heiden benannt worden sein, die an dieser Stelle einen Hof bewirtschafteten. Sie opferten unter einer alten Eiche den heidnischen Göttern. Aus einer Beschreibung aus dem 18. Jahrhundert ist der Ort Haiternell überliefert, das den Wortursprung haiter = heiter, klar in sich birgt. Doch diese Erklärung des Namens Heidernell ist lange nicht so spannend wir die Geschichte von den Heiden.

Vor vielen, vielen Jahren, als die Bewohner des Murgtales noch alle Heiden waren, stand dort oben ein alter Bauernhof, der von einer hohen Mauer umgeben war. Im Hof stand eine uralte mächtige Eiche, unter der die Leute zu ihren Göttern beteten und ihnen Opfer brachten. Nach und nach zogen fromme Christenmänner in das Murgtal, in seine Seitentäler und auf die Höhen und verbreiteten den neuen Glauben. Als schließlich bei der Klingelkapelle ein frommer Einsiedler seine Eremitage bezog, und die Bewohner der Gegend sich dem Christentum zuwandten, sind die Heiden schließlich fortgezogen, und kein Mensch konnte sagen, wohin.

Von dort saust zuweilen in stürmischer Nacht

Das wilde Heer

Wenn es Herbst wird, und die rauhen Winde durch das Tal fegen und durch die Gassen heulen, wenn sich in kräftigen Stürmen die Bäume biegen und die Blätter um die Dächer wirbeln, dann, sagt man, braust vom Heidenell her das wilde Heer durch die Luft über die Wälder und Dörfer. Um keinen Schaden zu erleiden, legen sich dann die Leute auf den Boden und warten und beten. Aber nicht jedes Jahr reitet das wilde Heer durch die Lüfte. Alte Menschen hört man sagen, wenn das wilde Heer käme, dann gäbe es Krieg.

9 Die „Perle des Murgtals"

Gernsbach

Im mittleren Murgtal liegt das romantische und geschichtsreiche Städtchen Gernsbach, die „Perle des Murgtals". Genrespach, wie es in seiner ersten urkundlichen Erwähnung aus dem Jahre 1219 genannt wird, war der Hauptort der Grafschaft Eberstein.
Bei der oberen Kirche stand einstmals eine kleine Burg. Sie war Sitz eines Gernsbacher adligen Geschlechts, der „Schenken von Gernsbach", das aber bereits gegen Ende des 13. Jahrhunderts ausgestorben ist. Schon im folgenden Jahrhundert wurde die Burg abgebrochen; aus der ehemaligen Burgkapelle entstand die gotische Liebfrauenkirche.
Bei einem Rundgang durch den historischen Ortskern von Gernsbach sind u.a. jene Liebfrauenkirche (14. Jh.), die Jakobskirche (1460) und das Alte Rathaus (1618) zu bewundern. In der Jakobskirche befindet sich ein Sakramentshäuschen, das dem künstlerischen Umkreis des Gerhaert von Leyden zugesprochen wird.
(Siehe auch: Kap. 13, *Das Kreuz des Meisters Nikolaus von Leyen*)

St. Anna-Statue

Vor dem Alten Rathaus ganz rechts ist eine kleine Statue zu entdecken, die hier im Jahre 1719 aufgestellt wurde,

Die St. Anna-Statue

Als wieder einmal der Schwarze Tod in Gernsbach wütete, wurde auch die Familie eines reichen Bürgers von der Pest heimgesucht. Die Tochter lag krank danieder, und der Vater war sehr traurig und verzagt, als er sie so dahinsiechen sah. In seiner Verzweiflung gelobte er, der heiligen Anna eine Statue zu errichten, wenn seine Tochter von der Pest geheilt würde.

Fast alle Mitglieder der Familie und der Dienerschaft erlagen der furchtbaren Seuche. Seine Tochter jedoch wurde wieder gesund, und der glückliche Vater löste sein Gelübde ein: er stiftete die St. Anna-Statue, die neben dem Rathaus aufgestellt wurde und heute noch dort zu sehen ist.

Das Gespenst des Zollbeamten Knorr

Damals, als die Welt noch in Ordnung war, tat im Murgtal ein Zollbeamter namens Knorr seinen Dienst. Er legte aber auf die Ware einen so hohen Zoll, daß es die Leute über die Maßen belastete. So kam es, daß er nach seinem Tod zur Strafe keine Ruhe findet und seither umgehen muß ohne eine Hoffnung auf Erlösung.

Nur in fruchtbaren Jahren zeigt er sich, dann aber vom Abendgeläute bis zur Frühglocke und in vielfältiger Gestalt. Mal zeigt er sich als Jäger oder altes Weib, mal als Bär, Stier oder Esel, sogar als großer schwarzer Hund mit mächtigen Feueraugen kommt er daher, als Bock, weiße Ziege, Katze, Gans, als große Schlange oder Wergbund.

Oftmals sieht man ihn in Gernsbach, wo er dereinst gewohnt hat, in den Gassen und auf der Murgbrücke, wo er allerlei Schabernack treibt und es liebt, die Leute zu necken. Wer ihm begegnet, sollte schweigsam an ihm vorbeigehen; nur so ist es möglich, sich seiner Gewalt zu entziehen.

Hält man sich nicht daran, kann es einem passieren wie der Gernsbacher Frau, der er sich als Esel über einen Waldpfad legte. Sie begann zu schimpfen und wollte ihn mit dem Fuß wegstoßen, aber er sprang ihr auf den Rücken, und sie mußte ihn bis an die Stadt tragen. Oder wie den Männern aus Hilpertsau und Obertsrot, die erst spät in der Nacht den Heimweg antraten; von ihnen hat er sich als Schaf und Hund auf dem Rücken tragen lassen.

Einmal hat ein Mann auf einer kleinen Brücke zwischen Gernsbach und Staufenberg ein Schwein gefunden, das dort allein umherirrte. Er wollte es packen und mitnehmen, aber plötzlich fand er sich im Wasser stehend wieder, und das Schwein war verschwunden.

Ein Nachtwächter aus Weisenbach, der seinen abendlichen Ausruf schon hinter sich hatte, kam am Pfarrhaus vorbei und sah dort ein Gebund Werg liegen. Als er es aufheben und unter seinen Rock stecken wollte, sah er, wie das Werg ein Paar Augen bekommen hatte. ‚Das kann nur der Knorr sein‘, dachte er sich und warf es eilig weg.

Auch auf der Hilpertsauer Brücke hat sich der Knorr als ein solches Gebund Werg sehen lassen. Wenn jemand über die Brücke kam, so wälzte es sich vor diesem hin und her. Ein kleines Haus, das früher an dieser Brücke stand, wurde das Knorrhäuschen genannt.

Am liebsten aber zeigt sich der Knorr doch in Tiergestalt. Als Katze rollt er sich manchmal den Leuten unter die Füße, so daß sie über ihn stolpern, oder er stellt sich den Leuten in den Weg; sobald sie ihm ausgewichen sind, ist er sofort wieder vor ihnen. Er läuft im Zickzack vor den Leuten her, führt sie in die Irre, teilt sogar Ohrfeigen aus, und manch einer hat sich schon in der Murg wiedergefunden.

Der Schatz bei Gernsbach

Vor vielen, vielen Jahren lebte in Gernsbach einmal ein Taglöhner, dem träumte einmal drei Nächte hintereinander, er

Fast alle Mitglieder der Familie eines reichen Bürgers erlagen der Pest. Seine Tochter jedoch wurde wieder gesund, und der glückliche Vater löste sein Gelübde ein. Er stiftete die St. Anna-Statue, die neben dem Rathaus aufgestellt wurde und heute noch dort zu sehen ist.

solle seinem Herrn, einem Gernsbacher Gutsbesitzer, einen bestimmten Acker im Gewann Entensee umpflügen. Dort sollen sich dann Mäuse zeigen, die er totschlagen müsse und sorgfältig aufbewahren, denn sie seien Silbermünzen.

Am Morgen nach der dritten Nacht befahl ihm sein Herr, der von dem Traum nichts wußte, den besagten Acker zu pflügen. Der Taglöhner nahm einen Jungen als Ochsentreiber mit, der sollte aber während der ganzen Arbeit nichts reden. Die beiden Männer pflügten also stillschweigend den Acker, und tatsächlich kamen viele Mäuse aus dem Boden, die der Ältere sofort totschlug, auf einen Haufen legte und mit einem Sack bedeckte.

Auf dem Weg durch die romantische Stadt sollte der Besucher achtgeben, daß kein unsichtbares Wesen mit ihm seinen Schabernack treibt; hier spukt nämlich das Gespenst des Zollbeamten Knorr.

Plötzlich blieb die Pflugschar stecken. Der Mann schaute nach, was der Grund sei, und fand sie im Ring eines Kessels, der bis zum Rand mit Gold gefüllt war. Ungeduldig, weil er immerzu anhalten mußte, rief ihm der Junge zu, er solle weitermachen, da sank der Kessel dröhnend in die Tiefe hinab. Der Taglöhner schalt den jungen Ochsentreiber ordentlich aus, aber als er nach dem Haufen Mäuse sah, stellte er zu seiner großen Freude fest, daß sie sich zu lauter silbernen Geldstücken verwandelt hatten.

Zwei Jahre später, am Vormittag des ersten Märztages, sah ein Mann, der bei dem Acker wohnte, an der Stelle, wo der Kessel versunken war, etwas Glänzendes liegen. Er dachte, dies könne nur der verborgene Schatz sein, und ging schweigend hinüber. Aber als er nun mit großen Schritten über den Acker ging, rief ihm plötzlich eine Frau zu, was er

denn da wolle, und augenblicklich war das Glänzende wieder verschwunden.

Katz'scher Garten

Auf der rechten Murgseite, in der Bleichstraße, liegt der Katz'sche Garten. In dieser parkähnlichen Anlage, einem Skulpturengarten, findet der Besucher ein altes Steinkreuz aus dem 15. Jahrhundert.

Das Kreuz mit dem Kegel

Zwei Ebersteiner Grafen vertrieben sich oft und gerne beim Kegelspiel die Zeit. So weilten sie wieder einmal in ihrem Lustgarten an der Murg und spielten, als sie plötzlich in einen fürchterlichen Streit gerieten. Einer beschuldigte den anderen des Falschspieles, und allmählich gerieten sie darüber so in Zorn, daß sie mit einem Kegel aufeinander losschlugen. Immer heftiger wurde ihr Kampf. Schließlich schlug der eine dem anderen seinen Kegel so kräftig ins Gesicht, daß dieser auf der Stelle tot niederfiel.

Zur Mahnung an dieses Verbrechen wurde ein steinernes Kreuz mit einem Kegel errichtet, das heute jedoch an einer anderen Stelle steht. In den heiligen Nächten zeigen sich dort überirdische Flammen, die aufeinander losfahren und sich heftig bekämpfen.

Klingelkapelle

Wer nach Süden das romantische Städtchen verläßt, sieht bald auf der rechten Seite *am Fuße des Schloßberges im Ausgang einer engen Talschlucht eine Kapelle aus rotem Stein in zierlichem Maßwerk erbaut; es ist die Klingelkapelle.*

Früher stand hier ein ärmliches Holzkirchlein, dessen rissige Balken und silbergraue Schindeln ein hohes Alter verrieten. Im winzigen Dachtürmchen hing ein Glöcklein, das gab früh und spät der Talschaft das Zeichen zu frommem Gebet. (37)

Die Entstehung der Klingelkapelle

Vor langer, langer Zeit wurde die Gegend um Eberstein von großem Gewürm, Ungeziefer und einem Drachen geplagt. Da beschloß der Graf, mit Hilfe der Einwohner eine Kapelle zu bauen, und tatsächlich ist daraufhin das Gewürm verschwunden. Die Grafen von Eberstein und ihre Frauen haben fortan dort ihre Andacht gehalten vor einem Marienbildnis, das in einen Eichenbaum geschnitten war. So ist die Kapelle „Zu unserer Frau zur Eiche" genannt worden.

Eine andere Geschichte erzählt von einem Mann, der einst an dieser Stelle einen wunderschönen Gesang vernahm. Nach langem Suchen fand er in einer hohlen Eiche ein hölzernes Marienbild, von ihm ging der schöne Gesang aus. Als man es auf das Schloß Eberstein brachte, stand es anderntags wieder in der Eiche, und sooft man es entfernte, gingen schwere Unwetter nieder. Also wurde es schließlich an seinem ursprünglichen Platz belassen. Über dem Baum erbaute man eine Kapelle und nannte sie nach dem singenden Bild „Klingelkapelle".

Die Klingelkapelle, auch Kapelle zum „Finsteren Klingel" oder „Klingele", wurde im Jahre 1500 auf Veranlassung einiger frommer Menschen erbaut und 1505 der Jungfrau Maria und anderen Heiligen geweiht. Das während der Reformationszeit in Verfall geratene Kirchlein wurde 1623 wiederhergestellt und das dortige Maria-

bild wenige Jahre später als wundertätig bezeichnet. Zu Beginn des 18. Jahrhunderts bewachte es ein frommer Waldbruder, denn das „Klingele" war eine vielbesuchte Wallfahrtskapelle geworden. Das jetzige neugotische Kirchlein hat 1852 Großherzog Leopold erbauen lassen.

Die Heidin im finsteren Klingel

In uralter Zeit, als noch mächtige Eichenbäume ihre Äste ausbreiteten und noch keine Holzflöße die Murg hinunterpolterten, hauste im finsteren Klingel, dort wo heute die Klingelkapelle steht, eine heidnische Wahrsagerin. Sie gewährte den Umwohnenden gerne Rat und Hilfe, braute aus vielerlei Kräutern heilsame Getränke und wurde von allen hochgeachtet und geehrt.

Langsam breitete sich auch in diesem entlegenen Tal das Christentum aus, und so mußte schließlich die Heidin vom finsteren Klingel weichen. Fluchend zog sie sich an die Ufer des Herrenwieser Sees zurück. Andere sagen auch, sie habe sich bei den Giersteinen in Bermersbach niedergelassen (s. Kap. 11). An der Stelle, wo sie einst ihr Domizil gehabt hatte, ließ sich ein frommer Klausner nieder; er stellte ein Kreuz aus Eichenholz auf und errichtete anstelle der alten Hütte eine Kapelle.

Die Klingelsage gibt uns die ersten Anhaltspunkte über Gernsbach. Mit Bestimmtheit darf angenommen werden, daß jene Klingelfrau in nachbarlicher Nähe der Hütten armer Waldmenschen gewohnt haben muß. Es müssen Leibeigene der alten Ufgaugrafen auf Ebersteinburg gewesen sein. (38)

Das Silberglöckchen

Dort, wo in heidnischer Zeit unter dem weitschattigen Dache riesiger Eichenbäume eine Wahrsagerin gehaust hatte, baute sich ein frommer Eremit eine Klause und errichtete daneben ein großes Holzkreuz.

In einer tiefen dunklen Nacht hörte der Klausner einmal eine seltsam wehklagende Stimme. Er zündete sich eine Kienfackel an und trat vor seine Behausung um nachzusehen, woher die fremdem Töne kamen. Da sah er unter einem Baum ein junges Mädchen sitzen, das war in ein so feines Gewand gehüllt, daß seine Reize nur halb verschleiert wurden. Das Mädchen war von großer Schönheit, lange dunkle Locken fielen über einen schneeweißen Nacken bis an die Hüften. Als der Mann nähertrat, sah er, daß die schöne Gestalt einen Stab in der Hand trug, in den waren allerlei Zeichen und Schriftzüge eingekerbt. Mit einer lieblichen Stimme sagte sie: „Die Nacht ist kalt, gewähre mir ein Obdach in deiner Hütte!"

Das gütige Herz des frommen Mannes war erfüllt von Mitleid, und gerne war er bereit, das arme Geschöpf bei sich aufzunehmen. Aber das Mädchen wollte ihm nur folgen, wenn er das Kreuz neben der Tür entfernte. Zutiefst erschrocken über diesen Wunsch wich der Klausner zurück, aber beim Anblick des schönen Mädchens begann sein Herz zu glühen, und um der Versuchung zu widerstehen, betete er leise und bat innig um Rettung aus dieser Gefahr.

Plötzlich erklang das silberhelle Geläute eines Glöckchens, und als er sich umsah, da war das verführerische Wesen verschwunden. Lange noch tönte das Glöckchen, und als er danach suchte, fand er es schließlich an einem Zweig im Gebüsch hinter seiner Klause, wo es sich von selbst hin- und herbewegte.

In großer Dankbarkeit erbaute der Klausner eine Kapelle aus Baumstämmen und Rinden, dort hängte er das Silberglöckchen auf. Bald zogen viele andächtige Pilger zu seiner Kapelle, die seit damals bis zum heutigen Tag den Namen „Klingel" trägt.

Später ist die Kapelle verfallen, aber ein Graf von Eberstein ließ das Kirchlein wieder herrichten. Fortan hat der Kaplan vom Schloß Eberstein dort seinen Gottesdienst versehen müssen, an dem die Grafen und ihre Familien jeden Sonntag teilgenommen haben.

Der Klausner von der Klingelkapelle

Einst kam ein graubärtiger, schweigsamer Mann ins Tal, von dem niemand wußte, woher. Er ließ sich neben der Kapelle als Klausner nieder und stand fortan den Leuten bei Krankheiten und anderen Sorgen mit Rat und Tat zur Seite.

Im Schloß wunderte man sich über seine Kenntnisse von der Reiterei und dem Waidwerk. Einmal, als im Schloßhof die Knappen im Speerwerfen wetteiferten, konnte er sich nicht zurückhalten, ergriff einen Speer und warf ihn mit solcher Wucht gegen das Tor, daß ihm dabei die Kapuze vom Kopfe fiel und eine lange Narbe sichtbar wurde. Eilig zog er die Kapuze wieder über und eilte zurück in seine Klause. Den erschrockenen Knappen erzählte der Waffenknecht daraufhin die folgende Geschichte:

Vor vielen Jahren nahm sich der verwitwete Graf Werner die schöne Elsbeth von Trifels zur Frau. Zur selben Zeit lebten zwei Junker auf dem Schloß, mit denen sich der Graf gerne beim Waffenspiel die Zeit vertrieb. Diese jungen Herren verliebten sich beide in die schöne Gräfin, und so blieb es nicht aus, daß aus großer Freundschaft bald glühende Feindschaft wurde. Eines Tages fand man einen der beiden an der Murg erschlagen in seinem Blute, der andere wurde seither nie wieder gesehen. Ein Pilger, der einmal auf dem Schloß weilte, habe von einem schwarzen Ritter erzählt, den er in der Fremde gesehen, und der sich nach seiner Heimat und nach dem Eberstein erkundigt habe.

Am Morgen nach dem Speerwurf im Schloßhof läutete plötzlich die Glocke der Kapelle von selber, und Mägde fanden den alten Klausner mit ausgestreckten Armen in seiner Hütte liegend. Er hat von da an nicht mehr gegessen und ist bald darauf gestorben.

Später erzählte eine Waldfrau, sie habe im Mondschein Wurzeln gesucht, da habe plötzlich das Glöcklein geläutet und sie sei zur Kapelle geeilt. *„Weil er doch aller Lust und Weltfreude abgesagt hatte, so hat ihn der Böse nachts in der Gestalt eines schönen Weibes versucht. Er kam ganz von Sinnen ob der Lieblichkeit, mit der das Frauenbild auf ihn zuschwebte. Weit breitete er die Arme aus, um ihr entgegenzueilen; da hat plötzlich das Glöcklein in der Kapelle geläutet. ‚Heilige Elsbeth,' hör ich ihn schreien. Da find ich ihn in der Klause mit ausgestreckten Armen und ganz vergeisterten Augen."* (39)

Die Klingelfrau

Bei der Klingelkapelle wohnte ganz früher, zu Beginn des 16. Jahrhunderts, auch einmal eine alte fromme Frau, deren Aufgabe es war, in dem Kirchlein nach dem Rechten zu sehen und es morgens auf- und abends abzuschließen. Eines Nachts, die Alte hatte sich gerade schlafen gelegt, klopfte jemand an ihre Tür. Als sie öffnete, sah sie einen alten Mann in einem langen weißen Gewand und mit einem langen weißen Bart. Er wurde von zehn kleinen Frauen begleitet, die wie Nonnen gekleidet waren und in der Hand eine Laterne trugen. Der alte Mann

KLINGEL - Kapelle.

In uralter Zeit, als noch mächtige Eichenbäume ihre Äste ausbreiteten und noch keine Holzflöße die Murg hinunterpolterten, hauste im finstern Klingel, dort wo heute die Klingelkapelle steht, eine heidnische Wahrsagerin.

bat um Einlaß, und die Schar trat paarweise in die Kapelle, legte sich auf den Boden, die Arme von sich gestreckt, betete und lauschte den Worten, die der Alte aus einem großen Buch vorlas. Nach einer Weile verließen alle das Gotteshaus, und der Mann schenkte der Schließerin einen Goldgulden. „Liebe Frau, lasset Euch diesen Gulden lieb sein und behaltet ihn wohl, denn Ihr werdet seiner noch bedürfen." Sie gingen den Ebersteiner Berg hinauf und sind schließlich verschwunden.

Tatsächlich kam bald eine große Hungersnot in das Tal, und als die Alte alle ihre Habseligkeiten für Brot verkauft hatte, besann sie sich des Guldens. Niemand kannte jedoch dessen Prägung, und so nahm man an, die Frau habe einen Schatz gefunden. Schließlich erzählte sie, was sich begeben hatte, und sie mußte unter Androhung der Folter versprechen, sofort Nachricht zu geben, sobald sich die Fremden wieder zeigen würden. Aber die Schar ist viele, viele Jahre lang nicht mehr zu der Kapelle gekommen.

Als der Türkenkrieg begonnen hatte und Graf Wilhelm von Eberstein in Ungarn weilte, klopfte plötzlich um Mitternacht der alte Mann wieder an die Tür der Schließerin. Die Alte von damals war längst gestorben, und eine andere Frau tat inzwischen den Dienst in der Kapelle.

Sie öffnete und sah drei Paar kleine Männlein und Weiblein in weltlicher Kleidung und zwei Männlein, die eine Leier trugen. Wieder legten sich die Paare mit ausgestreckten Armen in Kreuzform auf den Boden, derweil der Alte aus einem Buche las. Hernach legte er ihnen die Hände zusammen wie bei einer Hochzeit. Sie verließen die Kapelle, die zwei Männlein spielten auf ihrer Leier und die anderen Paare tanzten, und zwischen diesen liefen zwei kleine rote Schafe mit Glöcklein um den Hals. Jedesmal, wenn sich die Paare voreinander verneigten, verneigten sich auch die Tiere, und niemand sprach ein Wort. Nach einer Weile sind alle wieder auf den Berg verschwunden, aber diesmal haben sie keinen Gulden hinterlassen.

Sobald der Graf von Eberstein aus Ungarn zurückgekehrt war, erzählte man ihm von dem nächtlichen Besuch im Klingel. Er befahl der Schließerin, ihm sofort zu berichten, wenn die unheimliche Schar wieder auftauchen würde. Einige Tage später erschien der Alte wieder, diesmal allein, und tadelte die Frau; durch ihren Bericht habe sie der kleinen Gesellschaft sehr geschadet. Seit diesem Tage hat man von den Menschlein nichts mehr gesehen oder gehört.

Obertsrot

Am Fuße des Schloßberges, wo die Weinreben sich hochziehen bis zum Schloß Eberstein, liegt das malerische Dorf Obertsrot. Es wird als Ausbau der Burg 1377 erstmals urkundlich erwähnt und heißt 1437 noch „zu Ober zu Rode". Unweit der Brücke fällt dem Besucher der ungewöhnlich prächtige, zweigeschossige Dachreiter der St. Erhard-Kapelle auf. In dieser ehemaligen kleinen Gernsbacher Filialkirche – 1701 erbaut und 1751/52 erweitert – wurde bis zum Bau der neuen Kirche wöchentlich die hl. Messe gelesen.

Die Alten haben vielleicht noch von ihren Großeltern seltsame Geschichten aus diesem Dorf erzählt bekommen:

Das Borzhuhn

An langen Winterabenden, wenn das Feuer im Ofen prasselt und die Fensterscheiben geschmückt sind mit den schönsten Eisblumen, dann flattert das Borzhuhn um die Häuser, hackt mit seinem Schnabel an die Scheiben und glotzt hinein in die gemütlichen Stuben. Beim Anblick seiner feurigen Augen schrecken die Leute jedesmal zusammen, doch wenn sie den Namen Gottes anrufen, so ist das häßliche Tier sofort wieder verschwunden.

Die Alten im Dorf wissen, wer dieses Borzhuhn ist, denn sie haben es, als sie noch klein waren, von ihren Großvätern erfahren: Das Borzhuhn ist ein Zwerghühnlein ohne Schwanz, aber es ist doch eigentlich eine verwunschene Gräfin von Eberstein. Als diese noch lebte, hat sie sich jedesmal, wenn in Obertsrot ein Kind geboren wurde, von den Eltern unberechtigterweise ein fettes Suppenhuhn bringen lassen. Für diese Untat muß sie nun ewig büßen und flattert seither Jahr für Jahr als böser Geist umher.

Wenn die Tage kürzer werden, dann beginnt die Zeit, in der es alle Jahre wieder am Weinberg spukt. Am Abend sieht man ein geisterhaftes Licht im Wingert umherirren.

Von Obertsrot führt ein schmaler Weg über felsigen Grund zum Schloß hinauf; er heißt Kelterschorfel, denn in alten Zeiten stand hier einmal die Zehntscheuer, in deren unterem Teil sich die Dorfkelter befand. Darüber gab es den Fruchtspeicher, in dem der Fruchtzehnte und die Strohabgabe aufgehoben wurden.

Der Kelterknorr

ist wohl derselbe Knorr, dessen Gespenst auch in Gernsbach umgeht.

Einstmals, als noch oben auf ihrem Schlosse die Ebersteiner wohnten, stand ein Vogt in ihren Diensten, welcher in den Dörfern für die Grafen den Zehnten einziehen mußte, der hieß Knorr. Er plagte die Obertsroter Leute mit schweren Fronden, verlangte immer viel mehr Abgaben als nötig waren und betrog obendrein seinen Herrn.

Da geschah es, daß der Knorr plötzlich sehr krank wurde und so rasch starb, daß ihm keine Zeit mehr blieb, seine Untaten zu beichten und zu bereuen. Alle seine Schandtaten nahm er mit ins Grab und findet bis heute keine Ruhe.

Nachts muß der Kelterknorr als Tier im Dorfe umherirren, mal als Kalb, Hund oder Katze, auch als Geißbock und als Schwein hat man ihn schon gesehen, und besonders in der Adventszeit und in der Fastenzeit treibt er sich in den Gassen herum. Dann bleiben die Leute am liebsten im Haus, denn wer ihm begegnet, wenn es zwölf Uhr schlägt, dem setzt er sich auf den Rücken und läßt sich bis vor die Haustüre tragen. Erst wenn die Sonne aufgeht und ein neuer Tag erwacht, verkriecht sich der Kelterknorr wieder in seinem Felsen bei der Kelterschorfel.

Der Geist im Wingert

Wenn die Tage kürzer werden, das Laub der Bäume sich bunt färbt und die Felder abgeräumt sind, wenn die Trauben gelesen sind, der Wein gekeltert ist und der Most im Keller liegt, dann sitzen Vater und Mutter, die Kinder und Großeltern wieder um den warmen Ofen herum. Dies ist die Zeit, in der es alle Jahre wieder im Wingert spukt. Am Abend, wenn die Sonne hinter die Berge gesunken ist, sieht man ein geisterhaftes Licht im Wingert umherirren. Die Leute sagen, dies sei die Seele eines Mannes, der zu Lebzeiten etwas Böses getan habe.

Sehr lange ist es schon her - Obertsrot bestand nur aus einigen Bauernhöfen und war noch kein richtiges Dorf - da hat einmal in einer finsteren Nacht ein Bauer, dem sein Stück Land zu klein war, einen Zielstein versetzt und so seinen Nachbarn betrogen. Seit seinem Tode irrt er nun zur Strafe als Geist umher und findet keine

Ruhe. Mit einem Licht in der Hand, so sagt man, gehe er im Wingert umher und suche den Zielstein, aber bis heute habe er ihn nicht wiederfinden können.

Der Ackerbrunnenhof

In alter Zeit stand im Gewann Ackerbrunnen ein großer Bauernhof. Wie sein Besitzer hieß, weiß man heute nicht mehr, nur daß er aus Tirol hergewandert war und reich gewesen sein soll. Auch sei er ein guter Freund des Grafen von Eberstein gewesen. Viele Schweine durfte er in die Eichenwälder treiben und schickte dafür so manche fette Sau aufs Schloß hinauf.

Dann kam der große schlimme Krieg, der dreißig Jahr lang das Land verwüstete. Franzosen und Böhmen zogen ins Murgtal, nahmen den Bauern gefangen und schleppten ihn fort. Später kamen die Schweden, raubten alles Vieh und steckten Haus und Scheune in Brand. Wer noch am Leben war, floh in die Wälder oder zog weit fort. Als der schreckliche Krieg endlich ein Ende hatte, kam aber niemand wieder zurück, und so wurde der Bauernhof auch nie wieder aufgebaut.

Als einzige Reste fand man später bei Grabungsarbeiten alte Röhren, die nach dem Ackerbrunnen geleitet waren.

Antoniuskapelle

Westlich von Obertsrot steht auf einer Anhöhe auf der Südseite des Ätzenbachtales die Antoniuskapelle.

Das Heiligenbild an der Eiche

Wer weiß denn schon, wie lange es her ist, da wuchs dort, wo heute die Antoniuska-

pelle steht, eine mächtige Eiche. An ihrem Stamm hing das Bildnis des heiligen Antonius, zu dem die Gräfinnen vom Schloß jede Woche gepilgert kamen und beteten.

Eines Tages sollte die Eiche gefällt und ihr Stamm auf der Obertsroter Dorfsägmühle zersägt werden. Die Holzmacher vom Schloß kamen, um den alten Baum umzuhauen; sie sägten den Stamm am Boden ab, sie hackten, zogen und zerrten mit Leibeskräften, aber die Eiche wollte nicht umfallen. Schließlich nahm einer von ihnen das Heiligenbild vom Stamm, und mit Donnerkrachen fiel der Baum zu Boden. Das Bild aber ist seither verschwunden.

Viele Sommer und Winter gingen ins Land, da erbauten die Obertsroter Bürger an dieser Stelle eine Kapelle. Man schrieb das Jahr 1851, als man beschloß, daß jeder Bürgersmann 24 Kreuzer Baugeld zahlen solle, und so konnte am 22. Juli 1860 die Antoniuskapelle vom Gernsbacher Dekan feierlich eingeweiht werden.

Weisenbach

Von der Höhe grüßt in Weisenbach die Wendelinus-Kapelle; ihr heutiges Langhaus war einstmals der Chor einer 1494 erbauten Pfarrkirche. Das Dorf wird Mitte des 14. Jahrhunderts (1343/46) erstmals erwähnt als Wisembach.

Hochwand

Zwischen Weisenbach und Hilpertsau, *erhebt sich eine schroffe Felswand über der Murg, die Hohe Weng genannt. Früher führte ein Pfad über die Höhe. Jetzt ist er verschwunden.* (40) Ein Teil des alten Saumpfades an der Hochwand über die Steilwand ist noch begehbar: er zweigt nach den letzten Häusern im Norden von Weisenbach vom Panoramaweg Richtung Obertsrot nach rechts ab. Nach zwei bis drei Minuten schiebt sich dem Wanderer auf der rechten Seite ein kleiner Felsblock in den Weg, und wenn er sich diesen mit viel Phantasie anschaut, meint er, auf ihm den Abdruck eines Pferdefußes zu erkennen.

Der Huftritt auf der Hohen Weng

Vor langer Zeit, als noch unten in der Murg die Flöße mit Holländerholz und Schnittwaren polternd flußabwärts schwammen, saßen an einem schönen Sommertag im ‚Grünen Baum' in Weisenbach einige Holzbauer, Flößer und Säger bei lustigem Gespräch.

Plötzlich ging die Türe auf, und ein Fremder stand in der Gaststube. Er fragte nach einem Bett für die Nacht, bestellte sich ein üppiges Abendessen und setzte sich zu den anderen an den Tisch. Bis in die Nacht hinein bestellte er eine Kanne Wein nach der anderen, und alle Anwesenden waren seine Gäste. Beim Morgengrauen erst kamen die Männer, bezecht und kopflastig, zu ihren Frauen nach Hause.

Schnell hatte sich am anderen Tag herumgesprochen, was für ein reicher und spendabler Gast im Wirtshaus wohnte. Und am Abend saßen fast alle Weisenbacher Männer in der Gaststube, tranken auf das Wohl des Fremden und frönten dem Karten- und Würfelspiel. Das Essen und Trinken wurde jedem bezahlt, beim Spiel jedoch verloren die Männer ihren letzten Kreuzer.

Eine ganze Weile ging das so – inzwischen saßen die Weisenbacher schon tagsüber in der Wirtsstube – da kam das Gerücht auf, der Fremde müsse der leibhaftige Teufel sein. Hinkte er nicht, und war nicht unterm Tisch ein Pferdefuß zu erkennen?

Wie anderswo auch war den Weisenbacher Frauen diese Wirtshaushockerei alles andere als recht. Sie beschlossen, den Fremden aus dem Dorf zu jagen, bewaffneten sich mit Dreschflegeln, Sensen und Prügeln und drohten, den Störenfried dem Gericht zu übergeben.

Der Fremde sattelte sein Roß und machte sich auf den Weg über die „Hohe Weng" nach Gernsbach zu. Aber das halbe Dorf zog mit, um sicher zu sein, daß der Mann tatsächlich das Weisenbacher Gebiet verließ. Als sie den Felsen erreicht hatten, wurden die Weisenbacher durch ein talabwärts schwimmendes Floß abgelenkt, und der Reiter gab dem Pferd die Sporen, ein schreckliches Donnern und Krachen ertönte, Schwefelgestank erfüllte die Luft und der lange Zeit hofierte Zechkumpan war verschwunden.

Einer meinte später, er habe deutlich den Abflug des Fremden gesehen und auch das Schwänzlein, wie nur der Teufel eines habe. Der Abdruck des Pferdefußes aber ist heute noch für jeden zu sehen.

Au im Murgtal

Geht man durch Weisenbach am Zehnt- und Kelterhaus (erbaut 1792 als Fruchtspeicher) und auf der gleichen, linken Murgseite am historischen Wasserkraftwerk vorbei, erreicht man nach kurzer Zeit den malerischen Ortsteil Au im Murgtal. Auf der anderen Flußseite liegt die Schlechtau; von dort kam der Sage nach der erste Bewohner des Dorfes Au; 1433 wird es erstmals urkundlich erwähnt als „in der Auwe". Au war der letzte Ort im Murgtal, in dem noch Reben gepflanzt wurden, denn weiter talaufwärts wollten sie nicht mehr gedeihen.

Der Klosterschäfer

Es ist schon sehr, sehr lange her, da hütete ein Klosterschäfer seine Herde am Murgufer in der Schlechtau. Aber der Weideboden war schlecht, die Tiere fanden wenig Nahrung und wurden immer dünner. Der Hirte war sehr verzweifelt, denn er liebte seine Schafe und trug eine große Verantwortung.

In seiner Not begann er zu beten. Da erschien ihm ein Knabe, licht und hell wie ein Engel, der zeigte auf das linke Murgufer, dort sei besseres Weideland. Also brachte der Schäfer alle seine Tiere mit einem Kahn auf die andere Seite und sah, daß es dort so saftige Wiesen gab, wie er sie in seinem Leben noch nicht gesehen hatte.

Hier ließ er sich nieder, baute sich ein Häuschen und nahm sich übers Jahr eine Frau. Das neue Weideland hieß fortan „Die gute Au", und es entstand dort nach und nach ein Dorf mit fleißigen und fröhlichen Bewohnern, deren Stammvater jener Klosterschäfer sein soll.

10 Felsen und Seen rechts der Murg

Loffenau

Der staatlich anerkannte Erholungs-
ort Loffenau ist ein malerisches Dorf
mit zahlreichen Fachwerkbauten
und ein Ausgangsort für Wande-
rungen zum Großen Loch und zur
Teufelsmühle.

Großes Loch

Vom östlichen Ortsende führt der
Weg über den Bockstein in die
Schlucht des Großen Loches. Im
19. Jahrhundert sollen die Höhlen
dort oft Wilderern als Unterschlupf
gedient haben. Noch vor kurzer
Zeit konnte man über einen kleinen
Pfad zu den „Teufelskammern" gelangen, inzwischen besteht wegen
der fortschreitenden Erosion Ab-
sturzgefahr. Hier lebten dereinst

Die Priesterinnen
vom Großen Loch

Ganz früher einmal hausten in den Teufelskammern im Großen Loch Heilig-
priesterinnen. Sie hatten ihr Leben den
Göttern geweiht und lebten von der Welt
abgeschieden nach strengen Bräuchen und
Vorschriften. Drei von ihnen waren junge,

*Im Großen Loch gibt es eine Höhle, in der ganz
früher einmal zwei kleine Erdweiblein gewohnt
haben.*

frohgemute Mädchen, die sich gerne hin
und wieder beim Tanz mit den Dorfbur-
schen vergnügten, sich aber doch stets ihrer Pflicht erinnerten und pünktlich wieder
ihren Dienst antraten. Von Mal zu Mal sah
eines dieser Mädchen einen Burschen immer lieber, und auch er war der schönen
Tänzerin mehr und mehr zugetan. Eines
Abends stellte er, um den Abschied etwas
hinauszuzögern, die Uhr zurück, und so
kam es, daß die Priesterinnen nicht pünktlich zurückkehrten und somit gegen die
strengen Regeln verstoßen hatten. Das
mußte die Götter sehr verärgert haben,
denn am anderen Tage sahen die jungen
Burschen rotes Wasser den Bach herab-
fließen und wußten, daß sie die Mädchen
niemals wiedersehen würden.

Die Erdweible
im Großen Loch

Im Großen Loch gibt es eine Höhle, so
hoch wie ein Haus. Drei Säulen trennen
zwei Kammern ab, in denen ganz früher
einmal zwei kleine Erdweible gewohnt haben. Die waren sehr schön, ganz in Weiß
gekleidet und mit Pantoffeln an den Füssen. Einmal sind sie in die Spinnstuben
nach Loffenau gekommen, aber niemand
hat es gewagt, sie anzureden. Bei ihrem
zweiten Besuch, als sie wieder niemand
ansprach, standen sie auf und sagten:
„Hättet ihr uns was gesagt, so hätten wir
euch auch was gesagt", dann sind sie gegangen. Sie ließen aber einige Strohhalme
fallen, und als die Leute sie aufhoben,
sahen sie, daß sie aus schwerem Gold
waren. Seither sind die Erdweible nicht
wiedergekommen. Hätte jemand aus der
Spinnstube die Weible angesprochen, so
wären sie erlöst gewesen und hätten die
Leute reich und glücklich gemacht.

Einmal kam ein Mann an dem Großen Loch vorbei und sah plötzlich eines der Erdweible vor sich stehen. Das sagte zu ihm: „Du hast ja nichts an deinem Hut; wart, ich will dir einen Strohhalm darumbinden!" Aber der Mann erwiderte: „Was soll ich damit?" und wollte weitergehen. „Laß mich nur machen!" sprach das Erdweible. Es band ihm einen Strohhalm um den Hut, und als der Mann schließlich sein Haus erreicht hatte, sah er, daß sich das Stroh rings um seinen Hut in einen Goldreif verwandelt hatte.

Teufelsmühle

Über das Große Loch führen viele Wege hinauf zur Teufelsmühle auf dem Steinsberg. Zwischen den zahlreichen Felsbrocken trifft man auf eine kleine „Grabstelle" mit folgender Inschrift:

Des Teufels Grabrede

Hier liegt mein Weib, Gott sei gedankt.
Wie oft hat sie mit mir gezankt.
Drum lieber Wandrer rat ich dir,
geh schnell von dieser Stelle hier,
sonst steht sie auf und zankt mit dir.

Die Mühle auf dem Steinsberg

Niemand kann sagen, wie lange es schon her ist, da stand einmal in Weisenbach eine Mühle. Die lief sehr gut, denn die Murg führte genug Wasser und manchmal sogar zuviel. Als wieder einmal nach einem Hochwasser das ganze Haus voll Wasser stand, rief der Müller erbost: „Wenn nur der Teufel die Mühl' auf den Berg stellen würde!"

Plötzlich stand der Teufel vor ihm und bot ihm seine Dienste an. Noch vor Tagesanbruch wolle er die Mühle auf den Steinsberg gestellt haben, dafür müsse ihm der Müller aber seine Seele verschreiben. Anfangs war der Mann entsetzt, aber schließlich willigte er doch ein und unterschrieb den Vertrag mit einem Tropfen Blut. Sofort machte sich der Teufel ans Werk, und noch vor Morgengrauen war die Mühle fertig. Aber es fehlte noch ein einziger Stein, den ging der Teufel zu suchen, und als er ihn endlich gefunden hatte - krähte in Lautenbach der erste Hahn. Wutschnaubend warf der Böse den Stein auf das Dach, riß Balken und Wände ein und schleuderte sämtliche Steine weit in die Gegend.

Nichts blieb von der Teufelsmühle übrig als ein Haufen zertrümmerter Steine. Weil diese Steine den Berg seitdem bedecken, nannte man ihn früher den „Steinsberg", so wie es viele Alte in Loffenau heute noch tun.

Das Lied von der Teufelsmühle
(*Heinrich Filsinger*)

Es war einmal ein Müllersmann,
Der wollt ‚ne schönre Mühle han,
Klippediklapp.
„Und wenn der Teufel Bauherr wär,
Ich gäb mein staub'ge Seel drum her!"
Das Mühlrad geht schwipp-schwapp,
Klippediklapp, klippediklapp, klippediklapp.

Wer kommt, kratzfüßig wie zum Tanz?
Der mit dem Bocksgesicht und Schwanz!
Heijeijei!
„So unterschreib, bau'n auf dem Berg
Will ich das schönste Mühlenwerk,
Vor Tag und Hahnenschrei!"
Heijeijei, heijeijei, heijeijei.

Der Teufel schafft und schanzt wie'n Feind,
Da, als die Mühl schon fertig scheint,
Kikeriki,
Da kräht der erste Hahn im Tal
Und lacht der erste Sonnenstrahl;
Nun ist umsonst sein Müh!
Kikeriki, kikeriki, kikeriki!

Da packt den Teufel Teufelsschreck,
Er wirft den letzten Felsblock weg,
Rumpeldibumm!

Dann schmeißt das ganze Satanswerk
Vor Wut er über alle Berg,
Im ganzen Land herum,
Rumpeldibumm, rumpeldibumm, rumpeldibumm!
(41)

Da dies aber schon sehr lange her ist, und niemand mehr sich genau erinnern kann, ist es auch möglich, daß alles vielleicht ganz anders war. Vielleicht so:

❦

Die Teufelsmühle

Der Teufel wollte sich eine Mühle auf dem wasserlosen Gipfel des Steinsbergs bei Loffenau bauen, um darin jeden Tag einen Menschen zu zersägen. Gott erteilte ihm die Erlaubnis unter der Bedingung, daß er es fertigbrächte, täglich aus dem Tal drei Säcke Wasser zum Betreiben der Mühle unbeschadet heraufzubringen. ‚Nun, das ist keine Kunst,‘ dachte der Böse und willigte ein.

Schnell war die Mühle errichtet und der erste Ledersack mit Wasser hinaufgetragen, und auch der zweite Sack kam unversehrt oben an, beim dritten Hinaufgehen jedoch sprang dem Teufel plötzlich ein Hase über den Weg, worüber er so erschrak, daß er stolperte und hinfiel. Dabei platzte der Sack, und das ganze Wasser lief hinaus und dem Tale zu.

In ohnmächtiger Wut, da er das Menschenzersägen aufgeben mußte, begann er nun Felsenstücke zu zersägen, und einige davon liegen noch auf dem Gipfel, so der „Teufelsblock" mit einem tiefen Einschnitt. Von der Mühle ist nur noch der hufeisenförmige Platz zu sehen, auf dem sie gestanden hat, das „Teufels-Roßeisen". Aber an den Abhängen sind noch die „Teufelskammern" zu sehen, das sind sieben Höhlen, und der „Teufelskeller", ein Loch, in dem der Teufel seine Nahrungsmittel aufbewahrte. Ein Felsen, der von einem anderen überdacht wird, ist das „Teufelsbett", auf dem der Böse zu liegen pflegte und so seine Gestalt darin abdrückte. Auch ein anderer Stein in der Nähe hat eine Vertiefung, das ist des „Teufels Handscherben", ein Waschbecken.

War wirklich ein Hase schuld an dem Unglück des Teufels? War es nicht doch so, daß er von einem Engel überredet wurde, den Sack abzustellen, worauf dieser umfiel und alles Wasser herauslief?

Oder kam vielleicht ein Vogel und pickte ein Loch in den Sack, und als der Teufel auf dem Gipfel ankam, da war der Sack leer?

❦

Die Göttersteine auf dem Steinsberg

Es wird erzählt, auf dem Steinsberg sollen vor vielen, vielen Jahren Göttersteine gestanden haben, gewaltige unbehauene Säulen, wie man sie sonst im Lande nicht antreffen konnte. Als Sonnenkreuz aufgestellt, markierten sie die Mittags- und Mitternachtslinie und dienten zugleich als Sonnenuhr; an den Schatten konnte die Tageszeit und an der Länge der Schatten die Jahreszeit abgelesen werden. Als Orientierungshilfen für die Beobachtung der Gestirne waren andere Felsen im Kreis angeordnet. Inmitten dieser Anlage soll sich der Götterhain befunden haben; dort wurde unter freiem Himmel den Göttern gehuldigt.

Wie überall sonst wurde auch dieses Heiligtum von ausgesuchten Priestern betreut, deren Aufgabe sich von Generation zu Generation weitervererbte. Getrennt vom übrigen Volk lebte diese Sippe in der Nähe der Kultstätte, und man sagt, daß Loffenau die Siedlung dieser Priestersippe gewesen sei. Seit aber nach einem Erlaß Karls des Großen die heidnischen Kultstätten vernichtet worden sind, sollen heute die Steine auf dem Steinsberg nur noch als Reste der alten Anlage zu deuten sein.

Lautenbach

Im Lautenbachtal rechts der Murg liegt in reizvoller Landschaft das Dorf Lautenbach. Der Ort hieß urkundlich im 14. Jahrhundert Lutembach – hell tönender, lauter Bach – und war in früheren Zeiten eine Zollstätte gegen das württembergische Dorf Loffenau. Im Nordosten des Ortes steht auf der Höhe die „Illertkapelle". Von hier aus sind auf malerischen Wegen der Dachsfelsen, die Teufelsmühle und die steilen Felszinnen des Naturschutzgebietes Lautenfelsen zu erreichen. Wer den Lautenbach entlanggeht, sollte hin und wieder anhalten, still sein und lauschen; zuweilen ist hier ein seltsames Rauschen und Plätschern zu hören, aber meistens erst um Mitternacht: Das ist das „Bachdatscherle".

Dachsfelsen

Geht man von der Illerkapelle aus zur Teufelmühle hinauf, so sieht man bald auf der linken Seite den Dachsfelsen; hier soll es nicht ganz geheuer sein.

Das Hündlein mit den feurigen Augen

Die Mine, eine alte Frau aus Lautenbach, die täglich mit ihren Schweinen in den Wald ging, wußte von dem Spuk am Dachsfelsen zu erzählen:

Nachts schleicht oft ein Hündlein mit feurigen Augen im Wald herum, manchmal auch am hellichten Tage. Dies ist ein verstorbener Wirt aus Loffenau, über den man zu seinen Lebzeiten sonderliche Dinge vernommen hat. Als er nun gestorben war, und sein Sarg aus dem Hause getragen wurde, staunten die Leute nicht schlecht, als er plötzlich oben zum Speicher herausschaute und sagte, er habe nicht geglaubt, daß er einmal ein so schönes Leichenbegräbnis haben werde. Seit seinem Tod muß der Wirt umgehen; er ist aber später von einem Hördener Juden, der das Geisterbannen verstand, auf den Dachsfelsen gebracht worden, wo er noch heute als Hündlein mit feurigen Augen die Leute erschreckt.

Lautenfelsen

Der Lautenfelsen, der sich im Südosten von Lautenbach schroff erhebt, kann bestiegen werden, die Aussicht ist herrlich; und wer in den Felsen umherklettert, findet vielleicht

Die Erdweibleinshöhle vom Lautenfelsen

Vor langer Zeit wohnten in einer Höhle im Lautenfelsen Erdweible, von denen zwei sehr schön gewesen sein sollen. Sie kamen abends in die Spinnstube nach Lautenbach, und manchmal gingen sie auch zum Tanz. Nachts um zwölf Uhr mußten sie aber wieder auf dem Felsen sein, und so gingen sie stets schon vor Mitternacht weg.

Eines Nachts, beim Fortgehen, wurden sie von einem der jungen Burschen gefragt, was sie denn in ihren hinaufgebundenen Schürzen hätten, und eine der beiden antwortete: „Hättest du mich eher gefragt, hätte ich es dir gesagt."

Mit jedem Besuch gewannen die jungen Burschen die zwei schönen Erdweible lieber, und damit sie einmal länger blieben als sonst, beschlossen sie, sämtliche Uhren zurückzudrehen. Als die zwölfte Stunde nahte, wollten die Erdweible gehen, aber die Burschen meinten, es sei noch Zeit, und so blieben die Weible bis nach Mitternacht. Schließlich wollten sie doch heim und baten die Burschen, sie zu begleiten. Sie sollten aber, nachdem die Erdweible hineingegangen waren, am Felsen noch eine Weile warten, denn „fließt Blut heraus, so sind wir wegen der Verspätung umgebracht worden, kommt aber Milch, so ist alles gut".

Die Burschen taten, wie ihnen geheißen und warteten. Wie erschraken sie aber, als nach kurzer Zeit aus dem Stein Blutstropfen hervorquollen. Seither sind die Erdweible nie wieder in Lautenbach gesehen worden.

Es wird auch erzählt, die Erdweible seien ohne Begleitung heimgegangen. Vorher hätten sie ein Messer auf den Tisch gelegt und gesagt: „Wenn dieses Messer blutig wird, so sind wir wegen unserer Verspätung getötet worden." Am anderen Tag seien Blutstropfen an der Klinge gewesen und die Erdweible nie wiedergekommen.

Später einmal stiegen einige junge Burschen mit einer Leiter in das Loch im Lautenfelsen. Neugierig waren sie lange schon und wollten nun endlich erkunden, was es denn dort drinnen zu sehen gäbe. Der Bursche, der voranging, wurde übermütig, und noch ehe sie am Ende des Loches angelangt waren, rief er laut: „Heraus mit dem Gold!" Plötzlich begann es drinnen fürchterlich zu pfeifen. In größter Eile ergriffen alle die Flucht und haben nie mehr versucht, in das Loch im Lauterfelsen einzusteigen.

Rockertfelsen

Im Süden von Lautenbach führt ein sehr schöner Weg hinauf zum Rockertkopf und den Rockertfelsen. Wer dort hinaufgeht, sollte sich des öfteren umsehen, denn hier geht jemand um:

Das Rockertweiblein

Es ist schon sehr lange her, da wohnte einmal auf dem Schloß eine Gräfin von Eberstein, deren Mann schon vor einer Weile gestorben war. Oft saß sie an ihrem Fenster und ließ den Blick über den Rockertwald jenseits der Murg wandern, und je öfter sie das tat, um so mehr sah sie den Wald als ihr Eigentum an. Dieser gehörte jedoch den Gemeinden Scheuern, Hilpertsau und Reichental, und so kam es zu einem Rechtsstreit. Vor einem Gericht von Grafen und Rittern sollte die Gräfin schließlich beschwören, daß der Wald ihr Eigentum sei. Da sie sich keines Meineids schuldig machen wollte, griff sie zu einer List.

In den Federbusch ihrer Haube versteckte sie einen Löffel, einen sogenannten Schöpfer, in die Schuhe tat sie Erde aus ihrem Burggarten und schwur dann vor Gericht: „So gewiß der Schöpfer über mir ist, so gewiß stehe ich auf eigenem Grund und Boden!" Da ward ihr der Forst zuerkannt, aber sie starb nach wenigen Tagen. (42)

Seither geht sie zur Strafe für ihr Unrecht als Rockertweiblein in der Gegend um. Manchmal sieht man sie in einer vierspännigen Kutsche, aber gewöhnlich geht sie zu Fuß. Mit einem großen Schlüsselbund, ganz in Schwarz gekleidet mit einem Rock und einem Mieder aus Seide und mit einer Haube aus Samt mit einem schwarzen Federbusch, durchstreift sie allnächtens den Wald. Sie wird von vielen Hunden begleitet, mit denen hetzt sie das Wild, aber oftmals hört man sie auch wehklagend „Hu, hu!" schreien.

Andere wiederum sagen, das Rockertweible komme in ganz zerlumpten und zerfetzten Kleidern daher, trage ein großes Gebund Schlüssel am Leibe und mache oft ein Geräusch, als wenn eine Mühle klopfe. Dies Klopfen aber solle immer anzeigen, daß ein fruchtbares Jahr bevorstehe.

Von manchen seltsamen Begegnungen wird berichtet: So saß einmal in Scheuern an einem Abend ein Mann am Fenster und band Weiden. Plötzlich erschien das Rockertweiblein mit einem großen Schlüsselbund und mehreren Hunden, denen es zurief: „Hu, dock! Hu, dock dock dock!" Da warf der Mann eine Weidenrute aus dem Fenster, das Weib band sie sich um den Leib und verschwand.

Es war schon spät in der Nacht, als sich ein Obertsroter Schneider von Lautenbach kommend auf den Heimweg machte. Auf einmal hörte er die Gräfin rufen und begann, wohl um sich Mut zu machen, sie zu beschimpfen. Sogleich packte sie ihn am Arm und zerrte ihn durch Hecken und Gebüsch auf den Lautenfelsen. Bis zum Morgen mußte der Schneider dort ausharren und warten, bis endlich Leute vorbeikamen und ihn herunterholten.

So ist es auch einmal einem Wilderer ergangen. Die ganze Nacht lang hatte es geregnet, und es war noch dunkel, da machten sich drei Wilderer ein Feuer, um ihre nassen Kleider zu trocknen. Als das Rockertweiblen erschien, rief einer von ihnen: „Pack dich fort!" und schon wurde er ergriffen und fortgeschleift, bis Tagesanbruch ging es so, durch Dickicht und Gestrüpp. Weit vom Wald entfernt hat man ihn dann gefunden, ganz zerkratzt und ohnmächtig daliegend.

Wieder einmal saßen drei Wilderer um ihr Feuer im Wald, als sie ein wildes Jagen und Hetzen vernahmen. Plötzlich stand das Rockertweible vor ihnen mit drei Hunden, denen die Zunge aus dem Maul hing. Es stellte sich mit gespreizten Beinen über das Feuer, blickte hohnlachend auf die entsetzten Wilderer und ging wieder fort. Hernach fehlte dem einen der Hut, der andere vermißte sein Gewehr und dem dritten war sein Messer abhanden gekommen.

Ein Mann aus Gernsbach kam auf seinem Heimweg am Fuße des Rockertwaldes vorbei und sah das Rockertweible über eine Wiese jagen. Keck rief er: „Altes Schindluder, gib mir auch ein Stück von deinem Jagdrecht!", aber schnell wie der Blitz sprang er daraufhin in eine Heuscheuer, denn es hätte schlimm für ihn ausgehen können. Ein Dach über dem Kopf jedoch schützt vor bösen Geistern. Er blieb dort bis zum frühen Morgen, und als er die Scheune verließ, sah er davor einen Haufen ‚Beiner‘ von Wild und Vieh liegen; damit hatte das Rockertweible nach ihm geworfen.

Auch andere haben das Rockertweiblein beschimpft oder beleidigt; die wurden dann ins Wasser getaucht, oder das Weib setzte sich ihnen auf den Rücken und ließ sich den Berg hinauf und hinunter tragen. Und wenn sie keine Leute in ihrem Wald haben wollte, so machte sie nachts ein Feuer, daß den ungebetenen Gästen die Stiefel verbrannten.

Einmal sammelten zwei junge Mädchen Laub und Gras in ihre Körbe. Sie mußten sich viel bücken, und bald tat ihnen der Rücken weh. Da erschien plötzlich das Rockertweiblein und bot seine Hilfe an. Nur zu gerne ließen sich die Mädchen helfen, und so war die Arbeit schnell getan und die Körbe gefüllt. Frohgemut trugen sie ihre Last nach Hause, aber noch ehe das Jahr um war, sind beide Mädchen gestorben.

Manchen Wanderer hat das Rockertweiblein schon in die Irre geführt, aber vielen

Verirrten auch den richtigen Weg gezeigt. Nicht jedes Jahr läßt sich das Rockert-weiblein sehen, doch wenn, sagt man, soll es eine reiche Ernte geben.

⁂

In den Felsen lebte dereinst auch

Das Bergweiblein im Rockertfelsen

Einst wohnte in einer unterirdischen Kammer des Rockertfelsens ein altes Bergweiblein, das „Rockenweiblein". Es war mild und gütig, und wer sich sittsam benahm, dem hat es gerne geholfen. So ist einmal eine arme Frau, die viele Kinder hatte, vor Erschöpfung über ihrer Arbeit eingeschlafen, und als sie erwachte, sah sie, daß die ganze Arbeit getan war. Ein junger Bursche aus Lautenbach wollte heiraten. Er hatte aber seine ganzen Ersparnisse für die Pflege seiner Mutter verbraucht, war nun arm wie eine Kirchenmaus und wußte nicht, wie er das Geld für sein Hochzeitsmahl aufbringen konnte. Als das junge Paar nach der Trauung sein Haus betrat, da war der Tisch schon reich gedeckt, und die Hochzeit konnte fröhlich und mit vielen Gästen gefeiert werden.

Abends kam die alte Spinnerin aus der Felsenhöhle oft in die Spinnstuben der Landleute, gab ihnen Rat und Hilfe und unterhielt sie mit wundersamen Geschichten. Dabei ging die Arbeit noch schneller voran.

Unter den Mägden war ein junges Mädchen, das wollte mit dem Schloßgärtner Hochzeit halten, aber der Burgvogt auf Eberstein, ein harter und geiziger Mann, gab dazu nicht seine Einwilligung. Als die Magd wieder einmal bat und flehte, stellte ihr der Vogt eine Bedingung: Sie solle aus den Nesseln, die auf dem Grab ihrer Eltern wuchsen, ein Stück Leinwand spinnen, gerade

so groß für zwei Hemden. *„Das eine wird dann dein Brauthemd, und in dem anderen soll man mich einst begraben."* (43)

In großer Verzweiflung ging das Mädchen an das Grab und weinte bittere Tränen. Da erschien das Bergweiblein und versprach zu helfen. Es riß die Nesseln aus, setzte sich vor die Höhle auf dem Rockertfelsen und fertigte das Garn, und schon am Abend konnte die junge Magd ihrem Herrn die zwei Hemden überreichen. Der Vogt hielt sein Wort, er gab seine Zustimmung zur Trauung und versprach, das Paar in die Kirche zu begleiten. Am nächsten Morgen jedoch, als die Brautleute den Segen empfangen hatten und aus der Kirche traten, läutete für den Burgvogt die Totenglocke.

Was war geschehen? Der Vogt zog gleich das Hemd sich an,

Doch sinkt er schnell zusammen:
„Weh' dir, was hast du mir getan?
Dein Hemd brennt ja wie Flammen!"
...
So stirbt er, von der Glut verzehrt,
Mit gräßlichem Gebrülle,
An seinem Körper unversehrt
Blieb nur die Nesselhülle. (44)

Reichental

Viele kleine Bäche fließen in Reichental zusammen und als Reichenbach hinunter in die Murg. So hieß der Ort in seiner ersten Erwähnung Mitte des 14. Jahrhunderts denn auch Richental, Tal mit reichlich fließendem Wasser. Am schönsten erreicht man das kleine Dorf mit den zahlreichen, oft zweihundert Jahre alten Fachwerkhäusern, wenn man dem Kunstweg, der den Reichenbach begleitet, aufwärts folgt.
Vor langer Zeit lebte hier einmal

Die heldenhafte Hildegunde aus Reichental

Vor langer Zeit, es war um die Mitte des 14. Jahrhunderts, als die Macht und der Einfluß des Grafen Eberhard von Württemberg immer weiter um sich griffen, hatten mehrere Ritter und Herren den „Schleglerbund" geschlossen, um sich zusammen besser schützen zu können. Ihr Hauptmann war der stets fehdelustige Graf Wolf von Eberstein, der mit seinem Waffenbruder Wolf von Wunnenstein dem württembergischen „Rauschebart" manchen Schaden zufügte.

Nachdem Graf Eberhard im Jahre 1367 in Wildbad von den beiden „Wölfen" überfallen worden und beinahe ihr Gefangener geworden war, zog der Württemberger mit seinen Kriegern über die Schwarzwaldhöhen dem Schloß Eberstein zu und kam unbemerkt bis Reichental. Dort lebte auf einem Lehenshofe der kriegstüchtige Hademar der Ürzinger mit seiner einzigen Tochter Hildegunde. Als sich Graf Eberhard über den Rockertberg dem kleinen Dorf näherte, weilte der Ürzinger gerade auf dem Schloß, wo die Ritter und Herren Kriegsrat hielten und nicht ahnten, daß der Feind so nahe war.

Hildegunde, die allein im Hause geblieben war, erschrak, als sie plötzlich feindliche Reiter und Bogenschützen erblickte. So schnell ihre Füße sie tragen konnten, eilte sie durch den Wald auf das Schloß Eberstein und rief den sorglosen Männern entgegen, was sie gesehen hatte. Sofort sprangen alle auf, griffen zu ihren Waffen, zogen den heranstürmenden Kriegern entgegen, und schon bald konnte der Feind blutig zurückgeschlagen werden.

Vater und Tochter blieben auf dem Schlosse, wo Hildegunde die Verwundeten pflegte und die Sterbenden tröstete. Wolf von Eberstein, der die Jungfrau nun jeden Tag sah, war von ihrer Anmut und Tugend so angetan, daß er schließlich um ihre Hand anhielt.

Aber die Belagerer stürmten immer heftiger gegen die Burg, und mit Sorge sah man die Reste der letzten Lebensmittel schwinden. Da erschien Pfalzgraf Ruprecht als Friedensvermittler; als Graf Eberhard jedoch jeden Vorschlag zu einer friedlichen Lösung verwarf, zogen seine Verbündeten ihre Truppen zurück, und der Württemberger, allein zu schwach, mußte schließlich die Belagerung aufgeben.

Endlich sah nun Wolf von Eberstein die Zeit gekommen, sich mit der hochherzigen Hildegunde zu vermählen. Am Tage vor der Hochzeit aber erschien Wolf von Wunnenstein und forderte den Schleglerhauptmann auf, dem Württemberger das geraubte Vieh abzujagen, das dieser in Loffenau zurückgelassen hatte. Der Ebersteiner jedoch dachte nur an seine junge Braut und die bevorstehende Hochzeit und lehnte jeden Kampfeszug ab. Plötzlich trat Hildegunde hinzu und sagte, sie werde mitgehen und helfen, das zurückzuerobern, was dem Volk geraubt war; nachher könne das Fest um so fröhlicher gefeiert werden.

Tapfer kämpfte der kriegerische Haufe bei Loffenau, frisch fochten die beiden Wölfe und kräftig schwang der Ürzinger seine Streitaxt zu wuchtigen Schlägen. Da sah Hildegunde plötzlich, wie ein Feind seinen langen Speer gegen den Hauptmann stieß. Rasch warf sie ihr Pferd herum, fing den drohenden Stoß mit ihrer eigenen Brust auf und fiel schwer getroffen zur Erde. Wie ein Rasender stürzte sich da der Ebersteiner auf die Feinde, daß diese entsetzt zurückwichen und das Weite suchten.

Wolf von Eberstein schwor beim Anblick der Sterbenden, niemals ein andres Weib zu freien. Hildegunde fand ihre letzte Ruhe in der Kirche zu Gernsbach, und die Herren vom Schleglerbund gaben ihr das letzte Geleit. Der Graf blieb unvermählt und führte fortan ein unruhiges Leben, bis er schließlich 1395 in Muggensturm einsam und verlassen gestorben ist.

Orgelfelsen

Von der Fahrstraße nach Kaltenbronn führt links ein Seitenpfad in einen stillen, weltverlassenen Bergwaldwinkel. Aus den dunklen Schwarzwaldtannen schaut der steil aufstrebende Orgelfelsen *auf ein Wiesenland, das weit mit Gesteinstrümmern übersät ist. Von diesem Ort erzählen sich die Leute* (45) eine alte Sage:

Der Geldkessel beim Orgelfelsen

Ganz früher einmal sollen in einem Waldstück beim Orgelfelsen, das man „Klosteräcker" nennt, Güter gelegen haben, die zu einem Kloster gehörten. Ein Mann namens Klusterer hatte sich hier angesiedelt, der war sehr reich, aber niemand wußte genau, wie er diesen Reichtum erworben hatte. Als im Dreißigjährigen Krieg die Schweden einrückten, vergrub er all sein Geld beim Orgelfelsen, der damals noch recht unzugänglich war. Der verborgene Schatz mußte aber geraubtes Klostergeld gewesen sein, denn das Geld fand in der Erde keine Ruhe. Immer wieder zur Advents- und Fastenzeit zeigte es sich an der Oberfläche, und die Leute deuteten dies als ein Zeichen, daß das Geld wieder in die Hände armer Menschen gelangen müsse.

Es war in der Fastenzeit, als zwei Fuhrleute dort oben ihre Ochsen weiden ließen. Sie hatten von dem vergrabenen Geld gehört, und da einer von ihnen in der Christnacht geboren war und darum die Macht besaß, Schätze zu heben, hatten sie sich vorgenommen, in der kommenden Nacht nach dem Geldkessel zu graben.

Die Dunkelheit war hereingebrochen, still saßen die beiden Männer nebeneinander, und friedlich weideten ihre Ochsen am Waldrand. Als es schließlich aus dem Tale zwölf Uhr schlug, öffnete sich plötzlich die Erde, und ein großer Kessel mit Geld kam zum Vorschein. Sofort eilten die Fuhrleute herbei, um einen Holzbengel durch den weiten Kesselring zu stecken, da sahen sie zu ihrem Schrecken, daß die Ochsen auf die herrschaftlichen Wiesen gelaufen waren und dort großen Schaden anrichteten. Laut fluchend schickten sie sich an, die Tiere zurückzutreiben, da verschwand der Kessel mit Krachen und Tosen wieder in der Tiefe. Man sagt, das Geld sei seither für immer verschwunden, und kein Mensch werde es je heben können.

Die Tannen, welche an der Stelle wachsen, sollen silberne Spitzen tragen, und ein Forstwart erzählte einmal, zur Advents- und Fastenzeit würde es über dem Geldkessel von Goldkäfern wimmeln; wenn man sich ganz still verhalte, könne man aus der Tiefe das Rollen und Klingen der Goldstücke hören.

Auch wird von einer „Goldgrube" oder einem „Goldloch" erzählt. Im Jahre 1786 wurde nämlich in Reichental eine Quecksilber-Fundgrube aufgetan; das angefangene Bergwerk ist jedoch später nicht weiterbetrieben worden.

Hohlohsee

Vom Ortsende im Südosten von Reichental, an einer kleinen Kapelle vorbei, führt der Weg den Wanderer das Brunnwiesental hinauf und weiter ansteigend auf den Hohloh (979 m) mit dem Kaiser-Wilhelm-Turm und in das Naturschutzgebiet Hohlohsee. Auf Holzbohlenwegen gelangt man in diese reizvolle

Hochmoorlandschaft mit seiner seltenen Flora und Fauna.

Der Hohlohsee

Die Leute erzählen, das Wasser des Hohlohsees besitze geheimnisvolle Kräfte. Wer ein Säckchen mit sechs Steinen füllt und es ins Wasser taucht, soll hernach sieben Steine zählen können. Wirft man aber einen Stein ins Wasser, so verfinstert sich der Himmel, und ein fürchterliches Unwetter zieht über den See, der so heftig in Wallung gerät, daß sein Wasser mit Getöse über die Ufer tritt.

Wildseemoor

Vom Kaltenbronn her führt der Mannslohweg auf eine sumpfige Hochhebene, die von den Umwohnern „Moos" genannt wird. In dem mit Heidekraut und Torfmoos bekleideten Naturschutzgebiet Wildseemoor liegen der Hornsee und der größere Wildsee, durch den sich einstmals die Grenze von Baden und Württemberg gezogen hat.

Sagen vom Wildsee

Einst hielt man den Wildsee für unergründlich, und so beschloß der Herzog von Württemberg, die Wassertiefe messen zu lassen. Kaum hatte der Feldmesser jedoch sein Senkblei in den See herabgelassen, da dröhnte es laut aus der Tiefe: „Ergründest du mich, dann ersäuf ich dich!" Zutiefst erschrocken ließ der Herzog von seinem Vorhaben ab und machte sich eiligst mit seiner Begleitung von dannen.

Wieder machte sich der Herzog auf, die Seetiefe zu messen und fuhr mit seinen Leuten auf einem Floß zur Seemitte hinaus. Der Feldmesser ließ das Lot herab, aber so lange er auch den Faden abrollte – das Lot fand keinen Grund. Plötzlich begann das Floß langsam zu sinken; in größter Eile ruderten die Männer zurück und erreichten in letzter Minute das rettende Ufer.

Tatsächlich hat aber ein Herzog von Württemberg den See messen lassen, und so fand man heraus, daß er nicht mehr als 18 Fuß Tiefe hatte.

Sehr lange ist es schon her, da hausten in den Tiefen des Wildsees böse Geister. Nur in der Nacht trieben sie ihr Unwesen, bei Tag waren sie lediglich als schwarze Fische zu sehen.

Auch hörte man oft aus der Tiefe das lustige Musizieren eines Spielmannes, aber immer, wenn man es vernahm, ereignete sich in der Gegend ein schlimmes Unglück.

In stürmischen Nächten wird das Wasser des wilden Hornsees sehr ungestüm, und von seinem morastigen Grund sollen eigentümlich gurgelnde Töne aufsteigen. Ist das Wasser ruhig, so steigen beim Mondschein zarte Wasserjungfrauen ans Ufer. Sie tanzen im Schilf einen lieblichen Reigen, bis die Morgendämmerung sie wieder zurück ins Wasser schickt.

Vor langer Zeit wohnten im Wildsee Seefräulein, die sollen aber sehr schüchtern gewesen sein; sobald ein Mensch sich ihnen nahte, seien sie immer in den See gesprungen. Blieb man aber in einiger Entfernung, so habe man sie auf der Wasserfläche stehen sehen und lieblich singen hören können. Dennoch, so wird erzählt, seien die Seefräulein häufig an hellen Abenden in die Spinnstube nach Reichental gekommen, um den Leuten zu helfen und feine Fäden zu spinnen.

Einmal hütete in der Nähe des Wildsees ein Hirtenmädchen seine Tiere, als plötzlich ein fremder Herr in prächtiger Kleidung zu Pferd dahergeritten kam. Kaum hatte das Mädchen den stattlichen Reiter wahrgenommen, als es schreckensbleich mitansehen mußte, wie er spornstreichs auf den See zusprengte, und Mann und Roß in der Tiefe verschwanden. Nur den Federhut des Kavaliers hat die Hirtin hernach noch eine Zeitlang oben auf dem Wasser schwimmen sehen.

Auf dem Kaltenbronn wurde wieder einmal zur Jagd geblasen. Ein Edelmann, der auch zur Gesellschaft geladen wurde, war der Gegend unkundig und fuhr mit seiner vierspännigen Kutsche geradewegs in den Wildsee. Seither ist er verschwunden; nur noch sein Hut ist lange Zeit auf dem Wasserspiegel hin- und hergeschaukelt. Manche Leute sagen, sie haben ihn schon als „Wilden Jäger" in den Wäldern herumgeistern sehen.

Schöllkopf

Am südwestlichen Ortsende von Reichental beginnt ein sonniger Weg durch Streuobstwiesen, den man später nach rechts verläßt um hinaufzusteigen zum Großen Schöllkopf, auch Schellkopf; dort soll es spuken. Wer wartet, bis die Nacht hereingebrochen ist, sieht vielleicht

Das Licht am Schellkopf

Niemand weiß, wessen Geist am Schellkopf umgeht. Er trägt eine Lampe in der Hand, dessen Lichtschein unruhig hin und her wandert, aber niemals ist man der Erscheinung nähergekommen.

Einst hatte ein Weisenbacher einen Grenzstein versetzt, und Grenzverletzer finden, wie man weiß, keine ewige Ruhe. Vielleicht ist er es, der jetzt in manchen Nächten als ruheloser Geist umgehen muß.

Das Licht kann auch die Seele eines französischen Soldaten sein. Dieser hatte dereinst die deutschen Stellungen ausspionieren wollen und ist erschossen worden.

Ein anderer Soldat, er kam aus Hilpertsau, hatte großes Heimweh und ist deshalb fahnenflüchtig geworden. Mag sein, er findet als Deserteur bis heute dort oben keine Ruhe.

Etwas Genaues weiß keiner. Nur die älteren Leute hätten anscheinend gewußt, was es für eine Bewandtnis mit dem Licht habe. Sie hätten sich aber immer darüber ausgeschwiegen.

„Es ist halt eine dunkle Geschichte mit dem Schellkopflicht", sagte einmal der alte Besenbinder vom Hinterdorf. (46)

11   Rund um Forbach

Langenbrand

Im oberen Murgtal liegt auf der rechten Murgseite das Dorf Langenbrand, das urkundlich erstmals 1339/40 als Langenbrande – langgestreckter, durch Feuer gerodeter Ort – erwähnt wird. Es wird vermutet, daß die Pfarrkirche aus einer Burgkapelle des 11. Jahrhunderts entstanden ist.

In einem Langenbrander Gasthof saßen vor einiger Zeit einige Männer aus dem Ort am Stammtisch und sahen sich ein Fußballspiel an. Als es geendet hatte – die Leute waren mit dem Ergebnis sehr zufrieden und hockten noch ein Weilchen beisammen – war aus den Gesprächsfetzen folgendes zu hören: „Die Erdmännle tragen grüne Kappen und die Wichtelmännle rote." Dies ist eine wahre Begebenheit.

Vielleicht hat in diesem Gasthof auch der Schneidersepp gesessen, bevor er sich auf seinen Heimweg nach Forbach machte über die

Alte Landstraße

Die Alte Landstraße – man erreicht sie über die Alte Straße an der Kirche vorbei geradeaus weiter – führt von Langenbrand nach Gausbach den Hang entlang durch einen Wald, in dem ein Mann ohne Kopf umgehen soll. Diesen Weg ging einstmals auch

Der Schneidersepp von Forbach

Zu einer Zeit, als der Feierabend noch in Spinnstuben und Wirtshäusern verbracht wurde, ist der Schneidersepp einmal in Gernsbach zu lange vor seinem Glas gesessen. Es war schon stockfinstere Nacht, als er sich endlich auf den Heimweg nach Forbach machte; aber in Weisenbach bekam er doch noch einmal Durst, und so ging es schon auf die Mitternacht zu, als er gegen Langenbrand zukam.

Auf einmal hörte er ein unheimliches Heulen, und ganz hell wurde es um ihn her. Vor ihm stand ein riesengroßer Hund, der war kohlschwarz, und aus seinen Augen schossen Blitze. Entsetzt rief der Sepp: „Alle guten Geister loben den Herrn!", da verschwand der Hund kläglich heulend, und alles war wieder dunkel.

Der Schneider machte sich eiligst auf den Weg, verzichtete auf jede weitere Rast und gelobte eine Wallfahrt nach Einsiedeln.

Ob der Schneidersepp die Wallfahrt je angetreten hat, wissen wir nicht, aber es wird erzählt, daß er wieder einmal sehr spät auf dem Heimweg nach Forbach gewesen sei. Die Dunkelheit hatte schon längst eingesetzt, und weil ihm vor dem wilden Heer grauste, das über ihn herfallen könnte, brauchte er in Langenbrand noch eine Stärkung. Wie er so vor seinem Schoppen sitzt, erzählt er dem Ochsenwirt von seinen Ängsten. Der tröstet ihn, Gott werde ihn schon beschützen, und bringt ihm noch ein Glas.

Mit zitternden Knien machte der Sepp sich schließlich wieder auf den Weg und kam bald an den Wald, in dem sonst ein Mann ohne Kopf umhergeht. Da begann es plötzlich in den Bäumen zu krachen, es blitzte und donnerte, Rosse brausten schnaubend durch die Luft und streiften den Sepp am Kopf, und von rechts und links gab es gehörige Ohrfeigen. „Vater im Himmel, verlaß mich nicht!" rief er angstschlotternd und fiel ohnmächtig in den Straßengraben.

Als der Morgen graute, war der Bäckeranton schon früh unterwegs. Er fand den Schneider erbärmlich zugerichtet, mit zerschundenen Händen und Füßen, und brachte ihn mit seinem Wägelchen zurück nach Forbach.

❦

Finsterklinge

Der Wald an der Alten Landstraße zwischen Langenbrand und Gausbach öffnet sich über eine kurze Strecke; diese Stelle, an der sich früher Äcker steil den Abhang hinunter zogen, heißt Finsterklinge; sie ist verzeichnet auf der Deutschen Grundkarte von 1996. Die „Hölle" und die spitzen Felsen, wie sie nachfolgend beschrieben werden, konnten trotz intensiver Suche im gesamten Felsengebiet nicht mehr ausfindig gemacht werden.

Die Finsterklinge

Zwischen Langenbrand und Gausbach, wo sich die Murg zwischen Felsen krümmt, ist die Finstere Klinge; die Stuhläcker ziehen von da bis an die „Hölle". Das ist eine ungeheure Öffnung, die sich tief in den Berg hineinzieht; wie weit sie hineingeht und wie es darin aussieht, hat noch niemand ergründet. Denn das Gewürm und Ungeziefer verwehrt den Eingang, und die bösen Geister treiben dort ihr Wesen und gehen aus und ein. Vor der Höhle stehen zwei mächtige Felsen mit vielen zackigen Spitzen fast grad in die Höhe; der eine ist ganz schwarz, als wenn er angebrannt wäre. (47)

❦

Der Schulmeisterfelsen

In Forbach lebte einst ein braver Schulmeister, der ging oft nach Gernsbach, um Besorgungen zu machen, so auch dieses

Mal. Weil er aber in Weisenbach noch einige Dinge zu erledigen hatte, schickte er seine Tochter schon mit dem Eingekauften nach Hause. Als er sich schließlich selbst auf den Weg machte, hatte die Betglocke schon geläutet. Inzwischen war es Nacht geworden, aber da er nicht an Geister glaubte, ja, sich bisweilen sogar lustig machte über manche Erscheinungen, von denen ihm berichtet wurde, ging er frohgemut weiter bis an den Langenbrander Berg. Bald hatte er die Wiese erreicht, die bis vor die Höhle an dem Felsen reicht.

Plötzlich wurde er schwebend in die Höhe gehoben und fortgetragen, immer weiter durch Dickicht und Gesträuch. Laut wollte er hinausschreien, aber die Kehle war ihm wie zugeschnürt. Einmal rutschte er, dann schien er wieder zu sitzen, weiter rutschte und schwebte er, bis er sich schließlich auf einem spitzen Stein wiederfand, auf dem er die ganze Nacht stehen mußte.

Als der Morgen graute, staunte der Schulmeister nicht schlecht, als er sah, wo er sich befand. Er stand auf dem hohen Felsen vor der Höhle, unverletzt mit Stock und Hut und wußte nicht, wie er dorthin gekommen war und erst recht nicht, wie er von dort wieder herunterkommen sollte.

Schließlich sah er Flößer die Murg herabkommen, die rief er um Hilfe an. Die Männer, verblüfft und verwundert, holten ihn endlich unter großer Gefahr mit hohen Leitern glücklich herunter. Später wurde der Schulmeister sehr krank. Nach seiner Rettung aber sprach er nie wieder gegen die Geister.

Der Felsen hieß seitdem der „Schulmeisterfelsen".

Ein pensionierter Lehrer erzählte unlängst, der „Schulmeisterfelsen" sei nördlich von Langenbrand zu finden: Wenn man den kleinen Fußweg hinter dem Friedhof an der Murgseite entlanggeht, sieht man zwei

War jemand noch spät auf dem Heimweg und mußte bei Dunkelheit durch den Tunnel, so konnte es ihm geschehen, daß, wie von gespenstischer Hand gestreut, Sand auf ihn herniederrieselte.

nur kurz voneinander entfernt stehende Felsen, die steil hinunterreichen bis an die tief unten liegende Murg.

Alter Tunnel

Wer zu Beginn oder am Ende der Tennetschluchtbrücke ein wenig abseits geht, entdeckt bald die Eingänge zu einem alten Tunnel, durch den damals, vor dem Bau der Brücke, die Murgtalstraße führte. Hier, so wird erzählt, soll ein Schulmeister herumgeistern.

Einst soll ein Lehrer in die Felsen an der Murg geraten und verunglückt sein; seither geistert er dort als schwarzer Mann herum. Als der Tunnel noch durchfahren wurde, schreckte er nachts die Pferde, die mit Langholz das Tal herabfuhren, und war jemand noch spät auf dem Heimweg und mußte bei Dunkelheit durch den Tun-

nel, so konnte es ihm geschehen, daß, wie von gespenstischer Hand gestreut, Sand auf ihn herniederrieselte.

Diese Spukgeschichte lehnt sich gewiß an die Sage vom Schulmeisterfelsen an.

Gausbach

Als das Dorf, heute ein Ortsteil von Forbach, im 14. Jahrhundert erstmals erwähnt wurde, nannte man es Gauchspach, das sich von dem althochdeutschen „gouh" = Kukkuck und „pach" = Bach herleitet. In Gausbach lohnt sich ein Gang durch den Ort entlang der Murgtalstraße, die interessant gestaltet ist mit einer Reihe von Brunnen, Kruzifixen und Skulpturen.

Sagenweg

Wer nach dem Rathaus hochsteigt zur Festhalle, kommt später zum Ausgangspunkt des Sagenweges im Kauersbachtal, der an einzelnen Stationen mit Installationen des Künstlers Rüdiger Seidt zu Gausbacher Sagen vorbeiführt.

Der Hexenbesen in der Ringwiese

Vor langer Zeit wurde Gausbach von unheimlichen Erscheinungen heimgesucht. Oftmals, bei Vollmond, verfinsterte sich plötzlich der Himmel, ein starker Wind kam auf, und ein seltsames Rauschen und Heulen war zu hören. Das waren die Nächte, in denen sich die Hexen und bösen Geister auf der Ringwiese, im „Ring tanzender Hexen" trafen. (alter Name für die Wiese)

Das Kapellele

In Gausbach lebte einmal ein kleines Mädchen, das hatte mit drei Jahren sein Augenlicht verloren und war darüber sehr traurig. Jeden Tag beteten seine Eltern zu Gott, er möge die Augen wieder sehend machen, auch unternahmen sie viele Wallfahrten in der Hoffnung auf Heilung ihrer kleinen Tochter. Eines Tages ging das Mädchen mit seiner Großmutter zum Brückwald hoch, und an einer Stelle, dort wo man weit ins Tal schauen kann, erlangte die Blinde plötzlich ihr Augenlicht zurück.

In großer Dankbarkeit stellten die Eltern dort ein Kästchen mit dem Bild des hl. Antonius auf, und mit der Zeit wurde darin so viel Geld gesammelt, daß die Spende für den Bau einer kleinen Kapelle reichte. Nach dem Tod der Eltern ist sie aber doch nach und nach verfallen.

Die Geschichte vom Mayer-Ernst

Der Mayer-Ernst hatte sich einmal in Gernsbach neue Schuhe gekauft und befand sich nun spät in der Nacht auf seinem Heimweg. Der Weg führte ihn durch einen dunklen Wald. Er war sehr in Eile und fürchtete sich auch ein wenig, aber nur ein wenig, und seine Schritte wurden immer größer und schneller. Plötzlich erschien ein kleines, schwarzes Männlein, das griff ihn an, und der Mayer-Ernst hatte große Mühe, sich seiner Haut zu wehren. Schließlich entkam er doch der unheimlichen Erscheinung und erreichte atemlos aber glücklich sein Zuhause. Als er dort angekommen war, sah er zu seinem Entsetzen, daß er statt seiner neu gekauften Schuhe tatsächlich Kuhglocken auf seinem Rücken trug.

Die Zielsteine oder Das Gespenst von Gausbach

Es lebte einmal in Gausbach ein Bauer, dem war sein Acker zu klein, um Frau und Kinder ernähren zu können. In seiner Not wußte er nur einen Ausweg: Er machte sich eines Nachts auf, versetzte einen Grenzstein und erhielt so ein größeres Feldstück.

Bald darauf aber starb der Mann, und wie es bei solchen Vergehen üblich ist, mußte er von nun ab in der Gegend umgehen. Jeden Abend, wenn die Betglocke geläutet hatte, ging er über den Acker, schleppte dabei den Grenzstein und rief ganz jämmerlich: „Sag mir, wohin ich ihn setzen soll!"

Die Nacht war schon hereingebrochen, als sich der alte Mayer-Hans, der in Forbach einen über den Durst getrunken hatte, auf den Heimweg nach Gausbach machte. Von weitem schon hörte er das Klagen und Stöhnen: „Sag mir, wohin ich ihn setzen soll!" Vom Wein benebelt und furchtlos rief er zurück: „Setz ihn dorthin, woher du ihn genommen hast!" Da stand plötzlich das Gespenst vor ihm, sagte ganz erleichtert: „Gott sei Dank, jetzt hast du mich erlöst!" und ist seither nie wieder gesehen worden.

Bermersbach

Hoch über dem Murgtal liegt der Forbacher Ortsteil Bermersbach; das Dorf wird im Jahre 1386 erstmals als „Bermgerspach" erwähnt. Die Leute nennen es aufgrund seiner schönen Höhenlage auch das „Dorf am Himmel".
Nach einem Bericht aus dem Jahre 1767 soll unterhalb des Dorfes eine zerfallene Erzgrube gewesen sein, das „silberne Loch"; dort, sagt man, sei in früheren Zeiten nach Silbererz gegraben worden.

Zur Beschwörung böser Geister

In Bermersbach wurden vor dreißig Jahren in einem alten Haus beim Instandsetzen der Fachwerkinnenwände zwei vergilbte, verwitterte Schreiben gefunden, die der Zeit zwischen 1750 und 1800 zugeordnet werden konnten. Man vermutet, daß es sich hierbei um einen sogenannten „Zaubertext" handelt.

In Zeiten großer Nöte - Krankheiten und Viehseuchen, Unruhen und Diebereien, Feuersbrünste und Plündereien - besonders nach dem Dreißigjährigen Krieg, hat man in ländlichen Gebieten Schreiben verfaßt mit Beschwörungsworten und Haussegen; sie sollten vor Krankheit, Unbill und bösen Geistern schützen. Die Leute trugen diese Zettel entweder am Kör-

per, oder sie mauerten sie im Hause ein, legten sie unter die Türschwelle und ins Hausgebälk in Speicher und Stallung. Auf einem der erwähnten Schreiben steht, ins Hochdeutsche übertragen, zu lesen:

Ein Segen für das Stehlen!

Bind, bins, heiliger Hiteris all diejenigen, die mir mein Sach stehlen oder nehmen; bin, bind sie mit Gottes Band, daß keiner von denen weitergehen kann. Da soll er stille stehn als wie ein Stock, daß er dareinschaut wie ein Bock. Der Himmel ist ... Hut der Erdboden sein ... und der größte Baum im Wald sein Stab. Da soll er stille stehn und nicht davon gehen können, bis ich ihm Urlaub gebe, bis er zählen kann die Stern am Himmel, das Laub auf den Bäumen, den Sand am Roten Meer, da soll er stille stehn, bis ich ihm Urlaub geb. - Grund behalt du, was dein, und laß mir, was ist mein. Geh hin, wo du herkommen bist. (48)

Giersteine

Am östlichen Ortsrand von Bermersbach steht ein Kruzifix. Von dort führt ein Weg in östlicher Richtung zu seltsam geformten Felsbrocken; man nennt sie

Die Giersteine

Auf einem langgezogenen Bergrücken gegen das Murgtal, unweit von Bermersbach, steht eine eigentümlich geformte, verwitterte Felsgruppe aus drei Steinen, deren Vertiefungen, Einschnitte und Rillen zu vielen mysteriösen Deutungen Anlaß geben.

Lange wurde über die kultische Bedeutung und das Entstehen der Felsen gerätselt. 5000 Jahre sollen sie alt sein. Von einem Opfer- und Kultplatz einer Sonnenreligion ist die Rede und von einem „Koordinatenplatz" einer Sonnenwende-Station. Römer hätten hier Blutopfer dargebracht, aber auch Druiden als Priester der Kelten sollen hier geopfert haben. So sind im Volksmund noch Namen überliefert wie „Blutrinnen", „Opferkessel", „Teufelsstein", „Hexenstein" und „Druidensitz". Aber die Leute sehen die Steine, die früher auch „Kir- oder Kürsteine" genannt wurden, seit eh und je als Naturgebilde an, und auch für Geologen sind diese Steine lediglich eine natürliche Verwitterungsform des Granits.

Dennoch rankt sich eine alte Sage um diese seltsamen Steine.

Die heidnischen Opfersteine

Vor vielen hundert Jahren lebte „Am Klingel" in Gernsbach, wo heute die Klingelkapelle steht, (s. Kapitel 9) eine heidnische Wahrsagerin, die den Leuten mit Rat und Hilfe zur Seite stand und deshalb großes Ansehen genoß. Als aber die Lehre des Christentums auch ins Murgtal vordrang, nahm ein Missionar ihre Stelle ein, und die weise Frau mußte fliehen.

Sie wußte aber von einem Ort, an dem Priester des alten Glaubens auf einem von drei großen Steinen ihren Göttern Tieropfer darbrachten und unter einer mächtigen Eiche Gerichtstage abhielten. Dorthin zog sie sich zurück und verkündete fortan, daß die Götterwelt bald vernichtet und ein neuer Glaube die Herrschaft übernehmen werde.

Diese Weissagung machte den alten Priestern angst. Im Glauben, nun werde das Böse über sie kommen, ergriffen sie schließlich die Flucht und ließen die Opfersteine verwaist zurück.

Auch der Teufel soll sich bei den Steinen gegen das sich ausbreitende Christentum gewehrt haben. Als die Missionare und ihre Gefolgsleute das Tal heraufkamen, sei er auf den Steinen gestanden und habe versucht, seinen „Bannkreis" zu verteidigen. Weder List und Tücke, weder Drohungen noch schöne Reden hatten jedoch Erfolg. Der neue Glaube fand Einzug in die Herzen der Leute, und der Teufel mußte endlich unverrichteter Dinge von dannen ziehen.

Rote Lache

Von Bermersbach nach Baden-Baden führt der Weg über die Rote Lache, einer Paßhöhe zwischen dem Murg- und Oostal. „Lache" bedeutet ein Zeichen im Baum, auch Grenzzeichen; über die Rote Lache führt die Grenze zu Baden-Baden. Der Sage nach erhielt dieser Gemarkungsteil seinen Namen jedoch von jungem Blut, das einstmals hier vergossen wurde.

Die Sage von der Roten Lache

Niemand kann sagen, wie lange es schon her ist, da lebte einmal im Dorfe Bermersbach ein hübsches Mädchen, von allen nur „die schöne Hanne" genannt. Hanne liebte den Nachbarsohn Rudolf, und Rudolf liebte die Hanne, und auch als sie sich trennen mußten, weil der junge Bursche nach Baden ging, um das Metzgerhandwerk zu lernen, hatten sie sich nicht vergessen. Immer, wenn Rudolf ins Murgtal mußte und sein Weg ihn über Bermersbach führte, war es für beide ein kleines Fest.

Eines Tages brachte er seinen Kameraden Rupert mit, dem die hübsche Hanne auch gefiel. Auf dem Rückweg neckte er Rudolf: Das Mädel sei verliebt in ihn und werde ihn wohl auch küssen. Rudolf war von der Treue seiner Liebsten jedoch fest überzeugt, und so willigte er in eine Wette ein: Wenn sie wieder in Bermersbach seien, solle er durch das Fenster schauen, dann werde er schon sehen, daß sein Schätzlein so treu nicht sei.

Hanne saß gerade im Kuhstall und melkte die Kuh, als Rupert zu ihr hintrat und Grüße von ihrem Schatz überbrachte. Das Mädchen freute sich sehr: „Ach, Rupert, grüße, küsse ihn von mir." Der Freund erwiderte: „Das mußt du mir erst zeigen, sonst kann ich es nicht machen." - Und so sah Rudolf durchs Fenster, wie seine Hanne kurzerhand dem falschen Freund einen Kuß gab.

Am Abend, als Rupert frohgelaunt den Pfad zur Höhe der Bergscheide hinaufstieg, trat plötzlich Rudolf mit einem Messer hervor. Nur der Mond konnte sehen, was dann geschah. Eine Blutlache gab hernach dem Ort den Namen „Rote Lache".

Der Zimmermeister von Forbach

Mehrere Tage lang hatte ein Forbacher Zimmermeister an einem Neubau in Lichtental gearbeitet, bis das Richtfest schließlich gefeiert werden konnte und der mit bunten Bändern gezierte Maien oben auf dem Giebel prangte. Der Bauherr zeigte sich in seiner Freude sehr spendabel, Bier und Wein flossen in Strömen, und auch unser Zimmermann mußte nicht zweimal gebeten werden, noch ein Gläschen zu trinken. So wurde es recht spät, bis er sich endlich auf den Heimweg machen konnte.

Sein Weg führte ihn über die Rote Lache, und wie er so einen Schritt um den anderen tat, hörte er auf einmal ein sonderbares Flügelschlagen und Rauschen in der Luft, ein Surren und Brummen. Plötzlich wurde er in die Luft gehoben, sauste über die alten Schwarzwaldtannen hinweg, und ehe er recht wußte, wie ihm geschah, fand er sich auf dem Dache seines eigenen Hauses wieder. Dort saß nun der ehrbare Zimmermann aus Forbach, hielt sich krampfhaft fest und rief jämmerlich um Hilfe.

Nicht lange, so kam seine Tochter heim, die noch fleißig in der Spinnstube gesessen hatte. Sie hörte ihren Vater rufen und war recht verwundert, als sie ihn an diesem ungewöhnlichen Orte sitzen sah. Schnell eilte sie zu den Nachbarn, und mit Hilfe einer langen Leiter wurde der Unglückliche schließlich wieder zurück auf den festen Boden der Tatsachen gebracht.

Kreuzbrunnen

Folgt man von der Roten Lache aus dem Weg mit der blauen Raute südwärts und biegt nach wenigen Metern links ab, so erreicht man bald den Kreuzbrunnen, früher auch Mannsbrunn. An diesem idyllischen Platz steht ein altes, schön gehauenes Sandsteinkreuz mit der eingemeißelten Jahreszahl 1755.

Das Kreuz im Mannsbrunn

Vor langer Zeit hatten die Bermersbacher dort oben im Gewann Mannsbrunn ein Weidegebiet, und in der Nähe des Kreuzes stand schon von alters her eine Viehtränke. Einmal - der Sommer war sehr heiß und trocken - trank ein Mann, den der Durst sehr plagte, in erhitztem Zustand von dem eiskalten Wasser, erlitt an Ort und Stelle einen Schlaganfall und wurde schließlich tot aufgefunden. Man sagt, das Gewann habe daher den Namen „Mannsbrunn" erhalten.

Es wird auch erzählt, in den fünfziger Jahren des 18. Jahrhunderts habe eine fürchterliche Viehseuche das Dorf und seine Umgebung heimgesucht. Inständig flehten die Leute zum Himmel um Hilfe, und in ihrer Not und Verzweiflung gelobten sie, bei Abwendung der Seuche oben auf der Waldwiesenweide bei der Roten Lache zum Zeichen ihrer Dankbarkeit ein Kreuz errichten zu wollen. Jedes Jahr wollten sie dort hinaufpilgern und reuig und in Buße dem Herrn danken. Ihr Flehen wurde erhört, und im Jahre 1755 lösten sie ihr Gelübde ein und errichteten das Kreuz, wie es heute noch zu sehen ist.

Tatsächlich grassierte in den Jahren um 1755 eine große Viehseuche, weshalb man Mönche des Klosters St. Mang in Füssen kommen ließ, welche das Vieh mit dem Wunderstab des hl. Magnus segneten. Noch bis zur Mitte des 19. Jahrhunderts sollen dort Dankprozessionen stattgefunden haben: Die Leute legten zur Buße ungekochte Erbsen in ihre Schuhe und pilgerten, Steine mit sich schleppend, den steilen und beschwerlichen Weg hinauf zum Kreuz am Mannsbrunn.

Lindel

Der Weg von der Roten Lache nordwärts heißt der „Arme-Sünderweg". Auf diesem alten Grenzweg, der über die Rote Lache nach dem Lindel und Heidenell hinüber zum Schloß führt, wurden früher alle Diebe und Verbrecher vor das Gericht auf Schloß Eberstein gebracht. Der Weg ist heute kaum mehr zu erkennen. Am besten erreicht man ihn vom Lindel aus, wo er zwischen den beiden Hauptwegen, die zur Roten Lache hinführen, geradeaus gen Süden führt; zahlreiche, zum Teil sehr alte Grenzsteine markieren seinen Verlauf.

Auf halber Strecke steht auf einem kleinen Steinhügel ein hohes schlichtes Steinkreuz ohne Sockel mit einer Madonnen-Nische unter dem Querbalken. An seinem Fuß ist die Jahreszahl 1703 zu erkennen. Hier soll einmal ein schlimmes Verbrechen geschehen sein.

Das steinerne Kreuz

Dreihundert Jahre ist es schon her, da kam jede Woche ein Metzgerbursche über die Grenze hinunter ins Murgtal, um dort Vieh einzukaufen. Jedesmal trug er einen prallgefüllten Beutel voll Geld bei sich. Man weiß nicht wie, aber ein Kaminfegergeselle aus dem Murgtal bekam Kenntnis von diesem kleinen Reichtum. Als wieder einmal eine Woche um war, und der junge Bursche mit seinem Geldsack frohen Mutes dem Murgtal entgegenwanderte, lauerte der Geselle ihm auf, versteckte sich hinter einem Baum, sprang im richtigen Moment hervor und erstach den ahnungslosen Viehkäufer. Er nahm das viele Geld an sich, versteckte den Leichnam in einem Gebüsch und machte sich von dannen.

Viele Jahre später, als der Kaminfeger ans Sterben kam, gestand er auf dem Totenbett seine böse Tat. Um die arme Seele zu retten, haben dann fromme Leute aus Obertsrot dort oben im Wald das Kreuz errichtet. Noch heute kann man die Jahreszahl 1703 erkennen; dies ist vielleicht das Jahr, in dem der Meuchelmord geschehen war, aber so ganz genau kann das heute niemand mehr sagen.

Die Geschichte vom Köhlerplatz

Früher einmal hatte sich auf dem Köhlerplatz beim Lindel ein Kohlenbrenner, der aus Bayern hergewandert war, eine armselige Hütte erbaut. Er hatte vom Markgrafen die Erlaubnis erhalten, dort oben Holz zu schlagen und baute nun auf diesem Platze seinen Holzkohlehaufen auf. Mit den Flößern wurde die Kohle bis weit ins Rheinland geschickt. Nach dem Tode des Alten betrieb der Sohn die Kohlenbrennerei weiter, aber da das Geschäft immer schlechter ging, löschte er bald den Kohlenmeiler aus und zog hinunter ins Tal zu den Flößern; viel mehr Geld konnte er dort verdienen und viel mehr sehen von der Welt als dort droben im Wald.

Heute erinnert nur noch der Name Köhlerplatz daran, daß es dort früher einmal Holzkohlenbrenner gegeben hat.

❧✦❧✦❧✦❧

Forbach

Der Luftkurort Forbach hieß 1360 urkundlich Vorbach – Forellenbach. Sein Wahrzeichen ist die imposante Holzbrücke über die Murg; sie wurde 1955 der alten Brücke von 1778 nachgebaut und soll die größte freitragende und überdachte Holzbrücke Europas sein. Einmal soll diese Brücke eines Nachts ganz plötzlich verschwunden gewesen sein.

Das unheimliche Gespann

Es war schon spät geworden und dunkel, als sich Berthold endlich auf den Heimweg nach Gausbach machen konnte. Die Arbeit beim ‚Kronenwirt' in Forbach war getan, er war müde und freute sich auf sein Zuhause. Wie erstaunt war er aber, als er an der Murg keine Brücke mehr fand, sondern an einem gähnenden Abgrund stand; und als er zurück wollte, so war auch keine Straße mehr da, überall nur ein schwarzer Abgrund –

Mit einemmal schwand der Boden unter seinen Füßen, immer weiter und weiter abwärts ging es mit ihm, dann hatte aber der Fall ein Ende, er hörte die Murg rauschen und rief entsetzt: „Nur nicht ertrinken!" – „Dös sollsch au gar nit!" sagte plötzlich jemand neben ihm, und er schaute sich erschrocken um. Da stand einer mit feurigen Augen und zwei Hörnern, der packte ihn, brachte ihn über die Murg und setzte ihn am anderen Ufer ab. Ganz benommen stand er da und hörte nur noch aus der Ferne ein dröhnendes Gelächter.

Berthold wagte nicht, einen Schritt vor den anderen zu setzen und war froh, als er einen Wagen kommen sah. Er rief um Hilfe, und der Wagen hielt. Aber wie schrecklich war das, was ihm nun widerfuhr: Unsichtbare Hände hoben ihn auf den Wagen, der in Windeseile davonraste, ohne daß ihm Pferde davorgespannt waren. Als die unheimliche Kutsche endlich hielt, wurde er wieder herausgehoben – aber da saß der arme Kerl plötzlich hoch auf dem Latschigfelsen und mußte in finsterer schauriger Nacht seinen Weg nach Gausbach suchen.

❧✦❧✦❧✦❧

Forbach als Zufluchtsort

In früheren Zeiten war Forbach fast unzugänglich. In der unwegsamen und abgelegenen Gegend gab es damals nur einen Reit- und Karrenweg, bis schließlich im Jahre 1795 die erste Straße vollendet wurde. In Kriegszeiten diente das Dorf wegen seiner großen Abgeschiedenheit als Zufluchtsstätte für die benachbarten Ortschaften.

Als die französischen Mordbrenner im 17. Jahrhundert in der Markgrafschaft Baden hausten, flüchtete die baden-badische Regierung nach Forbach, auch den badischen Prinzen brachte man zuerst nach der Burg Neueberstein und dann nach For-

Wie erstaunt war Berthold aber, als er an der Murg keine Brücke mehr fand, sondern an einem gähnenden Abgrund stand; und als er zurück wollte, so war auch keine Straße mehr da, überall nur ein schwarzer Abgrund.

bach in Sicherheit. Wenn feindliche Scharen in die Stadt Baden-Baden eindrangen, wählten die Klosterfrauen von Lichtental das abgelegene Dorf als Zufluchtsort, und als das französische Revolutionsheer in die Markgrafschaft Baden eindrang, flüchteten die Frauen und Kinder mit ihrem Hab und Gut in das damals ebenso schwer zugängliche Geroldsauer Tal und nach Forbach.

Zum Dank für die erwiesene Gastfreundschaft hat später die Stadt Baden-Baden auf dem Forbacher Kirchhof eine Kapelle errichten lassen.

Kapelle Mariahilf

Auf dem Weg zur Schwarzenbach-talsperre und zum Herrenwieser See liegt auf der Höhe hinter den letzten Häusern im Südwesten von Forbach

Die Kapelle Mariahilf

Als der Dreißigjährige Krieg über die deutschen Länder fegte und die Schweden immer näher vorrückten, geriet ein junger Forbacher Mann in große Bedrängnis. In seiner Not betete er an dieser Stelle inständig zur Jungfrau Maria und gelobte, im Falle seiner Rettung hier eine Kapelle errichten zu wollen. Auf wundersame Weise wurde er vor den schwedischen Soldaten gerettet. Der junge Mann löste sein Versprechen ein, und so wurde an dieser Betstelle eine kleine Kapelle errichtet.

Bald wurde diese Kapelle das Ziel ständig zunehmender Wallfahrten, und so mußte sie 1682 vergrößert werden. Seit 1914 zeigt sie sich in ihrer heutigen Gestalt.

Das Kreuz im Acker

Bedrohlich nahe war das schwedische Heer schon vorgerückt, und bald ging auch in Forbach große Angst um vor den brandschatzenden Horden. Tag und Nacht knieten die Leute betend vor dem Altar und flehten um Hilfe.

Eines Tages fand ein Mädchen, das seinem Vater bei der Feldarbeit half, auf einem Hügel im Acker ein steinernes Kreuz liegen. Erbost wegen des zerdrückten Korns warf es der herbeigerufene Vater in den Bach.

In den drei folgenden Nächten erschien dem Mädchen die Gottesmutter und zeigte auf den Hügel, und am Morgen danach lag jedesmal das Steinkreuz wieder an seiner alten Stelle. Als der Vater von diesem Traum erfuhr, beratschlagte er sich mit seinen Nachbarn. Dies könne nur ein Wink des Himmels sein, dachten die Leute und beschlossen, an dieser Stelle eine Kapelle zu errichten.

Schnell war der Bau vollendet, und schon bald konnte die Kapelle feierlich geweiht werden. Am Tag danach kamen Flüchtlinge aus dem Rench- und Bühlertal. Nur knapp seien sie dem Tode entronnen, erzählten sie. Bis auf die Hundseck habe der Schwede sie verfolgt, als plötzlich ein dichter Nebel niedergegangen sei, in dessen Schutz sie ungesehen sich haben retten können.

Die Nebelwand aber war in der gleichen Stunde erschienen, in welcher die Forbacher das Steinkreuz zur Kapelle getragen und gerufen hatten „Maria hilf!"

Herrenwieser See

Am Fuße des Seekopfs, nicht weit von der Schwarzenbachtalsperre entfernt, liegt auf einer Höhe von 830 m idyllisch inmitten der hohen Tannen, die sich auf seiner Wasseroberfläche widerspiegeln,

Der Herrenwieser See

Er ist ein Karsee, der wegen seines ökologischen Wertes und außerordentlichen landschaftlichen Reizes besonders erhaltenswert ist. Der See entstand mit dem Ende der letzten Eiszeit. Nährstoffarmes Schmelzwasser bildete in einer Hangmulde einen See, an dessen Ufer sich die Vegetation aus Moorpflanzen entwickelte. Die abgestorbenen Pflanzenteile bildeten im Laufe von mehreren tausend Jahren eine mächtige Torfschicht, die den See umgibt, und deren Oberfläche als Schwingrasengürtel zu sehen ist.

(Tafel der Unteren Naturschutzbehörde Landkreis Rastatt)

Der Herrenwieser See wird auch kleiner Mummelsee oder Hummelsee genannt. Man glaubt, es gebe eine unterirdische Verbindung zu dem großen Mummelsee, von dem er sein Wasser erhalte, und er gilt als unergründlich.

Ein Jäger schoß einmal an seinem Ufer ein Reh, das aber ins Wasser fiel. Am dritten Tage wurde es ganz zerquetscht an der Seebachbrücke wieder ausgestoßen. (49)

Man sagt, der Name des Sees komme von einer großen Wiese, auf der die badischen Markgrafen dereinst sich dem Tanz und dem Vergnügen hingegeben hätten, und die seitdem die „Herrenwiese" heißt.

Die Klosterfrauen vom Herrenwieser See

Einstmals soll am Herrenwieser See ein Frauenkloster gestanden haben, das sei aber plötzlich versunken. Seitdem sah man dort öfters am Ufer die Klosterfrauen sitzen, die wehmütige Lieder sangen. Näherte man sich ihnen, so sprangen sie ins Wasser und waren verschwunden.

Wenn in Herrenwies oder anderswo eine Hochzeit gefeiert wurde, kam auch immer eine der Klosterfrauen, und jedermann sah dies gerne, denn sie brachte der Braut Glück. Nie vergaß ein Bräutigam, einige Tage vor dem Fest an den See zu gehen und seine Einladung zu überbringen. Jedesmal tanzte die Nixe zierlich und fein, aber jede lehnte Essen und Trinken ab. Nie durfte man sie nach dem See fragen, jedoch sollte man sie pünktlich daran erinnern, wenn es zwölf Uhr schlug. Dann waren sie schnell verschwunden.

Als wieder einmal eine Hochzeit in Forbach gefeiert wurde und auf die Einladung hin wieder eine Frau vom See erschien, ging es bei Tanz und Gesang so vergnüglich zu, daß jeder den Schlag der zwölften Stunde überhörte. Als die Frau schließlich nach der Zeit fragte, war es schon ein Uhr vorbei.

Wortlos begleitete sie der Bräutigam an den See; dort angekommen sagte sie: „Die Oberfläche des Wassers und der Schein des Mondes werden dir mein Schicksal verkünden. Bleibt das Wasser ruhig und der Mond ungetrübt, so ist es mir gut ergangen; wird der See blutrot, so ist es um mich geschehen."

Darauf sprang sie in den See; sofort quollen an dieser Stelle blutgefärbte Wellen empor und ein dunkler Schleier verhüllte den Mond. Von Schrecken erfüllt kehrte der Bräutigam nach Forbach zurück und seitdem hat niemand mehr etwas von den Frauen vom See gesehen. (50)

Die Seeweiblein im Herrenwieser See

Ganz früher einmal wohnten im Herrenwieser See zwölf Seeweiblein. Sie galten als sehr fleißig, haben den Leuten bei der Arbeit geholfen und ihnen immer das Brot gebacken. Da sie auch sehr fröhlich waren, kamen sie jedes Jahr einmal zu Fastnacht und zu Martini nach Forbach zum Tanz und wurden, wenn es Abend wurde, von der Burschen zum See heimgeleitet.

Einmal aber sind ein Seeweiblein und ein Bursche hinter den anderen zurückgeblieben. Sie hatten sich viel zu erzählen, blieben immer wieder stehen und hatten schließlich die anderen aus dem Blick verloren. Die anderen elf Seeweiblein waren längst am See angekommen und warteten schon lange in Sorge auf die zwölfte Schwester. Als die beiden endlich ankamen, war die Freude groß, und zur Belohnung erhielt der Bursche ein Büschel Stroh.

Wie er nun auf dem Rückweg war und schon ein Stück gegangen war, dachte er: „Was soll ich mich mit dem Stroh abschleppen?" und warf es weg. Zufällig blieb ein Halm an seiner Jacke hängen, und als er zu Hause ankam, da sah er, daß daraus eine schwere Goldstange geworden war. Die verkaufte er für gutes Geld an den Markgrafen von Baden und hat für lange Zeit ein sorgenfreies Leben geführt.

Beim Herrenwieser See arbeitete einmal ein Holzbauer aus Forbach, dem brachte ein Seeweiblein monatelang das Mittagessen. Zuvor mußte er aber versprechen, keiner Menschenseele etwas davon zu erzählen. Aber seiner Frau fiel schließlich auf, daß er das Essen, das sie ihm mitgab, meistens zurückbrachte, und sie fragte so lange nach der Ursache, bis der Holzbauer es ihr endlich gestand. Am nächsten Tag kam wieder das Weiblein, sagte ihm jedoch, es werde ihm kein Essen mehr bringen, da er alles ausgeplaudert habe. Zum Abschied schenkte es ihm zwei Bund Stroh, die solle er sorgfältig aufbewahren. Darauf ging es zum See zurück.

Am Abend auf dem Heimweg mochte der Holzbauer die Strohbündel nicht mehr länger tragen und warf sie trotz der Ermahnung des Seeweibleins weg. Am Ärmel seiner Jacke blieb jedoch ein Hälmchen hängen, und als er zu Hause ankam, fand er es in Gold verwandelt. Da lief er schnell zurück zu der Stelle, wo er das Stroh hingeworfen hatte, aber es war nichts mehr zu finden.

Nachts kamen öfters einige hilfreiche Seeweiblein zu den Seebacher Höfen und nahmen den redlichen Leuten allerhand Arbeit ab. Wenn in den Zubern Wäsche lag, so wurde sie gewaschen, und wenn sie in der Backmulde Teig fanden, so formten sie die Laibe und schoben sie in den Ofen. Morgens, wenn die Leute erwachten, war die ganze Arbeit getan. Jeden Herbst lasen sie die Trauben, aber nur die guten trugen sie in die Bütten, die schlechten ließen sie für die Vögel an den Rebstöcken hängen. So kam es, daß man sich in alten Zeiten stets über guten Wein freuen konnte. Nur den treuen und redlichen Leuten haben die Seeweiblein bei der Arbeit geholfen, und man sagt, wenn es wieder bessere Menschen gäbe, würden sie es wieder tun.

An hohen Festtagen kamen die Seeweiblein auch in die Kirche zu Forbach. Es wird erzählt, sie seien sehr schön und zart gewesen, wie Milch und Honig, und haben die Tracht der Schwarzwaldmaidle getragen, mit Röslein auf dem Strohhut.

Eines der Weiblein gefiel einem Burschen besonders gut, und es fing mit ihm eine Liebschaft an. Der Abschied fiel beiden von Mal zu Mal schwerer, aber dennoch wurde es nach jedem Kirchenbesuch pünktlich an den See zurückgebracht. Einmal jedoch wollten sich die Liebenden gar nicht trennen, die Schritte auf dem Heimweg wurden immer langsamer, und

so kam es, daß das Seeweiblein sich verspätete - und für sein Versäumnis mit dem Tode bestraft wurde.

❦❦❦❦❦❦

Der Zauberstein

Im Herrenwieser See hauste einmal ein riesiger Seestier, der wurde von seinem kleinen Wächter, dem Hutzel, bewacht. Eines Tages war der Stier aus den Fluten ans Land gesprungen, und der kleine Hutzel konnte ihn nicht mehr einfangen. Was tun? Immerzu rannte der Zwerg ganz aufgeregt am Ufer hin und her, jammerte laut und zupfte unentwegt an seinem langen Bart. Schließlich wußte er sich keinen Rat mehr und eilte hinunter in das Tal, wo er den Geißbuben vom Seebachhof um Hilfe bat: Komm, Seppel, hilf mir! Der Seestier ist los!

Sofort ergriff der Geißbub seinen langen Stock, und lachend folgte er dem Zwerg hinauf zum Herrenwieser See. Den Kerl werden wir gleich haben! In kürzester Zeit war der Stier in sein feuchtes Reich zurückgetrieben. Holla! Der Seppel stellte sich breitbeinig vor das alte Männlein und fragte nach dem Lohn für seine Arbeit. Lange Zeit kramte Hutzel in seinen Taschen, bis er schließlich einen weißen Kieselstein hervorholte. Nimm diesen Stein, sagte er dem Buben, er ist ein Zauberstein und trägt geheime Kräfte, denn wo er hinfällt, sprudelt alsbald eine heiße Quelle hervor.

Fröhlich wanderte einmal Seppel durch den Wald am Battert; es war in der Sonnenwendfrühe, und langsam stieg die Sonne hinter dem Kleinen Staufen empor und hüllte das Oostal in einen lichten Goldglanz. Von dem Bild wurde der Bub in eine so heitere Stimmung versetzt, daß er übermütig den Kieselstein den Wiesenhang hinabwarf. Wo immer der Stein beim Hüpfen den Boden berührte, wallte im Nu Dampf auf, und die heißen Quellen Baden-Badens quirlten aus der unergründlichen Tiefe.

Teufelskamin

Südöstlich von Herrenwies, am Fuße des Hohen Ochsenkopfes, liegt recht versteckt eine kleine Felsenspalte, hinter der sich ein tiefes Loch verbirgt. Man erreicht sie über den „Oberen Ochsenkopfweg", geht oben an der scharfen Kehre weiter den „Nägeleweg" entlang und biegt später rechts in einen Pfad ein, der bald recht schmal wird; nach einem kurzen Stück weist ein Schild auf den „Teufelskamin".
So tief wie früher ist das Loch heute nicht mehr, denn die hineingeworfenen Steine neugieriger Besucher haben es mit der Zeit nach und nach aufgefüllt.

„s Deifels Kamin"

Der Teufelskamin ist des Teufels Ofenrohr. So warm steigt es von dort unten herauf, daß kein Schnee liegenbleibt. Wenn man einen Stein hinunterwirft, so hört man es längere Zeit rumpeln. Der Teufel nimmt aber die Steine und wirft sie durch den Kamin hinauf, daß sie oben wieder herauskommen.

Einmal, als ein Förster an des Teufels Kamin vorbeiging, flog ihm ein faustgroßer Stein an den Kopf. Ein Förster ist auch einmal in den Kamin gefallen; zum Glück trug er sein Gewehr in den Händen, das verfing sich, und so konnte er sich an ihm wieder heraufziehen. Ein anderer Förster jagte einmal eine Wildsau. Das angeschossene Tier lief auf des Teufels Kamin zu, und als der Mann nachgekommen war, blieb es erst stehen, machte eine lange Nase, lachte übers ganze Gesicht und stieg dann in den Kamin hinunter. Dem Förster blieb vor Schreck der Mund offenstehen, und sein Lebtag hat er keine Wildsäue mehr gejagt. Wenn jemand in seiner Gegenwart über Wildsäue redete, so hieß er denjenigen stillschweigen und von etwas anderem anfangen.

Fremden Leuten ist einmal ihr kleines Kind in des Teufels Kamin gefallen, seither spukt es dort. Nachts darf man nicht in die Nähe kommen, sonst verfehlt man den Weg und stürzt hin. Auch soll man keine Heidelbeeren suchen, die dort wachsen, denn wer davon ißt, muß bald sterben. Wenn man an des Teufels Kamin vorbeikommt, soll man drei Kreuze schlagen und um eine gute Sterbestunde bitten.

In finsteren Oktobernächten heult der Schwarze, steigt durch seinen Kamin herauf, saust dreimal um den Hohen Ochsenkopf und geht dann zu der Hexenversammlung auf der Herrenwiese bei Schmalzhansens Birnenbaum.

Ganz früher guckte des Teufels Ofenrohr zum Hohen Ochsenkopf raus, aber dann sind Engel gekommen und haben seinen stinkenden Kamin mit Felsen und Steinen, Laub und Moos verstopft. Aber jedes Feuer muß einen Abzug haben, sonst kann es nicht brennen, und das hat schließlich auch der Herrgott eingesehen. Er hat dem Teufel erlaubt, einen Kamin an der Seite des Ochsenkopfes zu graben, nur schön ruhig müsse er sich verhalten und nichts stinkiges dürfe er verbrennen. Wenn er sich nicht daran hält, so kommen die Engel und stopfen ihm sein Ofenrohr wieder zu, und dann brennt sein Feuer nicht mehr und er muß im Rauch ersticken.

Der Kiesel

Geht man „Romenz hinger", also Raumünzach zu, so findet man etwas weiter
murgaufwärts beim Kaltenbach das Bett
der Murg übersät von zahlreichen großen
Gesteinsbrocken. Früher lag hier ein riesiger Stein, der aber später der Verbreite-
rung der Straße hat weichen müssen.

Weil der Teufel hungrig war, machte er
sich auf den Weg zur Murg und begann in
ihr zu fischen. Er hatte noch nichts gefangen und wurde schon ein wenig ungeduldig, als er spürte, daß ihn im Schuh etwas
drückte. Mißmutig zog er ihn aus um nachzusehen, was es denn sei und schüttete ihn
aus. Da fiel ein großer Felsblock heraus.
Lange Zeit lag er dort am Ufer und war
im ganzen Tal als „der Kiesel" bekannt.

12 Das hintere Murgtal

Hundsbach

Erst im 18. Jahrhundert wurde
Hundsbach am Hundsbach, einem
der Quellbäche der Raumünzach,
mit Wald- und Glasarbeitern besiedelt. Der kleine Ort ist seit 1930 ein
Ortsteil von Forbach. Es verwundert
nicht, daß sich die im selbstgerode-
ten Wald hausenden Holzarbeiter,
Köhler, Harzer, Glasschmelzer und
Forstleute zahlreiche Jäger- und
Waldgeschichten erzählten.

Der Jägergeselle vom Jägerrain

Der Jägergeselle vom Jägerrain war der
Schrecken aller Wilderer; viele hatte er
schon gefaßt und den einen oder anderen
sogar erschossen.

Wieder einmal war er auf der Pirsch,
da hörte er, wie jemand vom Bachrand
her in den Wald schleichen wollte. Wie
er genau hinschaute, sah er zu seinem Erstaunen einen Wilderer in Weiberkleidern.
Sofort eilte er auf ihn zu, packte ihn, der
Wilderer wehrte sich, und wie sie da so
miteinander kämpften, fielen beide ins
Wasser. Dort hat der Jäger den Wilderer
schließlich erwürgt. Als er den Toten her-
auszog und nachschaute, wer er denn sei,
wich er entsetzt zurück: Vor ihm lag seine
eigene Frau.

Seit seinem Tode huscht und hastet bis
heute der Jägergeselle durch den Bach.

Der Förster und die Gerippe

In Hundsbach lebte früher einmal ein
alter Förster, der hat seine Leute so ge-
schunden, daß jeder ihm nur mit Haß
begegnete. So trieb er oft das Wild auf
die Felder der braven Leute, wo die Tiere

alles abgefressen haben. Für seine Untaten
muß er nun nach seinem Tode büßen.

Wenn die Sonne sich tiefer stellt und der
erste Schnee fällt, und wenn es überdies ein
schlechter Jahrgang gewesen ist, dann treibt
es ihn aus dem Boden heraus, und mit ihm
erwachen alle anderen Toten. Sie jagen ihn
in seinem Jägerwams über die Felder und
huschen als zundeldürre Klappergeripppe
hinter ihm her. Der tote Förster sucht nach
weißen Rüben, und hat er welche gefunden,
so kriegt er seine Ruhe. Die Klappergeripppe
reiben ihre Knochen, daß es Funken stiebt
und Flammen schlagen; darauf rösten sie die
Rüben und essen sie noch halb roh. Hierauf
tanzen sie wild die ganze Nacht hindurch,
und erst der Morgen sieht sie wie Schatten
still zum Friedhof gehen.

Findet der Förster aber keine Rüben,
dann hacken die Klappergeripppe ihm ihre
Knochen ins Fleisch, zerreißen ihn und
fressen ihn auf, solange, bis ihnen das
Fleisch wieder gewachsen ist. Müde und
krank erhebt sich das Gerippe des Försters
vom Boden und legt sich wieder in sein
Grab, bis der nächste Winter kommt. Die
wieder Mensch gewordenen aber verdin-
gen sich auf den Höfen als Knechte und
Mägde, und oft sieht man sie am Fenster
mit langem Blick nach draußen schauen,
und in ihren Augen glänzt es dann so son-
derbar, als ob sie Heimweh hätten.

Das Gespenst beim Hermesepp

Einmal hat der Hermesepp auf der
Schnepfenjagd einen Wilderer erschossen.
An dessen Grab hat die Witwe den Sepp
verflucht, daß er bald sterben solle, und
nicht lange, so hat sich der Fluch erfüllt.

Als der Sepp eines Abends müde nach
Hause kommt, sieht er im Herrgottswin-

kel eine riesengroße Kröte sitzen, die ihn mit feurigen Augen anschaut und ihm zornig entgegenspuckt. Sofort packt er das Tier und wirft es an die Wand, aber als er danach schaut und nichts findet, sieht er - o Barmherzigkeit - die Kröte wieder im Herrgottswinkel hocken. Kalt fährt ihm der Schreck in die Glieder und von dort ins Herz, und von einer auf die andere Stunde hat es ihn aufs Totenbett geworfen. Während er da unter Schmerzen auf seinem Strohsack liegt, sitzt die Kröte so behaglich im Winkel, als wolle sie nicht mehr fortgehen.

Bald darauf ist der Sepp gestorben und die Kröte verschwunden, aber dreißig Jahre später hat der Totengräber das Tier im Gebein des Hermesepp gefunden.

Der Forstherr von der Biberach

Vor langer Zeit hat ein Förster seine Frau in der Biberach ertränkt und sich daraufhin erhängt. Nun findet er im Grab keine Ruhe und muß zur Strafe ewig umhergeistern. Tief im Wasser sucht er nach den Knochen seiner Frau, und oft hört man ihn dort graben. Wenn er sie gefunden und wieder vergraben hat, so findet er Ruhe, aber wenn das Wasser wiederkommt, fängt alles von vorne an. Es reißt das Grabloch auf, wirbelt die Knochen heraus und die Täler hinunter, und der Förster muß aufs neue mit seiner Suche beginnen.

Der Hund an der Biberach

In Hundsbach lebten einmal ein Bub und ein Mädchen, die mußten jeden Tag hinaus, die Schafe zu hüten. An einem schönen Tag, die Sonne lachte freundlich vom Himmel und die Bienen summten auf den blühenden Wiesen, vergaßen die Kinder beim Spiel die Schafe und die Zeit. Als schließlich die Dunkelheit hereinbrach, wollten die beiden ihre Schafe zusammentreiben, aber kein einziges Tier war mehr zu sehen. Traurig kehrten sie heim und erzählten von ihrem Verlust. Der Vater wurde darüber sehr zornig, und in seiner Wut jagte er die Kinder wieder aus dem Haus; nicht eher sollten sie heimkommen, als bis sie alle Schafe gefunden hätten.

Wie aber sollten sie in stockfinsterer Nacht, wenn man auch nicht einen Stein mehr erkennt, Schafe finden? Der Bub und das Mädchen liefen weiter und weiter und wußten bald nicht mehr, wo sie sich befanden. Wie sie so durch die Nacht irrten, kamen sie schließlich an einen Felsen, und weil sie hofften, von oben vielleicht die Schafe zu sehen, stiegen sie hinauf. Auf der anderen Seite aber fiel der Felsen steil ab zum Bach, und dort hat man am anderen Tag die armen Kinder zerschmettert aufgefunden.

Der Vater in seiner Verzweiflung hat bald den Verstand verloren. Er hat gemeint, er sei ein Hund und sich an den Bachrand der Biberach gesetzt und geheult. Jahrzehntelang hat man ihn noch gehört, bis er endlich eines Tages vom Wasser verschlungen wurde.

Der Wolfstritt

Ganz früher hat man in Hundsbach noch sehr wenig anpflanzen können, und so mußten die Leute oft ihre Lebensmittel im Bühlertal holen, wohin ein kleiner Fußweg über die Hundseck führte. Mit der Zeit hat ihnen ihre Schlepperei den Namen „Hundsbächer Esel" eingetragen. Damals hat es im Wald noch Wölfe gegeben, und der eine oder andere ist von ihnen schon angegriffen worden. So erging es auch einmal dem alten Riesenjockel, der nachher alles erzählt hat.

Der Jockel wurde Riesenjockel genannt, weil er ein riesengroßer und starker Mann war. Auch er hat wieder einmal einen Gang ins Bühlertal machen müssen und sich wegen der Wölfe mit einer Pistole und einem Prügel bewaffnet. Als er nun ein Stück in den Wald kommt, an der Bühlertäler Waldgrenze ungefähr, läuft ein junges Wölfchen auf ihn zu und will ihn angreifen. Er nimmt seinen Stock und versetzt dem Tier einen so tüchtigen Hieb auf den Kopf, daß es schrecklich zu heulen beginnt. Sofort kommt die alte Wölfin angerannt, und dem Riesenjockel gelingt noch rechtzeitig der Sprung auf einen Baum. Schnell reißt er seine Pistole aus dem Sack und will die Wölfin totschießen, aber das alte Schießeisen versagt. Der Jockel greift nun nach seinem Prügel, um dem wilden Tier auf den Kopf zu schlagen. Da fällt ihm in der Hast und Aufregung der Prügel aus der Hand. Was tun? Seine einzigen Waffen sind jetzt nur noch die eisenbeschlagenen Schuhe, und damit gibt er der Wölfin so saftige Tritte, daß es ihr die Augen aus dem Kopf treibt und sie nichts mehr sehen kann. Sogleich springt der Jockel vom Baum und rennt, so schnell ihn seine Füße tragen können, davon.

Seither trägt die Waldabteilung den Namen „Wolfstritt". Man erreicht die Stelle nach ungefähr zwei Dritteln der Strecke von Hundsbach nach Hundseck.

Schurmsee

Zwischen Hundsbach und Schönmünzach liegt 794 Meter hoch mit einer Tiefe von 13 Metern der Schurmsee; er ist, wie der Herrenwieser See, einer der wenigen noch übrigen Karseen im Nordschwarzwald.

Der Riese vom Schurmsee

Tief im Wald liegt der Schurmsee, in dessen stillem Wasser sich die hohen bewaldeten Bergwände spiegeln; Moos, Schilf und Wollgras bedecken seine Ufer.

Ganz früher einmal soll hier ein wilder Riese gehaust haben. An seinem Körper hingen ihm lang die schwarzen Haare herunter, und in seiner mächtigen Hand schwang er einen riesigen Eichenpfahl, mit dem er jeden bedrohte, der ihm begegnete. Viele Wanderer soll er schon angegriffen und manchen sogar erschlagen haben. Die ganze Gegend war durch ihn verrufen, und kein Mensch getraute sich ins hintere Murgtal.

Seit langer Zeit aber hört man nichts mehr von dem schrecklichen Riesen; niemand jedoch kann sagen, wie und wohin er verschwunden ist.

Schwarzenberg

Auf halber Strecke von Forbach nach Baiersbronn liegt der Luftkurort Schönmünzach-Schwarzenberg, heute ein Ortsteil von Baiersbronn. Von der Bahnstation Schwarzenberg aus führen nach der Überquerung der Straße zunächst einige Stufen und dann ein schmaler, steiler Trampelpfad hinauf zum

Schloßberg

Hier soll einstmals eine Burg gestanden haben. Sucht man aber oben nach Überresten der alten Burganlage, so ist nichts mehr zu finden. Geht man ein Stück weiter, so erreicht man bald den Silberberg; dort sollen einstmals kleine Berggeister nach Silber gegraben haben.

Die Burg Rauhenfels

Auf einer Felszinne, hoch über der schäumenden Murg und genau mitten in der Talachse, stand einmal die „Hugeswarte", eine Rondell-Burg mit Erdwall und Graben, und da man kaum Mauersteine gefunden hat, nimmt man an, daß auf dessen Zentralhügel ein hölzerner Wachtturm und Blockhäuser standen, geschützt von einem hölzernen Palisadenzaun. Die „Hugeswarte" auf dem Rauhenfels dürfte *also eine sehr alte Verteidigungsanlage sein, die den ‚Fluchtraum oberes Murgtal' nach dem Norden schützte, – und dies vielleicht schon um 500 n.Chr. (51).* Im 12. Jh. wurde auf der anderen Murgseite, auf dem Schwarzenberger Felsen eine feste, steinerne Burg gebaut, von der heute ebenfalls nichts mehr zu sehen ist.

Die ‚Hugeswarta' auf dem Rauhenfels als die urtümliche, ältere Feste aber hat ihren alten Namen verloren. Nur der Felsen, auf dem sie thronte, gab ihr fortan die Kennzeichnung. Er zeigt uns heute noch die Stelle, auf der sie stand. (52)

Aus einer Urkunde von 1289, in der Huzenbach zum ersten Male erwähnt wird, geht hervor, daß Pfalzgraf Ludwig von Tübingen alle seine Rechte dem Kloster Reichenbach übergab. *Dazu gehörte (nach dem Landbuch von 1624) auch die Burg Rauhenfels (links der Murg). (53)*

Wer die folgende Geschichte liest, stellt sich jedoch vor, die Burg sei aus Stein gebaut gewesen mit Türmen, Zinnen, Verließen, Gemächern und einem großen Rittersaal.

Das Burgfräulein vom Rauhenfels

Auf der Burg Rauhenfels lebte vor langer, langer Zeit ein Ritter, der hatte zwei Söhne und eine liebliche und anmutige Tochter. Ihre Schönheit und ihr freundliches Wesen waren weit bekannt, viele hatten schon um ihre Hand angehalten, und manches Duell war um sie geschlagen worden. Auch Pfalzgraf Hugo von Tübingen warb um das schöne Burgfräulein, und der Ritter war so erfreut über diesen Bewerber von hoher Abkunft, daß er ihm sein Jawort gab.

Das Mädchen liebte aber schon lange einen armen Ritter; ihm war es heimlich versprochen, und ein Einsiedler von der Kapelle am Wildsee hatte schon seinen Segen gegeben. Als die Tochter nun der geplanten Vermählung nicht zustimmte, war ihr Vater sehr erbost und ersann mit dem Pfalzgrafen einen Plan, wie der Widersacher beseitigt werden könnte.

Wie so oft lud der Burgherr wieder einmal zur Jagd, und unter den Gästen waren auch der Pfalzgraf und der arme Ritter. Als zum Halali geblasen wurde, und alle hernach den Tag mit einem Fest fröhlich beenden wollten, fehlte der Liebste des schönen Burgfräuleins. Nach langer Suche fand man ihn schließlich tot im Wald liegend, von einem Pfeil durchbohrt.

Schnell hatte das Mädchen erkannt, daß dies kein Jagdunfall gewesen sein konnte, und grenzenloser Haß erfüllte ihr junges Herz. Wutentbrannt verwünschte sie den Pfalzgrafen, den Vater und ihre Familie auf dem Rauhenfels. Dann nahm sie den Schleier und zog sich in ein Frauenkloster zurück.

Bald darauf stürzte die Burg ein, alles brach zusammen, der Turm, die Gebäude und die Mauern, und alle, die sich auf dem Rauhenfels aufhielten, kamen dabei ums Leben.

Es kann alles aber auch ganz anders gewesen sein.

Die Hutzelmännlein vom Silberberg

Ganz früher einmal wohnten im Silberwald bei Huzenbach kleine Berggeister, die suchten flink und fleißig im Silberberg nach Silber, Gold und Edelsteinen und hatten bald einen großen Schatz zusammen. Den trugen sie in einen prächtigen Saal in einer großen Höhle im Berg und freuten sich über ihren Reichtum. Alles gehörte allen gemeinsam, Habgier und Geiz waren ihnen fremd, und so halfen sie auch oft den Menschen, die in Not geraten waren.

Niemand weiß wie, aber der Burgherr von Rauhenfels hatte von den Schätzen der Hutzelmännlein erfahren und befahl, danach zu graben. Nur zu ungern machten sich die Männer des Tales an die Arbeit, denn sie achteten die Berggeister und deren Eigentum. Auch war die Arbeit im Bergwerk mühselig, denn die Männlein wehrten sich heftig: Immer wieder fehlte ein Werkzeug oder ein Teil des Stollens stürzte ein, und so mancher Knappe wurde dabei verletzt.

Aber eines Tages brachen die Männer doch durch eine Wand und standen in einem prächtigen Palast vor den reichen Schätzen der Hutzelmännlein. In Windeseile packten sie ihre Taschen voll, nahmen mit, was sie tragen konnten, und verwüsteten hernach das ganze Schloß der Berggeister. Der Graf aber nahm ihnen alle Schätze ab und lagerte diese in einem tiefen Verließ seiner Burg. Die Hutzelmännlein, die sich ja unter der Erde gut auskannten, gruben sich bis zu dem Versteck vor, holten sich ihr Eigentum zurück und füllten das ganze Verließ mit Schießpulver.

Als nun der Graf wieder einmal ein großes Fest gab, wollte er seinen Gästen die schönsten Stücke seines Hortes zeigen und schickte einen Diener in die Schatzkammer. Dort sah der gute Mann, daß alle Reichtümer verschwunden waren, und vor Schreck fiel ihm sein Leuchter aus der Hand. In diesem Moment gab es einen fürchterlichen Knall. Das Verließ, die ganze Burg und alle Menschen auf ihr flogen in die Luft, und kein einziger Stein gibt mehr Zeugnis von der alten Bergfeste Rauhenfels.

Huzenbach

Das schon 1289 erwähnte kleine Dorf ist heute ein Ortsteil von Baiersbronn. Von hier aus erreicht man in kurzer Zeit den

Huzenbacher See

Er entstand durch die Gletscher der letzten Eiszeiten. Früher wurde er von den Flößern als Schwallwasser benutzt. In diesem See mit seiner romantischen Stille und dem Meer von gelben Teichrosen wohnten dereinst

Die Seeleute vom Huzenbacher See

Früher einmal sind öfters ein Seemännlein und ein Seeweiblein aus dem Huzenbacher See zu den Leuten nach Huzenbach gekommen und haben sie besucht. So kannte man sie schon gut und freute sich jedes Mal über die lieben Gäste. Das Paar hatte zwei Töchter, die waren sehr lebenslustig, und als sie erfuhren, daß in Schwarzenberg eine Hochzeit stattfinden sollte, wollten sie unbedingt dabeisein. Also baten sie inständig ihre Eltern und erhielten schließlich die Erlaubnis, das Fest zu besuchen; sie sollten aber pünktlich bis zur Mitternachtsstunde wieder zurück sein.

Auf der Hochzeit ging es sehr lustig zu, es wurde viel getanzt und gelacht, und die Musik spielte ohne Unterlaß.

Auf der Hochzeit ging es sehr lustig zu, es wurde viel getanzt und gelacht, und die Musik spielte ohne Unterlaß. Zwei Burschen verliebten sich in die Töchter und ließen sie nicht aus den Augen. Noch ein Tanz und noch ein Tanz mußte gewagt werden, und bald schlug die Uhr die Mitternacht. Niemand hatte bisher auf die Zeit geachtet, und so erschraken die Mädchen sehr und waren in großer Sorge. In höchster Eile brachen sie auf, von den Burschen begleitet, und als sie hinter dem Silberbuckel die Schlucht hinaufkamen, sagte die Ältere: „Hörst du die Alten zanken?" Die Jüngere antwortete: „Ach, wohl höre ich's.", nur die Burschen hatten keinerlei Stimmen wahrgenommen.

Als sie am See angekommen waren, nahmen alle herzlich Abschied voneinander, und die Burschen baten um ein baldiges Wiedersehen. Die Mädchen jedoch seufzten und sagten: „Wartet einige Zeit am See. Bleibt das Wasser ruhig, werden wir wiederkommen; doch wenn es sich mit Blut färbt, so wißt ihr, daß es uns schlimm ergangen ist."

Der eine Bursche ging traurig heim, der andere aber blieb und sah, wie nach einiger Zeit das Wasser des Sees unruhig wurde und schließlich rot aufbrodelte. Entsetzt rannte er zurück und erzählte seinem Freund, was er gesehen hatte. Über lange Jahre hinweg sind beide hernach ganz verstört und einsilbig gewesen.

Das hilfreiche Seemännle

Nach Huzenbach kam häufig ein Seemännle, das half in der Nacht dem Friedersbauer im Haus und im Stall, fütterte nachts das Vieh und hat auch bei der Webarbeit geholfen. Den Bauern dauerte das zerlumpte Aussehen seines Wohltäters, und um ihm aus Dankbarkeit eine Freude zu bereiten, ließ er beim Schneider einen Kittel, eine Weste und eine Hose anfertigen und legte alles auf die Treppe.

Als es Nacht wurde, kam das Seemännle wieder, fand den Anzug, nahm ihn auch, aber es sagte: „Jetzt bin ich ausgezahlt worden und kann nie mehr wiederkommen." Seitdem ist er in diesem Hause niemals wiedergesehen worden.

Einem Müller aus Schwarzenberg ging es ebenso. Über eine lange Zeit half ihm das Seemännle bei der Arbeit, aber als ihm der Müller als Dank einen neuen Kittel machen ließ, da weinte das alte graue Männlein. „Jetzt, da ich meinen Lohn erhalten habe, kann ich nicht mehr wiederkommen." Seit diesem Tage hat er sich nicht mehr blicken lassen, und alle Arbeit mußte von dem Müller wieder alleine verrichtet werden.

Lohn für gute Tat

Einmal klopfte es nachts an die Tür einer Hebamme in Huzenbach. Als sie öffnete, da stand vor ihr das Seemännle und bat sie, ihm zu folgen. Die Frau ging mit, und als sie an den See kamen, schlug das Männle mit einer Rute hinein, das Wasser teilte sich, und trockenen Fußes konnte sie hinabsteigen. Unten kamen sie in ein schönes Gemach, dort lag ein schwangeres Weiblein, das wurde bald mit Hilfe der Hebamme glücklich entbunden.

Als die Arbeit getan war, wollte das Männle die Frau entlohnen, aber sie wies alles ab. Da wurde sie ganz mit Stroh umflochten und ließ das ruhig geschehen. Sobald sie aber wieder oben war, befreite sie sich von dem Stroh, und nur ein einziger Halm blieb an ihrer Schürze hängen. Zuhause sah sie, daß daraus pures Gold geworden war. Geschwind eilte sie zurück, um nach dem Rest zu suchen, aber das übrige Stroh war verschwunden.

Eine kurze Zeit später arbeitete eine Bäuerin mit ihrer Magd auf dem Felde nahe dem Huzenbacher See. Auf einmal erblickte sie eine große Kröte und sagte zu der Magd: ‚Schlag doch die wüste Krott tot!' Die Magd aber antwortete: „Nein, das tu ich nicht, denn bei der bin ich wohl noch einmal als Pate."

Nicht lange, so wurde sie tatsächlich als Patin geholt. Sie ging auch mit, und man führte sie in den See. Dort ist sie zu

Gevatter gestanden, und als alles vorbei war, sagte das Seeweible zu ihr: „Nimm diesen Gürtel mit und bind ihn deiner Herrin um den Leib! Dir aber schenk ich dies Büschel Stroh."

Dankbar nahm die Magd beides an, aber da sie neugierig war und sehen wollte, wie der Gürtel sich denn ausnehmen würde, band sie ihn um einen Baum. In diesem Moment wurde der Baum in tausend Stücke zerrissen. Die Magd erkannte, was ihrer Herrin geschehen wäre und eilte entsetzt nach Hause. In ihrer Eile verlor sie das Büschel Stroh, nur einige Halme waren an ihrem Kleid hängengeblieben. Aber als sie zu Hause angekommen war, so hatten sich die Halme in reines Gold verwandelt.

Der alte Bernet

In Schönmünzach lebte einst ein alter Mann, der hieß Bernet und erzählte gerne aus seiner Jugendzeit. Oftmals habe er damals am Huzenbacher See Weiden geschnitten, und einmal sei ihm etwas ganz Sonderbares passiert.

Die Sonne schien warm vom Himmel. Bernet wollte eine kleine Pause einlegen und schaute verträumt über den See. Da sah er plötzlich, wie aus dem Wasser ein Tisch heraufstieg, der war halbrund und hatte drei Füße; ganz ruhig stand er auf dem Wasser wie auf einem festen Boden. Verwundert schüttelte der junge Mann den Kopf und machte sich wieder an seine Arbeit. Als er nach einer Weile wieder aufsah, da lag ein purpurrotes Tuch auf dem Tisch. Er schnitt noch ein paar Weiden ab, dann blickte er wieder auf den See und sah, daß drei silberne Löffel auf dem Tisch lagen, an jeder Ecke einer und der dritte in der Mitte. Nun wurde ihm doch ganz seltsam zumute, er bekam eine

Gänsehaut, ließ seine Weiden liegen und rannte fort, so schnell ihn die Füße tragen konnten.

Wenn Bernet geblieben wäre, so hätte er sein Glück machen können, und die Seemännle und Seeweible wären endlich erlöst worden.

Der Wechselbalg

Vor langer Zeit wohnte im Huzenbacher See auch einmal ein böses Weib. Die Eltern warnten besonders ihre Söhne, nicht in die Nähe des Wasser zu gehen, hat doch das Weib schon des öfteren einen Buben gepackt und ihn bei lebendigem Leib gefressen.

Einmal ist aber auch dem bösen Seeweib eine schreckliche Geschichte passiert:

Die junge Frau eines Köhlers hatte ihr erstes Kind geboren, und das Paar war trotz seiner Armut sehr glücklich. Eines Tages wollte die Mutter im Wald Heidelbeeren sammeln, und da das Kind gerade schön schlief, ließ sie es in der Wiege liegen. Als sie sich wieder auf den Heimweg machte, hörte sie schon von weitem ihr Kleines entsetzlich schreien, und als sie ihre Hütte endlich erreicht hatte, sah sie in der Wiege einen gräßlichen Wechselbalg liegen. Sein Körper war mager und blaß, der Kopf riesengroß mit Augen wie ein Kalb, und er strampelte in seinem Kot und krächzte wie ein Rabe.

Der jungen Mutter drehte sich das Herz im Leibe herum; sie eilte, ihren Mann zu suchen und bat ihn, das Ungeheuer mit einer Rute zu schlagen. Inzwischen setzte sie sich vor ihre Hütte und betete inständig.

Plötzlich hörte sie vom See her ihr Söhnlein weinen und rannte schnell ans Ufer. Tatsächlich lag dort ihr Kind, und

sie nahm es überglücklich in ihre Arme. An die Stelle, wo sie es gefunden hatte, legte der Mann nun den Wechselbalg.

Als die Nixe das sah, fuhr sie auf den Wechselbalg los, zerriß ihn, fraß ihn auf und verschwand. Der See aber fing schrecklich an zu brausen und zu toben, und man glaubt, die Nixe sei von diesem Fraß zersprungen, daher hätten die Kinder jetzt für immer vor ihr Ruhe. (54)

Erzgrube

Vom Huzenbacher Bahnhof aus führt auf der anderen Straßenseite nach wenigen Metern ein Weg in den Wald hinein, der bald auf einen Schotterweg mündet. Wenn man ihn nach rechts weitergeht und auf ein kleines Schild achtet, verfehlt man nicht den Trampelpfad, der nach rechts zu einem alten Bergwerk führt. Dies ist

Die Erzgrube „Zu Königswarth".

In dem Jahre 1209 ist Königswarth, der alte Burgstall von Pfalzgraf Rudolphen zu Tübingen erbauet worden. ... Unter diesem Burgstall bricht man Silber- und Kupferbergwerk, hart an der Murg, dabey hat es eine Bochmühlin und Erzhütten. (55)

Also schon seit dem Mittelalter wurde das jetzt stillgelegte Bergwerk betrieben und *trotz starker Beunruhigung der Bergleute durch Berggeister tüchtig gearbeitet* (56), es wurde aber zwischenzeitlich immer wieder aufgegeben, zuletzt im Jahre 1824. *Der Stollen ist noch vorhanden. Man kann noch reinschlüpfen, doch ist es gefährlich, fallender Steine wegen.* (57)

Reinschlüpfen kann man heute nicht mehr, denn der Stollen ist durch ein schweres Eisengitter abgesperrt. Doch wer ganz nah herantritt, hört innen das Wasser tropfen und rinnen; vielleicht hört er aber auch das Hämmern der Berggeister.

Ruine Königswart

Südlich von Huzenbach zweigt eine Straße ab, die über den „Schlößlesberg" nach Seewald-Besenfeld führt. Bei einem Parkplatz, kurz vor der Ortschaft, folgt der Wanderer dem Weg mit der roten Raute hinauf, bis rechts ein kleiner Pfad abzweigt; wo dieser endet, liegt

Die Ruine Königswart

Die amtliche ‚Beschreibung des Oberamts Freudenstadt' vom Jahr 1858 enthält den folgenden, die Königswart betreffenden Abschnitt:

Etwa 1/8 Stunde unterhalb Schönegründ befindet sich an dem rechten Murgthalabhange die verfallene Johann-Friedrichsgrube zur Königswart, ein altes Kupferbergwerk ...

Oestlich von dem ehemaligen Bergwerk, oben an dem Abhange gegen das Murgthal stand die Burg Königswart, welche Pfalzgraf Rudolph von Tübingen im Jahr 1209 erbauen ließ ... Von der allmählig abgetragenen Burg wurden die Steine zu Gebäuden in der Nachbarschaft und zur Anlage der Steige, welche von Schönegründ nach Besenfeld führt, verwendet. (58)

Auf einer Tafel des Staatlichen Forstamts Kloster Reichenbach neben den Überresten dieser Anlage steht zu lesen:

Nach alten Überlieferungen stand an dieser Stelle ein Jagdschloß, gebaut im Jahre 1209 durch Pfalzgraf Rudolf von Tübingen und versehen mit lateinischen Inschriften.

Im Jahr 1974 wurde in Zusammenwirkung des Forstamts Kloster Reichenbach mit dem Denkmalamt Karlsruhe und dem Landratsamt Freudenstadt durch Kreisarchivar Dr. Wein die Königswart freigelegt. Dabei wurden lediglich die Fundamente eines Baus gefunden, der mit Sicherheit keine Befestigungs- oder Wohnanlage war. Vielmehr liegt die Vermutung nahe, daß sich der Pfalzgraf eine einzigartige Gedächtnisstätte errichtet hat.

Die bei der Grabung gefundene in Stein gehauene lateinische Inschrift weist hierauf hin und bestätigt den Wahrheitsgehalt der Überlieferung. Sie lautet ins Deutsche übersetzt und vervollständigt: „Rudolf, Pfalzgraf von Tübingen, ließ diese Haus erbauen im Jahre nach den Fleischwerdung Christi 1209, damit alle die hier jagen werden, seiner gedenken und für das Heil seiner Seele beten mögen."

Aus der Erwähnung des Jagens leiteten später Generationen offenbar ein Jagdschloß ab.

Der wirkliche Bau kann nach einem Rekonstruktionsversuch von Architekt Jäckle vielleicht als Steinkuppelbau angenommen werden, der, in unserer Heimat ohne Beispiel, Vorbilder im staufischen, italienischen oder in palästinensisch-kleinasiatischen Raum gehabt haben könnte. Wir empfehlen diese Anlage im Sinne des Pfalzgrafen der Obhut der Besucher.

13   Das „Herz Badens"

Haueneberstein

Im Vorhügelland, zwischen Kuppenheim und Oos, liegt das einstige Hafnerdorf Haueneberstein, heute ein Ortsteil Baden-Badens. Es wird 1245 erstmals erwähnt als Eberstein, später als Hafeneberstein und Haveneberstein; der Name wird von dem Töpfergewerbe hergeleitet, das früher hier recht vorzüglich ausgeübt wurde.

Nothausen

Östlich des Dorfes, am Ende der Waldstraße mit der „Grotte", lag einstmals der ausgegangene Weiler Nothausen. Heute erinnert nur noch der Flurname „Nothausen" an die einstige Siedlung. Sie wird 1355 urkundlich „Nathusen" genannt, aber schon 1586 letztmalig erwähnt. Vielleicht ist er später in Haueneberstein aufgegangen. Der Sage nach soll zu Nothausen dereinst ein Kloster gehört und in der Nähe ein Schloß gestanden haben.

Das ehemalige Kloster Nothausen

In der Nähe von Nothausen stand einstmals eine Burg, deren Mauern wie der Name aber längst verschwunden sind. Dort lebte ein junger Ritter, der die Feste gerne feierte und auch manch lustigem Abenteuer nicht abgeneigt war. Einmal kam er wieder von einem Bankett nach Hause, und da der Wein ihm sein jugendliches Gemüt erregt hatte, verspürte er trotz der späten Stunde noch Lust, ein wenig auszureiten.

Bald kam er an einem steinernen Kreuz vorbei, das an einen vor langer Zeit verübten Mord erinnern sollte. Am Fuße des Kreuzes saß eine weibliche Gestalt, und der Ritter sah trotz der Dunkelheit, daß sie von angenehmen Formen schien. Sogleich stieg er von seinem Pferd und redete sie munter an, wer sie denn sei, und was sie noch zu so später Stunde an diesem traurigen Orte mache. Sie sitze des öfteren hier, antwortete die Gestalt, denn unter diesem Kreuze liege ihr einstiger Verlobter, der durch die Hand eines Nebenbuhlers gefallen sei. Der Ritter sprach ihr so tröstend und liebevoll zu, daß die Jungfrau schnell Zutrauen zu dem jungen Manne faßte, und beide alsbald in ein lustiges Gespräch kamen. Nach kurzer Zeit war sie sogar bereit, ihm auf seine Burg zu folgen, und so nahm der Ritter sie auf sein Pferd und ritt mit ihr seiner Heimstatt zu.

Im Licht der Kerzen erkannte der Jüngling sogleich, daß er sich nicht getäuscht hatte. Das schönste und lieblichste Wesen schaute ihm entgegen, und sein junges Herz entbrannte in heißer Liebesglut. Zärtlich nahm er die Schöne in seine Arme; sie ließ die Liebkosungen gerne geschehen, nur sagte sie immer wieder ängstlich, um Mitternacht müsse sie wieder zu Hause sein. Als schließlich die Stunde gekommen war, und die Uhr im Nebengemach die Mitternacht verkündete, schloß er seine Liebste noch fester in seine Arme, so daß sie die Glockenschläge nicht hören konnte. Aber ach! - Kaum war der letzte Glockenschlag verklungen, küßte er einen eiskalten Mund, die rosigen Wangen des Mädchens waren schneeweiß und die leuchtenden Augen verloschen. Was der Ritter noch eben heißglühend in den Armen gehalten hatte, war plötzlich eine kalte, starre Leiche.

Entsetzt legte er die tote Jungfrau auf sein Lager und versuchte noch lange mit Hilfe seiner Dienerschaft, sie ins Leben zurückzurufen. Schließlich erkannte er, daß alles vergeblich war und traf die Vorbereitungen für das Begräbnis; schon am nächsten Tage sollte der Sarg in die Burgkapelle getragen werden.

Als der neue Morgen hereingebrochen war, trat der Ritter noch ein letztes Mal an das Totenlager – da sah er, wie das Mädchen, von frischem und kräftigen Leben durchglüht, aufgerichtet auf der Bahre saß. Stammelnd fragte er, was die Lösung dieses wunderbaren Rätsels sei, und das geheimnisvolle Wesen gab ihm zur Antwort: „Schon längst gehöre ich dem Reich der Toten an, aber ich darf keine Ruhe finden im stillen Grabe. Einst habe ich aus Übermut und Eitelkeit die Eifersucht meines Verlobten geweckt und so seinen Tod durch die Hand des Nebenbuhlers verursacht. Jeden Abend, wenn die Sonne untergegangen ist, erwache ich in meinem Grab und ziehe umher, bis ich um Mitternacht wieder zurückkehren kann. Meine irrende Seele wird erst die ewige Ruhe erlangen, wenn Ihr an der Stelle, wo Ihr mich bei dem steinernen Kreuze gefunden habt, ein Kloster gebaut habt."

Tiefbewegt gelobte der Ritter, diesen Wunsch zu erfüllen, und schon bald ließ er ein Frauenkloster errichten und wandte sich selbst ab von den eitlen Freuden dieser Welt.

Die Glocke zu Haueneberstein

Vor langer, langer Zeit wühlten einmal wilde Eber unweit von Haueneberstein, am Ufer des Eberbaches, eine Glocke aus dem Boden. Die Dorfbewohner staunten nicht schlecht, als sie bei der Feldarbeit das kostbare Stück entdeckten. Sie hängten die Glocke sogleich in ihren Kirchenturm, und als sie geläutet wurde, da war ihr Klang so hell und kräftig, daß man sie sogar in Straßburg hören konnte.

Die Straßburger wollten, als sie den Klang vernahmen, die Glocke selbst in ihrer Stadt ertönen lassen und machten

den Leuten von Haueneberstein ein verlockendes Angebot: So viele Taler wollten sie bezahlen, wie sich von der Glocke bis an die Banngrenze des Dorfes in einer zusammenhängenden Reihe würden legen lassen. Nein, hergeben mochte man sie aber nicht, um keinen Preis der Welt! Um dem Neid ein Ende zu bereiten und die Glocke für sich zu sichern – man fürchtete, sie könnte ihnen mit Gewalt entrissen werden – schlugen sie einen Nagel in das schwere Metall und dämpften so den hellen, lauten Klang.

Noch lange Zeit hatten die Leute Freude an ihrer Glocke, bis sie im Jahre 1689, als die Franzosen das Dorf und die Kirche niedergebrannt hatten, vom Feind mitgenommen wurde.

Kahlesgut

Am östlichen Ortsausgang von Haueneberstein führt am Waldparkplatz „Grotte" links der „Leinengartenweg" ab, der später rechts in den „Dornschlagweg" übergeht. Hier biegt man jedoch links ab und folgt, wenn der Wald sich öffnet, links einem kleinen Weg hinauf. Auf der Anhöhe am Rande einer Wiese geht man an einem Ahornbaum links ca. 5 m durch Brombeergestrüpp, dort steht sehr versteckt

Das Kreuz mit dem Pflugsech

Unweit des abgegangenen Weilers Nothausen (s.o.) steht am Rande des Stadtwaldes neben einem Feldweg ein aus Sandstein regelmäßig behauenes Kreuz mit eingeritztem Pflugsech. Wann es hier errichtet wurde, weiß heute niemand mehr zu sagen.

Einmal hat im Gewann „Kahlesgut" ein Bauer seinen Acker gepflügt, und sein Sohn saß, wie es damals oft üblich war, auf dem Pferd und hielt die Zügel. Plötzlich stieß der Pflug auf ein am Boden gebautes Wespennest. Die Pferde scheuten, gingen dem Reiter durch, er fiel aus dem Sattel - und gelangte unglücklich unter den vorwärtsziehenden Pflug. Für den Buben kam jede Hilfe zu spät. Zur Erinnerung an diesen Unfall hat man hernach dieses Steinkreuz errichtet.

Am Blaumutzenkreuz

Zu diesem Gewann gelangt man wie zum Kahlesgut, geht aber den „Dornschlagweg" rechts weiter, bis nach einer kurzen Strecke auf der linken Seite ein kleines Schild zum „Blaumutzenkreuz" weist, das man über einen fast nur zu erahnenden Trampelpfad schließlich recht versteckt finden wird.

Das Blaumutzenkreuz

Neben dem Kreuz aus Kunststein (gestiftet um 1972) mit der vorgesetzten Marmorplatte und der Inschrift „Blaumutzenkreuz 1603" steht der Rest des ursprünglichen Kreuzes, ein grob behauener Steinblock mit einem eingeritzten Kreuzzeichen auf der Vorderseite. Hier soll sich einmal etwas Schreckliches zugetragen haben.

Ein Förster befand sich auf seinem üblichen Waldgang, als er plötzlich auf einige Wilderer stieß. Er verfolgte die flüchtenden Übeltäter und schoß dabei einen von ihnen an; die anderen konnten entkommen. Alleine konnte der Schütze den Verletzten nicht forttragen, und so eilte er in das nächste Dorf, um Hilfe zu holen. Kaum hatte er sich vom Tatort entfernt, kamen die flüchtigen Wilderer aus ihren Verstecken, und da sie den Kameraden verletzt sahen und fürchteten, er oder die Seinen werde sie vor Gericht verraten,

beschlossen sie, den Verwundeten unkenntlich zu machen und schnitten ihm kurzerhand den Kopf ab. Das Kreuz soll an jene greuliche Tat erinnern, und weil der tote Wilderer einen blauen „Mutzen" (Wams) trug, nannte man es forthin das „Blaumutzenkreuz".

Balg, Oos, Oosscheuern

Am Fuße des Hardberges liegt der heutige Baden-Badener Stadtteil Balg, in seiner ersten urkundlichen Erwähnung 1288 „Balge". Die Vorgängerin der heutigen Kirche soll einer alten Sage nach in früherer Zeit ein heidnischer Tempel gewesen sein; in ihre Mauern seien mehrere steinerne Widder- und Schafsbockköpfe eingefügt gewesen, Sinnbilder dessen, was dem römischen Gott Merkur geopfert wurde.

Im Stadtteil Oos am Ausgang des Oostales – erste Erwähnung 1245 – steigt der Zugreisende aus, wenn er Baden-Baden besuchen will, und durchquert auf seinem Weg Oosscheuern, um in die alte Bäderstadt zu gelangen.

Bummert

Geht man von Oos nach Balg, so kommt man durch einen tief eingeschnittenen Hohlweg, über dem die Kronen der Bäume sich berühren, und man hindurchschreitet wie unter einem hohen grünen Dach. Diese zum Ort hin abfallende Gegend nennt man „Bummert".

Der Pfahl am Kirchpfad

Früher hat Balg zu der Ooser Pfarrei gehört, und so mußten die Toten von Balg auf dem Ooser Kirchhof begraben werden. Für den Transport wurde natürlich die kürzeste Strecke gewählt; das war der Weg am „Bummert" runter, der darum Kirchpfad genannt wurde.

Wieder einmal kam ein Leichenzug den Kirchpfad herunter, als plötzlich einer der Totengräber über einen Pfahl stolperte, strauchelte und schließlich hinfiel; dadurch wurde der Sarg kräftig durchgeschüttelt. Als die Männer ihn schließlich wieder ordentlich im Griff hatten, merkten sie, daß der Tote darin noch lebte. Also machten sie kehrt und brachten ihre Fracht wieder zurück nach Balg.

Nicht lange, so mußten sich die Totenträger erneut auf den Weg nach Oos machen, denn die Frau des Mesners hatte das Zeitliche gesegnet. Als der Leichenzug an der Stelle vorbeikam, wo zuvor das Malheur passiert war, rief plötzlich der Mesner: „Rechts am Pfahl, daß es nicht geht wie voriges Mal!"

Das Gespenst vom Kirchhof

Es war schon recht spät am Abend, als sich der alte Fiddeeli auf den Heimweg vom „Grünen Hof" machte. Er war nicht betrunken, nein, das kann man nicht behaupten, denn er ist ein braver und fleißiger Mann gewesen. Wie er nun am Gottesacker vorbei will, bleibt er vor Schreck stehen, denn ihm ist, als höre er aus dem nahen Beinhaus etwas rasseln. Damals stand nämlich auf dem Friedhof zwischen den Bäumen eine alte Bretterhütte, worin der Totengräber das Gebein der Leute aufbewahrte, deren Gräber nicht mehr bezahlt wurden. Nun, denkt der Fiddeeli, da wird dem Totengräber seine Schaufel umgefallen sein und geht langsam weiter. Bald hat er den Eingang vom Gottesacker erreicht, da hopst ihm plötzlich etwas von

hinten auf den Rücken und sagt ihm ins Ohr: „Fiddeeli, trag mich, oder deine letzte Stunde hat geschlagen!"

Ach, Herrje! Ob er nun wollte oder nicht, es blieb ihm keine Wahl - er hat das Ding um den ganzen Friedhof herumtragen müssen. Als er wieder am eisernen Tor angekommen ist, hat er gemeint, nun sei Schluß, aber noch zweimal hat er den Friedhof umrunden müssen und dabei geschwitzt und geschnauft wie lange nicht mehr. Dann hat das Ding gemurmelt „Das war dein Glück, daß du gleich gehorcht hast!" und ist mit einem Plumpser vom Rücken gesprungen und verschwunden. Auf dem Heimweg haben dem Fiddeeli die Knie gewankt, und er hat gezittert wie Espenlaub.

Als er am anderen Tag im Dorf erzählt hat, ein Geist sei ihm auf dem Rücken gehockt und durch ihn erlöst worden, haben ihn die Leute ausgelacht, ja, er hat sogar hören müssen, es sei ein ordentlicher Rausch gewesen, der ihn dreimal um den Friedhof herumgeführt habe. Aber der Fiddeeli ist ein so braver Mann gewesen, und so wird schon gestimmt haben, was er erzählt hat. Nur am Gottesacker ist er nie wieder vorbeigegangen, schon gar nicht, wenn er im „Grünen Hof" gewesen ist.

D'Heinerle von Oos

In Oos hat einmal ein altes Weible gewohnt, d'Heinerle geheißen; Heinerich hieß nämlich ihr Mann, aber der hat schon lange nicht mehr gelebt. Ganz zusammengeschnurrt, klein und verhutzelt ist das Weible gewesen, auch schon ein bißchen krumm und buckelig, und man hat sie nie anders gesehen, als daß sie ständig mit ihrem Züngle aus dem Mund gefahren ist und geschleckt hat. Daran konnte man deutlich erkennen, daß ihr das Leben noch geschmeckt hat, und je älter sie wurde, desto ärger hat sie gezüngelt.

Das Weible hatte aber noch eine andere Gewohnheit: Bei jedem Leichenzug ging hinter den Männern, Frauen und Kindern im Abstand von ein paar Schritten – d'Heinerle. Ob alte oder junge, reiche oder arme Leute begraben wurden – stets hat d'Heinerle einen würdigen Abschluß gebildet. Die ältesten Leute im Dorf sind gestorben, aber das Weible hat lustig weitergelebt, und niemand konnte sagen, wie alt sie war. Manchmal haben die Leute gesagt: „Auch wenn der Herr Pfarrer und der Mesner dabei sind, so ist es doch keine richtige Beerdigung, wenn d'Heinerle nicht hinterhergehumpelt kommt und schleckt. Die überlebt uns noch zehnmal!"

Oft haben die Leute auch mit ihr ihren Spaß getrieben. „Gell, Heinerle, wenn Dir einmal die Füße voraus getragen werden, dann tut dir kein Zahn mehr weh." Dann hat sie nur gelacht und gesagt: „Die Dinger tun mir schon lange nicht mehr weh" und hat geschleckt, denn sie hat ja schon lange keinen einzigen Stumpen mehr im Maul gehabt.

Zuletzt ist die alte Frau aber doch gestorben – so um neunzig Jahre wird sie alt gewesen sein – und als hernach wieder einmal eine Beerdigung stattgefunden hat, hat sich der Totengräber ganz traurig auf den Schaufelstiel gestützt und gesagt: „Seit d'Heinerle fehlt, freut mich in Oos das ganze Begräbnis nicht mehr!"

❧

Wie der Steimerhans den Wein ehrlich verteilt hat

In der Sternenstraße haben die Steimerhanse gewohnt. Vier Geschwister waren es, die Juli, der Hans, der Wendel und der Järi. Der Hans ist der Bestimmende unter ihnen gewesen. Er war so groß, daß

er die Füße fast am Boden nachgeschleift hat, wenn er auf seinem Pferd geritten ist. Ging es einmal beim Fuhrwerken im Wald oder sonstwo gefährlich zu, so hat er nur gesagt „Kesslumbi" und ist drauflosgefahren, durch dick und dünn, nur nicht über Nadelboden. Er ist halt fadengrad gewesen, und darum hat er daheim auch das Weinverteilen übernommen.

Ein großes Faß voll Wein haben sie gehabt, und beim Verteilen hat der Hans gesagt: „Der unterste Teil vom Faß gehört mir!" und hat einen Zapfhahn angebracht. Der Wendel und die Juli haben die Mittelschicht bekommen und haben in der Mitte auch einen Hahn hingemacht. Dem Järi, der ein bißchen ein Dabbele gewesen ist und nicht viel hat arbeiten können, haben sie nur die oberste Schicht vom Faß zugewiesen und ihm oben auch einen Hahn angebracht. So ganz dabbich ist der Järi aber nicht gewesen, denn als aus seinem Hahn nichts mehr gelaufen ist, hat er, wenn die anderen auf dem Acker waren, mit einem Schlauch den Wein oben rausgelassen und gesagt: „Mein Wein läuft gerade so lang wie dem Hans seiner!"

❧

Die faule Madam

Die alten Leute erzählen, in Oos habe einmal ein Mädchen gelebt, das habe lieber sich selbst geputzt als die Stube, und ständig habe die Mutter schimpfen müssen, damit ein bißchen geschafft wurde. Dafür aber konnte sie rumscharwenzeln und den jungen Burschen den Kopf verdrehen. Einmal hat der Vater kräftig auf den Tisch gehauen und gesagt, er wolle nur wissen, wie's ihr einmal ginge, wenn sie verheiratet wäre – falls sie überhaupt jemand nehmen würde, die Lumbekrott!

Aber zuletzt hat sie doch einen Kerl am Bändel gehabt, der war wahrscheinlich von der Liebe ganz verblendet und hat, trotz aller Warnungen, das faule Weibsbild geheiratet. Am ersten Tag ihrer Ehe hat nun die junge Frau überlegt, was sie ihrem Mann kochen könne. Nun, Makrune (Makkaroni) sind nichts Schlechtes, hat sie gedacht und beim Krämerwendel ein Pfund geholt. Dann tat sie in eine Pfanne Schweineschmalz und warf die Makrunen hinein, so hart, wie sie waren. Jeder, der mehr versteht vom Kochen als eine Kuh von einer Muskatnuß, kann sich denken, was das für ein Mittagessen geben konnte.

Als nun der Mann aus der Fabrik heimkehrte – mit großem Hunger, wie man sich denken kann – hat er, als er die Makrunen sah, die ganze Platte zum Fenster hinausgeworfen. D'Bibbele, die Küken, haben das steinern-gebratene Stengelesfutter dann aufgepickt.

Von dieser Zeit an hat das faule Madämmle bis in die Vorstadt nur noch „die Makrune-Bräterin" geheißen.

Die weiße Frau auf der Brücke

Ging früher jemand in der Adventszeit über die Brücke, die damals zwischen Baden-Baden und Oosscheuern über die Oos führte, so konnte er zuweilen aus dem Wasser ein Niesen hören. In jener Zeit wurde die Brücke deshalb, besonders nach eingetretener Dunkelheit, von den Leuten ängstlich gemieden.

Es war an einem Abend im Advent, als ein Bauer aus Oosscheuern beherzt den Weg über diese Brücke nahm; er hatte einige Gläschen zuviel getrunken und war dadurch recht mutig geworden. Wie er nun die Oos überquerte und ein kräftiges Niesen hörte, rief er laut: „Helf Gott!" Plötzlich stand eine schöne Frau vor ihm,

ganz in Weiß gekleidet, die ihm herzlich dankte: Schon viele Jahre hindurch habe sie auf diesen Ruf gewartet, nun sei sie erlöst. Hierauf bat sie ihn, ihr seine Hand zu reichen, auf die er ein Taschentuch legen solle. Er kam dem Wunsche nach, und die weiße Frau legte ihre Hand auf das Tuch, dann war sie auf einmal verschwunden. Als der Bauer sein Tuch wieder einstecken wollte, sah er zu seiner großen Verwunderung, daß dort, wo die Hand gelegen hatte, deren Abdruck schwarz in das Tuch gebrannt war.

Dreieichenkapelle

Zwischen Baden-Baden und Oos steht in der Rheinstraße, an der Einbiegung der Frankenstraße, die Dreieichenkapelle, vor der sich mächtige Eichen erheben; sie geht auf eine alte Wallfahrtskapelle aus der Mitte des 17. Jahrhunderts zurück. 1891 mußte das kleine Gotteshaus wegen Baufälligkeit abgebrochen werden, aber schon zwei Jahre später konnte eine neue und größere Kapelle eingeweiht werden. Um diese Kapelle rankt sich eine alte Legende.

Die Entstehung der Dreieichenkapelle

Schrecklich und verheerend zog im 15. Jahrhundert die Pest durch Deutschland und hatte bald auch das Oostal erreicht. Die Sterbenden schleppten ihre Toten zu Grabe, und niemand öffnete mehr dem anderen die Tür. In Baden-Baden hatte man schließlich die Tore schließen und das warme Wasser der Quellen qualmend und dampfend durch die Stadt strömen lassen, um die tödliche Krankheit aus der Stadt zu verbannen (siehe auch: *Die Pest in Baden-Baden*). Immer näher rückte die Seuche, und bald schon war in Scheuern die Familie des letzten Hauses gegen Oos zu davon ergriffen. Nacheinander hatte der Vater seine Frau und seine vier Kinder jämmerlich dahinsiechen und sterben sehen und erwartete nun, hilflos und alleingelassen, gleichfalls sein nahes Ende.

In nächster Nähe wohnte sein Nachbar mit Frau und Kindern. Sie hatten das Auslöschen dieser Familie traurig verfolgen müssen und schauten nun täglich bei sich selbst voll Angst und Furcht nach Anzeichen der entsetzlichen Krankheit. Jeden Abend betete der Vater inbrünstig zur Heiligen Jungfrau, sie möge ihn und die Seinen vor der Seuche verschonen. Einmal hörte er bei seinem Gebet ein seltsames Tönen und Klingen, wie leiser Gesang oder ferne Orgeltöne. Er öffnete das Fenster und sah hinaus, und es schien ihm, als komme der liebliche Klang aus der Eiche, die an seinem Hause stand. Als er mit seinem Sohn den Baum untersuchte und sein Ohr an die harte Rinde hielt, da drang das Klingen ganz nah und laut hervor. Vorsichtig entfernten sie nun die Rinde und sahen erstaunt im Licht ihrer Lampe ein Marienbild mit dem Jesusknaben. Dies müsse ein Zeichen des Himmels sein, daß die Pest an dieser Stelle ein Ende finden werde, dachten beide und knieten dankbar nieder in frommer Andacht.

Bald kam aus den umliegenden Dörfern die Nachricht, die Seuche habe überall plötzlich nachgelassen, und als nun die Leute von dem Gnadenbild erfuhren, hielten sie es für die Ursache ihrer glücklichen Errettung und wallfahrten fortan zu dieser wundertätigen Stätte, die sie dankbar „Mariatrost" nannten.

Die Jahre gingen ins Land, die alte Eiche war mit der Zeit krank geworden und begann schließlich abzusterben. Da ließ Maria Magdalena von Öttingen, die zweite Ehefrau des Markgrafen Wilhelm I., den Baum abschlagen und über dem Strunk eine Wallfahrtskapelle bauen; diese wurde 1653 eingeweiht und erhielt den Namen „Mariä Trost zu den drei Eichen", denn sie wurde zugleich mit drei Eichen umgeben. Zweihundert Jahre später war die kleine Kirche baufällig und mußte schließlich 1891 abgebrochen werden, aber schon bald konnte an ihrer Stelle die neue und größere „Dreieichenkapelle" errichtet werden.

Baden-Baden

Eingerahmt von den Höhen des Battert, Merkur und Fremersberges liegt im Oostal der alte weltberühmte Bade- und Kurort Baden-Baden. Die Stadt geht auf eine frühe Gründung durch die Römer im 1. Jahrhundert zurück, und in dieser Zeit müssen auch die heißen Quellen entdeckt worden sein. Um 260 führt der Alemanneneinfall zur völlige Vernichtung der „civitas aquensis". Zu Beginn des 12. Jahrhunderts ist sie im Besitz des Zähringers Hermann II., „Herr von Baden" und Graf im Ufgau. Schon im 14. Jahrhundert erfährt die Bäderstadt einen bedeutenden Aufschwung, und bis heute ist Baden-Baden wegen seiner Schönheit, Lage und kulturellen Angebote ein in der ganzen Welt beliebtes und gern besuchtes Reiseziel.

In der „Trinkhalle" sind auf Wandbildern Sagen rund um Baden-Baden festgehalten.

Sagen um die „warmen Wasser im Ufgau"

Lange, sehr lange ist es schon her, da jagten einmal drei muntere Gesellen durch ein Moor, als sie plötzlich am Wasser drei schöne Nixen sahen, die einen Reigen tanzten. Die anmutigen Wesen lockten die Jünglinge zu sich, und nun tanzten und tanzten sie alle, bis sie im feuchten Grunde versanken. Die Nixen zogen ihre Begleiter in den See hinunter, wo sie bald in einen kristallenen Saal kamen, in dem ein alter König thronte. Der König aber wollte nicht, daß die jungen Gesellen hier unten weilten, also entließ er sie sogleich wieder in die Oberwelt, gab ihnen aber als Geschenk drei Kieselsteine mit.

Pah! Was solle er mit einem Kieselstein, dachte der eine und warf seine Königsgabe zornig an eine Felswand. Im gleichen Moment sprudelte an jener Stelle eine dampfende Quelle hervor. Der andere Geselle tat es ihm sogleich nach, und wieder brodelte es heiß aus dem Felsen, und auch der dritte warf schließlich seinen Stein mit Kraft von sich. - So entstanden in Baden-Baden der „Ursprung", die „Höllenquelle" und die „Klosterquelle".

Auf seiner Schwarzwaldwanderung kam einmal ein junger Mann am Mummelsee vorbei, wo er am Ufer ein schönes Seeweible sitzen sah. Er war von ihm so bezaubert, daß er sich viele Stunden nicht von ihm trennen konnte. Als er doch weiterziehen mußte, holte das Weible vom Grunde des Sees drei gänzlich unscheinbare Steine herauf und schenkte sie dem jungen Wanderer zum Abschied. Wie der nun fröhlich weiterschritt, wurden die Steine ihm doch lästig, und so warf er einen nach dem anderen gleichgültig von sich. Überall, wo einer der Steine den Boden berührte, sprudelte sogleich eine warme Quelle hervor - eine an der Stelle des Erlenbades, eine weitere in Ottersweier-Hub und die dritte schließlich in Baden-Baden.

(s.a.: Kap. 11, Herrenwieser See, *Der Zauberstein*)

In früher Zeit waren die Wälder um Baden-Baden noch reich an Elenhirschen, Auerhähnen, Bären und Wölfen, und so hielt sich der fränkische König Dagobert II. gerne hier auf, um nach Herzenslust zu jagen. Einmal jedoch litt er so sehr an der Gicht, daß ihn große Schmerzen plagten, und er betrübt das Bett hüten mußte. Keiner seiner Leibärzte wußte Rat, bis eines Tages ein Mönch aus dem Kloster Weißenburg bei ihm erschien und ihm riet, sich zu den heißen Quellen tragen zu lassen, denen ja der Herrgott so große Heilkräfte verliehen habe. Nur zu gerne befolgte der schmerzgeplagte König seinen Rat, und siehe da - der Kranke wurde wieder gesund. In großer Dankbarkeit schenkte er dem Kloster Weißenburg die Quellen von Baden-Baden (Urkunde von 675) und wählte sich den klugen und hilfreichen Mönch zu seinem Beichtvater.

Drei Jahre später wurde Dagobert II. im Auftrag seines politischen Widersachers ermordet.

Auch ein Kurfürst von der Pfalz wurde einst von der Gicht geplagt, und so reiste er nach Baden-Baden, um in den heißen Quellen Heilung zu suchen. Der Wirt seiner Herberge freute sich über den gebrechlichen Gast, der sobald sicherlich nicht wieder fortgehen, er selbst dafür aber - bald reich! (bald rich) - werden würde. Aber der hohe Herr besuchte so eifrig die heilenden Bäder, daß er schon nach vierzehn Tagen Linderung verspürte; und als er eines Morgens erwachte, und ihn keinerlei Schmerzen mehr plagten, beschloß er seine schnelle Abreise. Flink rief er seine Dienerschaft zusammen, ließ sein Pferd satteln und das Tor öffnen, als auf den Lärm hin der Wirt am Fenster erschien. Wie erstaunt war dieser, als er den hohen Herrn, der gestern noch am Krückstock einherhinkte, mit Schwung das Pferd besteigen sah. Verdutzt grüßte

Damals, als die reichen und noblen Kurgäste schwatzend oder schweigend ihre Spazierfahrten in der Kutsche genossen, gelangte der Posthalter Thiergärtner durch Leistung und Geschäftssinn zu einem ansehnlichen Vermögen.

er hinunter, worauf der Kurfürst ihm fröhlich entgegenrief: „Mein lieber Wirt, wie bald reit ich doch!" Im Getöse gingen die ersten und letzten Silben unter, und der Wirt hörte nur noch „bald reit". Seither heißt die Badeherberge, in welcher der hohe Gast gewohnt hatte, „Baldreit".

Der Gasthof, schon 1460 erwähnt als „Baldrich", zählte einmal zu den vier wichtigsten Herbergen in Baden-Baden und stand wegen seiner Räumlichkeiten und seines „gelinden Wassers", das für das beste in Baden galt, in einem guten Ruf. Heute beherbergt das alte Gasthaus in der Küferstraße das Stadtarchiv und die „Weinstube im Baldreit".

Auf dem Mittelstreifen der Sophienstraße, bei der Einmündung der Rittergasse, steht einer der heute noch öffentlichen Thermalbrunnen, der „Reiherbrunnen".

Ein Mann aus Baden-Baden, der wegen seines rauhen Halses allmorgendlich einen Becher Heilwasser aus dem Reiherbrunnen schlürfte, soll einmal gesagt haben:

‚S schmeckt halt wie e Wasserschnall', die mer für e Flaischbrieh usgibt, dreimol um e Hochripple rumtrage, und dann mit e wenig Salz z'dodkocht. Ä-pfui-Deifel! (59)

Es gab Baden-Badener, denen hat der Reiherbrunnen auch auf andere Weise genützt. Wenn nämlich in einer Schulklasse der damaligen Höheren Mädchenschule oder der Oberrealschule jemand stark hustete und dadurch den Unterricht störte, wurde der Schüler in Begleitung eines zuverlässigen Klassenkameraden an den Brunnen geschickt, um mit dem Heilwasser sein kleines Leiden zu lindern. Wie man sich denken kann, sind diese Kuren von manchem Zögling damals oft und gerne ausgenutzt worden.

❧❦❧

Eine schottische Romanze

Früher einmal stand am Eingang zur Lichtentaler Allee eine prächtige Villa, die aber im 19. Jahrhundert im Wege stand und auf Abbruch versteigert wurde. Der Posthalter Franz Thiergärtner erwarb das Gebäude und ließ es auf seinem Gut im Gunzenbachtal wieder neu aufbauen. Dieser zielstrebige und erfolgreiche Posthalter nannte eine schöne Frau sein eigen, die Liebe seines Lebens. Wie er sie einst kennenlernte und eroberte, davon erzählt die folgende Geschichte.

Damals, als die reichen und noblen Kurgäste in Baden-Baden schwatzend oder schweigend ihre Spazierfahrten in der Kutsche genossen, gelangte der Posthalter Franz Anton Thiergärtner, der erste Großherzogliche Poststallmeister von Baden-Baden, durch Leistung und Geschäftssinn zu einem ansehnlichen Vermögen. Als er recht früh starb, übernahm sein ältester Sohn Franz, kaum 21 Jahre alt, die Geschäfte seines Vaters und führte sie in großer Verantwortung weiter. Gerne sahen die jungen Damen den schönen jungen Mann auf dem Kutschbock sitzen *im modischen Frack, nicht in Uniform wie sein Vater*, mit feingekräuselten Haaren, einer schmalen Nase und einem wohlgeformten, weichen Mund. *Die sinnenfreudig geschwungenen Lippen scheinen zärtlich zu lächeln. Der wohlbehütete Sohn eines wohlhabenden Hauses, dem ohne Zweifel die bestmögliche Erziehung zuteil wurde. Not und harte Arbeit kannte dieses Gesicht nicht.* (60)

Während der Saison 1839 fuhr Franz ganz besonders gerne eine Familie aus Schottland aus und freute sich, wenn zu den Ausflügen seine Wagen gewünscht wurden. Dies war die altadlige Familie Drummond of Hawthornden, die sich auf einer großen Deutschlandreise befand und nun einige Monate in der Kurstadt weilte. Zu dieser Familie gehörte eine hübsche und kluge Tochter, die dem jungen Posthalter über alle Maßen gefiel: Mary *war schön, sprach alle Sprachen mit gleicher Vollkommenheit, zeichnete, malte, tanzte, ritt meisterhaft und konnte durch ihre schottischen und italienischen Lieder, am Piano sitzend, wohl jeden bezaubern.* (61)

Als die Saison sich dem Ende neigte, kehrte die Familie nach Schottland zurück, aber schon bald fand Franz Thiergärtner einen geschäftlichen Vorwand, um das Schloß der Drummonds aufzusuchen. Franz war in keinster Weise standesgemäß, und so sah er nur den einen Ausweg - er mußte Mary entführen. An einem unbekannten Ort ließ sich das liebende Paar heimlich trauen, dann kehrte die junge Frau zu ihren Eltern zurück, jedoch ohne sich ihnen in Zuversicht zu offenbaren.

Keine Heimlichkeit bleibt lange unentdeckt, und so wollte es der Zufall, daß eines Tages ein Geistlicher zu Besuch kam, der, als ihm die Tochter des Hauses ihre Hand zum Gruße reichte, diese sofort erkannte. Hatte er nicht vor noch nicht allzu langer Zeit diese Hand mit der eines jungen Mannes aus Baden zusammengegeben? *Der stolze schottische Edelmann verstieß und enterbte seine Tochter. Alle ihre früheren Freunde verleugneten die „Postillonsfrau von Baden". Sir Francis Drummond starb unversöhnt. Seine Frau ließ sich später einmal herab, die „verlorene Tochter" in London zu empfangen.* (62)

Die Ehe des ungleichen Paares, das den Mut hatte, sich gegen die Gesellschaft und die Familie über Gesellschaftsregeln, Vorurteile und Zeitgeist hinwegzusetzen und ihre Liebe über alles zu stellen, wurde sehr glücklich, wenn auch nur von kurzer Dauer. Wenige Jahre nach der Geburt des fünften Kindes, nur zwölf Jahre nach der Eheschließung, starb der bis dahin glückliche Mann und Vater, und keine vier Jahre später folgte ihm seine geliebte Ehefrau.

Stiftskirche

In der historischen Altstadt von Baden-Baden steht über den verfallenen römischen Thermen die prächtige alte Stiftskirche Unserer Lieben Frau, heute St. Peter und St. Paul. Der älteste Teil dieser Kirche, ihr spätromanischer Turmunterbau, stammt aus der ersten Hälfte des 13. Jahrhunderts.
In der Zeit der Hexenverfolgungen sollen in der Kirche auch Teufelsaustreibungen stattgefunden haben.

So wird in einem Bericht aus dem Jahre 1585 erzählt, aus einer ledigen Person, sie hieß Anna Koch, seien öffentlich sieben böse Geister ausgetrieben worden, wozu man eigens einen Exorzisten, den Dompredigter zu Speyer, habe kommen lassen, der den Geistern „Stultum" und „Hagnus" offenbar „gute starke Maultaschen" gegeben haben soll.

Der gespenstische Priester in der Stiftskirche

Während eines Abendgottesdienstes in der Stiftskirche ist einmal ein Mann vom Schlaf überwältigt worden und, weil er recht zusammengesunken in seiner Bank saß, nicht gesehen und daher eingeschlossen worden. Erst um Mitternacht erwachte er, und wie er so schläfrig seine Augen rieb, sah er im Schimmer des ewigen Lichtes einen Priester im Meßgewand aus der Sakristei kommen und an den Altar treten. Die gespenstische Erscheinung schickte sich an, die Messe zu lesen, und als sie sich dabei umwandte, erblickte sie den Mann, der still und erstaunt auf seinem Platze saß. Der Priester winkte ihm, er solle ihm bei der Messe dienen, der Mann aber rührte sich, gänzlich verängstigt, nicht von seiner Stelle. So hielt der Geist die Messe ohne einen Diener und kehrte dann wieder zurück in die Sakristei.

Am Morgen berichtete der Mann seinem Dienstherrn, was er in der Nacht erlebt hatte, und dieser gab ihm den Rat, in der folgenden Nacht abermals in der Kirche zu bleiben, und wenn der gespenstische Priester wieder erschiene, solle er seinem etwaigen Begehren nachkommen. Also ließ sich der Mann nach dem Gottesdienst wieder einschließen, und wieder erschien der Geist, der ihm winkte, bei der Messe zu dienen. Getrost begab sich nun der Mann zum Altar und diente bei der Messe, wie es sich gehört. Als diese zu Ende war, wandte sich der Priester seinem

Diener zu und sprach in ruhigem, zufriedenen Ton: „Gott und dir sei Dank! Zu Lebzeiten habe ich einmal in dieser Kirche eine Messe ohne einen Diener gelesen und mußte nun zur Strafe seit meinem Tode hier umgehen, bis jemand mir bei der Messe dienen würde. Viele Jahre habe ich darauf gewartet. Du hast mir heute geholfen, und nun endlich kann ich eingehen in des Herrn Freude, wo ich deiner nicht vergessen werde!"

Kaum war das letzte Wort gesprochen, so war auch die Erscheinung verschwunden, und der Mann verließ am Morgen mit leichtem Herzen das Gotteshaus. Nach drei Tagen ist er dann ganz plötzlich gestorben.

In der Mitte des Chors der Stiftskirche erhebt sich ein großes Steinkruzifix, das auf seiner Rückseite die Inschrift „Nicolaus von Leyen" trägt. Ursprünglich stand es auf dem Alten Friedhof – er wurde 1843 aufgegeben – bei der Spitalkirche und dem ehemaligen Spital. Über die Entstehung dieses Kunstwerkes geht manche Sage.

Das Kreuz des Meisters Nikolaus von Leyen

Um das Jahr 1462 hatte Markgraf Karl I. von Baden mit einigen geistlichen und weltlichen Fürsten einen Bund geschlossen gegen die heimlichen westfälischen Gerichte. Diese sogenannten Femgerichte waren nur für die freie Bevölkerung zuständig, und nur Freie konnten Richter und Schöffen sein. Sie organisierten sich in der Art eines Geheimbundes und hießen daher auch „heimliche Gerichte". In diesen Bund konnte jeder unbescholtene Mann nach einem bestimmten Ritual als „Freischöffe" oder „Wissender" aufgenommen werden, wobei seine Zugehörigkeit geheim blieb. Mit seinem Eid konnte der „Freischöffe" die Verurteilung eines Beklagten erreichen, die mit der Hinrichtung durch den Strang endete, und jeder „Wissende" war verpflichtet, das Urteil zu vollstrecken. Markgraf Karl ahnte nicht, daß sich unter seinen Räten auch einige „Wissende" befanden.

Eines Morgens fand man am Tor des Schlosses einen Brief angeschlagen, eine Vorladung des Markgrafen vor den heimlichen Richterstuhl in Walldorf. In großer Bestürzung forschte man sogleich nach dem Täter, und, wie es so oft der Fall ist, fiel auch hier der Verdacht auf einen Fremden; der hatte sich in der Nacht heimlich aus seiner Herberge entfernt und war erst gegen Morgen wieder dorthin zurückgekehrt.

Im folgenden Verhör gab der Fremde an, er sei ein reisender Bildhauer namens Meister Niklas, der gerne nachts im Freien spazierengehe, um seinen Gedanken nachzuhängen. In der vergangenen Nacht sei er auf den Kirchhof gekommen, wo er unter dem Ölberg eine Flamme vom Boden habe aufsteigen sehen; die sei ihm in Gestalt eines Kreuzes erschienen, und so habe er alsbald gelobt, ein steinernes Kreuz zu schaffen, das an jenem Platze aufgestellt werden solle.

Dieser Aussage schenkte der Markgraf wenig Glauben; da aber die Täterschaft des Bildhauers nicht bewiesen werden konnte, ließ er dem Gefangenen einen Stein und Werkzeug bringen und befahl ihm, unverzüglich mit der Arbeit zu beginnen. Sollte er aber das Kunstwerk nicht zustande bringen, so hätte er sein Leben verwirkt.

Eifrig und mit großer Hingabe fertigte Meister Niklas nun ein wunderschönes Kruzifix, und als er fertig war und der Markgraf das herrliche Werk sah, ließ er es auf dem Friedhof aufstellen und schenkte dem Meister das Leben und die Freiheit, ja, er behielt ihn sogar in seinen Diensten. Ob der Bildhauer jemals im Dienste der heimlichen Feme gestanden, konnte sein Herr nie in Erfahrung bringen. Wahrscheinlich, so wird berichtet, habe man mit dem Brief den Markgrafen auch nur abschrecken wollen, damit er nicht fortfahre, gegen jene geheimen Gerichte einzuschreiten.

(siehe auch, *Das Femgericht in Baden*)

Viel lieber erzählte man im Volk jedoch die folgende, unglücklich endende Liebesgeschichte:

Vor mehr als fünfhundert Jahren lebte in Straßburg ein Bildhauergeselle, der verliebte sich in die einzige Tochter seines Meisters. Bald jedoch verließ er die Stadt, um sich bei anderen Meistern in seinen Fertigkeiten weiterzubilden. Seine Liebste indes erwartete ein Kind von ihm, und als sie dies ihrem Vater gestand, brachte dieser seine Tochter nach Baden, wo die junge Mutter mit ihrem Kinde aber gleich nach ihrer Niederkunft verstarb. Dort wurde sie nun, zusammen mit ihrem Neugeborenen, zu Grabe getragen.

Als der ahnungslose Geselle später nach Straßburg zurückkehrte, beim Meister um die Hand seiner Liebsten anhielt und erstaunt fragte, wo sie denn sei, führte dieser den jungen Mann an das Grab der Tochter, erstach dort den vermeintlich Untreuen und überlieferte sich alsdann dem Gericht. Hierauf wurde er in das Gefängnis geworfen und erwartete nun seine gerechte Bestrafung. In der Nacht hatte der Meister einen seltsamen Traum: An einer bestimmten Stelle auf dem Staufenberg sei ein großer Stein zu finden, daraus solle er ein Kruzifix anfertigen. Am nächsten Morgen erzählte er von seinem Traum und bat, man möge die Hinrichtung verschieben, bis er das Kreuz vollendet habe. Die Bitte wurde ihm gewährt; man führte ihn hinauf auf den Berg, und tatsächlich fand er an der bezeichneten Stelle jenen Stein, von dem ihm in der Nacht geträumt hatte.

Der gnädige Markgraf ließ nun Stein und Meister auf das Neue Schloß bringen, wo der Gefangene sofort mit seiner Arbeit begann, stets in strenger Buße bei Wasser und Brot, und schließlich aus dem einen Stein ein wunderschönes Kruzifix fertigte. Als das Werk vollendet war, zeigte sich der Markgraf von der Schönheit dieser Meisterarbeit so tief beeindruckt, daß er dem Todgeweihten das Leben schenkte. Am nächsten Morgen jedoch fand man den Bildhauer tot vor seinem Kruzifix liegen, mit gefalteten Händen. Er wurde neben seiner Tochter, deren Kind und dem getöteten Gesellen begraben, und über den Gräbern richtete man sein Kreuz auf. Lange hieß es, man könne und dürfe das Kruzifix auf keinen anderen Platz versetzen, aber später wurde es doch entfernt und ist heute im Chor der alten Stiftskirche zu bewundern.

Etwas anders liest sich die folgende Version:

Der Bildhauer Nikolaus von Leyen arbeitete von früh bis spät an einem wunderbaren Kreuz, und das Werk war schon fast vollendet, da mußte er für eine kleine Weile seine Werkstatt verlassen. Als er zurückkehrte, sah er, wie sein Lehrbube sich mit Hammer und Meißel fröhlich an seinem Kruzifix zu schaffen machte. In großem Jähzorn stürzte er sich auf den Knaben, zückte sein Messer und stach ihn nieder. Er stellte sich alsdann dem Gericht, das ihn nach kurzer Verhandlung zum Tode verurteilte.

Vor der Hinrichtung fragte man ihn nach seinem letzten Wunsch. Er wolle sein Kreuz noch vollenden, bat der Meister, und die Bitte wurde ihm gewährt. Tag für Tag arbeitete er nun an seinem letzten Werk, und als schließlich das Haupt des Heilands ausgemeißelt war, und er ihm ins Gesicht schaute, da brach dem Meister das Herz, und er sank tot zu Boden.

Alle sieben Jahre fällt am Karfreitag aus der steinernen Dornenkrone des Heilands ein Dorn, der wird jedoch stets durch einen nachwachsenden ersetzt. Wer einen solchen abgefallenen Dorn findet, stirbt nach drei Tagen, wird aber ein Kind der Seligkeit. Im Nonnenkloster zu Baden bewahrt man einen solchen Dorn in einer goldenen Einfassung auf. (63) An einem Karfreitag habe man den steinernen Christus am Kreuz laut seufzen hören, daher gab man der Allee, die dort vorbeiführte, wo das Kreuz einmal stand, den Namen „Seufzerallee".

Nicolaus Gerhaert von Leyen oder Leyden, auch Niclas von Strasspurgk, war ein bekannter Straßburger Steinmetz niederländischer Herkunft. Das Kreuz ist sein letztes Werk im Rheingebiet, denn noch im Jahr der Fertigstellung, 1467, wurde er von Friedrich III. nach Wien gerufen. Der Künstler ist um 1473 in Wien gestorben.

Spitalkirche

Die heute Altkatholische Kirche gehörte früher zu einem an der Stadtmauer gelegenen Spital, an das sich ein Friedhof anschloß. Das alte Gotteshaus, 1351 erstmals erwähnt und 1478 fertiggestellt, erfuhr im Laufe der Jahrhunderte zahlreiche Veränderungen. Heute sind die Stadtmauer, die sich vom Neuen Schloß kommend zwischen dem „Kloster vom Heiligen Grab" und der Spitalkirche entlangzog, sowie das Spital und der Friedhof verschwunden; der alte Friedhof wurde aufgegeben und das Spital später abgerissen.

Auf dem Alten Friedhof, der sich einst dort erstreckte, wo sich heute die Badenden im Caracalla-Außenbecken und auf der Liegewiese vergnügen, stand früher eine Kapelle, um die sich eine alte Sage rankt. Auch von einem „Hexenturm" wird erzählt, der ganz in der Nähe, am Knick der Sophienstraße, in die einstige Stadtmauer eingelassen war, 1837 aber auf Abbruch versteigert wurde und, wie die Stadtmauer und andere Tore auch, heute verschwunden ist.

Maria-Brunn

Vor vielen, vielen Jahren scharrte einmal ein Hund auf dem Kirchhof in Baden-Baden einen Brunnen zutage, in dem lag ein hölzernes Standbild der Mutter Gottes. Die Leute waren darüber sehr verwundert, und in ihrer Frömmigkeit beschlossen sie, an jener Stelle eine Kapelle zu errichten. Sie nannten das kleine Gotteshaus Maria-Brunn, denn den Altar, auf welchen sie das Bild der Heiligen Jungfrau stellten, bauten sie genau über jener Quelle. Unweit des Altars soll der Hund abgebildet gewesen sein, liegend in Stein gehauen.

Die Kapelle - ihr eigentlicher Name war „Mariä-Gnadenbronn" - fiel später, als der alte Friedhof aufgegeben wurde, der Spitzhacke zum Opfer.

Der Hexenturm

Am Knick des Stadtgrabens, der heutigen Sophienstraße, stand bis ins 19. Jahrhundert als Teil der einstigen Stadtmauer der „Turm beim Spitaltor" oder „Spitalturm"; in den Akten wird er auch als „Gefängnisturm" oder „Criminall Turm" bezeichnet. Aber beim Volk hieß er stets „der Hexenturm", obwohl nicht belegt ist, daß dies tatsächlich der Turm für die armen Opfer der Hexenverfolgung war.

Als ein Produkt der Gegenreformation entwickelte sich auch im katholischen Teil Badens nach der Wiedereinführung des alten Glaubens ein schrecklicher Hexenwahn, und zahlreiche Menschen, meistens Frauen, wurden das Opfer dieser unsäglichen Hexenverfolgung. Den Verdächtigen wurde vorgeworfen, sich auf den sogenannten „Hexentanzplätzen" getroffen zu haben, die über das gesamte Terrain des Oostales verteilt gewesen sein sollen: so in Baden-Baden selbst, auf dem Alten Schloß und auf der Ebersteinburg, auf dem Hardberg, dem Fremersberg und dem Iberg. Ein Hexentanz soll sich gewöhnlich in folgender Weise zugetragen haben:

Zu nächtlicher Stunde versammelten sich auf dem Hexentanzplatz die Hexen und ihre Hexenmeister, zum Tanze spielten ein Geiger und ein Dudelsackpfeifer auf, und alles, was ein Hexenherz begehrte, wurde zum Mahle herbeigeschleppt. Für das Opferritual stellte man einen Bock auf den Altar, und alle Teilnehmer küßten dessen Hinterteil; dabei gab jeder das Versprechen ab, nur noch dem Teufel dienen zu wollen. Hernach wurde das Wetter gekocht und gesotten, und nun war jede Hexe imstande, nach Belieben Unwetter und Hagel zu erzeugen, um so die braven Leute in Angst und Schrecken zu versetzen und ihnen die Ernte zu verderben.

Nur unter der Folter, der die eingesperrten Verdächtigen im Hexenturm ausgesetzt waren, konnten solche und ähnliche „Geständnisse" erpreßt werden. Die Unglücklichen wurden anschließend in der Mehrzahl zum Feuertod verurteilt und hernach auf dem Scheiterhaufen den Flammen übergeben. Der Richtplatz soll oberhalb der Stadt, Lichtental zu, gelegen haben.

Die schlimmste Hexenverfolgung erfolgte zwischen 1628 und 1632 unter Markgraf Wilhelm, „der Kammerrichter" genannt, bis der Einmarsch der schwedischen Truppen den Prozessen ein vorläufiges Ende setzte. Allein in Baden-Baden gab es in dieser Zeit 94 Hexenprozesse – bei der damals geringen Bevölkerung eine nicht eben geringe Zahl.

Friedhof

In der Friedhofstraße, oberhalb der Einfahrt zum Friedhof, sieht man das Standbild eines Totengräbers; früher stand es auf dem Alten Friedhof bei der Spitalkirche, wo sich damals auch das „Kreuz des Nikolaus von Leyen" erhob (s.o.).

Das Totengräberdenkmal oder Kaspar Hauser

Über seiner Schaufel ausruhend, den Kopf gegen das Neue Schloß gewandt – so stand einst auf dem Alten Friedhof die in Stein gehauene Gestalt eines Totengräbers. Das Denkmal, ein Geschenk des Straßburger Bildhauers Friedrich (1851), ist aber nicht wegen seiner künstlerischen Bedeutung bemerkenswert, sondern wegen der Legende, die sich um dieses Standbild rankt. Es soll den sagenhaften Kaspar Hauser, das „Kind Europas" darstellen, der anklagend zum Neuen Schloß hinaufschaute, den Blick geradewegs auf das Zimmer von Luise gerichtet, der zweiten Gemahlin des Markgrafen Karl Friedrich.

Als im Jahre 1828 in Nürnberg ein Findelkind auftauchte, machten schon bald Gerüchte und Vermutungen die Runde, wonach dieser Junge, der sich zu seiner Herkunft nicht äußern konnte, der legitime Thronfolger des Hauses Baden sein müsse, nämlich ein Sohn des Großherzogs Karl von Baden. Seine Ähnlichkeit mit Mitgliedern der badischen Familie nährte diesen Verdacht, und in der Bevölkerung wurde der „Erbprinzentheorie" gerne Glauben geschenkt.

Die Nachfolge des ersten Großherzogs von Baden, Karl Friedrich, schien gesichert, denn sein erster Sohn, Erbprinz Karl Ludwig, hatte wiederum einen männlichen Erben, den späteren Großherzog Karl. Der Erbprinz verunglückte jedoch 1801 in Schweden tödlich, als sein Vater die Regierungsgeschäfte noch innehatte, und nun galt der Enkel des Großherzogs als zukünftiger Regent. Karl Friedrich hatte zwar nach dem Tod seiner Frau ein zweites Mal geheiratet; die um vierzig Jahre jüngere Luise Karoline von Hochberg war jedoch nicht standesgemäß, und so kamen die Söhne aus dieser Ehe für eine Nachfolge nicht in Frage. Nach dem Tod des alten Großherzogs 1811 übernahm schließlich sein Enkel Karl die Regentschaft.

Großherzog Karls Gattin Stephanie de Beauharnais, Adoptivtochter Napoleons, schenkte 1812 nach der ersten Tochter einem ersehnten Sohn das Leben, aber der Säugling starb schon wenige Tage später nach einer Nottaufe an Krämpfen und Gehirnblutungen und wurde namenlos bestattet. Nach der zweiten Tochter kam 1816 ein weiterer Sohn zur Welt, Alexander Maximilian Karl, aber schon ein Jahr später starb auch dieses Kind an einer unbekannten Krankheit.

Großherzog Karl blieb ohne männliche Nachkommen, und so wurde sein Onkel Ludwig, der Bruder des Erbprinzen Karl Ludwig, der dritte Großherzog von Baden. Ludwig war der letzte legitime Erbe der Zähringer Linie, und als er 1830 kinderlos starb und das Haus Baden nun ohne Thronfolger war, konnte Leopold, ein Sohn aus der morganatischen zweiten Ehe Karl Friedrichs, die Regentschaft übernehmen.

Dieser Vorgang nährte nun die Gerüchte, die seit dem Auftauchen des geheimnisvollen Kaspar Hauser die Runde machten, und bis in die heutige Zeit wird über seine Herkunft gerätselt und geforscht. Die „Erbprinzentheorie" vermutet folgendes:

Die zweite, nicht standesgemäße Gattin des Großherzogs Karl Ludwig, Luise Karoline von Hochberg, soll herrschsüchtig gewesen sein und gerne den eigenen Sohn als Thronfolger gesehen haben. Sie habe den ersten neugeborenen Sohn des Großherzogs Karls gegen ein todkrankes Kind armer Leute ausgetauscht, und der gesunde Zähringersproß soll einem Major überantwortet worden sein, der es wiederum an einen ehemaligen Soldaten weitergegeben haben soll. Bei einer Befragung durch Großherzog Leopold habe besagter Major den Sachverhalt zugegeben und bestätigt.

Es geht auch das Gerücht, der zweite Sohn Karls, Alexander, sei damals umgebracht worden, um eine Thronfolge zu verhindern.

Nun, da Großherzog Karl ohne männliche Erben blieb und sein Nachfolger Ludwig kinderlos, war der Weg frei für den ältesten Sohn von Luise Karoline von Hochberg. Leopold hatte die schwedische Prinzessin Sophie geheiratet und schon Söhne, als er der vierte Großherzog von Baden wurde. Als plötzlich jener Kaspar Hauser auftauchte, und das Gerücht die Runde machte, er sei der ausgetauschte Sohn des Großherzogs Karl und somit rechtmäßiger Thronerbe, soll man in seiner Ermordung den einzigen Ausweg gesehen haben, die eigene Macht zu sichern. Der unglückliche junge Mann wurde am 14. Dezember 1833 erstochen. Aus Furcht vor einem Thronverzicht soll Großherzogin Sophie den Mord angestiftet haben, und es heißt, sie habe dies sogar ihrem Gatten Leopold gestanden, der sich aber aus Angst vor einem Skandal in Schweigen gehüllt habe.

Eine andere These setzt das Findelkind in die Nähe des französischen Thrones. Napoleon hatte aus politischen Gründen die Nichte seiner Frau Josephine, Stephanie de Beauharnais adoptiert und ihr den Titel „Tochter von Frankreich" verliehen, um sie mit Karl von Baden verheiraten zu können.

Die Ehe soll anfangs recht unglücklich gewesen sein, denn Karl führte weiterhin ein ausschweifendes Leben, und so wird angenommen, daß es Ende 1811 zu einer intimen Begegnung der jungen Frau mit dem von ihr sehr verehrten Napoleon gekommen sei, aus der jener Kaspar hervorgegangen sein könnte; eine Ähnlichkeit des Findelkindes mit Napoleon II., dem einzigen Sohn Napoleon I., gibt der Vermutung Nahrung.

Wenn diese Kriminalgeschichte aus dem Hause Baden auch recht abenteuerlich und unwahrscheinlich klingt, so sind es doch gerade die geheimnisvollen und ungeklärten Vorfälle, die uns Geschichte so anschaulich werden läßt.

Die lateinische Grabinschrift des Getöteten auf dem Friedhof Ansbach lautet übersetzt:

Hier ruht Kaspar Hauser
das Rätsel seiner Zeit
unbekannt seine Herkunft
geheimnisvoll sein Tod
1833

Heute kann der Totengräber, der Kaspar Hauser sein soll, nicht mehr zu Luises Zimmerfenster hinüberblicken, sondern sieht, abgeschoben an die Parkplatzböschung vor dem Baden-Badener Friedhof, nur noch einen fernen Zipfel des Neuen Schlosses.

Badischer Hof

Das Steigenberger Hotel „Badischer Hof", Lange Straße, war ursprünglich ein Kapuzinerkloster, das 1630 vom Markgrafen Wilhelm von Baden gestiftet wurde. Nach der Verstaatlichung wurde es 1807 von dem berühmten Karlsruher Architekten Friedrich Weinbrenner in ein Luxushotel um- und ausgebaut.

Der versunkene Wagen beim Kapuzinerkloster

Früher war in einer Mauer des ehemaligen Kapuzinerklosters in Baden-Baden ein römischer Grabstein angebracht, auf dem ein Wagen mit Pferden eingehauen war. Ein Mönch erzählte damals dem leichtgläubigen Volk, diese Platte sei angefertigt worden zum warnenden Gedenken an einen mysteriösen Vorfall.

Einst sollen die Herren des Alten Schlosses ein hochmütiges und lasterhaftes Leben in Saus und Braus geführt haben. Schließlich hatten sie sogar in ihrem Übermut unter großen Kosten einen unterirdischen Gang bauen lassen, der von der Burg bis zum Kloster herab verlief und so hoch und breit war, daß man mit Pferden und Wagen durch ihn hindurch bis ins Tal fahren konnte.

Wieder einmal waren einige Ritter durch diesen Gang in die Stadt herunter gekommen und fuhren an der Kirche der Kapuziner vorbei. Die Kirchentüre war weit geöffnet, und drinnen teilte eben der Priester beim feierlichen Hochamt das Abendmahl aus. Ohne anzuhalten, um dem Allerheiligsten ihre Verehrung zu bezeugen, ja ohne auch nur einen Blick auf die heilige Handlung zu werfen, fuhren die Edelherren unbekümmert weiter. Plötzlich tat sich unter ihnen die Erde auf, und die Frevler samt Roß und Wagen verschwanden für immer in der endlosen Tiefe.

Es wird auch erzählt, ein Graf sei einmal mit seinem Diener in einer Kutsche an der Kapuzinerkirche vorbeigefahren, als eben das Glöckchen zur heiligen Wandlung ertönte. Der Diener habe dem Kutscher zugerufen, er solle halten, bis die Handlung vorüber sei, aber der Graf habe mürrisch befohlen, unverzüglich weiterzufahren. Daraufhin seien, als göttliche Strafe, Kutsche und Männer von der Erde verschlungen worden.

Der Pakt mit dem Teufel

Vor langer Zeit lebte einmal in Baden-Baden ein Müller, dem war seine Mühle recht baufällig geworden, aber er hatte kein Geld, um sich eine neue zu bauen. Wie er so eines Tages trübsinnig vor seiner Türe stand, kam ein reichgekleideter Herr daher, der bald im Gespräch erfuhr, was den Müller bedrückte. Nun, ihm könne doch geholfen werden, meinte der Fremde und führte den Müller in das Gewölbe des Alten Schlosses. Hinter einem Felsen holte er einen Schlüsselbund hervor und öffnete damit eine schwere Eisenpforte, durch welche beide in einen hohen Saal gelangten. Der Fremde öffnete eine zweite Türe, und nun standen sie in einem kleineren Gewölbe, in dessen Mitte eine große eiserne Kiste stand, die der Mann alsbald mit einem der Schlüssel öffnete. Hiervon, sagte er dann, könne der Müller so viel nehmen, wie er für den Bau einer neuen Mühle benötige. Daraufhin füllte der andere gierig alle seine Taschen, der Fremde verschloß die Kiste und hernach wieder alle Türen, verbarg den Schlüsselbund hinter dem Felsen und begleitete den Müller bis an sein Haus, ohne dabei ein einziges Wort zu verlieren.

Mit frischem Mut begann nun der Müller, seine alte Mühle niederzureißen und eine neue zu bauen, aber bald ging ihm wieder das Geld aus, und er erinnerte sich an die Eisenkiste in den Gewölben des Alten Schlosses. Also machte er sich in einer der nächsten Nächte auf, stieg mit einem Sack hinauf zur Ruine, fand auch gleich den Schlüsselbund hinter dem Felsen und drang alleine in die unterirdischen Gewölbe, bis er vor der Geldkiste stand. Diesmal saß ein schwarzer Pudel auf der Truhe, dem befahl er furchtlos herunterzuspringen, und tatsächlich verschwand das Tier und gab den Weg frei zu neuen Reichtümern. Der Müller packte in den

Sack, was hineinging und wollte sich hernach wieder auf den Heimweg machen, da fand er zu seinem Schrecken die schwere Türe verschlossen. Alle Anstrengungen, sie zu öffnen, halfen nichts, und so setzte er sich schließlich, völlig erschöpft und schlotternd vor Angst, auf den Boden. Nicht lange, so öffnete sich die Tür und herein trat ein stattlicher Jäger. Laut und zornig beschimpfte dieser den Müller, er habe ihm Geld stehlen wollen und drohte, ihn in Stücke zu reißen, wenn er nicht sofort einen Vertrag unterschriebe, laut dessen er ihm nach fünfzehn Jahren seine Seele überlasse. Nun wußte der Müller, daß dies der Teufel war, der vor ihm stand. In seiner großen Not unterschrieb er den Vertrag; dann durfte er mit seinem Sack, gefüllt mit Geld, nach Hause gehen.

Die Mühle konnte nun vollendet werden, und es wurde die schönste weit und breit. Zunächst dachte der Müller in seinem Glück nicht mehr an den Vertrag, als aber schließlich schon zehn Jahre ins Land gegangen waren, bekam er doch große Angst. Er begann nun täglich in der Kapuzinerkirche zu beten, und da er das vorher nicht so inständig getan hatte, fragte ihn eines Tages der Guardian des Klosters, welcher Kummer ihn denn bedrücke. Hierauf erzählte ihm der Müller, wie er in des Teufels Schlinge geraten war. Der Guardin riet ihm, fortan im Kloster zu bleiben und ein strenges Büßerleben zu führen. Nun lebte der Müller also im Kloster, tat Buße und wurde ein bescheidener und frommer Mann. Als nach fünf Jahren die Frist abgelaufen war, beichtete er und kommunizierte, dann nahmen die Mönche den Unglücklichen am Hochaltar in ihre Mitte, und zusammen erwarteten sie im Gebet das Erscheinen des Teufels.

Pünktlich zur verabredeten Stunde erschien der Böse an der Kirchentüre und forderte mit ruhiger Stimme die Auslieferung des Müllers. Nein, an diesem habe er keinen Teil mehr, erklärte der Guardian und verlangte die Herausgabe des Vertrages. Alles Widerstreben half nichts - der Teufel mußte endlich die Handschrift durch die Türe hereinwerfen und fuhr daraufhin mit grimmigem Gebrüll von dannen. Drei Jahre noch blieb der Müller im Kloster, dann kehrte er zurück in die Welt und führte weiterhin ein gottgefälliges Leben bis an sein seliges Ende.

(Ein Guardian ist bei den Franziskanern und Kapuzinern der Obere eines Konvents, der jeweils auf drei Jahre ernannt wird.)

Es heißt auch, als der Jäger in dem Schatzgewölbe erschienen sei und den gierigen Müller, der noch mehr Geld holen wollte, auf's kräftigste beschimpft habe, sei letzterer in die Knie gesunken, habe die Hände gefaltet und gestöhnt: Jesus, Maria und Josef! Daraufhin sei das Gewölbe unter stinkendem Schwefeldampf von dumpfem Krachen erfüllt gewesen. Der Müller habe sich schließlich, er wußte nicht wie, zwischen den Felsenwänden wiedergefunden, aber niemals mehr den Eingang zu der Goldkammer.

Das verlorene Kind

Auf seinem Schulweg kam ein kleiner Bub immer am „Badischen Hof" vorbei; dort sah er eines Tages ein hübsches Kätzchen, das ihm sogleich schnurrend um die Beine strich. Der Knabe spielte mit dem Tierchen und schlüpfte ihm schließlich unter die Balken nach, die dort aufgeschichtet lagen. Als er nicht nach Hause kam, begannen seine Eltern, ihn überall zu suchen, und als sie ihr Kind nicht finden konnten, zogen auch alle Verwandten und Nachbarn aus - allein, der Bube blieb verschwunden.

Endlich, am neunten Tage, fiel einem Mann ein, daß er das Kind mit einer Katze hatte spielen sehen. Vielleicht sei es unter die Balken geraten, meinte er, und sofort begann man, einen Teil derselben hinwegzuräumen. Tatsächlich fanden die Leute unter den letzten Balken das verlorene Kind, welches wie verklärt dasaß. Nein, er wolle nicht mit nach Hause, sagte es, man möge es doch hierlassen, wo es viel bessere Sachen zu essen bekomme. Immer erscheine ein kleines weißgekleidetes Mädchen und bringe ihm die leckersten Speisen in goldenen und silbernen Schüsselchen.

Die Eltern schlossen ihren Sohn überglücklich in die Arme und nahmen ihn mit. Da er sich aber weiterhin so seltsam äußerte, zogen sie schließlich weltliche und geistliche Herren zu Rate und gaben dem Kind die besten Sachen zu essen. Ach, die Speisen des Mädchen seien doch viel besser, klagte der Bub und ist kurze Zeit darauf gestorben.

Neues Schloß,

auch „Niederbaden": Mit einer schönen Aussicht auf Baden-Baden steht auf dem Florentinerberg, gerade über dem Ursprung der berühmten heißen Quellen, das „Neue Schloß". Von einer bewohnten Burganlage ist bereits Ende des 14. Jahrhunderts die Rede, aber erst im Testament des Markgrafen Jakob I. (†1453) wird „das neue Schloß bei der Stadt" urkundlich erwähnt. Markgraf Christoph I. baute es schließlich aus und residierte dort ab 1479. Im Alter zog er sich jedoch wieder auf Hohenbaden zurück und überließ die Regierung seinen drei Söhnen. Bis zu seiner Zerstörung 1689 blieb das Schloß die Residenz der Markgrafen von Baden-Baden, danach verlegte Markgraf Ludwig Wilhelm seinen Sitz nach Rastatt in das dort im Jahre 1705 fast vollendete neue Schloß.

Das Femgericht in Baden

Unter dem neuen Schloß in Baden ziehen in fast labyrintischen Windungen und Richtungen eine Menge unterirdischer Gewölbe hin. Sie bestehen theils aus engen, langen Gängen, theils aus Gemächern von verschiedener Größe und Form. Mehrere dieser Gänge und Kammern konnten durch dicke, steinerne Thüren von Innen geöffnet und geschlossen werden. (64)

Hier unten, so berichtet die Sage, sei einst der Sitz der geheimen Feme, früher auch „Vehme", gewesen. In dem größten Gemach sollen die Freischöffen Gericht gehalten und Recht gesprochen haben über Frevler und geheime Verbrecher. Vorgeladene, die nicht erschienen waren, wurden hier zum Tode durch den Strick oder Dolch verurteilt und die Bestrafung den heimlichen Rächern übertragen. Einige Räume dienten dem Aufenthalt der Vorgeladenen, und ein anderes großes Gewölbe mit Ringen und Haken an den Wänden soll als Folterkammer gedient haben. Von dort ging ein kleiner Gang aus mit einem hölzernen Boden, unter dem sich einst eine Falltüre befand; wenn ein Verurteilter durch sie hindurchfiel, landete er in den Armen der „eisernen Jungfrau" und fand ein qualvolles Ende.

Es wird erzählt, vor Jahren sei das Schoßhündchen einer Dame, die das Gewölbe besichtigte, in jenes Verlies gefallen. Als man das Tierchen wieder heraufholte, entdeckte man Reste von Gewändern und Messern. Hierauf wurde die Öffnung zugeworfen.

Aber diese ganze Geschichte vom Femgericht und seiner Folterkammer ist wohl nichts anderes als das Produkt übersteigerter Phantasie. Bei den unterirdischen Gewölben handelt es sich lediglich um Zufluchtsräume in Zeiten der Belagerung. Die verputzten Steintüren sollten den Eindringlingen eine Mauer vortäuschen, auch waren sie nur von innen her zu schließen, was bei Verliesen für Gefangene hätte umgekehrt sein müssen.

(Femgerichte waren die im 14. und 15. Jh. in geheimen Versammlungen abgehaltenen Strafgerichte für todeswürdige Verbrechen; s.a.: *Das Kreuz des Meister Nikolaus von Leyen*)

⚜

Die weiße Frau im Neuen Schloß

Wenn es Nacht wird, aber manchmal auch am hellichten Tage, hört man im Neuen Schloß das leise Knistern von Seide und spürt den leichten Windzug einer vorüberhuschenden Gestalt. Wer diese unheimliche Erscheinung schon zu Gesicht bekommen hat, erzählt von einer Frau in schneeweißem Gewand mit einem durchsichtigen Schleier vor dem Antlitz, und wer ihr gar in die Augen geschaut, beschreibt den grauenvollen starren Blick, der fest auf den Betrachter gerichtet ist. Langsam und schweigend rauscht sie dann vorbei, aber bis ins Mark bohrt sich der eisige Blick und erfüllt den anderen mit hellem Entsetzen. Wer ihr je begegnet ist und in diese Augen geschaut hat, der wird sein Leben lang den schrecklichen Eindruck nicht mehr vergessen können.

Manch einer will sie auch schon mit einem Kind an der Hand gesehen haben.

Ihr Erscheinen soll immer den Tod eines Mitgliedes der fürstlichen Familie anzeigen oder sonst ein schweres Unglück. Wenn Kinder aus dem regierenden Stamme starben, will man sie vorher an deren Bett gesehen haben, schweigend über die Schlummernden gebeugt.

Die weiße Frau geht nicht nur im Neuen Schloß zu Baden-Baden um, sondern in allen Schlössern, mit denen sie durch Verwandtschaft oder Heirat verbunden ist. Man sagt, diese Erscheinung sei der Geist

der Bertha von Rosenberg und dem Hause Baden insofern zugehörig, als später die jüngste Tochter des Markgrafen Philibert von Baden an einen Grafen von Rosenberg vermählt wurde. Über Bertha von Rosenberg weiß man folgendes zu erzählen:

Im Jahre 1449 wurde die junge Bertha mit Johann von Lichtenstein verheiratet, aber die Ehe war höchst unglücklich, denn ihr Gemahl war ein störrischer und wüster Geselle. Oftmals bat sie ihn, seinen Lebenswandel zu ändern, aber immer wieder verfiel er in seine ausschweifenden Schwelgereien. Schließlich trug sie einen unauslöschlichen Haß in ihrem Busen, trennte sich von ihrem Gatten und lebte fortan zu Neuhaus in Böhmen, wo sie ein stattliches Schloß erbauen ließ. Dort hat sie ihre Untertanen lange und schwere Fronarbeit verrichten lassen, und manche Verwünschungen wurden gegen die grausame Gebieterin ausgestoßen. Jedoch versprach sie, sobald das Schloß fertiggestellt sei, solle allen ein reichliches Gastmahl aufgetischt werden. Bertha von Rosenstein hielt nicht nur Wort, sondern verordnete, daß fortan alljährlich ein solches Gastmahl gehalten werden sollte.

Seit ihrem Tod erscheint ihr Geist im Rosenbergschen Haus und in allen, mit denen sie durch Heirat verwandt geworden. Als Ludwig Wilhelm seinen Sitz von Baden-Baden nach Rastatt verlegte, folgte sie der Herrscherfamilie und erscheint seither auch im Rastatter Schloß und inzwischen auch in der Karlsruher Residenz.

⚜

Hungerberg

Der Weg vom Neuen Schloß hinauf zum Alten Schloß Hohenbaden führt über den Hungerberg, an dessen Abhang sich der „Türkenweg" entlangzieht, den Markgraf Ludwig

Wilhelm, der „Türkenlouis", um das Jahr 1692 von türkischen Gefangenen anlegen ließ. Der Hungerberg soll seinen Namen von einer Quelle erhalten haben, aber es ist nicht mehr bekannt, welche der Quellen am Berg die namengebende ist.

Die Hungerquelle

Nach einer alten Sage soll die Hungerquelle vor Zeiten den Leuten ein Zeichen gegeben haben, ob das Jahr fruchtbar werde oder eine Hungersnot bringe.

Wenn in der Adventszeit die Quelle stark und voll floß, so zeigte dies ein gesegnetes und fruchtbares Jahr an; wenn sie aber um diese Zeit nur schwach floß und wenig Wasser hatte, so wußten die Leute, daß ihnen Mißernte und Teuerung bevorstanden, oder gar eine Hungersnot drohte. So hat sich mancher damals mit seinen Geschäften und Vorräten nach der Quelle gerichtet. Heute glaubt man nicht mehr an diese Zeichen, und nur noch wenige Alte wissen davon zu erzählen.

Eine andere Erklärung für den Namen gibt die weniger unterhaltsame These, nach der die Bezeichnung „Hungerberg" auf Hungertuch, Leichen- oder Bahrtuch weisen soll, woraus auf einen Totenhügel zu schließen wäre.

Altes Schloß Hohenbaden

Malerisch erhebt sich am westlichen Abhang des „Battert" die alte Ruine des Schlosses Hohenbaden *mit einer unvergleichlich schönen Aussicht, Rhein, Vogesen, Straßburg, Rastatt, Karlsruhe – überhaupt sieht man ins Unendliche* ... schrieb einst Detlev von Liliencron. Die Anlage besteht aus drei

wesentlichen Bauabschnitten, die vom 12. bis zum 15. Jahrhundert reichen. Seit einem Brand um 1590 ist Hohenbaden eine Ruine, und 1627 liest man nur noch von dem „alt abgegangenen Schloß".

Die Ruine steht da, ... *jauchzend am Morgen, träge lastend am Mittag, melancholisch sinkend am Abend, phantastisch drohend in der Nacht. Wenn der Vollmond über das wuchernde Gemäuer fällt, ist die Stunde der Geister gekommen. Und wenn der Sturm dazu heult, ist es wie der gräßliche Angstschrei der grauen Frau, die noch heute ihr zerschmettertes Knäblein sucht.* (65)

Die graue Frau von Hohenbaden

Einstmals lebte auf dem Schloß Hohenbaden eine Herrin, die war herzlos und kalt, dachte nur an ihren Vorteil und unterdrückte hart ihre Untertanen. An einem schönen Abend nahm sie ihr einziges Söhnlein auf den Arm, stieg mit ihm auf die Zinnen des Schlosses, und während sie ihren Blick weit in das Land schweifen ließ, sprach sie hochmütig zu ihrem Kind: *Alles ist dir unterthan, soweit du blickst von dannen. Regiere einst stark und mit eiserner Rut, dem starren Trutz des Volkes zum Entsetzen!* (66) Kaum hatte sie diese Worte ausgesprochen, erfaßte sie ein Schwindel, der Knabe entglitt ihren Armen und stürzte mit einem jämmerlichen Schrei in die Tiefe. Schreckensbleich eilte die Herrin die Treppen hinunter, suchte zitternd vor Entsetzen in den Felsen nach ihrem Kinde, hetzte hernach ihre Dienerschaft durch den unwegsamen Wald – der Knabe indes wurde niemals mehr gefunden.

Seit dieser Zeit geht die graue Frau um auf Hohenbaden. In ihrem grauen Mantel wandelt sie ruhelos durch die öden Räume, und wenn der Wind durch das alte

Gemäuer heult, hört man sie stöhnend und jammernd nach ihrem Kinde rufen.

Auch von einer weißen Frau im Alten Schloß wird berichtet, die aber doch im Neuen Schloß umgeht (s.o.). Gleichwohl wurde auch in der alten Ruine eine weiße Erscheinung gesehen:

Eine alte Frau aus Baden-Baden suchte und sammelte an einem schönen Tag in der Nähe des Alten Schlosses Beeren und Kräuter. Als sie am Mittag zur zwölften Stunde den müden Rücken streckte, sah sie auf den Felsen hinter dem Schlosse im Schein der Sonne eine weiße Frauengestalt sitzen, die trug einen Bund Schlüssel und winkte ihr zu. Zutiefst erschrocken eilte die Kräuterfrau hinunter in die Stadt, wo sie erzählte, was ihr eben begegnet war. Sogleich machten sich mehrere Badener auf den Weg zum Schloß hinauf, aber von der seltsamen Erscheinung war nichts mehr zu sehen.

❧❧❧❧❧

Die Pest in Baden-Baden

Als gegen Ende des 15. Jahrhunderts die Pest im ganzen Lande wütete, zogen sich die Adligen und Begüterten zurück aus den Städten auf ihre Landsitze und Schlösser, um so der drohenden Gefahr auszuweichen. Nicht anders tat es Katharina von Österreich, die Witwe des Markgrafen Karl I. von Baden; sie schloß sich mit ihren Kindern in den oberen Gemächern des Schlosses Hohenbaden ein und betete inständig, die Seuche möge doch bald ein Ende nehmen und ihre Familie und die noch lebenden Untertanen verschonen.

Eines Abends, als sie wieder tief in ihr Gebet versunken war, erschien ihr plötzlich eine herrlich lichte Gestalt; es war die Gottesmutter mit dem Jesuskind. Mit ihrer rechten Hand wies sie auf die Kinder

und auf das Kloster Lichtental, mit der linken auf die heißen Quellen von Baden-Baden. Dann war die Erscheinung wieder verschwunden.

Die Markgräfin wußte sehr wohl zu deuten, was ihr angeheißen war. Sie ließ die heißen Quellen Baden-Badens öffnen, deren Wasser nun segenspendend durch die Gassen strömte und die Pest aus der Stadt vertrieb. Zwei ihrer Kinder weihte sie dankbar dem Herrn: Margarete nahm den Schleier im Kloster Lichtental und wurde später dessen Äbtissin, und Friedrich IV. erhielt die Priesterweihe und wurde schließlich Bischof von Utrecht.

(siehe auch: *Die Entstehung der Dreieichenkapelle*)

Es soll an dieser Stelle nicht unerwähnt bleiben, *daß während der Pest im Jahre 1473 Kaiser Friedrich III., ein Schwager des Markgrafen Karl, mit seiner gesamten Hofhaltung sechs Wochen auf Hohenbaden wohnte und dort wichtige politische Empfänge hatte und Entscheidungen traf.* (67)

❧❧❧❧❧

Die Schatzkiste im alten Schloßgewölbe

Ein Mann aus Balg ging eines Abends hinauf zum Alten Schloß, als ihm auf dem Wege plötzlich ein unbekannter fahrender Schüler begegnete, der ihn höflich grüßte und mit seinem Namen ansprach. Er solle mit ihm kommen, dann könne er so viel Geld bekommen, daß er sein Leben lang nicht mehr darben müsse. Nur dürfe er kein einziges Wort reden, sonst koste es ihn das Leben.

Der Mann folgte dem Schüler durch Gebüsch und Unterholz bergauf, und als sie an einem alten Eichenstamm vorbeikamen, kletterte der Fremde hinauf und holte einen großen Schlüssel. Oben auf der Burg stiegen sie in den alten Burgkeller, der fahrende Schüler schloß eine schwere Eisentüre auf, und bald standen die Männer in einem kleinen Gewölbe, in dessen vier Ecken je eine Gestalt in Ritterrüstung mit einem Spieße stand. In der Mitte des Gewölbes stand eine eiserne Kiste, auf der hockte ein schwarzer Pudel mit unheimlich feurigen Augen. Der Fremde trat an die Kiste, und als er etwas Lateinisches gesprochen hatte, sprang der Hund herunter, und die Gestalten in ihrer Rüstung richteten die Köpfe auf. Er öffnete die Kiste, und der Mann sah, daß sie randvoll mit Schafszähnen gefüllt war. Er solle sich davon nehmen, soviel er tragen könne, wurde er aufgefordert, aber der Mann traute sich nicht, seine Taschen zu füllen und griff nur einige der Zähne heraus. Nun wurde die Kiste wieder geschlossen, der schwarze Pudel sprang wieder hinauf, und die beiden Männer verließen das Gewölbe und das Schloß. Beim Abschied sagte der Schüler noch zu seinem Begleiter, er werde bereuen, nicht mehr aus der Kiste genommen zu haben, dann war er verschwunden.

Als der Mann wieder zu Hause in Balg angelangt war, wollte er sofort die lästigen Schafszähne loswerden und leerte seine Taschen - da fielen ihm lauter Goldstücke entgegen. O welche Freude! Gleich am anderen Tag machte sich der Mann erneut auf den Weg zum Alten Schloß, aber er fand den Eichenstamm nicht mehr mit dem Schlüssel, auch die Türe zum Gewölbe war verschwunden, und den fahrenden Schüler hat er niemals wieder zu Gesicht bekommen.

Vielleicht zwanzig Jahre später hatte ein Bauer aus Scheuern einen seltsamen Traum: Auf dem Kohlenplatz beim Alten Schloß liege auf einem runden Stein ein

Schlüssel, den solle er nehmen und damit eine schwere Türe öffnen, die in ein großes Gewölbe führe, in dem eine Eisenkiste stehe, bis zum Rand gefüllt mit Geld.

Am anderen Morgen, es war der Tag der Heiligen Drei Könige, erzählte der Mann seinen seltsamen Traum einem Nachbarn, und in der folgenden Nacht machten sich nun beide mit Laternen und Säcken auf den tiefverschneiten Weg hinauf zum Kohlenplatz. Die Uhr schlug eben elf Uhr, als sie tatsächlich den Schlüssel fanden. Sie öffneten die im Traum gewiesene Türe und sahen auch die große Eisenkiste, aber auf ihr hockte ein riesiger Pudel, der schaute die Eindringlinge mit feurigen Augen an und drohte sie anzufallen. Himmel hilf! Schreckensbleich liefen die Männer den Berg hinunter, und noch fast bis vor Scheuern hörten sie ein gewaltiges Krachen, als stürze die ganze Burg zusammen.

Als sie sicher ihr Haus erreicht hatten, merkte der Bauer, daß er noch den Schlüssel bei sich trug. Nein, auf das Alte Schloß und in das Gewölbe wollte er nicht mehr zurückkehren, und behalten wollte er den Schlüssel auch nicht, zu tief saß ihm die Furcht seit dem schrecklichen Erlebnis in den Gliedern. Also übergab er ihn den Jesuiten in Baden, denen er alles erzählte, und es heißt, die Ordensleute sollen später die Geldkiste geholt und heimlich in ihren Besitz gebracht haben.

꧁꧂

Spuk in der alten Schloßruine

Es wird erzählt, vor über zweihundert Jahren habe es auf der verfallenen Burg Hohenbaden eine Menge riesengroßer Schlangen gegeben, deren Köpfe so groß gewesen seien wie die von Katzen. Man

Ich sehe keine Ritter und Gespenster, ich sehe nur verwittertes Gestein und durch zerbrochene Fenster den bleichen Mondenschein..

habe schließlich Jagd auf sie gemacht und dabei so viele von ihnen erlegt, daß man sie wagenweise habe fortschaffen müssen.

Es war in der Nacht vom Fastnachtsdienstag auf Aschermittwoch, als einige Leute die Burg ganz in Flammen stehen sahen. Bei Tagesanbruch forschten sie nach der Ursache, konnten jedoch nicht die geringste Spur eines Feuers entdecken.

Vor fast zweihundert Jahren ging einmal an einem schönen Morgen eine Frau, die in Baden zur Kur weilte, mit ihrem sechsjährigen Töchterchen hinauf zum Alten Schloß. Als sie eine Weile in den alten Mauern umherspaziert waren, kamen sie an eine Tür, und die Frau klopfte artig an. Nicht lange, so wurde ihnen aufgetan; sie traten ein und standen in einem großen Gewölbe, wo sie recht freundlich von drei Klosterfrauen empfangen wurden. Dem kleinen Mädchen wurde es wohl etwas unheimlich, und als es schließlich zu weinen begann, schenkten ihm die Klosterfrauen eine Schachtel voll Sand. Das Kind beruhigte sich, spielte mit der Schachtel und hatte bald die Hälfte des Sandes verschüttet. Als die Mutter meinte, es gehe nun auf Mittag zu, nahm sie von den Nonnen Ab-

schied und kehrte mit ihrem Töchterchen zurück nach Baden. Dort merkte sie verwundert, daß es bereits früher Abend und ihr Kind vielleicht in Entbehrung eines Mittagessens auf dem Schlosse so unruhig gewesen war. Das kleine Mädchen wollte vor seiner Abendmahlzeit noch ein wenig spielen und öffnete die Schachtel – da fand es den restlichen Sand verwandelt in kostbare Diamanten.

Andere erzählen, nicht Nonnen haben dem Kind jene Schachtel geschenkt, sondern eine vornehme Dame. Auch sei kein Sand in der Schachtel gewesen, sondern sie habe kleine Kieselsteine enthalten, die sich später in achtzig Goldkörner verwandelt haben. Die Mutter des Kindes sei nachher noch einige Male zum Alten Schloß hinaufgestiegen, aber sie habe die vornehme Frau niemals wieder zu Gesicht bekommen.

Einer anderen Frau begegnete einmal in dem Wald bei der Burg ein schattenähnlicher Geist, und sie fühlte den unwiderstehlichen Drang, ihm folgen zu müssen. Der Geist führte sie zu einem kleinen Baum, der war ganz aus reinem Gold. Beim Anblick dieses Bäumchens war die Frau so erschrocken, daß sie schreiend davonlief. Am nächsten Tag ging sie mit ihrem Mann, dem sie davon erzählt hatte, zu dem Platz zurück, aber so sehr sie auch suchten - das goldene Bäumchen war nicht mehr zu finden.

Zu Beginn des 19. Jahrhunderts lebte in seiner Klause auf der Yburg ein frommer Einsiedler; weil aber der Geisterspuk in der Ruine mehr und mehr zunahm, zog der Eremit auf das alte Schloß zu Baden, wo er sich im Schloßkeller häuslich niederließ. Bald merkte er, daß auch hier Nacht für Nacht ein Gespenst umging. Die Erscheinung kam mit einem flammenden Kessel, worin sie eine Stunde lang herumrührte, ohne sich um den Einsiedler zu kümmern; dann war der Spuk wieder vorbei. Dies alles störte den frommen Mann nicht, denn mehr war in dem alten Gemäuer nächtens nicht zu erwarten, und so blieb er stets ruhig auf seinem Mooslager liegen und schlief wohlig wieder ein.

Fragte man den Einsiedler, wovon er sich denn ernähre, so sagte er, er lebe von wenigen Wurzeln und Kräutern, aber eigentlich von den drei Elementen Feuer, Wasser und Luft. Auf seinem alten Hut trug er einen gläsernen Knopf; dieser soll die Eigenschaft gehabt haben, seinem jeweiligen Besitzer großes Glück zu bringen.

Das Glück hat den frommen Mann dann aber doch verlassen, denn die Herrschaft duldete den Einsiedler nicht länger im Schlosse, und so hat man ihn schließlich nach Mannheim in Verwahrung bringen lassen.

Heutzutage würde man diesen Menschen, der wahrscheinlich ein Verrückter war, den nur die Sage apotheosiert hat, nach Illenau schaffen. (68)

(Gemeint ist hier die einstige Großherzogliche Heil- und Pflegeanstalt Illenau bei Achern.)

Es ist schon lange her, da kam einmal an einem Wintertag ein Bauer aus Ebersteinburg auf das Alte Schloß zu Baden. Dort sah er im Eingang einen alten Mann mit einem weißen Barte sitzen, der Brotstückchen verlas. Als dieser den Bauern kommen sah, erhob er sich und bat den Neuankömmling, ihm in den Keller zu folgen. Der Bauer kam der seltsamen Bitte nach, aber kaum war er in dem unterirdischen Gemäuer angekommen, rannte er in großer Furcht wieder davon.

Einige Tage später führte ihn der Weg abermals über die verfallene Burg, und wieder erging es ihm wie zuvor: Er folgte dem alten Mann in den Keller und eilte angsterfüllt sofort wieder nach oben. Bei seinem dritten Besuch wagte der Bauer sich gar nicht mehr hinein, worauf sich plötzlich ein so fürchterliches Krachen erhob, daß er in Todesangst das Weite suchte und seitdem um das Alte Schloß einen großen Bogen gemacht hat.

In den Ruinen des Alten Schlosses ertönte oftmals ein unheimliches Geläute und mächtiges Getöse. Manche Leute erzählten, sie seien von unsichtbaren Händen geohrfeigt worden, auch sei schon mit Steinen nach ihnen geworfen worden.

Heute spukt niemand mehr im und um das alte Gemäuer.

Ich sehe keine Ritter und Gespenster,
ich sehe nur verwittertes Gestein
und durch zerbrochene Fenster
den bleichen Mondenschein.

Ich fühle keine Geisterhände,
ich fühle nur den kalten Wind,
der über alte Wände
knistert und rinnt.

Ich höre keine Geisterlieder,
Ich höre nur durch Raum und Zeit
das ewige Echo wieder:
Vergänglichkeit ... (69)

Battert

*Hinter dem Alten Schloß, hoch
über Baden-Baden, erhebt sich
gegen Osten eine eindrucksvolle
Felsenlandschaft aus Türmen und
Wänden, die aus einer Vielfalt von
Gesteinen aus unterschiedlichen
Erdzeitaltern besteht. Oben, auf ihrer ebenen Fläche, sollen noch die
Reste eines keltischen Ringwalls zu
finden sein. Die Battertfelsen sind
nicht nur ein reizvolles Ziel für Wanderer zwischen dem Alten Schloß
und der Ebersteinburg, sondern
auch ein beliebtes Übungsgelände
für Kletterer.*

Das weiße Reh
in den Battertfelsen

Noch halb im Dunkel standen die Berge,
und weißer Morgennebel stieg aus den
Wäldern empor, als der junge Ritter von
Staufenberg frohgemut hinauszog zur Jagd
im Steinwald über Baden-Baden. Schon
zeigten sich die ersten Sonnenstrahlen,
aber noch kein Wild war in Erscheinung
getreten. Da raschelte es im nahen Gebüsch, und ein Reh sprang heraus, das war
so weiß wie frisch gefallener Schnee. Aber
so schnell, wie es sich zeigte, war es auch
schon wieder verschwunden, zeigte sich
bald in größerer Entfernung und sprang
erneut zurück in das dichte Buschwerk.
Eine ganze Weile trieb das Reh dieses
Spiel mit seinem Verfolger; der jagte ihm
mit seinem Hund hinterher, und schließlich waren sie am Schloß Hohenbaden
vorbei bis in die Felsen gelangt.

Plötzlich stand vor dem Jäger eine wunderschöne Frau; an ihre Seite geschmiegt
zitterte das weiße Reh, und sein mutiger
Jagdhund lag winselnd zu ihren Füßen.
Erstaunt schaute er auf das Bild, das sich
ihm bot, da fragte ihn die schöne Frau mit
sanfter Stimme: „Was hat dir mein armes

Reh getan, daß du es so grausam verfolgst
und töten willst?" Der Jäger senkte seine
Waffe und trat der Frau entgegen, aber so
plötzlich, wie sie erschienen, war sie zusammen mit dem Reh wieder verschwunden.

Mit bebendem Herzen ging der junge
Ritter zurück ins Tal und ist fortan sein
ganzes Leben lang nie wieder ausgezogen,
das Wild zu jagen.

Die Silbergrube
im Battertwald

Vor langer Zeit, als am südwestlichen
Hange des Battert noch Silbererz abge-
baut wurde, geriet einmal ein Obersteiger
in den Verdacht, einige Brocken des edlen
Metalls heimlich eingesteckt zu haben. Er
hatte tatsächlich einige schwere Stücke beiseite gelegt, dies aber aus wohlüberlegtem
Grunde: Gab der Stollen reiche Ausbeute,
so war die Welt in Ordnung; konnte jedoch gar kein Erz gefördert werden, so
hatten die Arbeiter unter ihrem Herrn
keine schönen Tage. Also legte der Stei-
ger bei reichen Erträgen einige Brocken
beiseite, um weniger ertragreiche Zeiten
damit auszugleichen.

Einige Arbeiter, die von diesem Vor-
gehen wußten und ihrem Vorgesetzten
übelwollten, zeigten den Obersteiger
eines Tages an, beschuldigten ihn fälschlich der Unterschlagung und erreichten
schließlich, daß bei ihm nach dem Silber
gesucht wurde. Natürlich wurden die Stü-
ke gefunden, und der Mann wurde, obwohl er seine Unschuld beteuerte und den
wahren Hintergrund erklärte, vor Gericht
gestellt und zum Tode verurteilt. Man
führte ihn zur Galgenmatte, wo noch bis
um das Jahr 1780 der Stadtgalgen stand,
und als der Henker ihm gerade den Strick
um den Hals legen wollte, rief der Verurteilte noch einmal den Himmel als Zeugen seiner Unschuld an und setzte hinzu:

„So gewiß der Himmel über meinen Tod weinen wird, so gewiß wird die unselige Silbergrube binnen Jahr und Tag eingehn, so daß Niemand mehr den Eingang dazu finden mag." (70)

Kaum waren diese Worte gesprochen und der Unglückliche ins Jenseits befördert, da ergoß sich ein fürchterlicher Regen auf das Land, und als ein Jahr vergangen war, stürzte am Tage der Hinrichtung die Erzgrube ein und verschüttete jene drei Bergleute, welche ihren Kameraden verraten hatten. Der Stollen blieb verschüttet bis auf den heutigen Tag, und nie wieder hat man seinen Eingang finden können.

Kellersbild und Kellerskreuz

An der Biegung der kleinen Straße direkt vor dem Alten Schloß führt ein Weg hinunter Richtung Norden; wer ihm folgt, sieht nach kurzer Zeit auf der linken Seite ein jahrhundertealtes Sandsteinkreuz, das „Kellerskreuz", und wer wenige Minuten später nach links abbiegt, stößt bald auf die „Kellersbildhütte". Hier stand einmal vor langer Zeit das Steinbild einer römischen Göttin.

Burkard von Keller

Markgraf Christoph I. bezog im Jahre 1479 das Neue Schloß, welches er sich dicht über der Stadt Baden hatte erbauen lassen, und ließ auf der alten Burg seine Mutter mit ihrem kleinen Hofstaat zurück. Zu deren Gefolgschaft gehörte auch der junge Edelmann Burkard aus dem Geschlecht der Freiherren von Keller, der bei den jungen Damen gern gesehen war, dessen Herz aber einzig der schönen Klara von Tiefenau gehörte. Diese lebte

bei ihrem Vater, der markgräflicher Vogt in Kuppenheim war, und täglich, in den frühen Morgen- und späten Abendstunden, machte sich der Junker unter dem Vorwand der Jagd auf den Weg zu seiner Liebsten, um sie wenigstens für einige Augenblicke zu sehen und zu sprechen.

Es war eine helle Vollmondnacht, als Burkard von Keller wieder einmal von Kuppenheim nach Hohenbaden zurückkehrte – das Horn des Burgwächters verkündete gerade die Mitternacht – als es ihm plötzlich schien, es sitze am Wege eine weibliche Gestalt, ganz in einen Schleier gehüllt. Verwundert und neugierig näherte sich der Junker der seltsamen Erscheinung, aber je näher er herantrat, desto mehr verschwammen ihre Umrisse, bis sie endlich ganz im Nebeldunst verschwunden war. Mit einem leisen Grauen setzte Burkard seinen Weg fort; da er aber der Sache auf den Grund kommen wollte, ritt er in der folgenden Nacht wieder an derselben Stelle vorbei, und siehe da, die Gestalt saß abermals am Rande des Weges, diesmal mit zurückgeschlagenem Schleier. Der Junker hielt inne, stieg von seinem Pferd und trat dann mutig mit ritterlichem Gruß auf die Dame zu – da verfloß sie, wie gestern, zu einem lichten Nebelhauch.

Am Morgen erzählte er sein Abenteuer dem Burgkastellan, der war ein alter und kluger Mann. Er erklärte dem Junker, an jener Stelle habe vor langer, langer Zeit ein heidnischer Tempel gestanden; die Gegend sei bei den Leuten verrufen, und niemand wage es, in der Nacht dort vorüberzugehen.

Nun war die Neugier des abenteuerlichen jungen Burkard erst richtig geweckt, und so ließ er am anderen Tage an der geheimnisvollen Stelle nachgraben. Nicht lange, so brachten die Männer einen römischen Altar zutage, klein, zierlich und noch wohlerhalten, und durch die Inschrift war zu erfahren, daß er einst der Nymphe dieses Hains gewidmet worden war. Die Leute gruben weiter und fanden etwas tiefer im Boden eine Marmorbüste, den Oberkörper einer Frauengestalt mit einem vollendet schönen Kopf und Nacken, die üppigen Locken von einem Schleier kaum verhüllt. Sofort ließ der Junker den Altar mit der Marmorbüste am Fundort aufstellen, und fortan nannte man diese Stelle „Kellers Bild".

Die Marmornymphe indes hatte des jungen Burkard Herz aufs höchste erregt, und alle unheimlichen und gespensterhaften Vorstellungen waren vertrieben. Schon bald machte er sich in einer hellen Mondnacht um die Mitternachtsstunde erneut auf den Weg und sah das Marmorbildnis in sonderbarem Lichte hell beleuchtet. Neben dem Altar saß die schöne Gestalt, die er schon zweimal an dieser Stelle gesehen hatte, aber diesmal löste sie sich nicht in Nebel auf, vielmehr wurden ihre Umrisse immer deutlicher, je näher der Junker an sie herantrat.

Unbemerkt war ihm aus der Burg ein Knecht gefolgt, der nun aus seinem Versteck heraus beobachtete, wie der Junker das holde Wesen ansprach und es dann zärtlich in seine Arme schloß. Bei diesem Anblick fuhr ein Grauen durch die Glieder des Lauschers, und in großer Eile lief er zurück zum Alten Schloß.

Am anderen Morgen stellte man fest, daß Burkard nicht zurückgekehrt war, und als der Knecht von seinen nächtlichen Beobachtungen berichtete, machte man sich sofort auf den Weg zu jenem unheimlichen Ort. Dort fand man den Junker tot am Fuße des Altares liegen, das Marmorbild aber war verschwunden. Junker Kellers Bruder ließ daraufhin den Altar zerstören und einen Bildstock errichten, und unweit jener Stelle trägt ein altes Steinkreuz den Namen Burkard Kellers.

Niemand hatte gesehen, was in jener Nacht genau geschehen ist, aber es wird erzählt, die schöne Gestalt habe dem Junker bei seinem Kusse die Seele aus dem Leib gesaugt, die Erde habe sich gespalten, und das unheimliche Wesen sei verschwunden. In derselben Nacht, so sagt man, sei seine Braut in Kuppenheim an gebrochenem Herzen gestorben.

Der Ursprung dieser Sage mag in der Zeit der Ausgrabung und Aufstellung der römischen Alterthümer, woran der Boden der Badener Gegend so reich war, zu suchen seyn. Diese, der heidnischen Götterwelt erwiesene Ehre mußte dem Volke, nach den damals herrschenden Begriffen, als ein frevelhaftes Beginnen erscheinen. (71)

Lichtental und Oberbeuern

Lichtental, heute ein Ortsteil von Baden-Baden, hieß früher Buren, später Beuern, und bildete mit Baden, Oos und Balg eine Markgenossenschaft. Beuern bestand aus den Siedlungen Unterbeuern – dem jetzigen Lichtental, und Oberbeuern.

Kloster Lichtenthal

Die Zisterzienserinnenabtei, in einer künstlichen Schleife des Oosbaches gelegen, wurde 1245 von der Markgräfin Irmengard von Baden als „Monasterium Lucida Vallis" gegründet. Aus allen drohenden Kriegsnöten kam Lichtenthal glimpflich davon, nur ein Brand im Jahre 1734 richtete großes Unheil an, von dem sich das Kloster aber bald wieder erholt hat; selbst die Säku-

larisation hat Lichtenthal kein Ende
beschert.
Hinter dem Kloster, zu Füßen des
Cäcilienberges, donnert die Oos
in den „Gumpen". Wenn man zwischen den Wirtschaftsgebäuden
durch eine verschlossene Eisenpforte nach links schaut, sieht und
hört man das Gefälle des kleinen
Flusses. So laut soll es dort sein,
daß man sein eigenes Wort nicht
versteht. Früher schaute man mit
Grauen von der Brücke dort in die
tosende Tiefe, denn man erzählte
sich alte Geschichten von einer
Nonne, die einstmals von der Klostermauer herab in den Gumpen
gestürzt sei; manch einer habe sie
dort bisweilen schon gespenstisch
auftauchen sehen.

Die Gründung des Klosters Lichtenthal

Man schrieb das Jahr 1146, als von Speyer
her kommend ein Mönch das Tal der Oos
durchzog, begleitet von einer großen Schar
gläubiger Anhänger, und eindringlich das
Wort Gottes predigte. Der hagere Mann
mit den scharfgeschnittenen Gesichtszügen, in ein weißes faltiges Gewand gekleidet, war niemand anderer als der Abt
St. Bernhard von Clairvaux in Burgund,
der mit der ganzen Gewalt seiner hinreißenden Beredsamkeit einen Kreuzzug zur
Eroberung des Heiligen Landes predigte.

Unterwegs, am Fuße des Leisberges,
legte der Heilige eine Rast ein, und weil
ihm dieses lichte Tal - lucida vallis - so
gut gefiel, beschloß er, hier solle seinem
Orden ein Kloster gebaut werden. Zur Bekräftigung seines Entschlusses steckte er
einen Stab in die Erde, aus dem alsbald
grüne Zweige sprossen.

Fast hundert Jahre später erinnerte
sich Irmengard, die Enkelin Heinrichs
des Löwen von Braunschweig und nun
Witwe des Markgrafen Hermann V., an

diese alte Legende. Nach dem Tod ihres
Mannes war sie mit ihren beiden Söhnen Hermann VI. und Rudolf I. auf das
Alte Schloß Hohenbaden zurückgekehrt,
wo sie bald beschloß, der Welt ganz zu
entsagen und, dem Sinn und Vorhaben
ihres verstorbenen Gatten gemäß, an der
von St. Bernhard bezeichneten Stelle ein
Frauenkloster zu gründen. Es sollte natürlich ein Zisterzienserinnenkloster werden,
denn der Heilige gehörte dem Orden der
Citeaux an, und der Abt des Mutterklosters erteilte Irmengard auch ohne weiteres
die Genehmigung. Nun lag das Terrain für
das geplante Kloster aber links der Oos
und gehörte somit zu dem alemannischen
Bistum Straßburg, und der Bischof von
Straßburg lehnte das Gesuch ab. Die Gebiete rechts der Oos gehörten zu dem fränkischen Bistum Speyer, und als sich Irmengard an den Bischof von Speyer wandte,
gab dieser freudig seine Genehmigung.

Nun hatte die Markgräfin zwar die
Erlaubnis, ein Kloster zu errichten, nur
durfte es nicht auf der linken Seite der
Oos stehen. Die einfachste Lösung und
zugleich die schwierigste war, das Bett des
kleinen Flusses zu verlegen. Man sprengte die Felsen des Leisberges und führte
die Oos links an dem auserwählten Terrain vorbei; so kam das Kloster auf fränkischem Gebiet zu stehen, und die Welt
war wieder in Ordnung.

An der Stelle, wo der heilige Bernhard
den Stab in die Erde gesteckt hatte, steht
seither der Hochaltar von Lichtenthal.

Zu Beginn des 19. Jahrhunderts fiel auch
dieses Kloster der Säkularisation anheim,
aber Großherzog Karl Friedrich stiftete es,
da es eine Begräbnisstätte der badischen
Ahnen ist, dem Hause Baden. Fortan widmeten sich die Nonnen des Klosters der
Erziehung, und heute befindet sich in seinen Mauern die Grundschule des Stadtteils Lichtental.

Die Rettung
des Klosters im Bauernkrieg

Während des Bauernkrieges wandte sich ein Teil des markgräflichen Bauernhaufens auch gegen das Kloster Lichtenthal. An einem Frühlingstag des Jahres 1525, als die Sonne eben untergegangen war, stürmte eine wilde Horde unter wütendem Geschrei gegen den festen Bau des Frauenstiftes, schlug mit wuchtigen Axthieben die Eichenpforte ein und rannte brüllend und lärmend durch das Kloster. Aber wohin sie auch kamen, sie fanden alles wie ausgestorben; die Nonnen waren, als sie von dem Herannahen der alles zerstörenden Horden gehört hatten, in ihre Heimatdörfer oder in die dichten Wälder geflohen.

Endlich näherten sich die wilden, rasenden Gesellen der Abteikirche und öffneten gewaltsam die Türe. Da empfing sie aus dem Frauenchor ein strahlend helles Licht und der Gesang einer hellen Frauenstimme, die das Lob des Allerhöchsten sang. Zuerst blieben die Männer wie gebannt stehen, dann aber wollten sie hinaufstürmen zum Frauenchor, als ihnen plötzlich eine klare Stimme entgegenrief: *„Keinen Schritt vorwärts, ihr Frevler! Zurück vom Heiligtum! Stört nicht die Stimme des Lobes, das seit Jahrhunderten zum Himmel emporsteigt aus diesen geheiligten Hallen!"* (72) Vor ihnen stand im weißen Gewand der Nonnen die Jungfrau Maria, in der rechten Hand das Altarkreuz, und diese himmlische Erscheinung und ihre Worte wirkten so gewaltig, daß niemand mehr es wagte, sich vorwärts zu bewegen. Geräuschlos schlich der wilde Haufen davon, und kaum waren ihre Schritte verhallt, so ertönte in der Kirche ein inniger Dank- und Lobgesang.

Die Nonne Irmengardis und zwei Laienschwestern hatten das Kloster nicht verlassen, sondern mit der Muttergottes in jener Stunde der Gefahr ihr Heiligtum gehütet und gerettet.

❦❧

Die Rettung des Klosters
im Dreißigjährigen Krieg

Als der Dreißigjährige Krieg (1618-1648) durch die Lande tobte, hatten auch die Klosterfrauen von Lichtenthal viel Leid zu erfahren. So mußten sie im Jahre 1622 in die Wälder flüchten, und auch 1644 fand eine Plünderung des Klosters statt, aber während der langen Kriegsdauer war Lichtental nur zweimal vom Feind besetzt und geplündert worden, das Kloster selbst aber blieb jedesmal unversehrt.

Immer näher rückten die Schweden gegen Baden-Baden, schreckliche Geschichten über Grausamkeiten und Greueltaten zogen ihnen voraus, und schon viele Bewohner der Stadt hatten ihre Häuser verlassen und sich in die dichten Wälder zurückgezogen.

In der Kirche des Klosters Lichtenthal versammelten sich die Nonnen zum Gebet; auch sie wollten fliehen und erbaten vor dem Verlassen ihrer Zellen den Segen des Herrn. Traurig knieten sie nieder und senkten ihre Häupter zu stillem Gebet, als die Äbtissin zu der Marienfigur schritt, die ihnen im Schein der Kerzen entgegenleuchtete, und ihr den Schlüssel des Klosters an den Arm hängte, inständig bittend, die Hohe Frau möge das Kloster beschützen und behüten.

Plötzlich gellte ein Schrei in die feierliche Stille: „Der Schwed! – Der Schwed!" Hastig flohen die Klosterfrauen durch eine Seitenpforte davon, da brach auch schon das Tor unter der heranstürmenden Gewalt, und der Feind drang in das Kloster ein. Kaum hatten sich die Schweden aber dem Gotteshause genähert, so öffnete sich die Kirchentür wie von selbst, und im Eingang stand in strahlendem Licht die Gottesmutter – in ihrer linken Hand trug sie den Schlüssel, und mit der rechten wies sie schweigend nach dem Ausgang. Beim Anblick dieser himmlischen Erscheinung blieb dem Hauptmann das Herz stehen, und er sank tot zu Boden. Seine Soldaten schlossen, geblendet von dem hellen Licht, die Augen, dann machten sie kehrt und eilten betroffen dem Ausgang zu. Das Kloster war gerettet und blieb vor jeglicher Plünderung und Brandschatzung verschont.

Die sogenannte „Schlüsselmadonna", aus dem 14. Jh., befindet sich heute in der Fürstenkapelle, die Markgraf Rudolf I., Sohn der Irmengard von Baden, im Jahre 1288 als Grablege für die Familie errichten ließ, und hier ist auch das Hochgrab der Klosterstifterin zu sehen, das ursprünglich in der Abteikirche aufgestellt war.

Steht einem Gliede dieses Hauses ein Todesfall bevor, so erlöscht in der Kapelle jedesmal die ewige Lampe. (73)

ᡔᡔᡊᡟᡟᡟᡗᡲᢌᢌᡔᡔᢤ

Die Rettung des Klosters im Pfälzischen Erbfolgekrieg

Im Jahre 1689, als die Franzosen auf Befehl König Ludwigs XIV. auch in Baden und der Umgebung auf barbarische und mordbrennerische Weise hausten, als *Alle Gotteshäuser stunden in vollem Brand, und die Glocken mußten in den Flammen gleichsam in Thränen zerschmelzen, und in diesem Feuer alle kranke, elende und mühselige Leute, die nicht von der Stelle fliehen konnten und sich noch mit einiger Hoffnung auf des Königs Gnade speisten, elendiglich begraben werden.* (74), und als die Stadt Baden schon in Schutt und Asche gelegt worden war, blieb das Kloster Lich-

tenthal abermals vor einer Zerstörung bewahrt. Das geschah folgendermaßen:

Vor ihrem Leben hinter den Klostermauern hatte eine der Schwestern bei dem Gouverneur von Hagenau als Köchin gedient. Nun, da die französischen Truppen immer näher heranrückten und überall Schrecken verbreiteten, entsann sich die Klosterfrau ihres früheren Brotgebers und erhielt von der Äbtissin die Erlaubnis, den einstigen Dienstherrn aufzusuchen mit der Bitte, er möge doch alles tun, um das Kloster vor einer Zerstörung zu bewahren. Der Gouverneur gab den Nonnen den Rat, die Dächer der Gebäude und Türme, der Kirche und Kapelle abdecken zu lassen, die Fenster und Türen auszuheben und ein Rauchfeuer zu machen, so daß alles wie zerstört aussehe. Dann sollten sich die frommen Frauen verstecken. Kaum hatten sie ausgeführt, was ihnen angeraten war, zog auch schon der Feind brandwütig dem Kloster entgegen. Als sich nun den französischen Truppen das scheinbare Bild der Verwüstung bot, zogen sie weiter, und so entkam auch dieses Mal das Kloster Lichtenthal einer völligen Zerstörung.

ᡔᡔᡊᡟᡟᡟᡗᡲᢌᢌᡔᡔᢤ

Ein Oberbeuerner Bauer rettet den Markgrafen

Vergeblich hatte sich Wilhelm, der Sohn des tödlich verunglückten Markgrafen Eduard Fortunat von Baden-Baden, bemüht, das Erbe seines Vaters antreten zu können. Er und seine Geschwister gingen aus der Ehe mit Maria von Eicken hervor, die von Markgraf Georg Friedrich von Baden-Durlach als nicht standesgemäß angesehen wurde. Endlich, nach der für den Durlacher Markgrafen so unglücklich endenden Schlacht bei Wimpfen 1622, wurde Wilhelm vom Kaiser in den Besitz seiner Länder eingesetzt und somit der neue Markgraf von Baden-Baden.

Markgraf Wilhelm führte im Dreißigjährigen Krieg die kaiserlichen Truppen am Oberrhein, wurde mehrmals von den Schweden geschlagen und sein Land schließlich vom Feind besetzt und an Baden-Durlach übergeben. Er selbst war geflohen, kehrte aber nun zurück, um die Markgrafschaft zurückzuerobern. Mit seinem Heer geriet er in einen Hinterhalt und entging nur mit viel Glück der Gefangennahme: Ein schwedischer Reiter hatte ihn bereits am Ärmel ergriffen, da Wilhelm aber nur eine gewöhnliche Soldatenuniform trug, ihn sofort wieder losgelassen, um einen reichgekleideten Offizier zu packen. So konnte der Markgraf abermals entkommen.

Mit rasendem Herzen und Furcht im Nacken jagte er sein Pferd der Residenz entgegen, immerzu wissend, daß der Feind ihn verfolgte. Schließlich hatte er schon Oberbeuern erreicht, da brach sein Pferd plötzlich vor Erschöpfung tot unter ihm zusammen. Zu Fuß konnte er seinen Verfolgern nicht entkommen, und so trat er in eines der Häuser ein, gab sich zu erkennen und bat die braven Leute um Hilfe. Der Hausherr – er hieß Graf und war der Stabhalter des Tales – erklärte sich sofort bereit, seinem Herrn zu helfen, als atemlos ein Junge eintrat und aufgeregt berichtete, ein schwedischer Trupp untersuche alle Häuser in Oberbeuern. Aufgeregt schaute der Mann nach einer Fluchtmöglichkeit und sah den schmutzigen und stummen Wagenschmierer des Weges kommen, den er schon oft zur Rast geladen hatte. Schnell hieß er den armen Alten sich entkleiden, gab ihm Wams und Hose seines Sohnes und schickt ihn weiter, behielt aber dessen Ölkännchen. Dann legte er dem Markgrafen die schmutzigen Kleider an, schwärzte dessen Gesicht, bereitete ihm auf der Ofenbank ein Lager, riet ihm, kein einziges Wort zu sprechen und stellte das Kännchen neben

ihn. Nicht lange, so stürmten die feindlichen Reiter in das Haus und durchsuchten es vom Keller bis unter das Dach. Wer denn der Schlafende auf der Ofenbank sei, fragten sie und bekamen zur Antwort, dies sei nur ein armer stummer Mann, der mit Wagenschmiere handele. Unverrichteter Dinge zogen die Verfolger nun ab, nahmen aber aus dem Stall noch das Kalb mit, denn mit ganz leeren Händen wollten sie sich doch nicht entfernen. Als der Morgen graute, zeigte der Bauer dem Markgrafen den sichersten Weg über die Berge nach Forbach, von wo aus der Gerettete nun unbehelligt weiterfliehen konnte.

Markgraf Wilhelm von Baden übersandte seinem Oberbeuerner Retter zum Dank einen großzügigen Geldbetrag, und als er wieder im Besitz seiner Markgrafschaft war, übertrug er ihm zur Belohnung noch einen großen Wald- und Feldbesitz.

(siehe: *Die Rettung des Klosters im Dreißigjährigen Krieg* und *Eduard Fortunat von Baden*)

Küchenfelsen

Am östlichen Ortsausgang von Oberbeuern, dort, wo es rechts hineingeht ins Hörschbachtal am Kuchenberg, erhebt sich links ein großer Felsen. Hier hausten dereinst

Die Erdweiblein im Küchenfelsen

Der Küchenfelsen von Oberbeuern ist nach der dortigen Zwergenküche benannt, denn in dem Felsen hausten ehemals schöne Erdweiblein. Eines Tages lud die Frau des Hauses, das in der Nähe des Felsens stand, die kleinen Wesen zum Essen ein:

„Kommet her, ihr Armen,
Esset auch von dem Warmen!"
Gerne nahmen die Erdweiblein die Einladung an und ließen sich genüßlich mit einem frischen und köstlichen Zwiebelkuchen bewirten.

Seit diesem Tage standen die Weiblein mit den Hausleuten in freundschaftlicher Beziehung. Immer, wenn am Abend der Brotteig angesetzt worden war, kamen sie in das Haus und buken in der Nacht das duftende Brot. Waren die Leute bei der Arbeit auf dem Acker oder auf den Wiesen am Hörschbach, so brachten die Erdweiblein ihnen das Essen aus ihrer eigenen Küche, und die Bäuerin mußte nicht mittags nach Hause eilen, um das Mahl zu bereiten. Immer wurde den Leuten mit silbernem Geschirr und Besteck aufgetragen, aber jedesmal mußte dieses auf dem Feld zurückgelassen werden, denn die Weiblein holten nach der Mahlzeit alles wieder ab.

Unter den Knechten war einer, dem das Essen vorzüglich schmeckte, aber zu gerne hätte er auch einen Teil des silbernen Besteckes für sich behalten. So steckte er einmal eine der Gabeln ein, und seither haben sich die Erdweiblein nicht mehr blicken lassen. Nur manchmal hat man noch aus ihrer Küche weißen Rauch aufsteigen sehen.

Ein verfahrener Schüler hat einmal erzählt, im Küchenfelsen seien große Reichtümer verschlossen; nur er wisse, wie man mit drei Rosmarinstengeln den Felsen öffnen könne.

Fremersberg und Iberg

Klostergut Fremersberg

Am Südhang des Fremersberges, der sich im Westen von Baden-Baden erhebt, liegt, umgeben von Weinreben, das Klostergut Fremersberg aus der Mitte des 19. Jahrhunderts. An diesem Ort stand bis 1826 das alte Kloster Fremersberg, das den Zerstörungen der Kriege glücklich entgangen war, infolge der Säkularisierung aber aufgehoben und schließlich abgerissen wurde.

Die Gründung des Klosters Fremersberg

Wo sich heute zwischen Reben ein stattlicher Landsitz erhebt, stand vor fast sechshundert Jahren einsam die rohgezimmerte Klause des Waldbruders Henricus aus Mülhausen, einem ehemaligen Leinenweber. Der fromme Einsiedler blieb jedoch nicht lange allein, denn schon wenige Jahre später lockte die Stille dieses Ortes weitere Brüder an, und so mußte die Klause vergrößert werden. Eines Tages kam der berühmte Johannes von Capestrano, ein Kreuzzugprediger gegen die Türken, der später heiliggesprochen wurde, zu der entlegenen Einsiedelei, wo er sich eine Zeitlang aufhielt; seine Zelle wandelten die frommen Brüder hernach in eine Kapelle um. Nicht lange, so ist aus der Eremitage ein Kloster entstanden, und wie es dazu kam, davon erzählt eine alte Legende.

Einst verirrte sich Markgraf Jakob I. von Baden, wenige Jahre vor seinem Tod, auf der Jagd in den Wäldern des Fremersberges. Als die Nacht finster hereingebrochen war und ein fürchterliches Unwetter durch die Baumwipfel pfiff und krachte, konnte er keinen Pfad und keine Richtung mehr erkennen, und so stieß er in seiner Verzweiflung kräftig in sein Hifthorn (Jagdhorn), worauf seine Hunde laut zu bellen begannen. Von dem Lärm im Schlafe aufgeschreckt, griffen die frommen Brüder der nahem Einsiedelei zu ihren Fakkeln und zogen dem Verirrten entgegen.

Sie führten ihn in ihre bescheidene Unterkunft und bereiteten ihm ein einfaches Lager, und am nächsten Morgen konnte der hohe Gast, frisch gestärkt, auf dem richtigen Wege zu seiner Jagdgesellschaft zurückkehren.

Markgraf Jakob ließ aus großer Dankbarkeit die Klause in ein Kloster umwandeln und um 1451 mit Franziskanern besetzen. Glücklich entging dieses Kloster allen Zerstörungen und Brandschatzungen, welche die folgenden Jahrhunderte mit sich brachten; allerdings wurde die Niederlassung während des Franzoseneinfalls von plündernden Horden völlig ausgeraubt, und den Mönchen blieb kein Stückchen Brot mehr, um ihren Hunger zu stillen. Aber auch ohne kriegerische Eingriffe sind die Mönche mit der Zeit ausgestorben, und als zuletzt von den drei noch verbliebenen Brüdern zwei gestorben sind, wurde das Kloster aufgehoben und seine Gebäude schließlich auf Abbruch versteigert.

Links von dem Eingangstor zum „Klostergut Fremersberg" erinnert noch ein spitzbogiges Tor und eine alte Grabplatte von 1594 an das einstige Kloster, und hinter den Toren steht auf dem Rasen ein großes Steinkreuz, dessen Sockel die Inschrift trägt:
Zur Erinnerung an Kloster Fremersberg
Auf der Stätte des Hochaltars/durch Leopold
Großherzog von Baden 1838

Ruine Yburg

Auf einer kegelförmigen Kuppe südwestlich von Baden-Baden liegt mit einer wunderschönen Aussicht über die Rheinebene die Burgruine Yburg, 1245 erstmals als „Iberch" erwähnt. Hier trieben einstmals nicht nur Gespenster und Kobolde ihr Unwesen, sondern zuvor auch ein Markgraf von Baden.

Eduard Fortunat von Baden

Im Jahre 1565 wurde in London von Königin Elisabeth I. ein Kind aus der Taufe gehoben, dessen Leben in seltsamen Bahnen verlaufen sollte: Eduard Fortunat, der Sohn von Christoph II. von Baden-Rodemachern und der schönen Cäcilie von Schweden.

Eduard Fortunat wurde 1588 Markgraf von Baden-Baden und bescherte seinem Land während seiner Regentschaft eine immer höhere Schuldenlast. So wußte er schließlich keinen anderen Ausweg mehr, als sich das nötige Geld durch Falschmünzerei zu beschaffen. Er richtete auf der Yburg ein alchimistisches Laboratorium ein, in dem er mit Hilfe der beiden Italiener Paolo Pestalozzi von Chiavenne (Clavenna) und Franz Muscatello von Chio (Scitio) vergebens den Versuch machte, unedle Metalle in Gold zu verwandeln. Muscatello verstand es jedoch, aus einer sonderbaren Mixtur von Metallen *Ferdinandische Thaler, Klippenthaler, Portugaleser von 10 Dukaten Werth* (75) zu prägen, die auf der Frankfurter Messe ausgegeben und die Leute damit betrogen wurden.

Der Markgraf beteiligte sich sogar, ungeachtet seiner herrschaftlichen Stellung, an zahlreichen Raubüberfällen. Mit seinen Dienern ritt er aus, versteckte sich in den Kornfeldern, und wenn dann eine Kutsche mit Reisenden oder Kaufleuten nahte, so warf er die Fuhrleute nieder und stahl, was er bekommen konnte. Er ließ die Beraubten binden, zählte vor ihnen das abgenommene Geld und teilte es hernach mit seinen Raubgesellen. Einmal wurde bei einem dieser Raubzüge ein Krämer erschossen, aber skrupellos ließ der Markgraf die gestohlenen Dinge auf sein Schloß bringen und schmückte es damit aus.

Sein größter Feind war sein Vetter Ernst Friedrich von Baden-Durlach, dem er ständig nach dem Leben trachtete. Als

Ernst Friedrich einmal mit seinem Bruder Georg Friedrich nach Ettlingen kam, um dort ein Passionsschauspiel anzuschauen, lud Fortunat seine Vettern zu Gast und ließ Ernst ein durch Muscatello bereitetes Giftgetränk reichen, das aber gottlob nicht zum Tode führte. Später hat man auf dem Schloß zu Baden noch weitere Gifte gefunden, und man sagt, daß es schon an einigen Leuten seine Wirkung getan haben solle.

Eines Tages beschloß Fortunat, das Leben seines Widersachers aus der Ferne zu beenden. Dazu ließ er seinen italienischen Gehilfen Pestalozzi, unter Aufsagen der gewaltigsten Zauberformeln, aus Jungfernwachs (helles Bienenwachs), Leim und geheimnisvollen Zutaten ein Bildnis des verhaßten Durlachers anfertigen; auf diese „Puppe" sollte eine Kugel abgefeuert und das menschliche Original, sei es auch noch so weit entfernt, tödlich getroffen werden. Das Wachsgebilde wurde an eine Türe geheftet, aber kaum war die Pistole darauf abgedrückt, drang ein markerschütternder Schrei von der anderen Seite herüber – Die Kugel war durch die dünnen Bretter der Türe gedrungen und hatte die schöne junge Tochter des Burgkastellans getroffen, die Buhle (Geliebte) Eduard Fortunats, die auf der Stelle tot zu Boden sank. Seit diesem Vorfall, so wird erzählt, trieb Nacht für Nacht ein Geisterspuk auf der Burg sein Unwesen, so daß seine Bewohner sie schließlich verlassen mußten.

Alle Übeltaten wurden aber schließlich doch aufgedeckt. Vor Gericht sagte Pestalozzi später aus, er sei verheiratet, aber sein Weib Lagora, Madama genannt, sei eigentlich des Markgrafen Eduard Fortunat Konkubine, und er müsse sie stets auf seinen eigenen Namen mit sich führen. Auch wisse er nicht, ob er oder der Markgraf der Vater ihres Kindes sei. Er bekannte sich schuldig der Falschmünzerei, der Giftmischerei und der Fertigung jenes Wachsbildnisses. Desgleichen gestand Muscatello, und bei-

de sollten nun nach richterlichem Spruch gevierteilt werden. Markgraf Ernst Friedrich hat sie dann aber begnadigt, und so wurden die Übeltäter zunächst enthauptet, dann erst geviertelt, und ihre Leichname an den Straßenecken aufgehängt.

Weil Eduard Fortunat seine Aufgaben als Markgraf vernachlässigte und der Schuldenberg immer weiter wuchs, kam sein Land unter die Zwangsverwaltung seines Vetters Markgraf Ernst Friedrich von Baden-Durlach. Eduard Fortunat wurde aus der Markgrafschaft Baden vertrieben und nahm Zuflucht auf seiner Burg Kastellaun, heute eine Ruine in Rheinland-Pfalz. Er stellte auf Kastellaun eine Söldnertruppe auf, mit der er seine Stammlande zurückzuerobern gedachte, die sich aber 1595 gegen ihn erhob und ihrem Herrn sogar den Zugang zu seiner eigenen Burg verweigerte. Mit Hilfe der Bauern konnte der Markgraf den Aufstand niederschlagen; die Aufständischen wurden am Ende verurteilt und enthauptet.

Wenige Jahre zuvor hatte Eduard Fortunat in Brüssel die nicht standesgemäße Maria van Eicken geheiratet, diese Ehe aber längere Zeit geheimgehalten. Auch der Ehestand und die Vaterschaft konnten das Wesen des badischen Markgrafen nicht verändern, er blieb der alte Rauf- und Saufbold. Noch jung an Jahren stürzte Eduard Fortunat 1600 im Exil auf seiner Burg im Hunsrück während eines Gelages stockbetrunken eine Treppe herunter, brach sich das Genick und hinterließ der Stadt Kastellaun einen Schuldenberg in Höhe von 20 000 Gulden.

Mag Eduard Fortunat trotz seinem Namen der Markgrafschaft auch nicht viel Erfolg und Glück gebracht haben, so muß doch erwähnt werden, daß es in seiner Zeit kaum zu Hexenverfolgungen gekommen ist. Nur drei Anklagen sind verzeichnet, die aber alle mit einem Freispruch endeten. Das änderte sich, als nach der Baden-Durlacher Okkupation sein Sohn Wilhelm, von der Baden-Durlacher Linie nie anerkannt, im Jahre 1622 die Herrschaft zurückgewinnen konnte: Allein zwischen 1626 und 1632 wurden aus den Ämtern Rastatt, Baden-Baden, Steinbach und Bühl mehr als zweihundert Leute angeklagt, verurteilt und schließlich auch hingerichtet.

(Siehe auch: *Der Hexenturm*; *Ein Oberbeuerner Bauer rettet den Markgrafen*)

Die folgende Sage entstand vermutlich in der Erinnerung an diesen berüchtigten Markgrafen.

Der letzte Ritter auf der Yburg

Als die Yburg sich noch stolz über die weite Ebene erhob, wohnte auf ihr ein Ritter, der ein wüstes und verschwenderisches Leben führte. Längst schon waren seine Güter verpfändet, und raubend zog er nun über das Land. Bei einem seiner Überfälle verlor er schließlich im Gefecht seinen rechten Arm, und viele seiner Knechte wandten sich von ihm ab. Mit finsterem Gemüt saß er bald einsam und grübelnd auf seiner verlassenen Burg, immerfort über neue Anschläge brütend.

Es war schon spät am Abend, als einmal ein Pilger bei ihm anklopfte und um Aufnahme bat; der erzählte ihm nach einer Weile, er wisse von verborgenen Schätzen und könne den Burgherren aus all seiner Not befreien. Nur zu gerne folgte dieser dem Rat des Fremden, um Mitternacht - es war gerade in der Walpurgisnacht - in die Familiengruft hinunterzugehen, wo seine Väter zur letzten Ruhe lagen. Dort sollte die Toten aus den Särgen holen und deren Grabbeigaben und Kost-barkeiten an sich nehmen. Wohl überlief den Ritter ein eisiger Schauer, als er vor den alten Särgen stand, aber an all' die Reichtümer denkend, die er bald in Händen halten sollte, tat er, wie ihm geheißen: Er hob die schweren Deckel und trug die Gebeine nacheinander hinaus in die helle Vollmondnacht. Zuletzt öffnete er einen kleinen Sarg, in dem lag die noch unverweste Leiche eines Kindes; auch diese trug er hinaus. Kaum aber wollte er das Kind zu den anderen Toten legen, so richteten sich diese plötzlich auf und riefen mit hohler Stimme, er solle alle augenblicklich wieder zurücktragen in ihre Ruhestätte, sonst müßten sie für immer umgehen auf der väterlichen Burg.

Erschrocken hielt der Ritter inne, und wie er so zögerte, stand mit einem Mal der Fremde vor ihm. Langsam rauschte das Pilgergewand von seinem Leib herunter, das Haupt und die Haare loderten wie Flammen, und höher und höher wuchs die unheimliche Gestalt, bis sie den Mond zu berühren schien. Als der furchtbare Riese seine Pranken nach dem zu Tode erstarrten Ritter ausstreckte, regte sich plötzlich der Leichnam des Kindes, das der Ritter noch in seinen Armen hielt, und sprach: *„Fliehe, verworfener Geist des Abgrundes! Dieser Verblendete hier soll nicht dein Opfer werden, sondern den Rest seines Lebens der Reue und Buße widmen!"* (76)

Mit donnerndem Getöse und schrecklichem Gebrüll verschwand die Riesengestalt im Erdboden. Schnell trug der Ritter alle Gebeine und das tote Kind zurück in ihre Gräber, ließ die kostbaren Grabbeigaben bei den Verstorbenen und schloß eiligst die Deckel ihrer Särge. Am nächsten Morgen verließ er seine Burg und wallfahrte fortan von einem heiligen Ort zum anderen, bis man ihn eines Tages vor einem Altar tot liegen fand. Die Burg ist nach und nach verfallen, und man sagt, der Geist des Ritters irre seither in der alten Ruine umher.

Spuk auf der Yburg

Vor langer Zeit will man in manchen
Nächten ein geheimnisvolles Leuchten
auf der Yburg gesehen haben; das sollen
geflügelte Ameisen gewesen sein, die zu
Hunderten, gar Tausenden um den alten
Turm umherschwirrten. Manch einer hat
auch von sieben Flammen erzählt, die wie
Irrlichter um einen schwarzen Altar zuk-
ken und tanzen sollen.

Wenn ein kräftiges Gewitter mit kra-
chendem Donnergrollen und schrecklichen
Blitzen über das Land hinwegzieht, dann,
so sagt man, fährt der alte Göttervater Wodan als „ewiger Jäger" mit seinem „wilden
Heer" durch die Luft über die unheimlich
vom Blitz erhellte Ruine der alten Yburg.

*Die Yburg ist der Platz, wo Geister
und Kobolde ihr Wesen treiben, und alle
die bösen Teufel, welche vor Zeiten, in
Säcke gebunden, von Mönchen herauf-
geschleppt und in diese Mauern gebannt
wurden.* (77)

Einer von denen, die auf die Yburg gebannt
wurden, war der schwarze Pfaff aus Bühl.
Der schwarze Pfaff soll einst über seinen
Meßwein geflucht haben, weil der nicht klar
werden wollte, auch soll er von den Leuten
das Meßgeld entgegengenommen, aber dafür keine Messen gelesen haben. Zur Strafe
muß er nun nach seinem Tode umgehen,
immer mit seinem Meßbuch in der Hand.

Ein Pfarrer aus Straßburg hat den Un-
hold schließlich in eine Tabakspfeife gebannt und in einer Mühle eingemauert,
aber die Mühle brannte nieder, und der
schwarze Pfaff trieb erneut sein Unwesen.
Da bannte ihn der Pfarrer in eine Flasche,
ließ diese in der Yburg einmauern, und
seither spukt er, wie viele andere auch, nur
noch in der Nähe der alten Ruine.

Vor Zeiten lebte in Zell eine reiche und
böse Müllerin. Keinem armen Mit-

menschen gönnte sie ein Stückchen Brot,
und manche braven Leute hatte sie durch
Prozesse um Hab und Gut gebracht.
Auch sah sie niemals eine Kirche von innen, denn sie haßte die Geistlichen, und
so kam es, daß, als sie eines Tages ganz
plötzlich ihren Geist aufgab, kein Pfarrer
an ihrem Sterbelager stand, ihr die letzte
Ölung zu reichen. Seither ging sie um in
ihrer Mühle und ärgerte die Leute.

Endlich bat man einen Pater um Hilfe,
der des Geisterbeschwörens kundig war;
der bannte das Gespenst in einen Sack
und trug ihn hinauf auf die Yburg. Noch
lange Zeit hat man sie dort am Tag und in
der Nacht klagend rufen hören: „Ich bin
die Müllerin von Zell!"

Einmal ging ein Mann aus Neuweier
nächtens in den Wald, um Laub zu holen.
Plötzlich hörte er es auf der Yburg mäch-
tig lärmen, und da er recht neugierig war,
stieg er hinauf und sah dort oben zwölf
Männer mit weißen Bärten und schwarzen
Kutten beim Kegelspiel. Er war nicht nur
neugierig, sondern auch mutig, und so näherte er sich den seltsamen Spielern. Nicht
lange, so wurde er aufgefordert, die Kegel
aufzustellen, und als das Spiel schließlich
beendet war, legte ihm die nächtliche Gesellschaft zum Dank alle Kegel in seine
Kiepe, seinen Rückentragkorb.

Munter machte sich der Mann nun auf
den Heimweg, aber die Last wurde ihm
unterwegs doch zu schwer, und so warf
er einen Kegel nach dem anderen fort,
nur einen wollte er zur Erinnerung an sein
nächtliches Erlebnis behalten. Als er sein
Haus erreicht hatte, sah er im Schein der
Lampe, daß der letzte Kegel aus purem
Gold war. Sofort eilte der Mann den Weg
zurück, den er gekommen war, um nach
den weggeworfenen Kegeln zu suchen,
aber es war weit und breit kein einziger
mehr zu finden.

Es wird auch erzählt, während des Kegelspiels habe in Steinbach die Frühglocke geläutet, und augenblicklich seien die zwölf Bärtigen, die Kugeln und Kegel verschwunden, bis auf den Kegel, den der Mann gerade aufstellen wollte und noch in der Hand hielt. Als er zu Hause von seinem Abenteuer berichtete und niemand ihm Glauben schenken wollte, holte er zum Beweis jenen Kegel hervor und sah zu seiner Verwunderung, daß dieser sich in reines Gold verwandelt hatte.

Einem Bauern aus Varnhalt begegnete einmal auf der Burg ein Mann, der sah aus wie ein Küfer. Schweigend winkte er dem Bauern, er möge ihm folgen, dann führte er ihn durch ein eisernes Tor in den alten Burgkeller, unter dessen Gewölbe viele große Holzfässer standen. Der Küfer gab dem verdutzten Mann aus mehreren derselben zu trinken, und als dieser genug des uralten köstlichen Weines genossen hatte, wurde er wieder hinausgeleitet. Seither hat schon mancher versucht, den geheimnisvollen Weinkeller zu finden, aber alle Suche war bisher vergebens.

Auch einem Schäfer, der bei der Ruine seine Schafe hütete, ist einst ein seltsamer Mann begegnet, dieser sagte ihm, er solle ihm in die Burg folgen. Der Schäfer erwiderte, er wolle seine Herde nicht alleinlassen; als der Mann ihm jedoch versicherte, für die Schafe werde schon gesorgt werden, ging er mit hinein. Sie stiegen in den alten Turm, wo in einem Gemach vier vornehme Herren saßen, von denen jeder ein Glas roten und weißen Wein vor sich stehen hatte. Der Schäfer wurde eingeladen, mit ihnen zu trinken, und nach einer Weile fragten die Herren, ob er ein eigenes Haus habe. Dazu sei er viel zu arm, antwortete er. Daraufhin legten die Herren zweitausend Gulden zusammen, schenkten sie ihm und sagten, er solle sich

davon ein Haus anschaffen. Nun wurde der Schäfer wieder hinausbegleitet, und als er bei seiner Herde ankam, sah er sie wohlbehütet von einem großen Spinngewebe umgeben, das war so undurchdringlich, daß die Tiere sich nicht fortbewegen konnten. Erst als die Spinne ihr Gewebe wieder eingezogen hatte, konnte der Schäfer mit seiner Herde frohgemut von dannen ziehen.

Wer in dem Wald bei der Yburg zu arbeiten hatte, schaute, daß er nicht alleine war. Die Leute blieben schön beisammen, und nach getaner Arbeit warteten sie immer am Wege aufeinander, um gemeinschaftlich nach Hause zu gehen, denn sie wußten, einzeln würden sie irregeführt und auf die Burg gebracht. Wem das passiert war, der mußte sich dort dreimal im Kreise drehen, ehe er wegging, und erst, wenn er wußte, in welche Richtung er sich zu wenden hatte, fand er wieder den richtigen Weg.

So wurden auch einmal zwei Mädchen aus Neuweier in die Irre geführt, als sie auf dem Iberg Holz sammelten. Dort oben gesellte sich auf einmal ein Geißböcklein zu ihnen, das führte die Mädchen stundenlang im Wald umher. Bald wußten sie nicht mehr, wo ihr richtiger Weg war, und es wurde ihnen angst und bange. Da fiel einem der Mädchen plötzlich ein, sie sollten vielleicht ihre Schuhe wechseln, also zog das eine schnell die Pantinen der anderen an. Kaum war der Tausch vollzogen, verschwand das Böcklein, und sogleich wußten die Mädchen wieder, wo sie waren, denn unten im Tale sahen sie zu ihrer Freude Beuern liegen.

Seit aber ein Blitz in die Yburg eingeschlagen und den östlichen Turm gespalten hat, sind alle Geister und Kobolde verschwunden, die dort oben ihr Wesen getrieben haben, und niemand hat heute mehr zu befürchten, in der alten Ruine erschreckt zu werden.

Klopfengraben

Nördlich von der Yburg führt eine kleine Schlucht den Berg hinunter, dies ist der „Klopfengraben". Man erreicht ihn vom Ortskern Varnhalt aus über eine kleine Straße in Richtung Josefskapelle und Yburg. Bei der „Hütte am Nellele" geht man hinter der Schranke weiter; an der dritten, der größten Kehre, vorbei an kleinen Wasserstellen, führt rechts den Bach entlang der Klopfengraben hinauf.

Der Kobold im Klopfengraben

Was denn ein Kobold sei, fragt sich der Leser. Nun, Will Huygen beschreibt ihn in „Das große Buch der Heinzelmännchen" folgendermaßen:
Bis zu 30 cm große, pechschwarze Kerlchen mit einer kleinen Zipfelmütze. Sie sind ausgesprochen boshaft und machen aus ihren üblen Gelüsten keinen Hehl.

Stirbt irgendwo ein Mensch, so zeigen sie sich aus purer Bosheit den Hausgenossen. Sie sind auf Gold und Silber erpicht und versuchen häufig, den Heinzelmännchen diese Metalle abzuluchsen. Oft tragen sie eine kleine Schaufel bei sich. Vorkommen: nur noch in ausgedehnten Wäldern, von wo aus sie ihre Streifzüge unternehmen.

Der Klopfengraben soll einstmals ein Versammlungsort der Geister und Hexen, der Zauberer und Kobolde gewesen sein, und man sagt, das Kloster Fremersberg sei errichtet worden, um das Unwesen steuern zu können. Die Hausgespenster und Kobolde aus der Umgebung habe man in Säcke gebannt und hierher getragen, so auch auf die Yburg, wo sie ein tolles Treiben führen konnten, ohne einen Schaden anzurichten.

Heute spukt im Klopfengraben nur noch ein einziger Kobold, der aber von friedlicher Gesinnung ist und es nur auf Männer abgesehen hat, die zu tief ins Glas geschaut haben und erst spät in der Geisterstunde heimwärts torkeln. Er bringt die Weinseligen gerne vom Weg ab, führt sie in das seitlich plätschernde Bächlein und stellt ihnen ein Bein, und mancher Zecher ist durch dieses nächtliche Abenteuer wieder gänzlich nüchtern geworden.

Erklärung seltener Begriffe

Buhle
veralteter Ausdruck für Liebste, Geliebte

Burgstadel
Burgstall (Burgstelle, Burgstätte), Burgruine oder Standort einer ehemaligen Burg

Citeaux
1098 gegründetes französisches Kloster in Burgund, Mutterkloster des Zisterzienserordens, dessen Name sich vom lateinischen Namen dieses Klosters, Cistercium, ableitet

Feldmesser veralteter Ausdruck für Landvermesser

Feldschütz
Flur-, Feldhüter, bewacht die Felder; eingesetzt zum Schutz gegen Diebstahl von Feldfrüchten, unbefugtes Weiden von Vieh usw.

Femgericht
auch Westfälisches Gericht; Sondergericht, besonders im 14. und 15. Jahrhundert in Westfalen und anderen niederdeutschen Landschaften, das besonders schwere Straftaten aburteilte; geheime gerichtsähnliche Versammlung, die über die Ermordung von politischen Gegnern und Verrätern in den eigenen Reihen entscheidet

Flegelrute
Eine Flegelrute wurde damals zum Dreschen benötigt.

Fron
Frondienst, Fronlasten, auch (veraltet) Fronde: körperliche Arbeiten, die von abhängigen Personen für ihren (Lehns-)Herrn verrichtet werden mußten

Guardian
jeweils auf drei Jahre ernannter Vorsteher eines Konvents der Franziskaner oder Kapuziner

Gumpen
auch Gumpe, Gumben: tiefe, etwas aufgestaute Stelle, Wasserloch oder Tümpel, an einem fließenden Gewässer/Bach

Hifthorn
hift = Jagdruf mit dem Jagdhorn; altes, sehr einfaches, aus einem ausgehöhlten Stierhorn angefertigtes Jagdhorn

Kaplan
Geistlicher, der den Gottesdienst an einer (Hof)kapelle hält, auch Hilfsgeistlicher oder Geistlicher mit besonderen Aufgaben

Kapuziner
Mönch des im frühen 16. Jahrhunderts nach den Regeln des hl. Franz von Assisi neugegründeten katholischen Kapuzinerordens

Kastellan
Burgvogt, Kommandant einer Burg im Mittelalter

Klosterschaffner
Klosterverwalter

Kunkelstube
Spinnstube

Leugenstein
römischer Meilenstein an Römerstraßen mit Angaben von Zielpunkten und Entfernungen; Leuge (Wegstunde) ist eine alte Längeneinheit, das Wort stammt von lat. leuca, einem Lehnwort aus dem Gallischen. Um 200 n.Chr. wurde die römische Meile durch die Leuge als offizielles Längenmaß in den gallischen und germanischen Provinzen ersetzt.

Markgenossenschaft
Siedlungsverband mit gemeinschaftlich genutztem Eigentum (in germanischer Zeit und im frühen Mittelalter)

Markstein
altes Wort für Grenzstein

Mäßlein
altes Maß

morganatische Ehe
Ehe zur linken Hand. Die Ehefrau und ihre

Kinder bleiben von den Standesvorrechten und der Erbfolge des Gatten und Vaters ausgeschlossen.

Oheim
altes Wort für Onkel

Ohm
Hohlmaß, besonders für Wein, von etwa anderthalb Hektoliter

Pflugschar
unterer, vorn spitzer, hinten breiter werdende Teil des Schneideblattes am Pflug, mit dem die durch das Sech aufgerissene Erde waagerecht vom Untergrund abgeschnitten wird

Pflugsech
messerartiges, vor der Pflugschar sitzendes Teil eines Pfluges, das den Boden aufreißt

Redoute
allseits geschlossene Schanze als Teil einer Befestigungsanlage

Rocken
Spinnrocken, senkrechter hölzerner Stab am Spinnrad, auf den das zu verspinnende Material gewickelt wird

Säkularisation
Einbeziehung oder Nutzung kirchlichen Besitzes durch weltliche Hoheitsträger; Verstaatlichung der Kirchengüter

Scherge
Henkersknecht

Schüler, fahrender
Ein fahrender Schüler ist ein Landstreicher; hier sind sicherlich verfahrene Schüler gemeint, die verflucht und verdammt sind, da sie eine üble Fahrt zum Teufel und in die Hölle gemacht haben.

Schulze
Schultheiß, Ortsvorsteher

Schwertbrüder
Angehörige des Schwertbrüderordens, einem 1202 unter Mitwirkung des Bischofs Albert I. von Riga mit zehn Rittern für die Mission in Livland gegründeten Ritterorden

Schwibbogen
frei schwebender Bogen zwischen zwei Mauern; Strebe-, Spitzbogen

Sechsbätzner
Münze: Bätzner, Batzen oder Batzenstück

Simmer
altes deutsches Hohlmaß

Stabgemeinde
Orte unter einer gemeinsamen (niederen) Gerichtsbarkeit

Stabhalter
wichtigster Beisitzer des Gerichts und gleichzeitig Gemeinderat; er hielt den Gerichtsstab, ein uraltes Rechtssymbol

Wechselbalg
untergeschobenes (mißgestaltetes) Kind

Wergbund
zusammengebundener Flachs-, Hanfabfall

Zielstein
Grenzstein

Quellenverzeichnis

1 Künzig, Schwarzwald-Sagen, S. 184
2 Naturschutz im Landkreis Karlsruhe, Landschaftsschutzgebiete, S. 175
3 Fladt, Wilh. in: Mein Heimatland, Jg. 1922, S. 10, 11
4 Tschira/Stenzel, S. 97
5 ebenda, S. 97, 98
6 Künzig I, S. 26
7 Schwarz, Bened.: Albtalgeschichten und Sagen, in: Die Pyramide, 8 Baader: Volkssagen ..., S. 160
9 John, Frauenalb, S. 2
10 Schmitt, 4. Bd., S. 116
11 Schnezler, S. 323
12 Lorch: Hannesenklause
13 E.L. in: Der Lauerturm, 2. Jg. 1950, Nr. 6, S. 43
14 Ernst, S. 128
15 Oberweier, S. 323
16 Badische Heimat 1999, S. 363
17 Badische Heimat 1999, S. 364
18 Oberweier, S. 321
19 Künzig I, S. 296
20 Schmitt, 2. Bd., S. 102
21 Humpert/Feyel: Im Zauber der Heimat, S. 49
22 Schnezler, S. 307
23 Ottenau, S. 60
24 900 Jahre Michelbach, S. 386/7
25 Ebd., S. 417
26 Geschichten und Sagen aus dem Murgtal, S. 33
27 Avenarius, S. 159
28 Avenarius, S. 164
29 Künzig, S. 192
30 Schmitt, J., 4. Bd., S. 99
31 Künzig, S. 337
32 Gesch. u. Sagen aus d. Murgtal, S. 41
33 ebenda, S. 42
34 Humpert: Sagen ..., S. 6
35 Schmitt, 4. Bd., S. 114
36 Geschichten und Sagen, S. 36
37 Fritz, S. 55
38 Langenbach, S. 4
39 Fritz, S. 63
40 Humpert: Sagen, S. 14
41 Mein Heimatland, Jg. 1925, S. 228
42 Künzig S. 57
43 Schmitt, 4. Bd., S. 105
44 ebenda, S. 109
45 Humpert, Sagen Murgtal, S. 4
46 Zähringer, S. 81
47 Künzig, S. 340
48 Unsere Heimat Bermersbach, Heft 41/42, Jg. 10/11, S. 505
49 Künzig, S. 157
50 Geschichten und Sagen aus dem Murgtal, S. 47
51 Huzenbach, S. 24
52 Ebd., S. 25
53 Eimer, S. 57
54 Künzig, S. 171
55 Wein, S. 9
56 Huzenbach, S. 85
57 Huzenbach, S. 85
58 Wein, S. 9
59 Busse, S. 16
60 Fuss, S. 53
61 Fuss, S. 54
62 Fuss, S. 59
63 Künzig, S. 236
64 Schnezler, S. 184
65 Berl, I, S. 4
66 ebenda, S. 4
67 ebenda, S. 5
68 Schnezler II, S. 192
69 Berl, I, S. 16
70 Schnezler, S. 194
71 ebenda, S. 271
72 Spitz: Rastatt, S. 118
73 Schnezler, S. 274
74 Schnezler, 273
75 ebenda, S. 277
76 ebenda, S. 243
77 ebenda, S. 275

Literaturverzeichnis

Assion, Peter: Das pfälzisch-fränkische Sagenbuch, zwischen Rhein und Tauber. Karlsruhe 1983

Avenarius, Ferdinand: Balladenbuch. Stuttgart 1951

Baader, Bernhard: Volkssagen aus dem Lande Baden. Karlsruhe 1851, Nachdruck Hildesheim 1978

Badische Heimat: Mein Heimatland; Zeitschrift für Landes- und Volkskunde, Natur-, Umwelt- und Denkmalschutz, Hrsg.: Landesverein Badische Heimat e.V. Freiburg i.Br.

Balger Heimat, Streiflichter aus alter und neuer Zeit anläßlich der 700-Jahr-Feier 1988, Hrsg.: Balger Heimat e.V. Gemeinnütziger Verein. Baden-Baden 1988

Berl, Heinrich: Ein geschichtlicher Führer durch Baden-Baden, Heft 1–10. Baden-Baden 1936

Bischof, Heinz: Heimatbuch Au am Rhein, 819–1975. Au am Rhein 1975

Bopp, Ludwig: Sagen und Geschichten aus Ettlingen und dem Albgau. Ettlingen 1949

Bran, F. A.: Ettlingen und der Albgau im Wandel der Geschichte. Karlsruhe 1951

Brüstle, Hans: Wiedergänger und Weiße Frauen. Freiburg im Breisgau 1997

Burkart, Martin: Durmersheim, die Geschichte des Dorfes und seiner Bewohner; von den Anfängen bis ins frühe 20. Jahrhundert. Durmersheim 2002

Der Lauerturm, Beiträge zur Heimatgeschichte und Volkskunde, hrsg. vom Albgau-Museum und der Ortsgruppe Ettlingen des Landesvereins Badische Heimat. Ettlingen 1949–1954, 1957–58

Der Ufgau, Oos- und Murgtal, Hrsg.: Busse, Hermann Eris, Badische Heimat, 24. Jahrgang, Jahresheft 1937. Freiburg i.B. 1937

Die Pyramide, Karlsruher Tagblatt, Sonntagszeitung. Karlsruhe 1916–1937

Echle, Willi: Heimatbuch Forbach im Murgtal. Hrsg.: Gemeinde Forbach. Gaggenau 1973

Eimer, Manfred: Das obere Murgtal, seine Geschichte und Kultur. Klosterreichenbach 1931

Ernst, Lore: Geschichte des Dorfes Malsch. Malsch 1981

Faltblatt: Schwarzwald, Ferienregion Forbach zwischen Murgtal und Schwarzwaldhochstraße, Wanderparadies Gausbach. Wegebeschreibungen zu Sagen und Geschichten um den Ortsteil Gausbach. Forbach 2000

Fritz, Otto: Badische Sagen. Leipzig 1929

Froese, Wolfgang/Walter, Martin: Der Türckenlouis, Markgraf Ludwig Wilhelm v. Baden und seine Zeit. Gernsbach 2005

Fuss, Margot: Die Chronik der Sofienstraße. Beiträge zur Geschichte der Stadt und des Kurortes Baden-Baden, Heft 4. Baden-Baden 1967

Geschichten und Sagen aus dem Murgtal. Hrsg.: Murgtaldruckerei Gernsbach. Gernsbach 1922

Heimatbuch Landkreis Rastatt. Rastatt 1974–2006

Hirth, Adolf: Sagen der Heimat, Mittelbadische Sagen vom Rhein zum Schwarzwald, von der Kinzig zur Murg. Kappelrodeck 1986

Hochstuhl, Kurt: Aus der Geschichte des Stabes und der Gemeinde Ettlingenweier. Hrsg.: Stadtgeschichtliche Kommission Ettlingen. Ettlingen 1989

Hochstuhl, Kurt; Senft, Erwin: Haueneberstein, Aus der Geschichte des Dorfes am Eberbach, Hrsg.: Heimatverein Haueneberstein e.V. Baden-Baden 1994

Huber, Friedrich: Badische Sagen im metrichen Gewand. Bühl 1936 (Selbstverlag)

Humpert, Theodor: Sagen aus dem Murgtal. Frankfurt/M. 1927

Humpert, Theodor; Feyel, August: Im Zauber der Heimat. Ein Heimatbuch für das Murg-, Oos- und anschließende Rheintal. Karlsruhe 1926

Huzenbach, Geschichte eines Murgtal-Dorfes. Zusammenstellung und Texte: Wilhelm Günter u.a. Horb am Neckar 1989

Jansen, Anna Catherina: Die Ebersteiner Rose. Sagen entlang der Murg. Gernsbach 1998

John, Herwig: Kloster Frauenalb, Chronik, Streifzüge durch die Geschichte Frauenalbs. o.J.

John/Schadt: Geschichte des Dorfes Schöllbronn. Karlsruhe 1993

Jörger, Karl: Baden-Baden in Sage und Geschichte. Baden-Baden 1936

Jörger, Karl: Sagen der Trinkhalle Baden-Baden. Baden-Baden o.J.

Kieser, Clemens u.a.: Kunst- und Kulturdenkmale im Landkreis Rastatt und Baden-Baden. Stuttgart 2002.

Kirchenbauer, Stephan: Die Alb, ein Fluß im Wechselspiel zwischen Mensch und Natur. Karlsruhe 1998

Kleindenkmale im Landkreis Karlsruhe. Hrsg.: Landratsamt Karlsruhe. Karlsruhe 1989

Kreisbeschreibung Landkreis Rastatt 2002

Koch, Leopold: Geschichte des Dorfes Völkersbach. Karlsruhe 1983

Kraemer, Hermann: Aus der Vergangenheit und Gegenwart des Dorfes Baden-Oos. Baden-Oos 1929

Kraemer, Hermann: Steinmauern, Geschichte eines Flößerdorfes. Rastatt 1926

Kübler, Friedrich: Sagen – Geschichten – Brauchtum aus dem nördlichen Schwarzwald. Bad Herrenalb-Zieflensberg 1987

Künzig, Johannes: Badische Sagen. Leipzig-Gohlis 1923

Künzig, Johannes: Schwarzwald-Sagen. Jena 1930

Kunst- und Kulturdenkmalfilm LksRA + Baden-Baden 2002

Langenbach, Heinrich: Chronik der Gemeinde Ottenau im Murgtal. Ottenau 1935

Langenbach, Heinrich: Gernsbach im Murgtal. Eine Stadtgeschichte während 700 Jahren. Gernsbach um 1919

Langenbach, Heinrich: Heimatbuch des Marktfleckens und ehemaligen Flößerdorfes Hörden 1951

Langenmaier, Arnica-Verena, Gaggenau 60 Jahre Stadt. Gaggenau 1983

Lorch, Wolfgang: Hannesenklause. Ettlinger Heimatblätter, o. J.

Lorch, Wolfgang: Hedwigsquelle, Hedwigshof und Schatzwäldle. Ettlinger Heimatblätter, o.J.

Lorch, Wolfgang: Sagen aus Ettlingen. Ettlingen 1995

Lutz, Dietrich/Schallmayer, Egon: 1200 Jahre Ettlingen. Archäologie einer Stadt, Weinsberg 1988

Mallebrein, Franz: Gedichte aus Baden-Baden und Umgebung. Hrsg.: Arbeitskreis für Stadtgeschichte e.V. Baden-Baden. Baden-Baden 1989

Mallebrein, Franz: Mären und Märlein aus Baden, dem Murgtale und Umgebung, Baden-Baden 1996

Mein Heimatland, bad. Blätter für Volkskunde, ländl. Wohlfahrtspflege, Denkmal-, Heimat- und Naturschutz, Familienforschung. Freiburg i.Br. 1914–1939

Monatsblätter des Badischen Schwarzwaldvereins, Hrsg.: Badischer Schwarzwaldverein. Freiburg i.Br. 1898–1903

Müller, Otto August: Steinkreuze in Mittelbaden, in: Mein Heimatland, Jg. 1930, S. 195 ff

Neumaier, Franz: Der Marktflecken Durmersheim in Vergangenheit und Gegenwart. Ein Heimatbuch. Karlsruhe 1938

900 Jahre Michelbach, 1102–2002. Hrsg.: Förderverein „900 Jahre Michelbach e.V.". Rheinstetten 2000

Oberweier, Stadt Gaggenau, Im Wandel der Zeit, 1102–2002, Hrsg.: Förderverein 900-Jahrfeier Oberweier e.V. Gaggenau 2002

Ried, Hildegard: ... in einem Dorf in Deutschland, Altes und Uraltes – gehört und gelesen. Von Leuten und über Leute aus Alt-Langensteinbach. Karlsbad 1998

Sagen der Heimat. Hrsg.: Pfaff, Rotraud. Bad Liebenzell 1979

Schmitt, Johannes: Sagen und Geschichten aus dem lieben Badnerlande, 1.–4. Bändchen. Weinheim (Bergstraße) 1907

Schnezler, August: Badisches Sagenbuch, 2. Band. Karlsruhe 1846, Nachdruck Leipzig 1978

Scholl, Werner: Zeugen der Zeit – Bildstöcke und Kreuze im Landkreis Rastatt. Rastatt 1985.

Schwarz, Benedikt: Durmersheim, Ortsgeschichtliche Stoffe. Rastatt 1902

Senft, Erwin: Steinerne Zeugen aus alter und neuer Zeit, Bildstöcke, Kreuze, Klein- und Flurdenkmale in und um Haueneberstein. Baden-Baden 1992

700 Jahre Loffenau, 1297–1997, Hrsg.: Gemeinde Loffenau, März 1997. Rastatt 1997

Sommer, Horst: St. Barbara-Kapelle Langensteinbach, Geschichte und Geschichten. Ittersbach 1997

So weit der Turmberg grüßt, Beiträge zur Kulturgeschichte, Heimatgeschichte und Volkskunde. Karlsruhe-Durlach 1950–1964

Spitz, Engelbert: Heimatkunde für den Amtsbezirk Bühl. Bühl i. Baden 1926

Spitz, Engelbert: Heimatkunde vom Amtsbezirk Rastatt. Bühl i.B. 1925 und 1926

Spitz, Engelbert: Heimatkundliche Beiträge zum Amtsbezirk Ettlingen. Ettlingen 1930

Stenzel, Rüdiger; Waibel, Paul; Le Maire, Dorothee: Geschichte von Schluttenbach, Karlsruhe 1996

Straub, Wilhelm: Sagen des Schwarzwaldes. Bühl 1985

Teichmann, W., in: Der Lauerturm, Beiträge zur Heimatgeschichte und Volkskunde, 1.Jg., Oktober 1949, Nr. 3, S. 9

Tschira, Arnold; Stenzel, Rüdiger: Das mittelalterliche Ettlingen, 7.–14. Jahrhundert. Geschichte der Stadt Ettlingen und ihrer Menschen, Band I b. Karlsruhe 1968

Um Rhein und Murg, Heimatbuch des Landkreises Rastatt, Rastatt 1961–1972

Unsere Heimat Bermersbach, Heimatgeschichtliche Quartalsblätter, Hrsg.: Merkel, Rolf u. Wunsch, Gotthard, Nr. 16/17 1967, Jahrgang 5; Nr. 22/23 1969, Jahrgang 7; Heft 41/42, Jahrgang 10/11 o.J. Bermersbach 1967, 1869, o.J.

Wein, Gerhard: Die Königswart über der Murg. Freudenstadt 1979

Wildemann, Wilhelm: Malscher Antlitz, Hrsg.: Gemeindeverwaltung Malsch. Malsch 1987

Wildemann, Wilhelm: Malscher Leben, Hrsg.: Gemeindeverwaltung Malsch. Malsch 1991

Wittmer, Ingeborg: Geschichte des Dorfes Spessart. Hrsg.: Stadt Ettlingen. Ettlingen 1993

Zähringer, Arno: Weisenbach, Geschichte unserer Gemeinde, Hrsg.: Gemeinde Weisenbach. Elchesheim-Illingen 1987

Zeugen der Zeit, Bildstöcke und Kreuze im Landkreis Karlsruhe, Karlsruhe 1985

Zwischen Murg und Kinzig, Heimatblatt des Badischen Tagblatts für Geschichte, Brauchtum, Wirtschaft, Kultur. Baden-Baden 1954–1982

Kartenmaterial:
Topographische Karte 1 : 25000, Hrsg.: Landesvermessungsamt Baden-Württemberg, Blatt 7015, 7016, 7115, 7116, 7215, 7216, 7315, 7316, 7416. Stuttgart 1997, 2000, 2003

Ortsverzeichnis

Verzeichnis der Sagen und Geschichten